高等教育工程造价专业"十三五"规划系列教材

工程项目融资

GONGCHENG XIANGMU RONGZI

主　编⊙孙玉梅

副主编⊙刘亚丽

西南交通大学出版社
·成都·

图书在版编目（CIP）数据

工程项目融资 / 孙玉梅主编. —成都：西南交通大学出版社，2016.7（2020.8 重印）
高等教育工程造价专业"十三五"规划系列教材
ISBN 978-7-5643-4851-9

Ⅰ. ①工… Ⅱ. ①孙… Ⅲ. ①基本建设项目 – 融资 – 高等学校 – 教材 Ⅳ. ①F830.55

中国版本图书馆 CIP 数据核字（2016）第 175655 号

高等教育工程造价专业"十三五"规划系列教材

工程项目融资

主编 孙玉梅

责任编辑	姜锡伟
封面设计	墨创文化
出版发行	西南交通大学出版社 （四川省成都市二环路北一段 111 号 西南交通大学创新大厦 21 楼）
发行部电话	028-87600564　028-87600533
邮政编码	610031
网　　址	http://www.xnjdcbs.com
印　　刷	成都中永印务有限责任公司
成品尺寸	185 mm × 260 mm
印　　张	17
字　　数	415 千
版　　次	2016 年 7 月第 1 版
印　　次	2020 年 8 月第 3 次
书　　号	ISBN 978-7-5643-4851-9
定　　价	38.00 元

课件咨询电话：028-81435775
图书如有印装质量问题　本社负责退换
版权所有　盗版必究　举报电话：028-87600562

高等教育工程造价专业"十三五"规划系列教材建设委员会

主 任　张建平

副主任　时　思　卜炜玮　刘欣宇

委 员　(按姓氏音序排列)

陈　勇　樊　江　付云松　韩利红

赖应良　李富梅　李琴书　李一源

莫南明　屈俊童　饶碧玉　宋爱苹

孙俊玲　夏友福　徐从发　严　伟

张学忠　赵忠兰　周荣英

序

21世纪，中国高等教育发生了翻天覆地的变化，从相对数量上看中国已成为全球第一高等教育大国。

自20世纪90年代中国高校开始出现工程造价专科教育起，到1998年在工程管理本科专业中设置工程造价专业方向，再到2003年工程造价专业成为独立办学的本科专业，如今工程造价专业已走过了25个年头。

据天津理工大学公共项目与工程造价研究所的最新统计，截至2014年7月，全国约140所本科院校、600所专科院校开设了工程造价专业。2014年工程造价专业招生人数为本科生11 693人，专科生66 750人。

如此庞大的学生群体，导致工程造价专业师资严重不足，工程造价专业系列教材更显匮乏。由于工程造价专业发展迅猛，出版一套既能满足工程造价专业教学需要，又能满足本、专科各个院校不同需求的工程造价系列教材已迫在眉睫。

2014年，由云南大学发起，联合云南省20余所高等学校成立了"云南省大学生工程造价与工程管理专业技能竞赛委员会"，在共同举办的活动中，大家感到了交流的必要和联合的力量。

感谢西南交通大学出版社的远见卓识，愿意为推动工程造价专业的教材建设搭建平台。2014年下半年，经过出版社几位策划编辑与各院校反复地磋商交流，成立工程造价专业系列教材建设委员会的时机已经成熟。2015年1月10日，在昆明理工大学新迎校区专家楼召开了第一次云南省工程造价专业系列教材建设委员会会议，紧接着召开了主参编会议，落实了系列教材的主参编人员，并在2015年3月，出版社与系列教材各主编签订了出版合同。

我认为，这是一件大事也是一件好事。工程造价专业缺教材、缺合格师资是我们面临的急需解决的问题。组织教师编写教材，一是可以解教材匮乏之急，二是通过编写教材可以培养教师或者实现其他专业教师的转型发展。教师是一个特殊的职业——是一个需要不断学习更新自我的职业,也是特别能接受新知识并传授新知识的一个特殊群体,只要任务明确,有社会需要,教师自会完成自身的转型发展。因此教材建设一举两得。

我希望:系列教材的各位主参编老师与出版社齐心协力,在一两年内完成这一套工程造价专业系列教材编撰和出版工作,为工程造价教育事业添砖加瓦。我也希望:各位主参编老师本着对学生负责、对事业负责的精神,对教材的编写精益求精,努力将每一本教材都打造成精品,为培养工程造价专业合格人才贡献力量。

中国建设工程造价管理协会专家委员会委员
云南省工程造价专业系列教材建设委员会主任 张建平
2015 年 6 月

前　言

工程项目融资是一个新兴的专门领域和一种融资方式，它的形式多样、涉及面广，具有国际性和专业性。项目融资已经广泛应用于大型工程项目，尤其是基础设施项目和资源开发类项目。它作为一种重要的资金筹集手段，在国内外已有很多成功的实践范例。项目融资的理论研究也在不断走向成熟，它是工程管理人员应该掌握的新型筹资方式。

"工程项目融资"是一门具有很强理论性、综合性和实践性的课程，是工程管理专业学生的学科基础必修课，是教育部、住房和城乡建设部有关教学指导委员会所指定的工程管理专业的专业课程，国内工程管理或项目管理类专业大多开设了这门课程。但工程项目融资是一个复杂的系统工程，它作为一门交叉学科与专门实践领域，涉及较多公司组织、金融、风险与保险等知识，在课程教学中老师常感觉内容多、授课学时短，学生难以较好地理解。本教材主要是针对工程管理专业人才知识结构、综合素质和管理能力培养的需求编写的，编者从多年的教学实践中总结出本书的内容，从项目融资的四个框架结构出发来组织本书的编写，便于学生接受，以达到易教易学的效果。

本教材主要介绍工程项目融资的概念与相关内容，并从项目融资四个基本模块出发介绍了项目投资结构、资金结构、融资结构和信用担保结构所涉及的主要内容。全书共10章，第一、二章介绍工程项目融资概述与组织结构；第三章涉及项目的投资结构内容，介绍项目融资的投资结构类型及投资结构设计需考虑的因素；第四、五章涉及项目的资金结构内容，介绍项目融资的方式、渠道和资金结构的优化选择；第六、七章涉及项目的信用担保结构内容，介绍项目融资的风险与保险；第八、九章介绍项目融资的基础模式与现代模式，为项目融资结构确定了基础；第十章介绍项目融资的典型案例。本教材利于组织教学内容，各部分后均加入了典型案例及其分析，使学生对掌握工程项目融资的内容有明晰的思路，对工程项目融资的方法和融资模式有较好的把握。

本教材由昆明理工大学孙玉梅担任主编，由昆明理工大学刘亚丽担任副主编。教材共分

10 章，由孙玉梅提出总体思路、框架及详细编写计划，最后统稿完成。全书编写分工为：昆明理工大学孙玉梅编写三～十章，云南大学滇池学院容丽晖编写第一、二章，昆明理工大学刘亚丽参与了第八～十章案例部分的编写，云南农业大学程静参与了第九、十章案例的编写。

本教材在编写过程中，参阅了大量的相关教材，引用了同行专家、学者论著的有关资料，在此表示衷心的感谢！同时，感谢西南交通大学出版社的吴迪和宋彦博编辑对本教材的支持与帮助！

本书可作为高等院校本科生及高职本科生的教材，主要定位于工程管理、工程造价专业的学习，使学生系统学习项目融资的内容和方法，为以后从事项目管理、项目筹资、项目贷款工作奠定基础。本书也可作为建筑经济管理、土木工程等专业选修课程的教学用书，还可供项目建设各方的管理人员与工程技术人员业务学习使用。

本教材编者致力于向读者奉献一本既有一定理论价值又有较高使用价值的教科书，但由于编者的学术水平有限和实践经验不足，加之时间仓促，书中难免有疏漏和不足之处，恳请各位读者批评指正，以使此书不断完善。

编 者

2016 年 4 月

目 录

第1章 项目融资概述 ·· 1
  1.1 项目融资的概念 ··· 1
  1.2 项目融资与公司融资 ··· 4
  1.3 项目融资的优势及适用范围 ·· 8
  1.4 项目融资的发展 ··· 10
  复习思考题 ·· 12

第2章 项目融资的组织与框架结构 ·· 13
  2.1 项目融资的参与者 ·· 13
  2.2 项目融资的运作阶段 ··· 17
  2.3 项目融资的结构框架 ··· 19
  2.4 案例：分析深圳沙角B电厂项目融资的四个框架结构 ········· 21
  复习思考题 ·· 25

第3章 项目融资的投资结构 ··· 26
  3.1 项目的投资结构设计 ··· 26
  3.2 股权式投资结构 ··· 31
  3.3 契约型投资结构 ··· 36
  3.4 合伙制结构 ·· 42
  复习思考题 ·· 46

第4章 项目融资方式与渠道 ··· 47
  4.1 权益资本的融资方式 ··· 47
  4.2 债务资本的融资方式 ··· 54
  复习思考题 ·· 73

第5章 资金成本与资本结构决策 ··· 74
  5.1 项目融资的资金构成及资金结构 ····································· 74
  5.2 资金成本 ··· 85
  5.3 资金结构的优化选择 ··· 96
  复习思考题 ·· 102

第6章 项目融资的风险及保险 ·· 103
  6.1 项目融资风险的分类 ··· 103

6.2 项目融资的风险及管理 ·· 107
6.3 项目保险 ·· 120
6.4 项目融资对政治风险管理的例证 ·································· 126
复习思考题 ·· 128

第 7 章 项目融资的担保ᅟ·· 129
7.1 项目融资担保及项目担保人 ··· 129
7.2 项目融资的物权担保 ··· 133
7.3 项目融资的信用担保 ··· 135
复习思考题 ·· 144

第 8 章 项目融资模式基础ᅟ·· 145
8.1 项目融资模式设计的原则 ·· 145
8.2 项目融资模式的基本种类 ·· 149
8.3 产品支付融资模式 ·· 153
8.4 杠杆租赁融资模式 ·· 157
8.5 设施使用协议融资模式 ··· 166
复习思考题 ·· 168

第 9 章 项目融资现代模式ᅟ·· 169
9.1 BOT 项目融资模式 ··· 169
9.2 ABS 项目融资模式 ··· 196
9.3 PPP 项目融资模式 ·· 215
复习思考题 ·· 238

第 10 章 项目融资案例ᅟ·· 239
10.1 上海大场自来水处理 BOT 项目融资 ···························· 239
10.2 广西来宾 B 电厂 BOT 项目融资 ·································· 242
10.3 泉州刺桐大桥 BOT 项目融资 ····································· 245
10.4 马来西亚南北高速公路 BOT 项目融资 ························· 250
10.5 英法海底隧道 ·· 255
复习思考题 ·· 260

参考文献 ·· 261

第1章　项目融资概述

项目融资（Project Finance）是20世纪70年代末至80年代初国际上兴起的一种融资方式。与传统的筹资方式相比，项目融资能更有效地解决大型基础设施建设项目的资金问题，因此，它被世界上越来越多的国家所应用。我国早在20世纪80年代就采用了项目融资的方式进行工程建设，深圳沙角B电厂就采用了BOT方式进行投资建设。当今世界，各国越来越多地采用这种融资方式，特别是在我国，由于市场经济的建立和完善，项目融资的运用日益广泛。因此，认真研究项目融资的理论与实践具有重要的现实意义。

本章重点介绍了项目融资的概念，通过比较项目融资和公司融资的不同，进一步阐明了本书所讲的项目融资是狭义的项目融资概念，是一种新的项目资金筹集方式，并探讨了项目融资的优势及适用范围。

1.1　项目融资的概念

1.1.1　项目筹资

项目筹资是指项目的建设主体（投资者）通过各种途径和手段获取项目所需资金的过程。项目资金的筹措可以采取多种方式，而且新的筹资方式也在不断出现，本书后文所谈的狭义项目融资就是近些年来出现的一种新的项目资金筹集方式。

1. 项目的筹资程序

项目能够获得足够的资金支持，是项目得以建设的前提条件。同时，项目获取资金的来源和方式不仅会影响项目的建设成本和运营效益，而且可能会影响项目的成败。项目筹资工作是项目投资准备阶段的一项重要基础工作。一般项目的筹资程序包括以下几个步骤。

1）测算项目的投资额

项目投资额估算是否准确，将直接关系到项目能否顺利建设和运营。项目发起人可以亲自或委托专业机构根据项目和所处环境的实际情况，依据国家和有关部门公布的标准和方法，按照可行性研究阶段确定的项目建设规模和工程设计，科学合理地估算项目的投资额，并以此作为项目资金筹集方案设计的基础。

2）确定项目的筹资额

在项目投资总额中，并不是全部投资都需要通过对外筹资来满足资金需求。在确定了项目投资总额的基础上，要进一步根据投资的构成，确定需要筹集资金的具体数额和比例关系。

3）确定项目的资金来源

项目在筹集资金过程中通常面临着许多可能的资金来源和筹资方式，不同的资金来源，往往会对项目的资金流造成影响，并进而影响项目的成本和风险水平。投资者应根据资本市场的实际情况和项目的资金流特性，在可能的资金来源中进行选择或确定合理的资金来源组合。

4）确定资金筹措方案

在可行性研究阶段确定了项目的投资总额及其时间分布的基础上，投资者应按时间顺序依次计算不同时期项目的资金需求和各种资金来源可能筹集的资金数额之间的平衡关系，并考虑由于融资所带来的项目现金流的变化，查项目建设和运营期各年是否达到资金的平衡，并进行项目的融资成本和效果分析，获取"最佳"的项目资金筹措方案，并与资金来源各方经过反复磋商和谈判，不断修改筹资方案，以期获得各方均满意的筹资方案。

2. 项目的筹资方式

筹资方式是指项目实施主体获取项目所需资金的具体形式。通常，项目的筹资方式可以按以下两种方法进行划分。

1）直接融资和间接融资

直接融资是指货币资金供给者和货币资金需求者之间直接发生的信用关系，双方可以直接协商或在公开市场上由货币资金供给者直接购入债券或股票。直接融资所采用的方式主要是发行股票和债券。货币资金需求者发行股票或债券可以有两种方式：一是委托有关的证券公司办理相关发行手续，在资本市场上发行股票和债券；二是资金需求者不公开发行股票或债券，即只向特定资金供给者发行股票或债券，往往表现为企业内部直接融资。

间接融资是指货币资金供给者与货币资金需求者之间的资金融通通过各种金融中介机构来进行。间接融资的主要方式是利用银行信用向银行借款、向信托投资公司融资租赁、利用有价证券或以资产抵押方式向财务公司筹措长期或短期借款，甚至直接吸引某一个金融机构参与投资活动。

2）权益资本筹资和债务资本筹资

权益资本筹资是由公司所有者投入以及以发行股票的方式筹集资金，其主要表现形式为发行公司股票。权益资本筹资通过吸收直接投资和发行股票两种筹资方式取得。通过权益资本筹资方式所获得的资金一般可供项目实施主体长期使用，而且构成了项目经营主体的自有资本。在权益资本筹资方式下，权益资金的出资者成为项目的理论所有者，可以通过较为规范的程序监督其投资对象的建设和经营状况,并有权按事先规定直接或间接参与投资对象的经营管理,分享经营收益。

债务资本筹资指项目实体以负债形式借入并到期偿还资金的方式,包括以短期借款、长期借款、应付债券、长期应付款等方式筹集资金。债务资本筹资依靠发行主体的信用来获取资金,不改变发行主体原有的所有权结构。债务资本筹资一般采用间接融资和直接融资相结合的方式进行。债务资金提供者除享有按期回收债务本金并获得利息收入的权益之外,对项目资本没有任何形式的所有权,也不能参与项目的经营管理。

1.1.2 项目融资

1. 广义与狭义的项目融资

广义的项目融资是指为建设一个新项目或收购一个现有项目,以及对已有项目进行债务重组所进行的融资活动。

狭义的项目融资是专指具有无追索或有限追索形式的融资活动。本书中提到的项目融资仅指狭义上的概念。

2. 项目融资的定义

项目融资是指以项目的资产、预期收益或权益为融资基础,由项目的参与各方分担风险的具有无追索权或有限追索权的特定融资方式。

中国国家外汇管理局发布的《境外进行项目融资管理暂行办法》(计外资〔1997〕612号)中的定义是:"项目融资是指以境内建设项目的名义在境外筹措外汇资金,并仅以项目自身预期收入和资产对外承担债务偿还责任的融资方式。它应具有以下性质:① 债权人对于建设项目以外的资产和收入没有追索权;② 境内机构不以建设项目以外的资产、权益和收入进行抵押、质押或偿债;③ 境内机构不提供任何形式的融资担保。"

定义中包含了以下两个最基本的内容:其一,项目融资是以项目为主体安排的融资,项目的导向决定了项目融资的最基本的方法;其二,项目融资中的贷款偿还来源仅限于融资项目本身。换言之,融资项目能否获得贷款完全取决于项目的经济强度。项目的经济强度可以从两个方面来测度:一是项目未来可用于偿还贷款的净现金流量;二是项目本身的资产价值。

3. 有限追索或无追索

有限追索或无追索是指贷款人可在某个特定阶段(如项目建设期或试生产期)或规定的范围内(如金额或者形式的限制)对项目发起人追索,除此之外,无论项目出现任何问题,贷款人均不能追索到发起人除该项目资产、现金流量及所承担义务之外的任何财产。相关的书刊和文献往往把项目融资称为无追索或有限追索贷款，可见，将归还贷款资金来源限定在特定项目的收益和资产范围之内，是项目融资的最主要特点。

1）无追索权项目融资

无追索权项目融资是指贷款人对项目发起人无任何追索权，只能依靠项目所产生的收益作为还本付息的唯一来源。其主要特点是：① 项目贷款人对项目发起人的其他项目资产没有任何要求权，只能依靠该项目的现金流量偿还；② 项目融资的信用基础是该项目的现金流量水平；③ 通常贷款人会要求提供信用担保以避免还贷风险；④ 该项目融资需要一个稳定的政治和经济环境。

2）有限追索权项目融资

有限追索权项目融资是指项目发起人只承担有限的债务责任和义务。有限追索主要体现在追索对象、追索金额的有限性。例如：通过单一目的的项目公司进行融资，若在项目经营阶段无法产生预期的现金流量，则贷款人只能追索到项目公司，而不能向发起人追索。有限追索还表现在：时间上的有限，即有些项目在建设阶段，贷款人有权对发起人追索，但完工后就变成无追索；金额上的有限，即经营阶段，项目若不能产生足额的现金流，则只能对现金流差额部分进行追索。

另外，需要指出的是，项目融资中的资金尽管很大部分来源于贷款，但也不能把项目融资与项目贷款融资等同起来，因为项目的债务资金除贷款之外还有债券等其他形式。因此，项目贷款融资，无论是有限追索形式还是无追索形式，都只是项目融资的重要组成部分，而不是项目融资的全部。

综上所述，可以把项目融资定义为：以项目未来收益和资产为融资基础，由项目的参与各方分担风险的具有无追索权或有限追索权的特定融资方式。

1.2 项目融资与公司融资

1.2.1 项目融资与公司融资的区别

项目融资是近年来出现的新型融资方式，它与传统公司融资有很大的区别。公司融资是指依赖一家现有企业的资产负债及总体信用状况（通常企业涉及多种业务及资产），为企业（包括项目）筹措资金的方式，属于完全追索权融资。公司融资主要包括发行公司股票、公司债券、获得银行贷款等形式。而与公司融资不同，项目融资通常是无追索或有限追索形式的筹资方式。

现举一个实例，说明项目融资与传统贷款或一般公司融资的区别。

某省电力有限责任公司现有 A、B 两个电厂，为满足日趋增长的供电需要，决定增建 C 厂。增建 C 厂的资金筹集方式有两种：

第一种，借来的款项用于建设 C 厂，而归还贷款的款项来源于 A、B、C 三个电厂的收益

(图 1-1)。如果新厂 C 建设失败,该公司把原来的 A、B 两厂收益作为偿债的担保。这时,贷款方对该公司拥有完全追索权。所谓追索权,是指贷款人在借款人未按期偿还债务时,要求借款人用除抵押资产之外的资产偿还债务的权力。

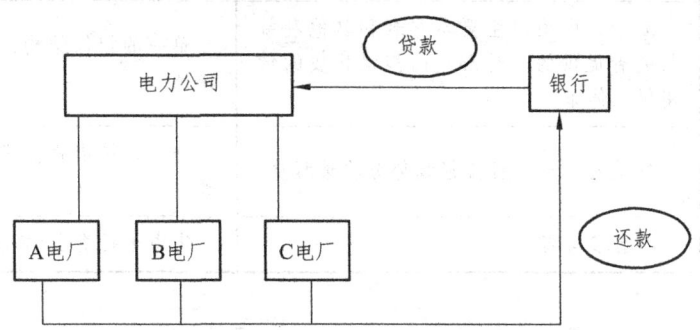

图 1-1 电力公司新建 C 电厂融资方式——公司融资方式

第二种,借来的资金用于建设新厂 C,用于偿还的资金仅限于 C 厂建成后的电费和其他收入(图 1-2)。如果新建 C 厂失败,贷款方只能从清理新厂 C 的资产中收回一部分借款。除此之外,贷款方不能要求该公司用别的资金来源(包括 A、B 两厂的收入)来归还贷款,这时称贷款方对电力公司无追索权;或者在签订贷款协议时,只要求电力公司把其特定的一部分资产作为贷款担保,这时称贷款方对电力公司拥有有限追索权。

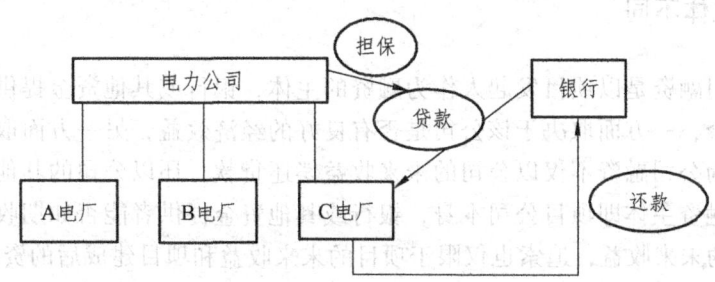

图 1-2 电力公司新建 C 电厂融资方式——项目融资方式

上述两种融资方式中,第二种方式称为项目融资。项目融资与公司融资的比较如表 1-1 所示。

表 1-1 项目融资与公司融资比较

比较项	项目融资	公司融资
贷款对象	项目投资者/项目公司	企业
融资依据	项目的资产价值和现金流量,也称为经济强度	企业的信用等级、资产状况、经营历史和收益,及提供的担保
融资安全保证	项目资产的价值及其变现的可能性	借款企业的资信和抵押物的价值
筹资渠道	多元化的资金筹资渠道	单一的商业银行借款
追索性质	有限追索或无追索	无限追索

续表

还款资金来源	项目本身所产生的现金流量和收益	不局限于贷款使用对象的收益,还包括借款人的其他经营收益
贷款担保结构	复杂,由项目主要参与者和其他利益相关者提供的各种形式的担保构成的信用保证体系	单一的担保结构,如抵押、质押、保证
贷款人参与管理程度	贷款人参与项目监督和部分决策程序	贷款人按借贷协议发放贷款,不参与管理
风险分担	所有参与者	集中于投资者/贷款者/担保者

1.2.2 项目融资区别于公司融资的基本特征

与公司融资不同,项目融资通常是无追索或有限追索形式的筹资方式。与公司融资相比,其基本特征表现为:融资主体不同、融资基础不同、追索程度不同、风险分担程度不同、债务比例不同、会计处理不同以及融资成本不同等多个方面。

1. 融资主体不同

一般的公司融资是以项目发起人作为融资的主体,银行或其他资金提供者是否向该公司贷款或投入资金,一方面取决于该公司是否有良好的经济效益,另一方面取决于公司的总体信用状况。因为公司融资不仅以公司的未来收益偿还贷款,还以公司的其他资产作为抵押,而项目融资的融资主体即项目公司本身,银行或其他资金提供者能否如期收回投入资金,完全取决于项目的未来收益,追索也仅限于项目的未来收益和项目建成后的资产。

2. 融资基础不同

项目的经济强度是项目融资的基础。换言之,贷款人能否给予项目贷款,主要依据项目的经济强度,即贷款人在贷款决策时,主要考虑项目在贷款期内能产生多少现金流量用于还款,贷款的数量、利率和融资结构的安排完全取决于项目本身的经济效益。这完全有别于传统融资主要依赖于投资者或发起人的资信。项目融资的这些特征使得缺乏资金而又难以筹措资金的投资者,可以依靠项目的经济强度,通过项目融资方式实现融资。同时,由于贷款人关注的是项目经济实力,必然要密切关注项目的建设和运营状况,对项目的谈判、建设、运营进行全过程的监控,从这个意义上讲,采用项目融资有利于项目的成功。

3. 追索程度不同

追索程度不同是项目融资与传统融资的最主要区别。如前所述,项目融资属于有限追索或无追索。所谓有限追索或无追索,是指贷款人可以在某个特定阶段或者规定的范围内,对项目的借款人追索。除此之外,无论项目出现什么问题,贷款人均不能追索到借款人除该项目资产、现金流量以及所承担义务之外的任何财产。有限追索融资的特例是"无追索"融资,即融资百分之百地依赖于项目的经济实力。实际工作中,无追索的项目融资很少见。由于有限追索或无追索的实现使投资者的其他资产得到有效的保护,这就调动了大批具有资金实力的投资者参与开发和建设的积极性。

传统融资方式属于完全追索。所谓完全追索,是指借款人必须以本身的资产作抵押,如果项目失败,而该项目不足以还本付息,贷款方则有权把借款方的其他资产作为抵押品收走或拍卖,直到贷款本金及利息偿清为止。完全追索与有限追索是区别项目融资和传统融资的主要标准。

4. 风险分担程度不同

任何项目的开发与建设都必然存在各种风险。项目融资与传统融资方式相比较,在风险分担方面有三点显著不同:其一,采用项目融资方式的都是大型项目,它具有投资数额巨大、建设期长的特点,因而与传统融资方式相比,遇到的风险大。其二,项目融资涉及的时间较长,参与的利益相关者众多,并且会经常吸引外资,因此,其风险种类多于传统融资的风险,例如政治风险、法律风险等。其三,传统融资的项目风险往往集中于投资者、贷款者或担保者,风险相对集中,难以分担,而项目融资的参与方有项目发起人、项目公司、贷款银行、工程承包商、项目设备和原材料供应商、项目产品的购买者和使用者、保险公司、政府机构等多家,通过严格的法律合同可以依据各方的利益,把责任和风险合理分担,从而保证项目融资的顺利实施。由此可见,项目融资更加强调如何有效、合理地分担风险。

5. 债务比例不同

传统融资方式,一般要求负债率在 40%～60%,投资者自由资金的比例至少要达到 40%才能融资。而项目融资可以允许项目发起人投入较少的股本,进行高比例的负债,对投资者的股权出资所占的比例要求不高。一般而言,股权出资占项目总投资的 30%即可,而具体的债务比例根据项目的经济强度、融资规模等因素发生变化,结构严谨的项目融资可以实现 90%以上的负债比例。因此可以说,项目融资是一种负债比率较高的融资。

6. 会计处理不同

项目融资也称非公司负债型融资,是资产负债表外的融资,这是与传统融资在会计处理上的不同之处。资产负债表外融资是指项目的债务不出现在项目投资者的资产负债表上的融资。这样的会计处理是通过对投资结构和融资结构的设计来实现的。

非公司负债型融资对于项目投资者的好处在于:可以使投资者以有限的财力从事更多的

投资，同时将投资风险分散和限制在更多的项目之中，避免将融资表现为资产负债表上的债务。而在传统融资方式下，项目债务是投资者债务的一部分，出现在投资者的资产负债表上，这样一来，投资者的项目投资和其他投资之间会产生相互制约的现象。

在实际融资的过程中，投资者的深刻体会是这样的：大型工程项目的建设周期和投资回收期都很长，对于项目的投资者而言，如果把这样项目的贷款反映在投资者的资产负债表上，有可能造成投资者（公司）的资产负债比例失衡，超过银行通常所能接受的安全警戒线，并且短期内无法根本改变，这样势必影响投资者筹措新的资金，以及投资于其他项目的能力。如果采取非公司负债型融资，则可避免上述问题。

7. 融资成本不同

项目融资与传统融资相比，融资成本较高。这主要是由于项目融资的前期工作量非常大，又具有有限追索性质。项目融资的成本包括融资的前期费用和利息成本两个部分。融资的前期费用包括融资顾问费、成本费、贷款的建立费、承诺费以及法律费用等，一般占贷款总额的 0.5%～20%。项目融资的利息成本一般要高出等同条件下公司贷款的 0.3%～15%，其增加幅度与贷款银行在融资结构中承担的风险以及对项目的投资者的追索程度密切相关。

从以上项目融资与公司融资的不同可以看出，项目融资相对传统融资有很多的优点，正如世界上任何新生事物都不可能是十全十美的一样，项目融资也有不足，例如，组织实施项目融资时间较长，一个完整的融资计划通常需要半年甚至更长的时间，其成本费用必然很高。此外，项目融资涉及的主体众多，这导致在这些主体之间实现合理的风险分担非常困难，一旦出现巨大的风险，经常会出现二次谈判和重新融资的情况。从整体而言，项目融资仍不失为一种金融创新，具有很强的发展潜力。

1.3 项目融资的优势及适用范围

1.3.1 项目融资的优势与弊端

1. 项目融资的优势

项目融资主要的优点是：筹资能力强（多方位），能有效解决大型工程项目筹资问题；融资方式灵活多样，能减轻政府财政负担；隔离风险，实现项目风险分散和风险隔离，能够提高项目成功的可能性。另外，与其他的筹资方式相比，它还有如下一些明显的优点：

（1）实现融资的无追索或有限追索，使项目发起人有更大的空间去从事其他项目。

（2）实现资产负债表外融资，有的发起人在项目公司中的股份不超过一定比例，项目融资不反映在它的负债表上，不影响其资产负债率。

（3）允许较高的债务比例，债务比例可高达90%~100%，而一般的项目要求在75%~80%。

（4）实现风险隔离和分散风险的目的，在所有参与者之间分配风险，提高项目成功的可能性。

（5）享受税务优惠的好处，因为许多国家贷款利息是免税的，而股权收益需上税。

（6）实现多方位的融资，项目资金需求量大，项目融资具有融资渠道多元化的特点。除了向商业银行、世界银行申请贷款外，还可邀请外国政府、国际组织及与工程项目有关的第三方当事人参与融资。

2. 项目融资的弊端

（1）融资成本高。较高的利息和费用负担，在项目所需资金巨大、规模效应下才能实现一定综合投资回报率。

（2）风险分配复杂、时间长。风险分配复杂，涉及许多法律合同及参与者，融资谈判复杂、时间长，会增加融资成本。如贷款人与发起人之间分配风险取决于贷款人的追索程度，在工程公司与发起人之间分配风险取决于建设公司提供担保种类，等。

（3）贷款人风险大。贷款人要承担较一般公司融资更大的风险。

（4）贷款人过分监管。需将项目报告、经营情况等向贷款人通报。

1.3.2 项目融资的适用范围

从项目融资产生到发展的进程看，无论是发达国家还是发展中国家，采用项目融资方式都比较谨慎，尽管这种方式具有筹资能力强、风险分散等优点，但毕竟风险较大、融资成本高。各国应用此种融资方式的项目主要有三大类：资源开发项目、基础设施建设项目和大型工业项目。

1. 资源开发项目

资源开发项目包括石油、天然气、煤炭、铀等能源开采，铁、铜、铝、矾土等金属矿产资源的开采，等。就一般情况而言，资源开发项目具有两大特点：一是开发投资数额巨大；二是一旦项目运作成功，投资收益丰厚。典型的运用项目融资方式开发资源的项目有英国北海油田的开发、被誉为"开创了澳大利亚铁矿史上新时代"的澳大利亚恰那铁矿开采项目等。

2. 基础设施项目

从全世界范围看，无论是发达国家，还是发展中国家，项目融资应用最多的是基础设施建设项目。此类项目可分为三种：第一种是公共设施项目，如电力、电信、自来水、污水处理等；第二种是公共工程，包括铁路、公路、海底隧道、大坝等；第三种是其他交通工程，包括港口、机场、城市地铁等。

在上述三种项目中，国际上已经成功运作的项目又大多集中在电力、公路、海底隧道等项目上。例如：电力项目有美国霍普威尔火力电站项目、巴基斯坦赫布河燃油发电厂项目、菲律宾大马尼拉汽轮机发电厂项目等；公路项目有马来西亚南北高速公路项目、泰国曼谷二期高速公路项目等；海底隧道项目有英法合作的英吉利海峡隧道项目、澳大利亚悉尼海底隧道项目和土耳其的博斯普鲁斯海底隧道项目等。

我国从20世纪80年代初开始尝试运用项目融资方式。按照我国政府目前的有关规定，项目融资主要适用于投资规模大、贷款偿还能力强、有长期稳定预期收入的部分基础设施和少数基础产业建设项目，具体包括发电设施、高等级公路、桥梁、隧道、城市供水厂及污水处理厂等基础设施项目以及其他投资规模大且具有长期稳定预期收入的建设项目。从已经运作的项目来看，项目融资多集中在电力、公路、地铁和污水处理厂等基础设施项目。例如：电力项目有广东深圳沙角B电厂、广西来宾电厂、山东日照电厂、安徽合肥二电厂、福建福州电厂等；公路项目有广州至深圳高速公路、海南东线高速公路、北京京通高速公路等；地铁项目有重庆地铁、深圳地铁等。近年来，许多城市的自来水厂、污水处理厂等规模不大的基础设施建设项目也越来越多地运用项目融资的方式。

世界各国的项目融资也相对集中于基础设施建设领域，这一方面为政府解决了基础设施领域需要大量资金投入而造成的沉重负担；另一方面，由于这类项目大都可以商业化经营，通过项目建成后的收益收回投资，因此可将规范的运作机制引入到政府项目之中。正因为如此，许多发达国家采用项目融资建设的基础设施项目都获得了成功。

3. 大型工业项目

随着项目融资运用范围的扩大，近年来，项目融资在工业领域也有发展。成功的典型如澳大利亚波特兰铝厂项目、加拿大塞尔加纸浆厂项目和中国四川水泥厂项目等。但与运用到资源开发项目、基础设施建设项目的数量相比，工业项目融资还很少。

以上所述是从世界范围看项目融资应用的领域，具体到每个国家如何确定项目融资的范围，要视各国的具体国情而定，如需要考虑国家的经济发展计划、政府的财力、利用外资的政策等。随着时间的推移，项目融资应用的范围也会不断调整、不断发展。例如，在发达国家，随着对基础设施需求的减少，项目融资的重点正转向工业等领域。

1.4 项目融资的发展

早在17世纪，英国的私人业主建造灯塔的投资方式与项目融资中的BOT形式就极为相似。20世纪50年代，美国一些银行利用产品贷款方式为石油天然气项目安排融资活动。然而，项目融资开始受到人们的广泛重视，并被视为国际金融的一个独立分支，是以20世纪60年代中期在英国北海油田开发中所使用的有限追索项目贷款作为标志的,它是大中型工程项目筹措资金的一种形式。20世纪70年代末至80年代初,无论是发达国家还是发展中国家,都先后出现了大规模基础设施建设与资金短缺的矛盾。人们在不断地寻求一种新的融资方式。在这方面首开先河的是土耳其总理奥热扎尔,他在1984年讨论土耳其公共项目的私营问题时,提出了BOT的概念,之后土耳其以此方式建设了火力发电厂、机场和博斯普鲁斯第二大桥。迄今为止,许多发达国家和地区越来越多地采用BOT融资方式进行大型基础设施建设。近年来,一些发展中国家也相继采用BOT融资方式进行基础设施建设。

项目融资在20世纪80年代中期被引入我国,1986年动工兴建的广东沙角火力发电B厂项目是我国最早尝试使用BOT融资方式兴建的基础设施建设项目,它标志着中国利用项目融资方式进行建设的开始。20世纪90年代之前,由于多方面原因,项目融资在我国发展较为缓慢。进入20世纪90年代,我国陆续出现了一些类似BOT方式进行建设的项目,如广州至深圳高速公路、三亚凤凰机场、重庆地铁、深圳地铁、北京京通高速公路等。这些项目虽然相继采用BOT模式进行建设,但只有重庆地铁、深圳地铁、北京京通高速公路等项目被国家正式认定为采用BOT模式的基础设施项目。广西来宾电厂BOT项目是经过国家批准的第一个BOT试点项目,经过各方的多年努力,该项目已取得了全面成功,被国际上很有影响的金融杂志评为最佳项目融资案例,在国内被誉为来宾模式。1995年8月,国家计委、电力部、交通部联合下发了《关于试办外商独资特许权项目审批有关问题的通知》,规定了国内允许实施项目融资的范围。1997年4月6日,国家计委、国家外汇管理局颁布了《境外进行项目融资管理执行办法》,规范了项目融资的进一步发展。

在经济发展全球化的新形势下,世界各国都在寻求加快本国经济发展的有效途径,但在发展过程中都面临不同程度的资金短缺问题。项目融资作为利用外资的一种新形式,为解决建设资金短缺问题提供了一条新思路,受到各国特别是发展中国家的重视,不断应用于大型工程项目的建设中。近年来,我国的一些大型基础设施项目也陆续采用了BOT,ABS,PPP等项目融资方式建设,并取得了一定成效。但由于我国应用项目融资的时间较短,从总体上看,发展还处于起步阶段。怎样尽快推进项目融资在我国的应用与发展,是学界急需探索的共同问题。

20世纪80年代末至90年代初,世界项目融资高速发展,其中尤以发展中国家为甚。据世界银行统计,截至1993年,世界上以项目融资模式进行的项目近150个,投资总额超过600亿美元,其中约一半在发展中国家。从1994到1997年,世界年项目融资的总量由350多亿美元增加到2364亿美元。1997年以前的10年,在发展中国家的项目融资比上一个10年增长了25倍。1997年,发展中国家的项目融资金额达到1232亿美元,占世界项目融资额的52.1%。

目前,项目融资在世界各地的运用已经相当普及,它的资金来源更加广泛、期限更长、政府介入更少,涉及的项目遍布能源、石化、电子等行业,极大地推动了世界经济的发展。从全球看,项目融资正处在一个应用范围扩大的阶段。可以相信,随着更多金融工具的出现,项目融资必然会越发走向大型化、国际化和技术化,而且其应用重点也必然是在发展中国家。

项目融资在中国的发展拥有相当大的空间,新的投资领域和投资机会的出现,为项目融资的大发展提供了有利时机。随着我国社会和经济的迅速发展、城市化进程的不断加快,城市基础设施建设需要的巨大投资完全依靠政府的公共财政是不可能解决的,在这方面项目融资将大有可为。

复习思考题

1. 什么是项目融资？项目融资与一般公司融资的主要区别是什么？
2. 项目融资适合于哪些项目种类？项目融资是否适用于所有的基础设施项目？
3. 你认为中国开展项目融资的必要性有哪些？在中国的市政公用事业发展中采用项目融资会有什么好处？
4. 既然融资成本较高，为何项目融资还得到广泛应用？
5. 结合实际情况分析在中国成功进行项目融资最需要迫切解决的问题是什么。

第 2 章 项目融资的组织与框架结构

项目融资有四个基本框架结构:项目的投资结构、项目的融资结构、项目的资金结构以及项目的信用保证结构。项目融资需要合理设计发起人之间的投资关系,为项目安排合适的融资模式,选择合理的资金来源,提供各种切实可行的担保,这是一项复杂的系统工程,也是项目融资中的一个重要问题。

本章阐述了项目融资的组织与结构中的相关问题,介绍了项目融资的四个基本框架结构,分析了项目融资参与者及其之间的关系、项目融资过程中所涉及的阶段和步骤,并说明每一个阶段都有其特定的内容和值得注意的问题。

2.1 项目融资的参与者

项目的参与者一般包括项目发起人、项目业主、项目经理和项目承包商等。以项目融资方式筹集资金的项目,通常是工程量较大、资金需求多、涉及面广的项目。同时,这类项目有完善的合同体系和担保体系来分担项目的风险。项目融资的参与者见图 2-1。

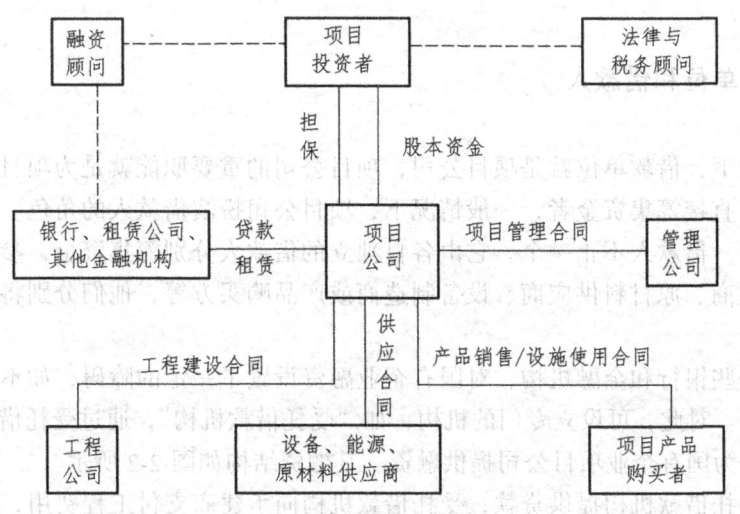

图 2-1 项目融资的参与者

常见的项目融资参与者主要有以下 11 类。

1. 项目发起人

项目发起人，是项目的倡导者和投资者，一般为股本投资者，是项目公司的股本投资者和特殊债务的提供者和担保者。项目发起人可以是一家公司，也可以是由多方组成的集团，例如由承包商、供应商、项目产品的购买方或项目产品的使用方以及政府部门等多方构成的联合体。项目发起人也可能是项目的利益相关者，包括项目的直接受益者和间接受益者。例如：在石油开发项目中，项目所在地的运输集团也可以成为项目发起人之一。项目发起人是项目的实际投资者和主办者，它是项目的股东，他们期望通过项目运营收回资金并获得盈利。项目发起人通常仅限于发起项目，不负责项目的建设和运营。它通过组织项目融资，实现投资项目的综合目标要求。

2. 项目公司

项目公司是为了项目建设和生产经营而建立的独立经营并自负盈亏的经营实体，是由项目发起人组建的独立经营的法律实体。项目发起人是项目公司的股东，仅以投入到项目公司中的股份为限对项目进行控制，承担有限的偿债责任。项目公司为建设和运营项目，需要进行大量的融资，并以项目本身的资产和未来的现金流作为偿还债务的保证。有些项目公司仅为项目的融资而成立，并不参与项目的建设和运营，只起一个资产运营公司的作用。例如：菲律宾 Pagbilao 电力项目中的 Pagbilao 发电有限公司是项目公司，但电厂的营运和售电等均由电厂经营者负责。项目公司架起了项目发起人和项目其他参与者之间的桥梁，使无追索权或有限追索权的项目融资得以实现，其主要的法律形式为有限责任公司和股份有限公司。

项目公司的理解要点是：它是具体负责项目开发、建设和融资的单位；它可以是一个公司、合伙制结构、有限合伙制结构、合资企业或以上实体的综合。

3. 借款单位和借款人

通常情况下，借款单位就是项目公司，项目公司的重要职能就是为项目筹集资金。借款人是指为项目直接筹集资金者，一般情况下，项目公司扮演借款人的角色。但借款人也可以不是项目公司。借款人不止一个，它由各自独立的借款人分别筹集资金，参与到项目的实施中来，如承建商、原材料供应商、设备制造商或产品购买方等，他们分别将筹集的资金投入到项目中。

国际上一些银行和金融机构，对国有企业融资设置了一定的障碍，如不向国有企业贷款和提供担保等。对此，可设立专门的机构，如"受托借款机构"，通过受托借款机构向银行借款，实现间接为国有企业项目公司提供融资。其融资结构如图 2-2 所示。

银行向受托借款机构提供贷款，受托借款机构向承建商支付工程费用，承建商按建设合同规定向国有项目公司提供产品及服务。购买产品的用户将产品货款支付给受托借款机构，该机构则用此款还本付息。

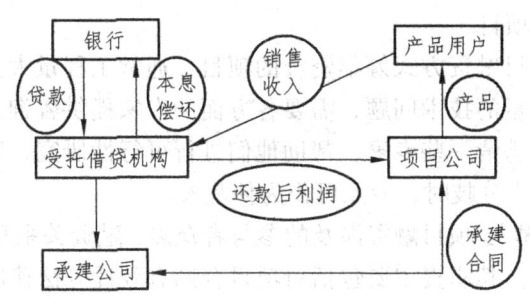

图 2-2　项目受托借款机构的融资结构

4. 贷款银行

项目融资的参与者中必不可少的是提供贷款的银行。由于项目融资需求的资金量很大，一家银行很难独立承担贷款业务。另外，基于对风险的考虑，任何一家银行也不愿意为一个大项目承担全部的贷款，通常情况下是由几个银行组成一个银团共同为项目提供贷款。银团贷款除了能够分散贷款风险、扩大资金的供应量外，还有另外一个优点，就是可以分散东道国的政治风险，避免东道国政府对项目的征用和干涉，因为东道国政府可能不愿意因此破坏与这些国家的经济关系。项目融资中的贷款银行有以下几类：

（1）商业贷款人（Commercial Lenders）。它是为项目提供资金的商业银行，可以是一家或几家商业银行，也可以是十几家银行组成的国际银团，提供对项目的辛迪加贷款。

（2）国际金融机构。它包括国际金融公司 IFC、地区开发银行、欧洲复兴与开发银行、等。国际金融机构和区域性金融机构经常参与发展中国家的项目融资。国际金融机构的参与对项目融资有很多好处：首先，可降低融资成本，世界银行通常为发展中国家的项目提供长期低息的优惠贷款；其次，由于国际金融机构的参与，其他项目参与各方减轻了对项目所在国政治风险的担心；最后，世界银行的贷款通常不要求担保。但是国际金融机构在提供优惠贷款的同时，也有很多其他附加条件，有些条件非常苛刻，不容忽视。这些国际金融机构可对项目起重要信用担保作用。

（3）出口信贷机构，即各国的进出口银行。它通过发放优惠利率的出口信贷促进本国出口稳定增长。

5. 项目融资顾问

项目发起人缺乏经验和资源，需聘请专业融资顾问。这些顾问包括财务与金融顾问、技术顾问、法律顾问、保险顾问及会计税务顾问、信用评估机构。

（1）财务顾问：项目公司在金融市场上筹集资金，往往聘请金融公司、投资银行等为其策划和操作，这些金融机构就是项目公司的财务顾问。财务顾问必须熟知国际、国内金融市场的操作规则，并且了解项目所在地的情况，可依据当地的政治、法律和市场环境等对项目融资结构提出参考意见。财务顾问的工作可使项目公司减少风险和降低成本。财务顾问还可为项目公司向外界推荐项目。

（2）专家：采用项目融资方式筹集资金的项目，通常工程量大并且技术复杂，因而在项目的设计和施工中有大量的技术问题，需要各方面的专家提供咨询意见。项目主办人、贷款银行和财务顾问等都要聘请一些专家，帮助他们进行可行性研究，对项目进行管理、监督和验收，特别是在项目发生分歧时，专家可作为仲裁人。

（3）法律顾问（律师）：项目融资涉及的参与者众多，融资关系复杂，通常在项目一开始，就需要相应的律师介入。其职责主要包括对项目合同有效性等法律问题，以及合理避税等税务问题提供建议，并起草各类合同文件，检查项目融资结构与措施是否符合东道国的有关规定，以规避法律风险。

6. 保险公司

项目融资的巨大资金数额以及未来难以预料的许多风险，项目参与方为其投保，使得保险公司成为项目融资中必不可少的参与者。保险公司收取保费，并为项目分担风险。

7. 所在国政府

项目所在国政府有时在项目融资中可以起到关键的作用。政府可以作为担保方为融资提供帮助，还可以作为公共产品的购买者为项目提供特许权。另外，政府可通过制定相关的税收政策、外汇政策等为项目融资提供优惠待遇。所在国政府还可以通过政府部门或政府控制的部门对项目注入间接股本资金。

8. 项目承建商

项目承建商负责项目的设计和建设，其技术水平、财务能力和经营业绩很大程度上影响贷款银行对项目建设风险的判断。工程建设公司的技术水平和声誉是能否取得贷款的重要因素。承建商可以通过项目公司签订固定价格的"一揽子承包合同"，从而成为项目融资的重要信用保证者。

9. 项目使用方

项目使用方就是项目产品的购买者或者项目提供的服务的使用者，它是项目未来收入与收益的提供者。如果使用方签订项目产品长期购买或者服务使用合同，就可以保证项目的市场和现金流量。它为项目融资提供重要的信用支持，可以确定项目产品的最小承购数量和价格公式，成为项目融资的重要参与者之一，它的资信情况也是能否取得银行借款的重要因素之一。一般情况下，项目使用方可以由项目发起人本身、对项目产品有需求的第三方或者政府有关机构承担。

10. 项目供应商

项目供应商主要包括项目所需设备供应商和原材料供应商。供应商在保证项目按时竣工中起着十分重要的作用，贷款人关心他们的资信与经济作风。项目设备供应商通常通过延期付款或者低息优惠出口信贷安排，构成项目资金的一个重要来源，为项目融资提供信用保证。项目所需原材料供应商以长期的优惠价格为项目提供原材料，以减少项目建设和运营期间的原材料供应风险，为项目融资提供便利条件，有助于减少项目初期至项目经营期间的许多不确定因素，因而也构成项目融资的重要参与者之一。

11. 项目担保方

为了保证项目公司按照合同约定来偿还债务，项目担保方以自己的信用或资产向贷款银行作出项目公司按约还款的保证。在有效担保期内，债权无法实现时，贷款银行就可以要求担保方履行担保义务。项目融资的担保方可以是项目发起人、项目所在国政府，也可以是资信等级较高的商业担保公司。与一般商业贷款中的担保方不同的是，项目融资的担保方主要是为了保证项目按时完工、正常经营，能够产生足够的现金流来偿还贷款。如果项目经营失败，贷款人可以在担保条件下直接占有或经营项目资产，也可以通过出售项目资产或权益来使自己的债务得到清偿。

2.2 项目融资的运作阶段

项目融资作为项目周期中的一个重要环节，自身也有一定的阶段和步骤，每一个阶段都有其特定的内容和值得注意的问题。从项目的提出到采用项目融资的方式为项目筹集资金，一直到最后完成项目融资，项目融资的过程分为五个阶段：投资决策阶段、融资决策阶段、融资结构设计阶段、融资谈判阶段和融资执行阶段。项目融资的阶段和步骤如图 2-3 所示。

1. 投资决策阶段

任何一个投资项目，在决策者下决心之前，都需要经过相当周密的投资决策分析。这些分析包括宏观经济形势的判断、工业部门的发展以及项目在工业部门中的竞争性分析、项目的可行性研究等内容。一旦作出投资决策，接下来的一个重要工作就是确定项目的投资结构。项目的投资结构与将要选择的融资结构和资金来源有着密切的关系。同时，在很多情况下项目投资决策也是与项目能否融资以及如何融资紧密联系在一起的。投资者在决定项目投资结构时需要考虑的因素很多，其中主要包括项目的产权形式、产品分配形式、决策程序、债务责任、现金流量控制、税务结构和会计处理等方面的内容。

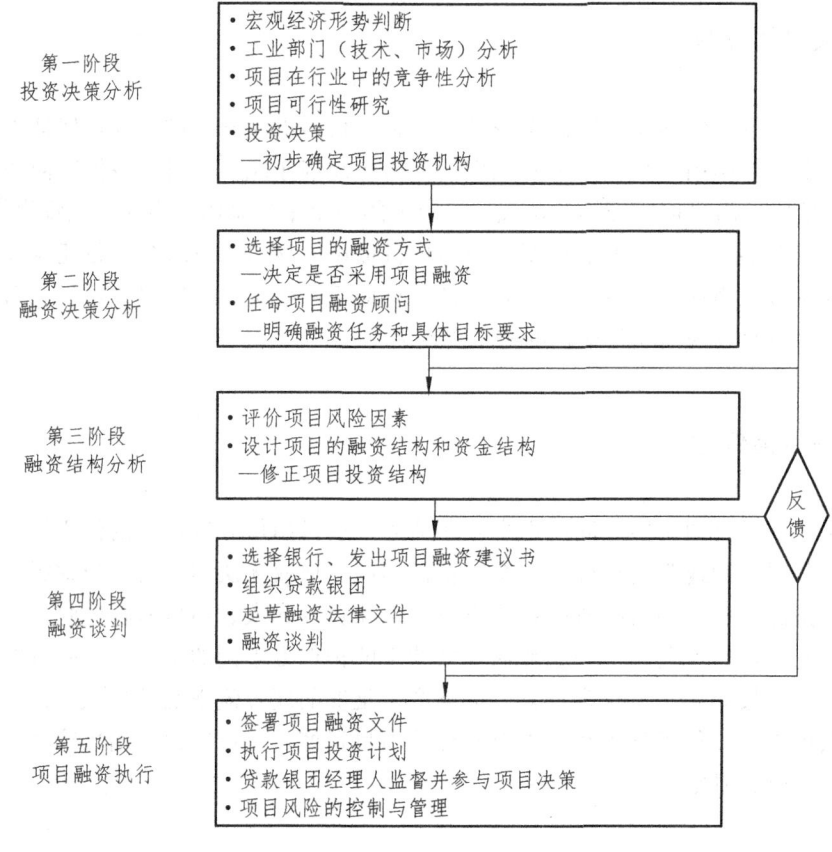

图 2-3　项目融资的阶段和步骤

2. 融资决策阶段

在这个阶段，项目投资者将决定采用何种融资方式为项目开发筹集资金。是否采用项目融资，取决于投资者对债务责任分担、贷款资金数量、时间、融资费用以及债务会计处理等方面的要求。如果决定选择采用项目融资作为筹资手段，投资者就需要选择和任命融资顾问，开始研究和设计项目的融资结构。

3. 融资结构分析阶段

设计项目融资结构的一个重要步骤是完成对项目风险的分析和评估。项目融资的信用结构基础是由项目本身的经济强度，以及与之有关的各个利益主体与项目的契约关系和信用保证构成的。能否采用以及如何设计项目融资结构的关键点之一就是要求项目融资顾问和项目投资者一起对项目有关的风险因素进行全面分析和判断，确定项目的债务承受能力和风险，设计出切实可行的融资方案。项目融资结构以及相应的资金结构的设计和选择必须全面反映投资者的融资战略要求和考虑。

4. 融资谈判阶段

在初步确定了项目融资方案以后，融资顾问将有选择地向商业银行或其他投资机构发出参与项目融资的建议书、组织贷款银团、策划债券发行、着手起草有关文件。与银行的谈判会经过很多次的反复，这些反复可能是对相关法律文件进行修改，也可能涉及融资结构或资金来源的调整，甚至可能是对项目的投资结构及相应的法律文件作出修改，来满足债权人的要求。在谈判过程中，强有力的顾问可以帮助加强投资者的谈判地位，保护其利益，并能够灵活、及时地找出方法解决问题，打破谈判僵局。因此，在谈判阶段，融资顾问的作用是非常重要的。

5. 项目融资执行阶段

在正式签署项目融资的法律文件之后，融资的组织安排工作就结束了，项目融资进入执行阶段。在这期间，贷款人通过融资顾问经常性地对项目的进展情况进行监督，根据融资文件的规定，参与部分项目的决策、管理，控制项目的贷款资金投入和部分现金流量。贷款人的参与可以按项目的进展划分为三个阶段：项目建设期、试生产期和正常运行期。

2.3 项目融资的结构框架

各个项目的融资活动千差万别，找不到两个完全相同的项目融资。在项目融资理论中，通常将项目的投资结构、融资结构、资金结构和信用保证结构称为项目融资的结构框架，具体见图2-4。项目融资的四种结构不是孤立的，而是相互联系、相互影响的。在进行项目融资结构整体设计时，必须把这四大结构综合在一起考虑。

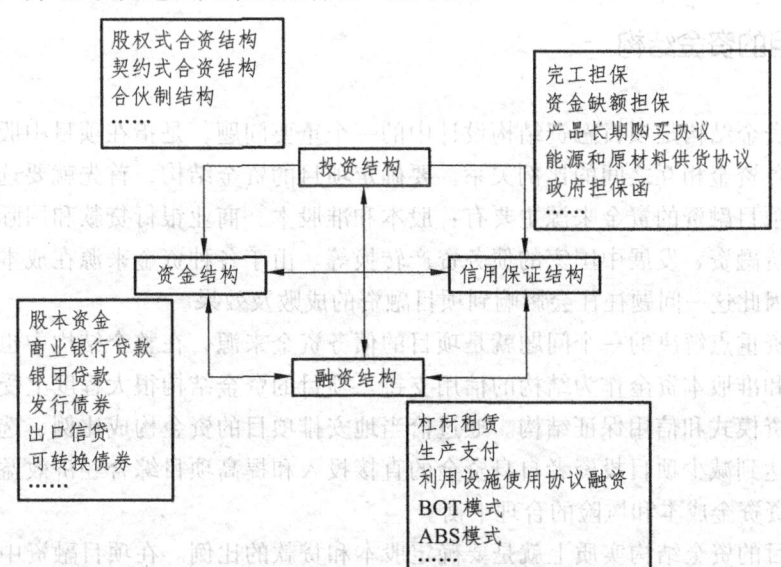

图 2-4 项目融资的结构框架

2.3.1 项目的投资结构

项目的投资结构,即项目的资产所有权结构,主要是指项目发起人对项目资产权益的法律拥有形式和发起人之间的法律合作关系。项目的投资结构对项目融资的组织和运行方式有着重要的影响。项目发起人在项目融资之前必须明确采用何种投资结构,尤其是存在多个发起人的情况下,必须选择合理的项目投资结构。对于基础设施建设项目和资源开发项目,由于需要投入巨额的资金,项目周期也很长,单一的投资者难以承担项目的风险,因此有必要由多个主体共同投资建设,共同承担风险,形成互补性效益,利用不同投资者的信用等级和所在国的优惠政策吸引项目贷款。此时,各个发起人需要考虑投资结构的影响因素,确定是采用股权式投资结构、契约式投资结构还是合伙制投资结构。目前,较常用的结构有单一项目子公司、公司型合资结构、合伙制或有限合伙制结构、非公司型合资结构等。

2.3.2 项目的融资结构

项目的融资结构是项目融资的核心部分,其主要内容是设计和选择合适的融资结构以实现目标和要求,具体指组成项目融资的各部分的搭配和安排。每个项目都有其独特性,项目融资在具体实施过程中有很多模式,不同模式的融资结构和实施过程差异很大。因此,要依据项目自身的特点选取适合的项目融资结构。通常采用的项目的融资模式主要有 BOT 项目融资、ABS 项目融资、产品支付和远期购买的融资、融资租赁、设施使用协议融资等。

项目投资结构和融资结构是关系极为密切的两大模块,彼此互相制约、互相影响。总的来说,投资结构决定融资结构,而融资结构又反过来影响投资结构。所以,对项目投资模式和融资模式的设计应同时考虑,交叉进行,科学协调二者的关系。

2.3.3 项目的资金结构

项目的资金结构是项目融资结构设计中的一个重要问题,是指在项目中股本资金、准股本资金和债务资金相互之间的比例关系。要确定项目的资金结构,首先就要选择项目融资的资金来源。项目融资的资金来源主要有:股本和准股本、商业银行贷款和国际银行贷款、国际债券、租赁融资、发展中国家的债务资产转换等。由于各种资金来源在成本和风险等方面存在差异,因此这一问题往往会影响到项目融资的成败及效果。

项目融资重点解决的一个问题就是项目的债务资金来源,在整个结构中也需要适当形式的股本资金和准股本资金作为结构的信用支持。项目的资金结构很大程度上受制于项目的投资结构、融资模式和信用保证结构。通过恰当地安排项目的资金构成比例、选择适当的资金形式,可以达到减少项目投资者自身资金的直接投入和提高项目综合经济效益的双重目的,获得项目融资资金成本和风险的合理平衡。

确定项目的资金结构实质上就是要确定股本和贷款的比例。在项目融资中,债务资金通常是最重要的资金构成,这也正是项目融资区别于传统融资的一个重要特点。同时,项目融资在不同的行业中，项目的贷款占到总资金的比率从 30%～80% 不等。并且在大部分的行业中，项目的贷款占了很大的比重，一般都在 50% 以上。当然不同项目存在较大差别，股本金比例最低甚至可以为 0，这种情况也被称为 100%项目融资。

2.3.4 项目的信用保证结构

信用担保是项目融资的安全性来源，它依赖于项目本身的经济强度和项目之外的直接或间接担保。项目的信用保证结构是指项目融资中所采用的一切担保形式的组合。项目本身的经济强度与项目的信用保证结构是相辅相成的。项目的经济强度高，融资所要求的信用保证结构就相对简单，保证条件就相对宽松；反之，要求的信用保证就相对复杂和严格。

项目融资的信用结构是以各种担保关系为主体结构的。这些担保关系有的属于法律意义上的担保范畴，如项目资产抵押；有的则是非法律意义上的担保。如长期供货协议、政府安慰函等意向性担保等。项目融资的信用保证种类繁多，体系庞杂。这些担保可以是直接的财务保证，如完工担保、成本超支担保、不可预见费用担保；也可以是间接的或非财务性的担保，如长期购买项目产品协议、技术服务协议、以某种定价公式为基础的长期供货协议等。所有这一切担保形式的组合，就构成了项目的信用保证结构。值得注意的是，在以我国为代表的发展中国家进行的项目融资的保证结构中，有时政府对项目某些事项的支持起着非常重要的作用。

项目的投资结构确定了项目投资者与项目资产之间的法律关系，合理的投资结构设计能够比较好地满足不同投资者的要求，为项目平稳运作提供组织保证。在确定投资结构的基础上，就可以选择适当的融资结构。融资结构主要是指项目融资模式的选择，是项目融资结构设计中的核心，项目的其他结构都将围绕此结构展开。

一旦确定了项目的投资结构和融资模式，就可以确定项目的资金结构和信用保证结构。项目融资的资金结构是指权益资本与债务资金的比例关系及其来源渠道。项目融资中通常发起人的投入只占总投资的一小部分，其余需要通过各种融资渠道筹集。不同渠道的资金成本、风险及期限都是不一样的。因此，需要对融资渠道有一个很好的认识。而资本结构的确定可能会对融资及项目未来的运作产生影响。由于项目融资的有限追索特性，除了项目本身的经济强度之外，项目的信用保证结构有助于降低相关投资者的风险，进而增强项目的吸引力。

有关四个结构的具体内容，此处只需把握这些结构的基本含义和相互关系即可，具体内容在后续的章节中再详细介绍。

2.4 案例：分析深圳沙角 B 电厂项目融资的四个框架结构

2.4.1 项目简介

"深圳沙角电厂 B 厂"是中国最早的有限追索项目融资，采用 BOT 模式（Build-Operate-

Transfer），被认为是中国第一次使用 BOT 融资概念兴建的基础设施项目。项目总装机容量为 70 万千瓦，由两台 35 万千瓦的发电机组组成。项目总投资为 42 亿港币（5.4 亿美元，按 1986 年汇率计算）。项目于 1984 年签署合资协议，1986 年完成融资安排并动工兴建，并在 1988 年建成投入使用，1999 年正式移交给中方政府。深圳沙角 B 电厂的融资安排，是我国企业在国际市场举借外债开始走向成熟的一个标志。

2.4.2　项目投资结构

深圳沙角 B 电厂采用中外合作经营方式兴建。合作经营是我国改革开放前期比较常用的一种中外合资形式。合资中方为深圳特区电力开发公司（A 方），合资外方是一家在香港注册专门为该项目成立的项目公司——合和电力（中国）有限公司（B 方）。项目合作期为 10 年。合和电力（中国）有限公司是该项目的实际投资者，其中的股东香港合和公司占 50% 股份；日本兼松商社占 5% 股份；中资公司 45% 股份。

在合作期间，B 方负责为：① 安排提供项目全部的外汇资金；② 组织项目建设；③ 经营电厂 10 年（合作期）；④ 合作期满时，B 方将深圳沙角 B 电厂的资产所有权和控制权无偿地转让给 A 方，退出该项目。B 方权利是：获得扣除项目经营成本、煤炭成本和支付给 A 方的管理费后的项目收益。

在合作期间，A 方主要承担的义务包括：① 提供项目使用的土地、工厂的操作人员；② 为项目安排优惠的税收政策；③ 为项目提供一个具有"供货或付款"性质的煤炭供应协议；④ 为项目提供一个具有"提货或付款"性质的电力购买协议；⑤ 为 B 方提供一个具有"资金缺额担保"性质的贷款协议，同意在一定的条件下，如果项目支出大于项目收入则为 B 方提供一定数额的贷款。

2.4.3　项目资金结构

深圳沙角 B 电厂的资金结构包括股本资金、准股本资金（从属性项目贷款）和债务资金三种形式，其具体的资金构成如下（以 1986 年汇率换算为美元）：

（1）股本资金：① 股本资金/股东从属性贷款 3 850 万美元；② 人民币延期付款 1 670 万美元。

（2）准股本资金：A 方的人民币贷款（从属性项目贷款）9 240 万美元（A 方安排）。

（3）债务资金：① 日本进出口银行出口信贷 26 140 万美元（B 方安排）；② 欧洲日元贷款 5 560 万美元（B 方）；③ 港币贷款 7 500 万美元（B 方）。

（4）资金总计：53 960 万美元（5.4 亿美元）。

2.4.4 项目融资结构

根据合作协议安排,在深圳沙角 B 电厂项目中,除人民币资金之外的全部外汇资金安排由 B 方负责,项目合资 B 方——合和电力(中国)有限公司,利用项目合资 A 方提供的信用保证,为项目安排了一个有限追索的项目融资结构股本资金,见图 2-5。

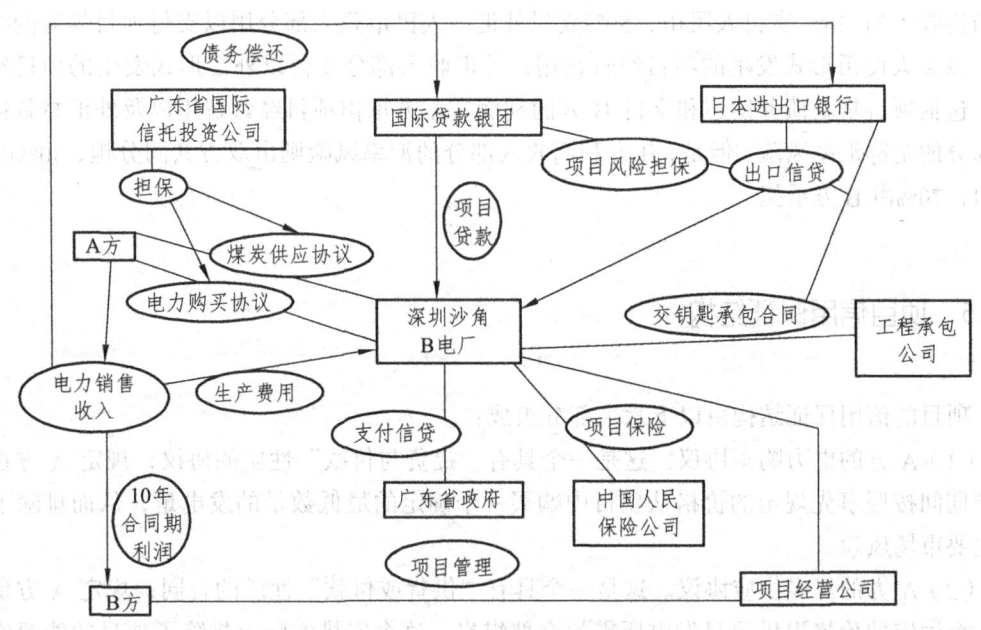

图 2-5 深圳沙厂 B 电厂项目融资结构

B 方融资安排主要有以下几个方面:

(1)完工风险的转移:B 方与日本几个主要公司组成的电厂设备供应商和承包财团签订"交钥匙"合同。在融资结构中,首先,B 方与以日本三井公司等几个主要日本公司组成的电厂设备供应和工程承包财团谈判,获得了一个固定价格的"交钥匙"合同。这个财团在一个固定日期(1988 年 4 月 1 日)和一个"交钥匙"合同的基础上,负责项目的设计、建设和试运行,并且同意为项目在试运行和初期生产阶段提供技术操作人员。通过这种方式,项目的一个主要风险即完工风险,被成功地从项目投资者身上转移出去。

(2)债务资金来源:① 日本进出口银行为债务资金主要来源,国际银团提供项目风险担保。② 国际贷款银团提供欧洲日元贷款和港币贷款,电力购买、煤炭供应协议作担保。

融资结构使用了日本政府进出口银行的出口信贷作为债务资金的主要来源,用以支持日本公司在项目中的设备出口。但是,日本进出口银行并不承担项目的风险,一个由大约 50 家银行组成的国际贷款银团为日本进出口银行提供了一个项目风险担保,并且为项目提供欧洲日元贷款和港币贷款。

(3)A 方对项目的承诺:电力购买协议、煤炭供应协议、广东国际信托投资公司对 A 方的承诺。

A 方对项目的主要承诺（对 B 方的承诺）是电力购买协议和煤炭供应协议，以及广东省国际信托投资公司对 A 方承诺的担保。B 方在安排项目融资时将两个协议的权益以及有关担保转让给项目融资的贷款银团，作为项目融资结构的主要信用保证。

（4）对外汇问题的安排：① 收入的 50% 支付外汇，以偿还贷款及 B 方利润；② 收入的另外 50% 支付人民币以购买成本等；③ A 方承担全部汇率风险。

A 方与 B 方，对项目现金流量中的外汇总量也做了适当的安排。在合作期间，项目的电力销售收入的 50% 支付人民币，50% 支付外汇。人民币收入部分用以支付项目煤炭的购买成本，以及人民币形式发生的项目经营费用；外汇收入部分支付以外汇形式发生的项目经营费用，包括项目贷款债务偿还和支付 B 方的利润。A 方承担项目经营费用以及外汇贷款债务偿还部分的全部汇率风险，但是，B 方利润收入部分的汇率风险则由双方共同分担，30% 由 A 方承担，70% 由 B 方承担。

2.4.5 项目信用保证结构

项目的信用保证结构由以下六个部分组成：

（1）A 方的电力购买协议。这是一个具有"提货与付款"性质的协议，规定 A 方在项目生产期间按照事先规定的价格从项目中购买一个确定的最低数量的发电量，从而排除了项目的主要市场风险。

（2）A 方的煤炭供应协议。这是一个具有"供货或付款"性质的合同，规定 A 方负责按照一个固定的价格提供项目发电所需的全部煤炭，这个安排实际上排除了项目的能源价格及供应风险以及大部分的生产成本超支风险。

（3）广东省国际信托投资公司为 A 方的电力购买协议和煤炭供应协议所提供的担保。

（4）广东省政府为上述三项安排所出具的支持信。虽然支持信并不具备法律约束力，但是，正如前面所指出的，一个有信誉的机构出具的支持信，作为一种意向性担保，在项目融资安排中具有相当的分量。

（5）设备供应及工程承包财团所提供的"交钥匙"工程建设合约，以及为其提供担保的银行安排的履约担保，构成了项目的完工担保，排除了项目融资贷款银团对项目完工风险的顾虑。

（6）中国人民保险公司安排的项目保险。项目保险是电站项目融资中不可缺少的一个组成部分，这种保险通常包括对出现资产损害、机械设备故障以及相应发生的损失的保险，在有些情况下也包括对项目不能按期投产情况的保险。

以上六点可以清楚地勾画出深圳沙角 B 电厂项目的种种风险要素，是如何在与项目建设有关的各个方面之间进行分配的。这种项目风险的分担是一个成功的项目融资结构所不可缺少的条件。

复习思考题

1. 项目融资的主要参与者有哪些？这些主要参与者各自的权责是什么？
2. 什么是项目融资的框架结构？各个结构之间有什么关系？
3. 东道国政府在项目融资中起什么作用？
4. 项目融资的运作分哪几个阶段？各自有什么内容？请分析每个阶段最为关键的工作有哪些。
5. 对于 BOT 项目，你认为在项目融资中最为重要的是哪些阶段？在这些阶段需要特别注意的问题是什么？
6. 你认为深圳沙角 B 电厂项目融资成功的经验是什么？

第3章 项目融资的投资结构

项目融资中的投资结构是指项目单位的组织结构，即项目的资产所有权结构，主要包括项目实际投资者对项目资产权益的法律拥有形式和项目投资者之间的法律合作关系。项目投资结构对项目融资的组织和运行起着决定性的作用，项目发起人在项目融资之前必须明确采用何种投资结构，尤其是存在多个发起人的情况下，必须选择合理的项目投资结构。一个在法律上结构严谨的投资结构是项目融资得以实现的前提条件。

本章涉及项目融资的投资结构问题，介绍了三种最常见的投资结构的形式，讨论了选择项目投资结构设计时应考虑的因素。在这一章里，我们重点介绍了股权式投资结构、契约型投资结构的主要特点，及这两种结构的优缺点，并运用案例对这两种结构在项目中的运用进行了分析，还简要介绍了合伙制结构的特点及优缺点。

3.1 项目的投资结构设计

由于融资项目大多具有资金需求量大、项目周期长、风险程度高等特点，单一投资者往往难以具备项目的投资、筹资和承担项目风险的能力，因此有必要由多个主体共同投资建设，共同承担风险，形成互补性效益，利用不同投资者的信用等级和所在国的优惠政策吸引项目贷款。项目的实际投资者往往不止一个，这就产生了项目的投资结构问题。这一问题是进行项目融资结构设计的一个重要方面。

3.1.1 项目投资结构设计的概念

所谓项目投资结构设计，是指在项目所在国的法律、法规、会计、税务等外在客观因素的制约下，寻求一种能够最大限度地实现各投资者投资目标的项目资产所有权结构。由于融资项目通常有两个以上的投资者，因此项目投资各方的权益协调也是投资结构设计的重要考虑因素。项目投资者在投资结构设计中所考虑的投资目标通常不仅仅只是利润目标，而往往是一组相对复杂的综合目标集，既包括投资者对融资方式和资金来源等与融资直接相关的目标要求，也包括投资者对项目资产的拥有形式、对产品分配、对项目现金流量控制、对投资者本身公司资产负债比例控制等与融资间接相关的目标要求。

通常，采用项目融资方式筹集资金的项目可以是单一投资者全资拥有的项目，也可以是由多个投资者组成的合资结构所拥有的项目。近年来，采用项目融资方式的项目结构越来越多地体现出一个趋势，即项目是由具有互利的目标、能力和资源的多个投资者组成的合资集团共同开发、拥有和控制的。

投资者选择联合投资往往是出于以下几点考虑：

（1）共同投资，共担风险。采用项目融资方式筹集资金的项目多为基础设施项目或资源开发性项目，这些项目一般资金占用量大、投资回收期长，其投资规模往往超过任何一个投资者的筹资能力；而且该类项目受政治性因素或国际市场周期性波动影响大，使得任何一个投资者都很难全面承担起项目的风险。如果由多个投资者共同投资，不仅可以大大提高筹资能力，项目的风险也可以由所有的项目参与者共同承担。

（2）充分利用不同背景投资者之间具有的互补性效益。参与融资项目投资的各方追求的目标不同，其自身条件和背景也不同，这样就可充分利用各投资者的优势提高项目成功的可能性和综合效益。例如，有的投资者可为项目提供长期稳定的市场，有的拥有资源，有的可以提供技术和管理技能，如果这些投资者联合投资，将为确保项目成功提供各种条件。再如，投资者到一个不熟悉的国家去投资，如果有一个了解当地情况的公司作为合作伙伴，无疑将会提高投资成功的机会。

（3）利用不同投资者的信誉等级吸引优惠的贷款条件。投资者之间不同优势的结合可以为项目争取到较为有利的贷款条件。例如，有的投资者具备较好的生产、管理和财务资信，可以构成对项目融资有力的信用支持，从而有可能在安排项目融资时获得较为有利的贷款条件，包括贷款利率、贷款期限、贷款限制等方面的优惠。

（4）充分利用各合资方国内的有关优惠政策。各国税法规定的内容不尽相同，但可以通过在合资企业中作出某种安排使其中一个或几个投资方可以充分利用项目可能带来的税收优惠，而后以某种形式将这些优惠和利益与其他投资方分享，提高投资者的实际投资收益。

3.1.2 项目投资结构设计时应考虑的主要因素

由于项目投资结构设计既要考虑投资者对项目风险隔离、现金流量控制等方面的要求，又要结合项目本身的特点及各参与方的特点和要求来进行，因此项目投资结构设计往往是一个考虑多个目标、平衡各方利益得失的复杂过程，而且，在投资结构的设计过程中，往往要经过反复的交流、修正、调整才能形成大家都接受的方案，从而增加了项目投资结构设计的难度和复杂性。项目投资结构设计的复杂性往往决定了每一个融资项目的投资结构都有其特殊性，但在投资结构设计时也有一些规律可以遵循。通常在选择项目投资结构时，应考虑如下一些主要影响因素。

1. 项目风险分担和项目债务隔离程度的要求

实现融资的有限追索是采取项目融资方式的一个基本出发点。在设计项目投资结构时，必须考虑如何根据各项目参与方的特点和要求来实现项目风险的合理分配，同时要努力使项目的债务追索性质和强度符合项目投资者的要求。通常，项目投资者期望实现的目标收益率和其承担的风险是紧密相关的，因此各个投资者往往由于其背景、投资目标和对项目融资的具体要求不同，可能会对投资结构提出不同的要求。投资结构的设计必须经过不断的修正和调整，最大限度地满足各投资者的要求。例如：如果项目发起人愿意承担间接的风险和责任，则多偏好于有限责任公司的投资结构；而如果投资者有能力且愿意承担更多的风险和责任，以期获得更大的投资回报的话，则可能会选择契约型的投资结构。

2. 补充资本注入的灵活性要求

由于融资项目所需资金数额巨大、项目风险种类较多且风险较一般项目要大，而且融资项目的债务股本比例一般较高，因此当项目遇到经营困难时，往往难以通过其他方式筹集资金，只能通过补充资本的形式来满足资金需求。融资项目要求注入补充资本的可能性大小和数额多少往往取决于项目性质、项目的投资等级、经济强度等因素。如果投资项目具有较高的经济强度，则要求注入补充资本金的可能性不大；反之，在设计项目投资结构时，就要格外重视这一问题。因此，当项目要求注入补充资本的可能性较大时，一般倾向于选择公司型投资结构；而如果项目出现财务困难的概率较小，则可能会偏向选择契约型投资结构。

3. 对税务优惠利用程度的要求

充分利用合理的项目税务结构来降低项目的投资成本和融资成本是国际投资活动的一个重要特点，因此税务问题是设计项目投资结构和融资结构时需要考虑的一个重要问题。同时，税务结构问题也是投资结构设计中需要考虑的最为复杂的问题之一。许多国家的税法中都有规定，不同公司之间的税收在某些特定条件下可以合并、统一纳税。在项目投资结构设计时，可以设法用一个公司的税务亏损去冲抵另一个公司的盈利，从而降低其总的应缴税额，提高其总体的综合投资效益。

不同的项目投资结构往往关系到投资者能否合理有效地利用融资项目的税务亏损问题。例如：在有限责任公司投资结构中，项目公司是纳税主体，其应纳税收入或亏损以公司为单位计算，较难实现税务冲抵；在契约型的投资结构中，项目资产由投资者分别直接拥有，项目的产品也由投资者直接拥有，销售收入直接归投资者所有，投资者可以自行决定其纳税收入问题，这就为冲抵税务亏损提供了可能。

4. 财务处理方法的要求

项目的投资结构不同，其财务处理方法往往也存在差异。这种差异主要体现在两个方面：一是财务资料的公开披露程度；二是财务报表的账务处理方法。

按照各国公司法、证券法等相关法规规定，股份公司要承担信息公开披露的责任和义务，因此如果投资者不愿意将项目资料公布于众，则可能会对有限责任公司尤其是股份公司投资结构持谨慎态度。而且按照各国相关法律规定，采用不同的投资结构，或者虽然投资结构相同，但是采用不同的投资比例，往往会影响项目的资产负债情况是否反映在投资者自身的财务报表上以及其反映的方式，这也就会对投资者的资产负债情况带来不同的影响。因此，在设计项目投资结构时，应注意对投资结构作适当的会计处理。

对契约型投资结构而言，不管投资比例大小如何，该项投资全部资产负债损益状况都必须在投资者自身的公司财务报表中全面反映出来。而对于有限责任公司投资结构而言，情况往往比较复杂，大致可以分为三种情况进行不同的账务处理：

第一，如果投资者在一个项目公司中持股比例超过 50%，此时投资者被认为拥有被投资公司的控制权，该项目公司的资产负债表需要全面合并到投资者自身公司的财务报表中去，以达到全面真实地反映该投资者财务状况的目的。

第二，如果投资者在一个项目公司中持股比例介于 20%～50%，此时投资者对公司没有控制权，不存在合并财务报表的问题。但由于投资者在项目公司中持股比例较大，对公司的决策可以起到很大的影响，因此应在投资者自身的财务报表中按投资比例反映出该项投资的实际盈亏情况。

第三，如果投资者在一个项目公司中持股比例低于 20%，则其对项目公司的决策影响有限，所以只要求在其自身的财务报表中反映出实际投资成本，而不需要反映任何被投资公司的财务状况。

由于投资比例会影响账务处理上的差异，因此投资者应根据实际要求在项目投资结构设计时合理确定投资比例，以实现其对账务处理的要求。假如投资者不希望将新项目的融资安排反映在自身的财务报表上，同时又不失去对项目的实际控制权，就需要小心处理投资者在项目公司中的投资比例。反之，如果投资者尽管在一个项目中所占比例较小，但仍希望能够将其投资合并进自身的资产负债表中以增强公司的形象，则可适当选择合伙制投资结构。

5. 产品分配形式和利润提取的难易程度

项目投资者参与项目的投资、开发、建设往往以获取一定的经济目标为目的，这种经济目标可能是直接的项目产品，也可能是分得的项目利润。项目的特点和投资者自身的情况不同，对项目产品的分配形式和利润提取方式也会有不同要求。为了适应投资者在此方面的要求，在投资结构设计时往往要考虑以下两个方面：

一方面，投资者不同背景的影响。通常，不同的投资结构对利润的提取形式有不同的规定。如在有限责任公司投资结构中，由项目公司统一对外销售、统一结算、统一纳税，在弥补项目经常性支出和资本性支出后，剩余利润可以在投资者之间进行分配；而在契约型投资结构中，项目产品是直接分配给各投资者自己支配的，投资者如果拥有较广泛的销售渠道和市场知名度，就很容易将产品变现，从而顺利地获得收入并赚取利润。因此，从这个意义上说，大型跨国公司在参与项目融资时，往往会偏向于选择契约型投资结构，而中小型公司参与项目融资时往往更愿意采取公司型投资结构。

另一方面，投资项目的不同性质也对项目投资结构的选择有重要影响。例如：在资源开发项目中，多数投资者愿意直接获得项目产品，因为这些产品很可能是其后续工业的原材料，也可能是其特定客户或特定市场所必需的一些关键性资源，这是大多数跨国公司在资源丰富的发展中国家和地区从事投资活动的一个重要原因；而在基础设施项目投资中，多数投资者一般不会十分重视对项目产品的直接拥有形式，而可能只是为了开拓公司的业务活动领域，增加公司利润。因此，在资源性开发项目中一般以契约型投资结构从事项目的开发和建设，而在基础设施项目中则以公司型投资结构为主要投资形式。

6. 融资便利与否要求

项目投资结构不同，意味着项目资产的法律拥有形式有所不同，投资者在进行融资时所能提供的抵押担保条件就会不同，因此投资结构将直接影响项目的融资活动。

在有限责任公司投资结构中，项目公司是全部资产的所有人，它可以较容易地将项目资产作为一个整体抵押给贷款银行来安排融资，并且可以利用一切与项目投资有关的税务好处及投资优惠条件来吸引资金。同时，项目公司完全控制着项目的现金流量，较利于银行对全部项目现金流量的监管和控制，因此以项目公司为主体安排融资就比较容易。在契约型投资结构中，项目资产是由一些投资者分别直接拥有的，项目资产很难作为一个整体来向贷款银行抵押并申请项目贷款，而只能由各个投资者将其所控制的项目资产分别或者联合（也并非是一个整体的项目公司）抵押给贷款银行，并且分别享有项目的税务好处和其他投资优惠条件，分别控制项目现金流量，这时项目融资的安排就较为复杂。所以，从融资便利与否来看，选择公司型投资结构比选择契约型投资结构更有优势。当然，如果一些投资者本身资信较高，能够筹集到较优惠的贷款，则契约型投资结构会更受青睐。同时，在考虑融资便利与否时，还要顾及各国对银行留置权的法律规定，如有些国家法律规定银行要对合伙制结构的抵押资产行使留置权，此时，契约型投资结构要比公司型投资结构更为困难。

7. 资产转让的灵活性要求

投资者在一个项目中的投资权益能否转让、转让程度以及转让成本是评价一个投资结构有效与否的又一重要因素。投资结构在这一方面的不同不仅会直接影响投资者的投资决策，也将对项目的融资安排产生非常重要的影响。

项目融资中的贷款银行通常需要投资人提供抵押的资产或权益是可以较方便地转让的。这样，一旦借款人违约，贷款银行就可以通过出售用作抵押的资产或权益以抵消贷款本息，减少贷款的违约风险。反之，如果投资者用作融资抵押的资产或权益无法转让或转让困难，项目的融资风险就相应增加，贷款银行在安排融资时就会要求增加融资成本、增加信用保证以减少贷款风险，这种要求对投资者来说就意味着财务负担的增加，同样也意味着投资收益的降低。正是从这个角度上说，公司型投资结构比契约型投资结构更受银行欢迎。在公司型投资结构中，项目资产或股份抵押给贷款银行，一旦项目公司违约，贷款银行可以很方便地在公开市场上抛售项目资产或股份以弥补贷款本息；而在契约型投资结构或合伙制结构中，项目资产或权益的出售要经过所有投资者的一致同意等限制，不仅转让程序复杂，而且转让成本很高，贷款银行为契约型投资结构提供资金时将更为谨慎。

8. 项目管理的决策方式与程序

项目管理的决策方式与程序的关键是在充分保护少数投资者权益的基础上，建立一个有效的决策机制。解决决策方式与程序问题需要确立不同投资者在合资结构的不同层次中拥有的管理权和决策权，以及这些权利的性质和实际参与管理的形式及程度。在生产管理方面，多数合资结构都会任命其中一个主要投资者（该投资者应具备项目管理的生产技术能力）或者一个独立的项目管理公司作为项目经理，负责项目日常生产经营工作，其他的投资者则只参与不同层次的管理委员会（或董事会），对项目的重大问题拥有决策权。这些决策权包括审批项目的资本开支预算、年度经营预算、长期经营计划，批准项目的扩建或停产，改变项目经营方向，处理或出卖项目的部分或全部资产等与项目生存有关的重大问题。在市场管理和财务管理方面，具体管理权的归属与投资结构有更直接的联系。例如：对于非公司型合资结构，财务管理和产品销售的控制权分别掌握在各个投资者手中，基本上不存在集中统一的决策问题；然而对于公司型合资结构来说，财务管理和产品销售的控制权则掌握在项目公司手中。

无论采取何种投资结构，投资各方都需要按照各种决策问题的重要程度序列通过合资协议将决策程序准确地规定下来。确定决策方式的一般原则是：最重要的问题需要百分之百的投资者同意才能决策，次重要的问题要求绝大多数（2/3 或 3/4）的投资者同意才能决策，一般性的问题只要求多数同意即可作出决策。

以上几方面只是简单地讨论了在设计项目的投资结构时所必须考虑的基本因素，具体设计一个项目的投资结构时可能考虑的因素将不仅仅局限于上述这些因素，投资结构设计过程也会更为复杂。

3.2 股权式投资结构

3.2.1 股权式投资结构的特点

股权式投资结构又称为公司型合资结构，这种合资结构的基础是有限责任公司。股权式投资结构是按照"公司法"建立的，具有一个与投资者完全分离的独立法人实体，股东以其所持股份为限对公司承担责任，公司以其全部资产对公司的债务承担责任的一种投资结构。采用该投资结构需要成立一家项目公司，作为一个独立法人，该项目公司拥有一切项目资产和享有处置资产的权利，股东则按照股权份额行使自身的权利。该项目公司的法律形式为股份有限公司和有限责任公司。合作双方共同组成有限公司，共同经营、共负盈亏、共担风险，并按股份权额分配利润。采用该投资结构的项目，可以以项目公司为主体进行融资。

股权式投资结构的公司是与其投资者（公司股东）完全分离的独立法律实体，即：公司法人作为一个独立的法人，拥有一切公司资产和享有处置资产的权利，公司股东对公司资产既没有直接的法律权益也没有直接的受益人权益；公司承担一切有关的债权债务，在法律上具有起诉权也有被起诉的可能，并且除了公司被解散的情况之外，公司对这些资产和权益具有永久性继承权，而不受其股东变化的影响；投资者通过持股拥有公司，并通过选举任命董事会成员对公司的日常运作进行管理。由于公司型合资结构相对简单明了，国际上大多数的制造业、加工业项目采用的都是公司型合资结构。这种结构是目前世界上最简单有效、使用广泛的一种投资结构。

3.2.2 股权式投资结构的优缺点

1. 股权式投资结构的优点

对于项目投资者来说，在项目融资中选择公司型合资结构往往具有如下一些优点：

（1）公司股东承担有限责任。在公司型合资结构中，投资者的责任仅限于投入公司的股本金额，在偿还债务时，项目公司承担直接的还贷责任，公司股东不承担任何连带追索的风险。这就是所谓的"风险隔离"，它使投资者的风险大大降低，实现了对项目投资者债务的有限追索。风险的隔离可以说是选用公司型合资结构的一个最重要的考虑。在公司型合资结构中，项目公司对偿还贷款承担直接责任，而项目投资者除为项目债务提供担保外不承担任何债务责任，从而对投资者来说实现了有限追索融资。

（2）融资安排比较容易。公司型合资结构对于安排融资有两方面的优点：第一，公司型合资结构中项目资产所有权集中，而不是分散于各个投资者手中，便于项目的经营和管理。所有权集中，也便于贷款银行取得项目资产的抵押权和担保权，便于贷款银行对项目现金流量的控制。一旦项目出现债务违约，银行可以比较容易地行使自己的权利。第二，公司型合资结构易于为资本市场所接受，条件许可时可以直接进入资本市场，通过股票上市或发行债券等多种方法筹集资金。

（3）投资转让比较容易。项目公司股票代表着投资者在一个公司中的投资权益，相对于项目资产的买卖而言，股票的转让程序比较简单和标准化。投资者只要转让其手中的股票，就能达到转让公司投资的目的，这比转让项目资产要容易得多，同时也不影响项目公司的存续。公司法中对股东之间的关系有明确的规定，其中最重要的一点是股东之间不存在任何的信托、担保和连带责任。另外，通过发行新股的方式，公司型合资结构也可以较容易地引入新的投资者。

（4）可以安排成非公司负债型融资结构，即资产负债表外融资。根据一些国家的会计制度，成立项目公司融资可以不将有限追索的融资债务列入项目发起人自身的资产负债表上，实现非公司负债型融资，从而降低项目发起人的债务比率。如一些国家的公司法规定，如果投资者在项目公司中拥有的股份不超过50%，则项目公司的资产负债情况不需要反映到项目投资者的资产负债表中，这就实现了非公司负债型融资。

2. 股权式投资结构的缺点

与其他投资结构相比，公司型合资结构也存在着几个明显的缺点：

（1）投资者对项目的现金流缺乏直接的控制。在合资公司中，没有任何一个投资者可以对项目的现金流量实行直接的控制，这对于希望利用项目的现金流量自行安排融资的投资者来说是一个很不利的因素。

（2）项目的税务灵活性差，即不能利用项目公司的亏损去冲抵投资者其他项目的利润。由于项目公司不是任何一个投资者的控股公司或子公司，项目开发前期的税务亏损或优惠就无法转移给投资者而只能保留在项目公司中，并在一定年限内使用，如果项目公司在几年内不盈利或者盈利额不足，税务亏损就会有部分或完全损失掉的可能，税务亏损的损失降低了项目的综合投资效益。

（3）存在"双重征税"的问题。这种投资结构还可能存在"双重纳税"的现象，项目公司获得盈利时要缴纳公司所得税，项目投资者取得股东红利后还要缴纳公司所得税或个人所得税，这样无形中便降低了项目的综合投资回报率。近年来，一些国家的税收法律进行了相应的调整，以避免此类"双重纳税"现象的发生，但是"双重纳税"现象仍然是投资者在跨国投资时需要考虑的问题。

3.2.3 股权式投资结构灵活运用的案例

股权式投资结构中持股比例的不同，其财务要求也不同。在有的国家，如投资者持股比例 > 50%，则投资者对公司有控制权，项目的资产负债需全面合并到投资者自身财务报表中；如投资者持股比例为 20% ~ 50%，则不需合并财务报表，但应在自身公司报表中按投资比例反映出该项目投资的实际盈亏情况；如投资者持股比例 < 20%，则在自身公司财务报表中反映出实际投资成本，不需反映任何投资公司的财务状况。这就可看出这种结构中项目的税务灵活性差，如投资者不希望新项目的融资安排反映在自身的财务报表上同时又不失去对项目的实际控制权，就需小心处理投资者在项目公司中的比例。

为了克服公司型合资结构带来的缺陷，国外许多公司在法律许可的范围内尽量对其基本结构加以改造并创造出了多种复杂的公司结构，争取尽快、尽早地利用项目的税务亏损（或优惠），提高投资的综合经济效益。公司型合资结构变通的一种典型做法是在合资公司中做出某种安排，使得其中一个或几个投资者可以吸引项目投资前期的税务亏损（或优惠），同时将因吸收税务亏损（或优惠）所获得的部分利益以某种形式与其他投资者分享。下面通过一个实例说明这种公司型合资结构的变通方法。

股权式投资结构融资案例分析——新西兰钢铁联合企业的收购项目

1. 项目简介

新西兰钢铁企业由于管理不善导致倒闭，被收购时留下了超过 5 亿新西兰元的税务亏损。

1989年年初，有4家公司（A、B、C、D）在新西兰联合组成了一个投资财团，投标收购濒于倒闭的新西兰钢铁联合企业。项目投资者，即组成投资财团的4家公司的情况如下：

（1）A公司是当地最大的工业集团之一，在合资合同中持股50%。它具有雄厚的资金实力并拥有钢铁工业方面的生产管理经验和技术，但是由于该公司过去几年发展过快，资产负债表中的负债比例较高，不希望新收购的钢铁联合企业再并入公司的资产负债表，所以要求持股比例不超过50%。

（2）B公司是外国投资公司，在合资合同中持股10%，想通过投资该收购项目取得利润。

（3）C公司是外国投资公司，在合资合同中持股10%，想通过投资该收购项目取得利润。

（4）D公司是当地一家有较高盈利的有色金属公司，在合资合同中持股30%，经营业绩较好，有较高盈利，它可以吸收这些税务亏损。

投资财团希望利用这些税务亏损节约投资成本，但是只有D公司一家可以吸收这些亏损，因此投资财团内的几家公司在律师和会计师的协助下设计出如图3-1所示的合资公司结构。

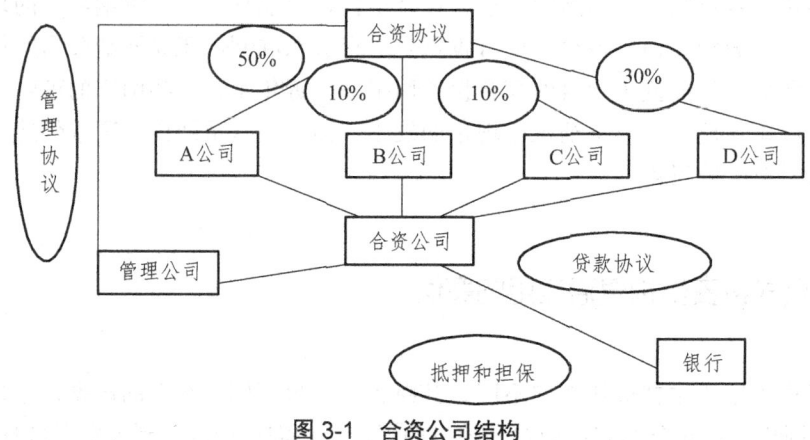

图3-1 合资公司结构

2. 具体操作过程

该项目的具体操作过程见图3-2。

（1）成立新西兰钢铁联合企业法人实体，D公司认购控股公司的100股票（1元1股），成为控股公司以至于钢铁联合企业法律上百分之百的拥有者（完全控股）。这样，控股公司以及钢铁企业的资产负债和经营损益可以并入D公司的财务报表。同时，控股公司和钢铁企业的税收也可以与D公司的税收合并，统一纳税。

（2）控股D公司发行2亿新西兰元可转换债券。

（3）认购可转换债券。投资财团内的4个投资者通过认购控股公司的可转换债券（在合资协议中规定出可转换债券持有人的权益及转换条件），将其作为此项投资的实际股本资金来源。可转换债券方式作为初始资本投入，对投资者而言，既可定期取得利息收入，又可以在项目成功转换股票中取得巨大好处。

4个公司分别认购控股公司发行的可转换债券对控股公司进行实际股本资金投入：A公司认购债券7 500万新西兰元；B公司认购债券1 500万新西兰元；C公司认购债券1 500万新西兰元；D公司认购债券4 500万新西兰元。由于可转换债券定期支付利息，这又为投资者安排股本资金融资提供了一定的可能性。

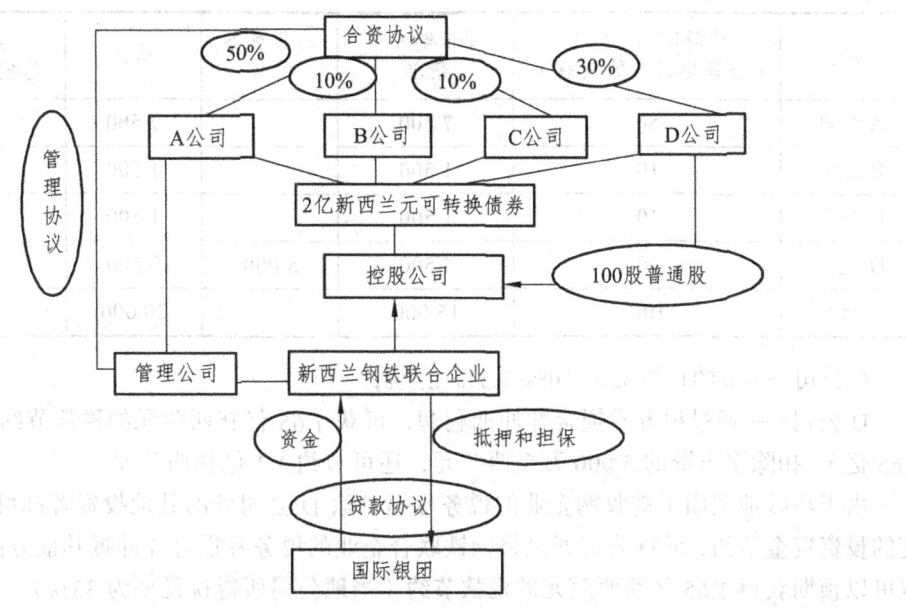

图 3-2　新西兰钢铁联合企业的收购项目操作

（4）任命 A 公司下属公司负责项目的日常生产经营。投资者根据合资协议组成董事会负责公司的重要决策，并任命 A 公司的下属公司担任项目管理公司，负责项目公司的日常生产经营。

（5）由于 D 公司通过此项投资可以获得 5 亿新西兰元税务亏损的好处，所以 D 公司多出资 5 000 万新西兰元。

3. 资金融资情况

（1）债务资金。

项目公司（D 公司控股），以收购企业的资产或权益作抵押和担保向国际银团融资。

（2）股本资金（2 亿新西兰元）。

① D 公司发行可转换债券获得 1.5 亿新西兰元。

② A、B、C 公司融资 57.5% 的股本金。

③ D 公司获得 5 亿新西兰元的税务亏损的好处，所以愿多出资 5 000 万新西兰元。

4. 节约资金情况分析

表 3-1 列出了各方投资者在项目中的投资比例和出资金额。

从表 3-1 中可以看出，各公司节约情况：

A 公司——节约投资资金 50%-37.5%=17.5%；

B 公司——节约投资资金 10%-7.5%=2.5%；

表 3-1　各方投资者在项目中的投资比例和出资金额　　　　　　单位：万新西兰元

公司	持股比例（%） （合资协议中的权益）	可转换公司债券	购买税务亏损	总计	实际投资占总投资比例（%）
A 公司	50	7 500		7 500	37.5
B 公司	10	1 500		1 500	7.5
C 公司	10	1 500		1 500	7.5
D 公司	30	4 500	5 000	9 500	47.5
合计	100	15 000		20 000	100

C 公司——节约投资资金 10%-7.5%=2.5%；

D 公司——通过税务亏损合并冲抵利润，可获 1.65 亿新西兰元的税款节约（5 亿×33%＝1.65 亿），扣除多出资的 5 000 万新西兰元，还可节约 1.1 亿新西兰元。

由于巧妙地利用了被收购企业的税务亏损，除 D 公司外的其他投资者都可以实现一定程度的投资资金节约，而 D 公司通过将钢铁联合企业的税务亏损合并冲抵其他方面业务的利润，也可以预期获得 1.65 亿新西兰元的税款节约（当地公司所得税税率为 33%）。

3.3　契约型投资结构

契约型投资结构又称为非公司型合资结构，是项目发起人为实现共同目的而根据合作经营协议结合在一起的一种投资结构，是一种大量使用并且被广泛接受的投资结构。该投资结构主要用于石油天然气开发、采矿、初级矿产加工、钢铁及有色金属等领域。

这种投资结构严格来说不是一种法律实体，只是投资者之间所建立的一种契约性质的合作关系，投资者之间没有连带责任或共同责任。选择这种投资结构的原因可能是在这些领域仅由一个投资者来开发，其融资能力不足，又不愿失去对项目的控制权，所以联合其他投资者来共同融资、共同解决技术和管理问题，并共同承担风险；或者投资者具有进行项目开发所需要的所有条件，如技术、经验及融资能力，但缺少当地政府授予的经营合同，此时它就可能与当地的经营者联合起来共同投资。

3.3.1　契约型投资结构的主要特征

契约型投资结构尽管在概念上与合伙制有一定的相似之处，但是这种投资结构与合伙制结构和公司制相比都有明显区别。其主要特征体现在以下几个方面：

（1）契约型投资结构是通过每一个投资者之间的合资协议建立起来的。这种投资结构在合作企业合同中约定投资或者合作条件、收益或者产品的分配、风险和亏损的分担、经营管理的方式和合作企业终止时财产的归属等事项。

（2）在契约型投资结构中，每一个投资者直接拥有全部项目资产的一个不可分割的部分。每一个投资者可以直接拥有项目部分资产，有权独立处理与其投资比例相当的项目最终产品。

（3）契约型投资结构是为取得产品而合作的。契约型投资结构不是以"获取利润"为目的而建立起来的，合资协议规定每一个投资者从合资项目中将获得相应份额的产品，都有权独立作出其相应投资比例的项目投资、原材料供应、产品处置等重大商业决策。可以说合作不是单纯以获取利润为目的的，而是根据合作协议使每一个投资者从项目中可以获得相应份额的产品，即合作生产产品，或者为取得产品而合作。所以该种结构更适用于作为产品"可分割"的项目的投资结构。

（4）根据项目的投资计划，每一个投资者需要投入相应比例的资金，这些资金的用途可以包括项目的前期开发费用、项目的固定资产投入、流动资金、共同生产成本和管理费用等。采用该投资结构时，一般由项目发起人根据自身资金实力和税务结构独立地安排项目融资，筹集其所需投入的资金，因为法律不允许以合作结构或者项目管理公司的名义举债。

（5）由投资者代表组成的项目管理委员会是契约型投资结构的最高决策机构，负责一切有关问题的重大决策；项目的日常管理由项目管理委员会指定的项目经理负责；项目经理可以由其中一个投资者担任，也可以由一个独立的项目管理公司担任。有关项目管理委员会的组成、决策方式以及项目经理的任命、责任、权利和义务，需要通过合资协议或者单独的管理协议加以明确规定。

（6）投资者同意他们之间在契约型投资结构中的关系是一种合作性质的关系，而不是一种合伙性质的关系。投资者只承担与其投资比例相应的责任，投资者之间没有任何的连带责任或共同责任。

（7）项目经营所需的资金由一种被称为"资金支付系统"的机制来提供，这种资金支付系统是由各个投资者分别出资开通的一个共同账户。通过这个系统，在项目运营期间，项目管理公司考虑各投资者承担债务的比例和项目费用支出预算，以估算每个月各个投资者应出资的数额并按计划事先通知投资者及时支付。如果某个投资者违约，则其他投资者将不得不代其履行支付义务，然后再要求违约者偿还。

图3-3是一个契约型投资结构的简单示意图。

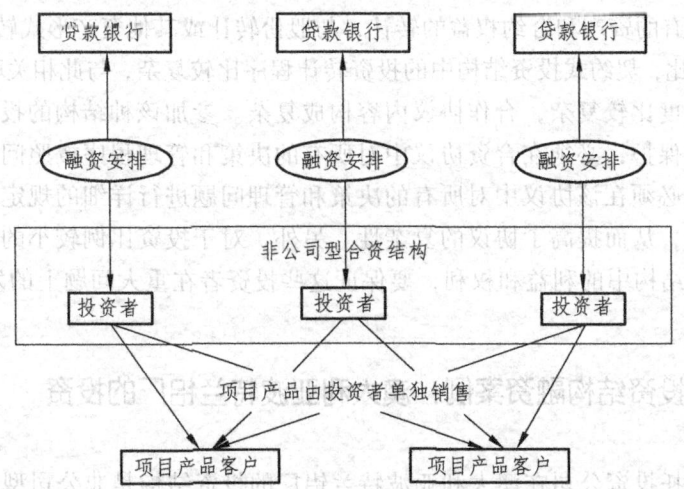

图3-3　契约型投资结构示意

3.3.2 契约型投资结构的优缺点

1. 契约型投资结构的优点

契约型投资结构具有以下几方面的优点：

（1）投资者直接拥有部分资产，他们之间没有连带责任。投资者在合资结构中承担有限责任，每个投资者在项目中所承担的责任将在合资协议中明确规定。除特殊情况外，这些责任将被限制在投资者相应的投资比例之内，投资者之间没有任何的连带责任或共同责任。

（2）有效分配和利用税务优惠。由于合资结构不是一个法人实体，所以项目本身不必缴纳所得税，其经营业绩可以完全合并到各个投资者本身的财务报表中去，其税务安排也将由每一个投资者独立完成，这就为经营业绩较好的投资者利用项目建设期的经营亏损冲抵公司所得税提供了可能，从而降低了项目的综合投资成本。

（3）融资安排较灵活，投资者直接控制项目现金流量，可独立安排项目融资。项目投资者在契约型投资结构中直接拥有项目的资产、直接掌握项目的产品、直接控制项目的现金流量，并且可以独立设计项目的税务结构，可以按照自身的发展战略和财务状况安排项目的融资。

（4）投资结构设计灵活。世界上多数国家迄今没有专门的法律来规范契约式投资结构的组成和行为，这就为投资者提供了较大的灵活空间，投资者可以按照投资战略、财务、融资、产品分配和现金流量控制等方面的目标要求设计项目的投资结构和合资协议。

2. 契约型投资结构的缺点

契约型投资结构也存在着一些难以克服的缺点：

（1）结构设计存在一定的不确定性因素。契约式投资结构在一些方面的特点与合伙制结构类似，因此在结构设计上要注意防止合资结构被认为是合伙制结构而不是非公司型合资结构。

（2）投资转让程序比较复杂，交易成本比较高。契约式投资结构中的投资转让是投资者在项目中直接拥有的资产和合约权益的转让，与股份转让或其他资产形式转让（如信托基金中的信托单位）相比，契约式投资结构中的投资转让程序比较复杂，与此相关联的费用也比较高。

（3）管理程度比较复杂，合作协议内容构成复杂。参加该种结构的投资者各权益基本依赖合资协议加以保护，必须在合资协议中对所有的决策和管理程序按照问题的重要性清楚地加以规定，这就必须在该协议中对所有的决策和管理问题进行详细的规定，这要求协议的内容尽可能地完全，从而提高了协议的复杂性。另外，对于投资比例较小的投资者，特别要注意保护其在合资结构中的利益和权利，要保证这些投资者在重大问题上的发言权和决策权。

3.3.3 契约型投资结构融资案例：澳大利亚波特兰铝厂的投资

中国国际信托投资公司在澳大利亚波特兰铝厂的投资结构是非公司型投资结构的一个很好实例。

1. 项目简介

波特兰铝厂位于澳大利亚维多利亚州的港口城市波特兰，始建于1981年，后因国际市场铝价大幅度下跌和电力供应等问题，于1982年停建。在与维多利亚州政府达成30年电力供应协议之后，波特兰铝厂于1984年重新开始建设，1986年11月投入试生产，1988年9月全面建成投产。波特兰铝厂由电解铝生产线、阳板生产、铝锭浇铸、原材料输送及存储系统、电力系统等几个主要部分组成，其中核心的铝电解部分采用的是美国铝业公司20世纪80年代的先进技术，建有两条生产线，整个生产过程采用电子计算机严格控制，每年可生产铝锭80万吨，是目前世界上技术先进、规模最大的现代化铝厂之一。

澳大利亚波特兰铝厂采用的就是契约型投资结构，项目的投资者分别为美国铝业公司在澳大利亚的子公司（以下简称美铝澳公司）、澳大利亚维多利亚州政府（以下简称维州政府）、中国国际信托投资公司直属地区性子公司中信澳大利亚有限公司（以下简称中信公司）、澳大利亚第一国民资源信托基金（以下简称第一国民信托）和日本丸红商社在澳大利亚的子公司（以下简称日本丸红公司）。

每个投资者在项目中分别投入相应的资金用作项目固定资产的投入和再投入以及支付项目管理公司的生产费用和管理费用；对于电解铝生产的主要原材料和能源——氧化铝和电力供应，每个投资者需要独立安排，最后投资者将从项目中获得相应份额的最终产品——铝锭，并独立地在市场上销售。

2. 项目投资结构

（1）项目投资结构。

美铝澳公司持有该投资项目的45%；

维州政府持有该投资项目的25%；

中信公司持有该投资项目的10%；

第一国民信托持有该投资项目的10%；

日本丸红公司持有该投资项目的10%。

（2）"项目管理委员会"。"项目管理委员会"由各投资者的代表组成，负责项目的生产、建设、资本性支出和生产经营的审批等一系列重大决策。

（3）波特兰铝厂管理公司。它是美铝澳公司的单一项目公司，作为项目经理具体负责项目的日常经营活动。

该项目的合资形式结构见图3-4。

3. 合资协议

（1）分别投入资金。每个投资者分别投入相应资金，作为固定资产投资、生产费用、管理费用的所需资金。

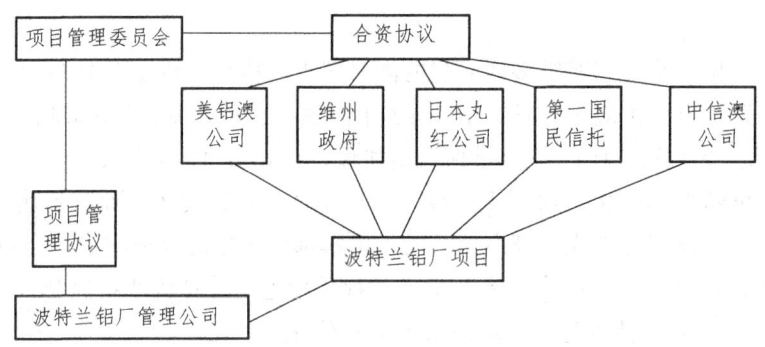

图 3-4 合资公司结构

（2）独立安排主要原材料。项目需要的两种主要原材料——氧化铝和电力供应，由每个投资者独立安排。

（3）独立安排融资。各投资者根据自身资金实力和税务结构独立安排融资，筹集其所需投入的资金。

（4）获得相应份额产品，独立销售。投资者获得相应份额的最终产品——电解铝锭，独立在市场上销售。

4. 融资模式

由于采用的是契约型投资结构，每个投资者都可以根据自身在项目中所处的地位、资金实力、税务结构等多方面因素灵活地安排融资，实际上五个投资者选择了各不相同的融资方式。

（1）美铝澳公司——用传统的公司融资方式筹集。

美铝澳公司在澳大利亚拥有三个氧化铝厂和两个电解铝厂，资金雄厚、技术先进，在波特兰铝厂项目中担任项目经理。美铝澳大利亚公司在项目中的投资采取的是传统的公司融资方式，之所以这么做，是因为以其实力使用公司融资可以获得较低的贷款成本。

（2）维州政府——提供由政府担保的银团贷款。

维州政府为了鼓励当地工业的发展和刺激就业也在项目中参与投资，其投资的资金形式是由政府担保的百分之百融资，维州政府并不直接拥有项目的资产，而是以一个100%拥有的信托基金作为中介机构。这样的结构为维州政府提供了一种资金安排上的灵活性，可以在适当的时机将项目资产出售或者将信托基金在股票市场上市，然后将获得的资金用于偿还政府担保的银团贷款。

（3）中信澳公司——100%的项目融资方式（有限追索杠杆租赁融资模式）。

中信澳公司投资波特兰铝厂采用的是百分之百的项目融资。电解铝项目资本高度密集，根据澳大利亚的有关税法规定可享受数量相当可观的减免税优惠，如固定资产加速折旧、投资扣减等。但是在项目投资初期，中信澳公司刚刚建立，没有其他方面的经营收入，不能充分利用每年可得到的减税优惠和税务亏损，即使每年未使用的税务亏损可以向以后年份结转，但从货币时间价值的角度考虑,这些减税优惠和税务亏损如能尽早利用,也可以提高项目投资者的投资效益。进一步,如果能够利用减税优惠和税务亏损偿还债务,还可以减少项目前期的现金流量负担,提高项目的经济强度和抗风险能力。从这一考虑出发,中信澳公司选择了杠杆租赁的融资模式,充分利用这种模式可以吸收减税优惠和税务亏损的特点,减少了项目的直接债务负担,提高了投资的综合经济效益。(具体杠杆租赁融资模式案例见本书第八章内容)。

(4)第一国民信托——通过股票市场上发行信托单位集资。

第一国民信托是一个公开上市的信托基金,通过在股票市场上发行信托单位集资,基本上没有债务筹资。在第一国民信托基金结构中,作为基金经理的第一国民管理公司隶属于澳大利亚国民银行(澳大利亚四大商业银行之一),是该银行的投资银行分支,主要从事项目投资咨询、基金管理、项目融资等业务。当1985年美铝澳大利亚公司为波特兰铝厂寻找投资者时,第一国民管理公司认为这是一个很好的投资机会,从而发起组建了第一国民资源信托基金,在证券市场上公开上市集资,投资收购波特兰铝厂10%的资产。第一国民管理公司在信托基金中没有任何投资,只是被基金的受托管理人任命为基金经理,负责信托基金的管理,并以项目投资者经理人的身份参与波特兰铝厂项目的管理,负责项目的产品销售、财务安排和其他的经营活动。通过这一投资结构,澳大利亚国民银行以公众集资的形式参与了铝工业的生产和市场开发,并从信托基金中获得了管理费收入。

(5)日本丸红公司——用传统的公司融资方式筹集。

丸红铝业澳大利亚公司同样采用的是公司融资模式,其债务全部由总公司日本丸红商社担保。

澳大利亚波特兰铝厂的投资结构见图3-5。

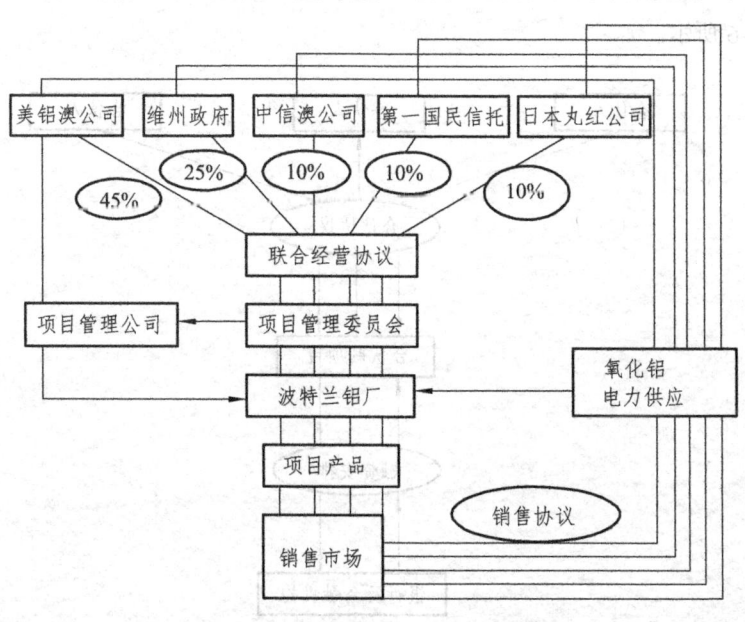

图3-5 澳大利亚波特兰铝厂的投资结构

3.4 合伙制结构

合伙制结构是至少两个以上合伙人之间以获取利润为目的共同从事某项投资活动而建立起来的一种法律关系。它是由各合伙人订立合伙协议，共同出资、合伙经营、共享收益、共担风险，合伙人对合伙企业债务承担无限连带责任的营利性经济组织。合伙制结构不是一个独立的法律实体，其合伙人可以是自然人也可以是公司法人。

合伙制结构通过合伙人之间的法律合约建立起来，没有法定的形式，一般也不需要在政府注册，这一点与成立一个公司有本质的不同。然而，多数国家都有完善的法律来规范合伙制结构的组成及其行为。合伙制结构包括普通合伙制和有限合伙制两种。

3.4.1 普通合伙制结构

普通合伙制是所有的合伙人对于合伙制的经营、债务以及其他经济责任和民事责任负有连带的无限责任的一种合伙制。普通合伙制结构中的合伙人称为普通合伙人。在大多数国家，普通合伙制结构一般被用来组成一些专业化的工作组合，如会计师事务所、律师事务所等，以及被用来作为一些小型项目开发的投资结构。普通合伙制结构很少在大型项目中使用，只有在北美地区偶尔被用来作为项目的投资结构（特别是在石油天然气勘探和开发领域）。投资者（即合伙人）以合伙的形式共同拥有资产进行生产经营，并以合伙制结构的名义共同安排融资，如图 3-6 所示。

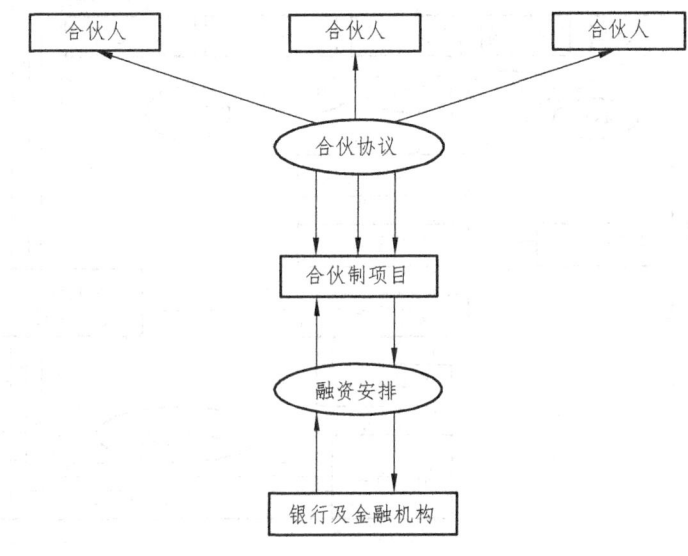

图 3-6 使用合伙制的项目投资结构

1. 合伙制结构的特点

与公司型投资结构相比，合伙制结构具有以下几方面的特点：

（1）公司型结构资产是由公司而不是其股东所拥有，而合伙制结构的资产则是由合伙人所拥有。

（2）公司型结构的债权人不是其股东的债权人，但是合伙人将对普通合伙制的债务承担个人责任。

（3）公司型结构的一个股东极少能够请求去执行公司的权利，但是每个合伙人均可以要求以所有合伙人的名义去执行合伙制结构的对外权利。

（4）公司型结构的股东可以同时又是公司的债权人，并且根据债权的信用保证安排（如资产抵押等）可以取得较其他债权人优先的地位；而合伙人给予合伙制的贷款只能在合伙制解散时且所有外部债权人收回债务之后方能回收。

（5）在公司型结构中股份的转让除有专门规定之外，可以不需要得到其他股东的同意，但是合伙制结构的法律权益转让必须要得到其他合伙人的同意。

（6）公司型结构的管理一般是公司董事会的责任，而在普通合伙制结构中，每个合伙人都有权参与合伙制的经营管理。

（7）公司型结构可以为融资安排提供浮动担保，但是在多数国家中合伙制结构不能提供此类担保。

（8）合伙制结构中对合伙人数目一般有所限制，但是公司型结构中股东数目一般限制较少。

（9）公司型结构的税务结构灵活性较差，而合伙制结构由于不是一个纳税主体，其在一个财政年度内的净收入或亏损将全部按投资比例直接转移给普通合伙人，普通合伙人单独申报自己在合伙制结构中的收入、扣减和税务责任，并且从合伙制结构中获取的收益（或亏损）允许与合伙人其他来源的收入进行税务合并，从而有利于合伙人较灵活地作出自己的税务安排。

2. 合伙制结构的缺点

但是，合伙制结构也存在一些明显的缺点：

（1）合伙人承担无限责任。由于合伙人在合伙制结构中承担无限责任，因而一旦项目出现问题，或者如果某些合伙人由于种种原因无力承担其应负的责任，则其他合伙人就面临着所需要承担的责任超出其在合伙制结构中所占投资比例的风险，这一问题严重限制了普通合伙制在项目开发和融资中的使用。

为了克服这一缺陷，国外有些公司在使用普通合伙制作为投资结构时加入了一些减少合伙人风险的措施，其中：一种做法是投资者并不直接进入合伙制结构，而是专门成立一个项目公司并由其投资到合伙制结构中（图3-7）；另一种做法是为采用合伙制结构的项目安排有限追索的项目融资。

（2）每个合伙人都有约束合伙制的能力。普通合伙制另一个潜在的问题是：按照合伙制结构的法律规定，每个合伙人都被认为是合伙制的代理，因而至少在表面上或形式上拥有代表合伙制结构签订任何法律协议的权利,这给合伙制的管理带来诸多复杂的问题。

(3)融资安排相对比较复杂。由于合伙制结构在法律上并不拥有项目的资产,因此合伙制结构在安排融资时需要每一个合伙人同意将项目中属于自己的一部分资产权益拿出来作为抵押,并共同承担融资安排中的责任和风险。合伙制结构安排融资的另一个潜在问题是如果贷款银行由于执行抵押或担保权利进而控制了合伙制结构的财务活动,则有可能导致在法律上贷款银行也被视为一个普通的合伙人,从而被要求承担合伙制结构所有的经济和法律责任。

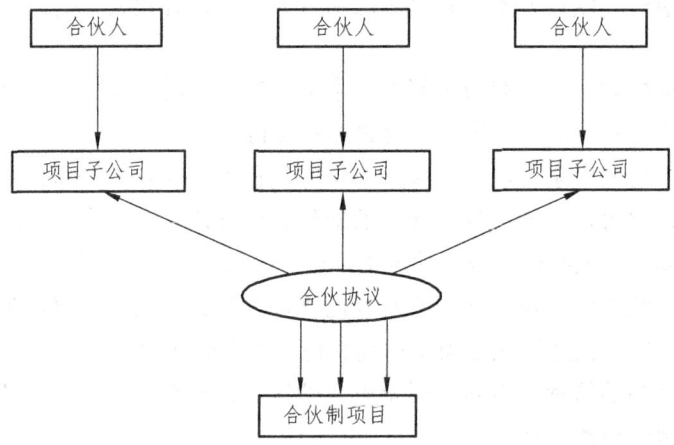

图 3-7 通过项目子公司建立的普通合伙制结构

3.4.2 有限合伙制结构

有限合伙制是在普通合伙制基础上发展起来的一种合伙制结构。有限合伙制结构需要包括至少一个普通合伙人和至少一个有限合伙人。在有限合伙制结构中,普通合伙人负责合伙制项目的组织、经营和管理工作,并承担对合伙制结构债务的无限责任,而有限合伙人不参与也不能参与项目的日常经营管理,对合伙制结构的债务责任被限制在有限合伙人已投入和承诺投入到合伙制项目中的资本数量。有限合伙制项目投资结构的操作程过程如图3-8所示。

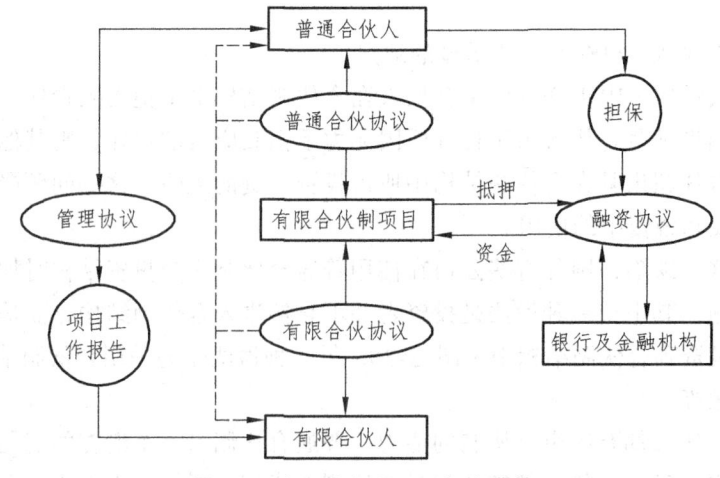

图 3-8 有限合伙制项目投资结构

有限合伙制结构是通过普通合伙协议和有限合伙协议组织起来的，在两类合伙协议中分别对普通合伙人和有限合伙人的资本投入、项目管理、风险分担、利润及亏损的分配比例和原则等方面作出了具体的规定。

有限合伙制具备普通合伙制在税务安排上的优点，一定程度上又避免了普通合伙制的责任连带问题，是项目融资中经常使用的一种投资结构。在使用有限合伙制作为投资结构的项目中，普通合伙人一般是在该项目领域具有技术管理特长并且准备利用这些特长从事项目开发的公司。由于资金、风险、投资成本等多种因素的考虑，普通合伙人愿意组织一个有限合伙制的投资结构，以吸引对项目的税务、现金流量和承担风险程度有不同要求的较广泛的投资者参加到项目中，共同分担项目的投资风险和分享项目的投资利润。

较常使用有限合伙制作为投资结构的项目有两大类型：一类是资本密集、回收期长但是风险相对较低的公用设施和基础设施项目，如电站、公路等。在这类项目中，有限合伙人可以充分利用项目前期的税务亏损和投资优惠冲抵其他的收入，提前回收一部分投资资金。另一类是投资风险大、税务优惠大，同时又具有良好勘探前景的资源类地质勘探项目，如石油、天然气和一些矿产资源的开发项目。许多国家对资源类项目的前期勘探费用支出给予优惠的税收政策（费用支出当年可以从收入中扣减100%～150%）。此类项目通常由项目的主要发起人作为普通合伙人，邀请一些其他的投资者作为有限合伙人为项目提供前期勘探的高风险资金，而普通合伙人则承担全部或大部分项目建设开发的投资费用以及项目前期勘探、建设和生产阶段的管理工作，其操作过程如图3-9所示。

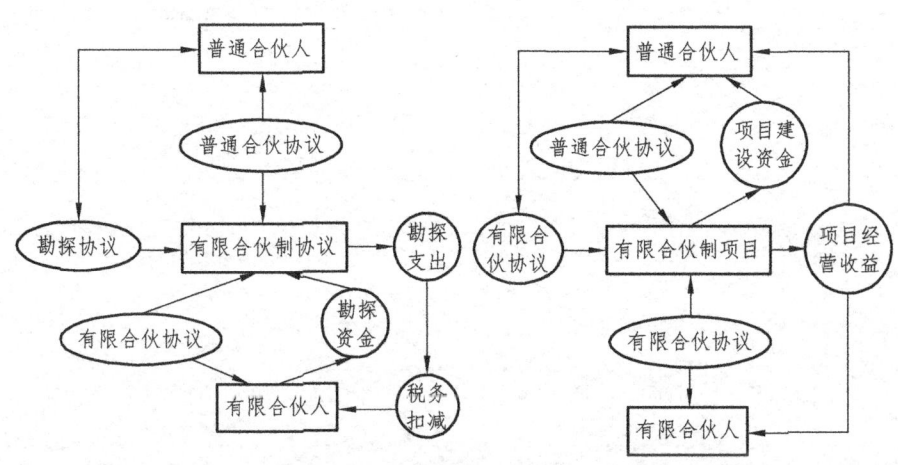

图3-9　有限合伙制结构在资源开发项目中的运用

总体来说，合伙制结构在法律上比公司型结构复杂，有关的法律在不同国家之间也相差较大。在使用有限合伙制作为项目投资结构时，尤其要注意项目所在国对有限合伙制结构的税务规定和对有限合伙人的定义，防止由于结构设计考虑不周而可能出现的两种极端情况：一种情况是，如果结构安排不好，有限合伙制有可能被作为公司结构处理，失去了采用合伙制结构的意义；另一种情况是，如果对"参与管理"的界定不清楚，有限合伙人可能由于被认为"参与管理"而变成普通合伙人，从而也就增加了有限合伙人在项目中的风险。

复习思考题

1. 项目投资结构设计时需考虑的主要因素有哪些?
2. 试说明股权式投资结构的优缺点。
3. 契约型投资结构的项目管理有何特点?契约型投资结构有何优点?
4. 试分析美铝澳大利亚波特兰铝厂项目中采用非公司合资结构的原因及好处。
5. 对比分析公司型合资结构与非公司型合资结构的区别。

第4章 项目融资方式与渠道

项目能够获得足够的资金支持，是项目得以建设的前提条件。同时，项目获取资金的来源和方式，不仅会影响项目的建设成本和运营效益，而且可能会影响项目的成败。不同融资渠道筹得的资金具有不同的融资成本，一个成功的项目融资应该使融资成本控制在合理的范围内，为此就必须要明确项目融资的资金来源和资金构成。

本章及第五章都将涉及资金结构的问题，本章重点介绍主要的项目融资渠道。

项目资金筹集过程中有很多资金来源可供选择，由于项目资金来源与资金筹集方式存在着一定的对应关系，本章按照权益资本和债务资本两种形式来分别介绍主要的项目资金来源。

4.1 权益资本的融资方式

所谓权益资本，是指项目投资主体投入项目中的资本。这里所说的项目投资主体既包括国家授权的机构或部门、企业法人、自然人、外国投资者等直接将资金投入到项目中的投资主体，也包括通过购买项目股票的形式向项目中注入资金的公众投资主体。权益资本体现了投资人对企业或者项目资产和收益的所有权。在企业或者项目满足所有权后，投资人有权分享利润，同时也要承担企业或者项目亏损的风险。所有者有权对企业或者项目的重大事项进行表决，从而实现对公司的控制。

4.1.1 吸收直接投资

吸收直接投资是企业按照"共同投资、共同经营、共担风险、共享利润"的原则直接吸收国家、法人、个人投入资金的一种筹集方式。

1. 吸收直接投资的种类

（1）吸收国家投资。对注册的国有资本除依法转让外，不得抽回，并以出资额为限承担责任。产权归属国家，资金的运用和处置受国家约束较大，国有企业中采用广泛。目前，国家财政拨款一般用于国防、教育、文化、科学及卫生等事业。原来拨给工业、农业基本建设项目的国家预算内资金从 1980 年起已经逐步改成了贷款。但对于国计民生影响重大，或者以扶贫解困为目标的项目，仍然可以得到国家拨款。这样，中央和地方政府可以把国家财政资金投入到最迫切需要的地方。但是由于财政拨款无偿无息，因此常常得不到合理的使用，很多项目浪费严重，效益相对较差。

（2）吸收法人投资。

① 项目发起人自有资金投入，以参与企业利润分配为目的，出资方式灵活多样。

② 外国资本直接投资，有中外合资（股权式）、中外合作（契约式）两种。中外合资经营企业是股权式合营企业，组织形式为有限责任公司或股份有限公司，其特点是合营各方共同投资、共同经营、按各自的出资比例分担风险和盈亏，合营各方的出资额构成各自的股权；中外合作经营企业是契约式合营企业，合营各方的投资不折算成出资比例，利润也不按出资比例分配，各方的权利和义务，包括投资额、合作条件和方式、利润分配和风险承担等都在合同中明确规定。

③ 企业利润留存。企业在税后利润中提取的公积金和未分配的利润可投资在项目中，成为项目的资本金。

（3）吸收个人投资。参加投资的人较多，每人投资额较少，以参与企业分配为目的。

2. 吸收直接投资的出资方式

（1）以现金出资。现金额在资本总额中的比例，由双方协商（国外有规定）。

（2）以实物出资。以厂房、建筑物、设备等固定资产和原材料、商品等流动资产所进行的投资。

（3）以工业产权出资。以专有技术、商标权、专利权等无形资产进行的投资。

（4）以土地使用权出资。以有关法规和合同的规定使用土地的权利进行的投资。

4.1.2　发行股票

发行股票是向全社会公开为项目筹集资金的一种融资方式。经政府批准的股份有限公司可以申请发行公司股票。向社会公开发行股票，有利于扩大股东范围，筹集大量资本金，是现代企业和项目筹集权益资本的主要方式。

1. 股票的性质与特点

股票是一种主要的有价证券，是由股份有限公司公开发行，用以证明投资者的股东身份和权益，并据以获得股息和红利的凭证。股票是股份有限公司的产物，它随股份有限公司的产生而出现，是股份公司向其出资者签发的出资证明或股份凭证。从本质上说，股票是一种所有权证书,表明它的持有者对公司资本的相应部分拥有所有权,并因此取得股东资格。从形式上说,股票是一种书面证件,其票面一般载有公司名称、股票种类、票面金额、股票编号、董事长签名及公司盖章等事项。

股票是最古老的投资工具之一,也是证券市场的基础工具之一。但是,股东投入公司的资本取得股票这种形式后,便与这部分资本的直接支配权完全分离了。股东对公司资本的所有权实际上表现为对股票这种虚拟资本的所有权。

股票的特点主要是:① 无期性。与债券不同,股票没有到期期限,股票的生命与发行股票的公司相始终,购买股票的资金一经投入,任何人都不能要求公司将资金退回。② 流通性。由于股票不能退股,公司一旦经营失败,投资者就势必遭受损失。这种可能性的存在及投资者持股意愿的不断变化,逻辑地规定了股票必须能够流通,即可以在二级市场上转让。③ 风险性。股票流通只能实现股票持有者的转换,而不可能保证公司不会出现经营失败,如亏损、破产等,因此只要公司经营失败,就会有人遭到损失;同时,股票的交易价格是经常变动的,如果价格下跌,就有可能给股票持有人带来损失。④ 趋利性。如果只有风险而没有相对称的收益预期,股票就不会有吸引力。投资股票的收益主要来自两个方面:一是公司税后利润的分红派息;二是股票市场价差带来的收益,与债券及其他一些投资方式相比,股票的预期收益更高,因而从理论上说,股票投资是一种高回报投资。⑤ 投机性。由于股票的收益及其市场价格具有极大的不确定性,因而股票的投机性更强。

2. 股票的分类

(1) 普通股和优先股。依据股东享有的权益及承担风险的大小与方式,股票分为普通股和优先股,这是股票最基本的两种类型。普通股是股份公司最基本、最大量、最重要的股票种类,是构成股份公司资本的基础。它比优先股享有的权益广泛得多,也因此成为风险的主要承担者。优先股比普通股享有优先权,表现在两方面:一是优先以事前确定的股息率分配公司税后利润;二是在公司清算时优先于普通股分配剩余资产。由于股息固定并享有这两项优先权,优先股的风险比普通股相应地要小得多;但优先股没有参与决策的投票表决权、认购新股的优先权等权利。

(2) 记名股和无记名股。根据股票票面上和公司股东名册上,是否记载持有人姓名的角度,股票分为记名股和无记名股。记名股票是指在股票票面上载明持股人姓名并同时在公司股东名册上登记持股人有关事项的股票。记名股在转让时,必须办理过户手续,否则,受让人无法行使股东权利。无记名股是指在股票票面及发行公司,都不记载持有人任何资料的股票,持股人仅凭股票所附息票即可领取股利,且可以任意转让而无须过户,凡持有股票者即取得股东资格。记名股和无记名股在股东权益上没有任何区别。一般来说,无记名股可以请求改换为记名,但反之则不行。

(3) 有面值股和无面值股。按股票票面上是否载明每股面额的角度,股票分为有面值股和无面值股。有面值股的票面明确载有每股金额,这个金额称为票面价值或票面价格。票面价是公司股本的基本构成单位,是计算公司股本的依据,同时可依此确定每股所代表的股权比例,也是公司分红派息的依据。但是票面值是一个基本固定的数额,而每股代表的净资产和股票的市场价格则处于经常变动之中，因而面值既无法反映每股净资产的真实价值，也与股票市价毫无关联。无面值股票又称份额股票，它虽无票面金额，但需注明每股占总股本的比例，并在发行公司的账面上记有账面价值。

（4）按发行对象和上市地区，股票分为：A股——人民币认购；B股——以外币认购和交易，在境外记名或作为股东；H股——香港上市的股票，外币认购；N股——在纽约上市的股票。

3. 股票的发行（资本市场股票融资的方式）

利用资本市场进行股票融资的主要方式有两种：直接上市融资和间接上市融资。直接上市融资是企业严格按照《公司法》《证券法》等有关股票发行条例，根据企业自身所具备的条件，按照股票发行程序申请发行股票，获得批准后发行股票，并在证券交易所上市交易。间接上市有两种形式：买壳上市和造壳上市。买壳上市也是根据《公司法》《证券法》等法律购买上市公司的部分股份，以获得上市公司的控制权，而后将原有企业的优质资产置换到上市公司的资产中去，再以配股、增发新股等形式进行新一轮的融资。造壳上市是根据相关法律，在拟上市海外证券市场所允许的地点，注册一家控股公司，而后通过资产置换，将企业原有的优质资产置换到新注册的控股公司里，再以控股公司的名义在海外证券市场直接上市融资。

4. 普通股融资的优缺点

普通股融资的优点：① 普通股融资支付股利灵活，没有固定利息负担。采用普通股融资，公司没有盈利，就不必支付股利；公司有盈利，并认为适合分配股利，就可以分给股东；公司盈利较少，或虽有盈利但资金短缺或有更有利的投资机会，就可以少支付或不支付股利。② 普通股没有固定到期日，一般不用偿还股本。利用普通股筹集的是永久性的资金，除非公司清算才需要偿还。③ 普通股融资的风险小，不存在不能偿付的风险。因为普通股股本没有固定的到期日，也不用支付固定的股利。④ 普通股融资限制比优先股和债券筹资限制少。⑤ 能增加公司信誉。因为普通股本与留存收益成为债务的基础，可为债权人提供较大损失保障。

普通股融资的缺点：① 不能获得财务杠杆带来的利益。② 资金成本较债务高，因为发行费高，而且股利从净利润中支出，不可减免所得税。③ 容易分散控制权，增加普通股票发行量，将导致现有股东对公司控制权的削弱。

5. 优先股票融资的优缺点

优先股票融资的优点：① 财务负担较发行债券要轻。由于优先股票股利不是发行公司必须偿付的一项法定债务，如果公司财务状况恶化，则这种股利可以不付，从而减轻了企业的财务负担。② 财务上灵活机动。由于优先股票没有规定最终到期日，它实质上是一种永续性借款。优先股票的收回由企业决定，企业可在有利条件下收回优先股票，具有较大的灵活性。③ 保持普通股股东对公司的控制权。因优先股一般没有表决权，通过发行优先股，公司普通股股东可避免与新投资者一起分享公司的盈余和控制权。当公司既想向外融措自有资金，又想保持原有股东的控制权时，利用优先股融资尤为恰当。④ 有利于增强公司信誉。从法律上讲，优先股股本属于公司的自有资金，发行优先股能增强公司的自有资本基础，可适当增强公司的信誉，提高公司的借款举债能力。

优先股融资的缺点：① 融资成本高。优先股必须以高于债券利率的股利支付，其成本虽低于普通股，但一般高于债券，加之优先股支付的股利要从税后利润中支付，使得优先股融资成本较高。② 融资限制多。发行优先股，通常有许多限制条款。③ 财务负担重。优先股需要支付固定股利，但又不能在税前扣除，当公司盈利下降时，优先股的股利可能成为公司一项较重的财务负担，有时不得不延期支付，会影响公司的形象。如果依靠负债融资会过多增加企业风险，而又不愿发行普通股票削弱企业的控制权和丧失风险收益，那么最佳的融资方案就只能是发行优先股票融资。

4.1.3 准股本资金

准股本资金是相对于股本资金而言的，是指项目投资者或者与项目利益有关的第三方提供的一种从属性债务。

准股本资金在法律结构设计和资金安排上具有较大的灵活性，其债务的偿还具有一定的灵活性（不规定在某一特定期间强制性地要求项目公司偿还）；准股本资金在项目资金优先序列中低于其他债务资金，但高于股本资金，这样项目公司破产时，准股本金债务优先于股本资金得到偿还。所以从贷款银行的角度来看，准股本资金可以当作股本资金的一部分。有时，与项目有关的一些政府机构和公司，出于其政治利益或经济利益等方面的考虑，也会为项目提供准股本资金的资金。

准股本资金的投资优点：① 投入资金的回报率相对稳定（作为一种从属性债务，包含了较为具体的利息和本金的偿还计划，会较股本资金稳定地得到利息收益）。② 投资者在利益分配上所受限制减少（可通过谈判减少还清债务下才能分配股东红利的限制）。③ 可使项目公司形成优良的税务结构。准股本资金作为债务、利息支付可抵税，还可以不考虑缴税。

准股本金作为项目的从属性债务，主要投入形式有：无担保贷款、与股本有关的债券（可转换债券和附有认股权证债券）、零息债券、贷款担保形式。

1. 无担保贷款

无担保贷款指没有任何项目资产作为抵押和担保的贷款，而且本息的支付也带有一定的附加限制条件。取得无担保贷款需要借款人具有良好的信用记录，且财务状况也一直较好。多数情况下股东贷款属无担保贷款，是项目发起人为吸引融资而进行的贷款。因项目融资数额巨大，发起人往往只能筹集到有限的权益资本，为使主要贷款人放心，项目发起人提供无担保贷款作为发起人投入的资金，支持商业贷款。而且，发起人使用无担保贷款可以享受利息免税的利好——所以项目发起人乐于接受无担保贷款来代替权益投资。对于发展中国家，无担保贷款经常由政府提供。此外项目的其他利益相关者也可以提供无担保贷款，设备供应商以商业信用方式为公司提供的货物也属无担保贷款。

无担保贷款是贷款中最简单的一种形式，这种贷款形式上与商业贷款相似，贷款协议中包括贷款金额、期限、利率、利息支付、本金偿还等主要条款，但是贷款没有任何项目资产作为抵押和担保，本息的支付也通常带有一定的附加限制条件，如以下的特殊条款：

（1）负担保条款（若项目公司抵押资产会降低贷款人贷款回收安全时，不得抵押其资产）。

（2）加速还款条款（以某比例还款，在财务状况恶化时，提高比例，甚至全部现金流用于还款）。

（3）限制新债务条款（为保证无担保贷款的资金安全，一般规定限制项目公司筹措新债务）。

这些条款可在一定程度上保护贷款人利益。

2. 与股本有关的债券（可转换债券、附有认股权证债券）

（1）可转换债券。这种债券在有效期内只支付利息，在债券到期日或某一时间内，债券持有人有权选择将债券按照规定的价格转换成为公司的普通股。如不执行期权，则公司在债券到期日兑现本金。它属于与股本有关的债务。可转换债券的发行不需要公司资产或项目资产的担保，债券利息一般低于同类贷款利息。债券持有人可以根据项目经济效益的好坏，选择最终投资的方式：如公司经营良好，公司股票价格会高于已规定的转换价格，从而获得资本增值；如经营不好，可收回债券面值，易于吸引投资。对于项目发起人来说，发行可转换债券与贷款相比，成本更低。国外一些项目融资结构中的投资者，出于法律上或税务上的考虑，希望推迟在法律上拥有项目的时间，常常采用可转换债券形式安排项目的股本资金。

（2）附有认股权证债券。这种债券给予其持有者以特定的价格（一般比股票市场价格高15%以上）购买股票的权利，可用债券支付股票的购买费用。债券持有者可单独出售认股权证，也可买入股票。它的投资优点是较灵活，债券持有者可单独出售认股权证，也可买入股票，持有者可得到比可转换债券更高的利息。

3. 零息债券

零息债券是只计算利息但不支付利息的一种债券。它是用贴现的方式发行债券，到期按照债券面值支付，债券有效期内也不用支付利息。债券的收益主要来自贴现而不是来自利息收入，即在发行时，根据债券面值、贴现率和到期日贴现计算出债券的发行价格，债券持有人按发行价格认购，发行价与面值的差额就是债券持有人的收益。这种融资安排优点是，既带有一定债务资金的特点（每年的名义利息可取得税务扣减），同时又不需支付利息，减轻了对项目现金流量的压力，利于保持项目建设经营期间的现金流量，提高项目的经济强度，给项目发起人提供了一种优于普通债务资金的选择。

零息债券作为一种准股本资金形式，在项目融资结构中获得了较为普遍的应用。如果由于种种原因，项目投资者没有在项目中投入足够的股本资金，贷款银行则通常会要求投资者以零息债券或深贴现债券形式，为项目提供一定数额的从属性债务作为投资者在项目中的股本资金。债券的期限原则上等于或略长于项目融资期限。

4. 以贷款担保形式作为准股本资金投入

投资者不直接投入资金作为项目公司的股本资金，而是以贷款银行接受的方式提供固定金额的贷款担保作为替代。以贷款担保形式作为项目股本资金的投入，是项目融资中具有特色的一种资金投入方式。作为项目的投资者，这是利用资金的最好形式，由于项目中没有实际的股本资金占用，项目资金成本最低。然而，从贷款银行的角度来看，这是一种项目风险高于投资者直接投入股本资金的形式，因为银行在项目的风险因素之外，又增加了投资者自身的风险因素。因此，采用贷款担保形式作为替代投资者全部股本资金投入的项目融资结构是较少见的，多数情况是贷款担保作为项目实际投入的股本资金或者准股本资金的一种补充。只有在项目具备很好的经济强度，同时承诺担保责任方本身具有很高的政治、商业信誉的双重条件下的项目融资结构，才有可能以贷款担保形式百分之百或者接近百分之百地替代项目投资者实际的股本资金投入。中国国际信托投资公司在澳大利亚波特兰铝厂和加拿大塞尔加纸浆厂两个项目的融资，就是采用贷款担保形式作为替代投资者全部股本资金投入的，从而实现了 100% 项目融资。

贷款担保作为股本资金有两种主要形式：

（1）担保存款（Security Deposit），是指投资者在银团指定的银行中存入一笔固定数额的定期存款，存款资金与利息属于投资者，但存款使用权属银团，如项目出现资金不足，银团可调用担保存款来弥补。

（2）备用信用证（Standby Letter of Credit），是指投资者不动用公司资金，而是利用本身的资信作为担保，项目出现资本不足等情况，将由开出信用证的银行设法解决。备用信用证担保是比担保存款对项目投资者更为有利的一种形式。投资者可以根本不用运用公司的任何资金，而只是利用本身的资信作为担保。由于这种方式贷款银团要承担投资者的信用风险（如投资者出现财务危机或投资者不履行担保协议等情况），所以一般坚持要求备用信用证由一家被接受的独立银行开出，将风险转移。

贷款担保在项目融资结构中的作用同样也分为两种形式：一种形式是一般性贷款担保，即如果项目出现资金短缺，或者出现项目到期债务无法偿还的情况，则运用贷款担保弥补资金短缺或偿还债务，从贷款担保中获取的资金将按比例在贷款银行之间分摊；另一种形式是针对性贷款担保，即该贷款担保只针对于项目资金中的某一家银行或某一部分资金，而这家银行或这部分资金将在整个融资结构中扮演从属性债务的角色。

4.1.4 产业投资基金

产业投资基金（Industry Investment Fund）是一大类概念，国外通常称为风险投资基金（Venture Capital）和私募股权投资基金，一般是指向具有高增长潜力的未上市企业进行股权或准股权投资，并参与被投资企业的经营管理，以期所投资企业发育成熟后通过股权转让实现资本增值。根据目标企业所处阶段不同，可以将产业基金分为种子期或早期基金、成长期基金、重组基金等。产业基金涉及多个当事人，具体包括基金股东、基金管理人、基金托管人以及会计师、律师等中介服务机构，其中基金管理人是负责基金的具体投资操作和日常管理的机构。

产业投资基金投资与贷款等传统的债权投资方式相比，一个重要的差异为基金投资是权益性的，着眼点不在于投资对象当前的盈亏，而在于它们的发展前景和资产增值，以便能通过上市或出售获得高额的资本利得回报。

产业投资基金是专业投资机构集合社会公众之资金，将其投向非上市公司，持有其股权或购买其他形态财产，以获取的收益向投资者分配。产业基金以特定的产业或企业为投资对象。

产业投资基金具有以下主要特点：

（1）投资对象主要为非上市企业。
（2）投资期限通常为3~7年。
（3）积极参与被投资企业的经营管理。
（4）投资的目的是基于企业的潜在价值，通过投资推动企业发展，并在合适的时机通过各类退出方式实现资本增值收益。

产业基金在所投资企业发展到一定程度后，最终都要退出所投资企业。它可通过投资企业的上市，将所持股份获利抛出，或通过其他途径转让所投资企业股权，或者在所投资企业发展壮大后从产业基金手中回购股份三种方式退出所投资企业。

4.2 债务资本的融资方式

项目融资最典型的作用在于为基础设施项目或者资源开发类项目筹集大量的债务资本。通常在这类项目中，债务资本所占的比例为70%~80%，甚至更高。因此，项目债务资金的筹集是解决项目融资的资金结构问题的核心。

应该如何选择适合具体项目融资需要的债务资金呢？这个问题的解决需要分为两个步骤：第一步，根据融资要求确定债务资金的基本结构框架。债务资金形式多种多样，并且每种形式均具有一些与其他形式不同的特征。借款人只有在众多的资金形式中抽象出具有共性的主要特征，才能根据项目的结构特点和项目融资的特殊要求，在一个共同的基础上对各种形式的债务资金加以分析和判断，确定和选择出债务资金的基本框架。第二步，根据市场条件确定债务资金的基本形式。在确定了债务资金的基本框架之后，还需要根据融资安排当时当地的市场条件（这些条件包括借款人条件、项目条件，以及当时当地金融市场的条件等），进一步确定几种可供选择的资金形式，针对这些资金形式的特点（如融资成本、市场进入时间、税务结构等），从中选择出一种或几种可以保证项目融资获得最大利益的债务资金形式。

对于项目投资者来说，他所面对的债务资金市场可以分为本国资金市场和外国资金市场两大部分，其中外国资金市场又可以进一步划分为某个国家的金融市场、国际金融市场以及外国政府出口信贷、世界银行、地区开发银行的政策性信贷。除了一些规模较小的融资案例之外，发展中国家多数大型项目的融资，其债务资金几乎全部或者很高比例是来自于国外的资金市场。即使像加拿大、澳大利亚这样的工业国家，在资源性项目和公共基础设施项目等方面的融资中，外国资金也占有相当大的比重。因此，讨论项目融资债务资金问题的重点，无疑应该放在国外金融市场这一方面。债务资金形式多种多样，在本书中不可能详细叙述所有的债务资金的形式。接下来我们将重点介绍几种在项目融资中被广泛应用的债务资金形式。

4.2.1 商业银行贷款

商业银行贷款是公司融资和项目融资中最基本和最简单的债务资金形式。商业银行贷款可以由一家银行提供，也可以由几家银行联合提供。贷款形式可以根据借款人的要求来设计，包括定期贷款、建设贷款、流动资金贷款等。

1. 商业银行贷款的形式

（1）以贷款形式来分的贷款有：① 项目长期贷款；② 项目流动资金贷款；③ 过桥贷款。

（2）以贷款银行参与数来分的贷款有：① 单一银行贷款；② 多家银行双边贷款（由多家银行分别签署贷款合同）；③ 银团贷款（参加银行共同签署贷款文本、共担风险、共享利益，大多数大型项目融资，都是通过银团贷款筹集到所需资金的）。

2. 国际国内商业贷款概述

（1）国内商业贷款。我国国家政策性银行及商业银行对项目的贷款一般按期限分为长、中和短期贷款。一年以内偿还的为短期贷款，中期贷款偿还期为 1~5 年，偿还期 5 年以上的为长期贷款。

① 长期贷款。银行通常把超过 5 年的贷款归入长期贷款。我国国有银行长期贷款在总贷款额中的比重较高。这是由于我国经济发展快、项目投资规模大。长期贷款主要有几种用途：基本建设贷款、技术改造贷款、城市建设综合开发企业贷款、农业基础设施及农业资源开发贷款。

② 短期贷款。短期贷款主要是流动资金贷款，用作存货、应收账款的周转资金，期限在一年之内。它也可以是在短期内见效的小额设备贷款。

（2）国际商业贷款。国际商业贷款是指我国在国际金融市场上以借款方式筹集的资金，主要指国外商业银行和除国际金融组织以外的其他国外金融机构贷款。因为项目融资中大量采用国际商业贷款，所以这部分的贷款将在后面章节详细讲述。

国际商业贷款这类贷款方式灵活、手续简便，使用不受限制。其贷款利率有固定利率和浮动利率两种。中长期贷款一般采用浮动利率，通常是在伦敦银行同业拆借利率（LIBOR）的基础上，根据国际金融市场上资金的供求、期限长短、贷款金额大小、货币币种风险和客户资信高低分别加上一定的利差。利差一般在 0.25%~1.25%。

国外商业银行和金融机构贷款包括两种形式：单个银行贷款和国际银团贷款。国际银团贷款（亦称为辛迪加贷款）是由一家银行牵头，多家银行和金融机构组成银团，联合向借款人提供金额较大的长期贷款。贷款多用于购买需要巨额资金的成套设备、飞机和船舶等。银团贷款的借款人通常是各国中央或地方政府、开发银行、进出口银行或国有金融机构及大型跨国公司。国际商业贷款利率完全由国际金融市场资金供求关系决定，不能享受各种非商业贷款的优惠条件。由于利率高、还款期短（中长期贷款期一般为 5—10 年），故国际商业贷款风险比较大。若项目经济效益不高、偿债能力不强，就会发生债务危机。我国通常是在项目使用政府贷款和国际金融组织贷款仍不能满足项目的外汇需要时，再借入一部分国外的商业贷款，或者在项目的短期资金缺乏时借入国外银行的短期贷款以弥补资金不足。

3. 商业银行贷款的具体类型

（1）工程贷款（Construction Loan）：对建筑工程发放的短期不动产贷款。这种贷款按实际需要事先拟订的计划分期支付。工程完工后，用抵押贷款的资金偿还这种贷款。其利率一般较高。

（2）定期贷款（Term Loan）：发放的中长期（2~10 年）有担保贷款。定期贷款用于购买资本设备或营运资金，按协议分期偿还。

（3）转换贷款（Bridge Loan）：俗称桥梁贷款或过桥贷款。这是借款人希望得到中长期资金而暂时使用的一种贷款种类，以满足借款人对资金的临时需求。其期限不长，具有过渡性。

（4）抵押贷款（Mortgage Loan）：以某项财产的留置权作为还款抵押而取得的银行贷款。项目融资中，常以项目公司的资产和现金流量作为抵押而取得银行的贷款安排。

（5）运营资金贷款（Working Capital Loan）：也称流动资金贷款，是短期贷款，为了补充借款人运营资金不足。这种贷款由项目公司根据需要灵活进行提款和还款，一般由长期贷款银行一并提供，避免了贷款法律地位、监管等纠纷。

（6）双货币贷款（Dual Currency Loan）：利息的计算和支付采用一种货币，本金的计算和支付采用另一种货币。

（7）商品关联贷款（Commodity-linked Loan）：
① 贷款本金的商品价格参与。本金的偿还额部分或全部取决于当时该种商品的价格，如低于预定价格，则偿还本金原值；如高于预定价格，需按预定公式增加银行贷款本金的偿还数额。
② 贷款利息的商品价格参与。利息水平与商品价格在同一时期内的变化水平联系。如实际的商品价格与预期的相接近，只需支付较低利率；反之借款人将承担较高的贷款利率。

4. 与银行贷款有关的信用条件

（1）借贷额度：贷款限额，是借款人与银行在协议中规定的允许借款人借款的最高限额。

（2）周转信贷协定：银行从法律上承诺向企业提供不超过某一最高限额的贷款协定。在协定的有效期内，只要企业借款总额未超过最高限额，银行必须满足企业任何时候提出的贷款要求。企业享用周转协定，通常要对借款限额的未使用部分付给银行一笔承诺费。

【例 4-1】承诺费的计算。

某企业与银行商定的周转信贷额为 2 000 万元，承诺费率为 0.5%，借款企业年度内使用了 1 400 万元，余额为 600 万元。则借款企业应向银行支付承诺费的金额为：

$$承诺费 = 600 \times 0.5\% = 3 \text{ 万元}$$

（3）补偿性余额（余额补偿）：银行要求借款人在银行中保持按借款限额或实际借用额的一定百分比（通常为 10%~20%）计算的最低存款余额，以补偿其可能遭受的风险。但对借款企业，补偿性余额提高了贷款的实际利率。

【例 4-2】补偿性余额贷款实际利息的计算。

某企业按年利率 8%向银行借款 100 万元人民币，银行要求保留 20%的补偿性余额，企业实际可动用的借款只有 80 万元人民币。则该项借款的实际利率为：

$$\frac{名义利率}{1-补偿性余额比率}\times100\%=\frac{8\%}{1-20\%}\times100\%=10\%$$

（4）借款利息支付方式。

利随本清法（收款法）：在借款到期时向银行支付利息的方法。该法中，贷款的名义利率（约定利率）等于实际利率（有效利率）。

贴现法：银行向企业发放借款时，先从本金中扣除利息部分，而到期时借款企业再偿还全部本金的一种计息方法。该法中，企业可利用的借款额只有本金扣除利息后的差额部分，实际利率高于名义利率。

【例 4-3】某企业从银行取得借款 200 万元人民币，期限 1 年，名义利率 10%，利息 20 万元人民币。按贴现法付息，求该项借款的实际利率。

【解】按贴现法付息，企业实际可动用的贷款为：200 − 20 = 180（万元）

该项借款的实际利率为：

$$\frac{利息}{贷款金额-利息}\times100\%=\frac{20}{200-20}\times100\%=11.11\%$$

或

$$\frac{名义利率}{1-名义利率}\times100\%=\frac{10\%}{1-10\%}\times100\%=11.11\%$$

4.2.2 银团贷款

银团贷款也是商业贷款的一种，但因为项目融资中大量采用，所以本部分专门对其进行阐述。

银团贷款又称为辛迪加贷款（Syndicated Loan），是由获准经营贷款业务的一家或数家银行牵头，多家银行与非银行金融机构参加而组成的银行集团（Banking Group）采用同一贷款协议，按商定的期限和条件向同一借款人提供融资的贷款方式。国际银团是由不同国家的多家银行组成的银行集团，通常会选定一家银行作为代理行代表银团成员负责管理贷款事宜。银团贷款是国际银行业中一种重要的信贷模式。

银团贷款是商业银行贷款概念在国际融资实践中的合理延伸。国际上大多数大型项目融资案例，其资金需求规模之大、结构之复杂，只有大型跨国银行和金融机构联合组织起来，才能承担得起融资的任务。

1. 在项目融资中使用银团贷款的优点

（1）有能力筹集到数额很大的资金。银团贷款可以满足借款人长期、大额的资金需求。

辛迪加贷款市场是国际金融市场中规模最大、竞争最激烈的一个组成部分，同样的项目风险条件下，在这个市场上可以筹集到数量较大、成本较低的资金。从项目融资的借贷实践来看，发展中国家超过3 000万美元、工业国家超过1亿美元数额的债务资金考虑采用国际辛迪加银团贷款的方式。

（2）贷款货币的选择余地大，对贷款银行的选择范围同样也比较大。这一点为借款人提供了很大的方便，借款人可以根据项目的性质、现金流量的来源和货币种类来组织最适当的资金结构。

（3）银团贷款操作形式多样。在同一银团贷款内，可根据借款人需要提供多种形式贷款，如定期贷款、周转贷款、备用信用证额度等。同时，还可根据借款人需要，选择人民币、美元、欧元、英镑等不同的货币或货币组合。

（4）融资所花费的时间和精力较少。借款人与安排行商定贷款条件后，由安排行负责银团的组建。在贷款的执行阶段，借款人无须面对所有的银团成员，相关的提款、还本付息等贷款管理工作由代理行完成。

（5）参与辛迪加银团贷款的银行通常是国际上具有一定声望和经验的银行，具有理解和参与复杂项目融资结构和承担其中信用风险的能力。成功地组建银团基于各参与行对借款人财务和经营情况的充分认可，借款人可以借此业务机会扩大声誉。

（6）提款方式灵活，还款方式也比较灵活。

2. 银团主要角色

贷款银行通常分为安排行、参与行、代理行、工程银行、中介机构等。这些银行都提供贷款，但它们又各自承担不同的责任。

（1）安排行（Arranged Banks）：牵头银行，通常在贷款条件和担保文件的谈判中起主导作用，它签订贷款协议并承购全部或部分贷款，风险较大，需是有丰富经验的大银行。

（2）参与行（Participating Bank）：参加银团并按各自承诺份额提供贷款的银行。

（3）代理行（Facility Agent）：主管项目贷款的日常事务，并收取管理费，它的责任是协调用款，帮助各方交流融资文件，送达通知和传递信息。

（4）工程银行（the Engineering Bank）：其责任是监控技术进程和项目的业绩，并负责项目工程师和独立的专家间的联络。工程银行可能是代理行或安排行的分支机构。

（5）中介机构（Intermediary Organ）：主要包括银团法律顾问/律师。结构复杂的项目，银团要求聘请保险顾问、技术顾问、会计顾问、工程顾问、商业顾问、税务顾问、环境顾问等，费用由借款人支付。

（6）管理行（Lead Manager）：在项目的文件和围绕项目的公开场合中，可能指定项目的管理行或主要管理行。管理行的身份反映了对项目的相当程度的参与，但管理行通常不对借款人或贷款人承担任何特殊的责任。

3. 银团贷款的基本要点

辛迪加银团贷款的一个基本原则是每个贷款银行应该按其贷款比例分配从借款人方面取

得的任何偿债资金，借款人不能歧视其中任何一家银行。所有借款人的偿债资金都支付给代理行，然后由代理行再按比例分配给每一家贷款银行。其基本要点有：

（1）利益共享。银团的成员按照融资协议规定的份额比例享有贷款利息，以及其他保证、抵押/质押物或担保等权利。

（2）风险共担。银团的成员按照贷款份额，承担贷款本息无法获得清偿的风险。

（3）统一管理。牵头行负责组建银团，并与项目公司谈判。组建完成后，由借款代理行负责审查并管理借款人对提款先决条件的满足，负责召集银团会议、代表银团向贷款人违约求偿等。

（4）份额表决。贷款银行根据各自承诺贷款额所占的比例或全额所占的比例，对银团重大事宜进行表决。对个别特殊事宜（事先约定），允许任何单个银行行使否决权。银行必须服从银团表决结果，放弃绝对的独立判断及行为能力。

辛迪加银团贷款作出这样的规定是为了限制银团中某一家银行行使其债务抵消权（Off-set）或者合并借款人银行账户的权利而损害其他贷款银行的利益。因为持有借款人存款的贷款银行有可能利用该存款抵消借款人在银团贷款中所欠债务，而其他银行则未必有此便利，故而得不到相同比例的补偿，尤其是在借款人发生还款困难的情况下。

4. 银团借款的组建流程

辛迪加银团贷款由于涉及的银行数目较多，有时这些银行又分别在不同的国家，因此，无论是在谈判上、准备法律文件的具体程序上，还是在贷款的管理上均要比商业银行贷款复杂。银团借款的组建流程包括前期准备、银团组建、银团管理三个阶段，其中前期准备和银团组建是关键。具体完成一个银团贷款的典型步骤说明如图4-1。

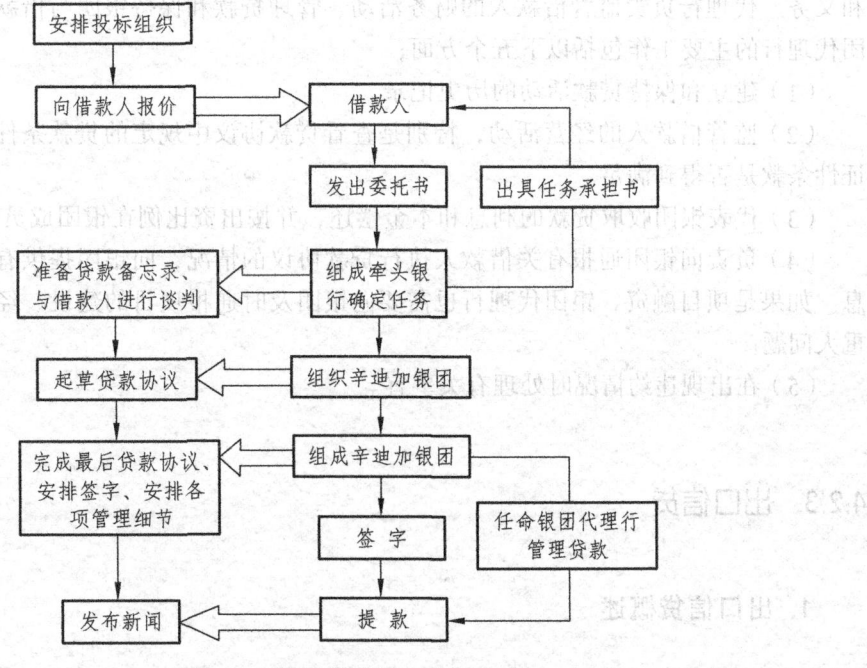

图4-1 组织银团贷款的步骤

5. 银团贷款的费用

在国际银团贷款中，借款人除了支付贷款利息以外，还要承担一些费用，如承诺费、管理费、代理费、安排费及杂费等等。

（1）承诺费（Commitment Fee），也称为承担费。借款人在用款期间，对已用金额要支付利息，未提用部分因为银行要准备出一定的资金以备借款人的提款，所以借款人应按未提贷款金额向贷款人支付承诺费，作为贷款人承担贷款责任而受利息损失的补偿。

（2）管理费（Management Fee）。此项费用是借款人向组织银团的牵头行支付的。由于牵头行负责组织银团、起草文件、与借款人谈判等，所以要额外收取一笔贷款管理费，作为提供附加服务的补偿。该费用通常在签订贷款协议后的30天内支付。

（3）参加费（Participant Fee）。参加费按出贷份额在各参加行中按比例分配。参加贷款金额较大银行的管理费和参加费可稍高于参加贷款较少的银行。

（4）代理费（Agent Fee）。代理费是借款人向代理行支付的报酬，作为对代理行在整个贷款期间管理贷款、计算利息、调拨款项等工作的补偿。

（5）杂费。杂费是借款人向牵头银行支付的费用，用于其在组织银团、安排签字仪式等工作时间所作的支出，如通信费、印刷费、律师费等。其具体费率标准根据人民银行及各商业银行有关规定执行。

6. 银团代理行

辛迪加银团贷款任命一家银行作为银团代理行，并在贷款协议中详细规定代理行的权利和义务。代理行负责监管借款人的财务活动、管理贷款和保持银团与借款人之间的联系。银团代理行的主要工作包括以下五个方面：

（1）建立和保持贷款活动的历史记录。

（2）监管借款人的经营活动，特别是查看贷款协议中规定的贷款条件和借款人的各种保证性条款是否得到满足。

（3）代表银团收取贷款的利息和本金偿还，并按出资比例在银团成员中进行分配。

（4）负责向银团通报有关借款人执行贷款协议的情况，向银团提供有关借款人的财务信息。如果是项目融资，银团代理行也需要向银团及时通报项目的建设、经营情况以及出现的重大问题。

（5）在出现违约情况时处理有关事宜。

4.2.3 出口信贷

1. 出口信贷概述

出口信贷是一国政府为支持和扩大本国大型设备等产品的出口、增强国际竞争力，对出口产品给予利息补贴、提供出口信用保险及信贷担保，鼓励本国的银行或非银行金融机构对本国的出口商或外国的进口商（或其银行）提供利率较低的贷款，以解决本国出口商资金周转的困难，或满足国外进口商对本国出口商支付货款需要的一种国际信贷方式。特别是对工业成套设备，许多国家都提供出口信贷。出口信贷可分为买方信贷和卖方信贷。

（1）买方信贷。买方信贷是给予国外进口商的贷款，是出口商所在地银行为促进本国商品出口发放的贷款。买方信贷是给外国进口商以满足支付货款（对本国出口商）需要的贷款，有了此种贷款，进口方就可以用现汇购买商品和设备，因此，出口方可及时收回货款。买方信贷的金额一般不超过合同金额的85%。贷款通常是在卖方交货完毕或工厂建成投产后分期偿还，每半年还本付息一次，期限不超过10年。买方信贷除了支付利息外，还需支付管理费、保险费和承诺费。

（2）卖方信贷。卖方信贷是出口方银行向本国出口商提供的商业信贷，是出口商所在地银行为便于该国出口商以延期付款形式出口商品而给的贷款。卖方信贷是为本国出口商提供资金周转困难的贷款，出口商以此贷款为垫付资金，允许买方赊购自己的产品，分期支付货款。使用卖方信贷，进口商一般先付合同金额的15%作为定金，其余货款可在项目投产后陆续支付。出口商收到货款后向银行归还贷款。出口商除支付利息外，也要承担保险费、管理费和承诺费，他们一般将这些费用计入出口货价中，把贷款成本转移到进口方。

出口信贷由于有出口国政府的政策性补贴，利率比国际金融市场相同期限的利率略低，这对于购置我国经济建设急需的成套设备和大型专用设备的项目来说，是获得巨额资金的重要渠道。由于有多个国家出口商彼此竞争，所以我国的进口和借款单位可在他们中间进行选择，降低设备进口价格和筹资成本。但另一方面，由于出口信贷和出口货物一般绑在一起，有时某国出口信贷条件虽然优惠，但该国设备并不适合我国；有时设备虽然适用，但价格却高于公开招标的价格，故使用出口信贷也会受到一定的限制。

2. 出口信贷的特点

（1）利率较低。对外贸易中长期信贷的利率一般低于相同条件资金贷放的市场利率，由国家补贴利差。大型机械设备制造业在西方国家的经济中占有重要地位，其产品价值和交易金额都十分巨大。为了加强该国设备的竞争力，削弱竞争对手，许多国家的银行纷纷竞相以低于市场的利率为外国进口商或该国出口商提供中长期贷款即给予信贷支持，以扩大该国资本货物的国外销路。银行提供的低利率贷款与市场利率的差额由国家补贴。

（2）与信贷保险相结合。由于中长期对外贸易信贷偿还期限长、金额大，发放贷款的银行存在着较大的风险。为了减缓出口国国家银行的后顾之忧，保证其贷款资金的安全发放，国家一般设有信贷保险机构，对银行发放的中长期贷款给予担保。

（3）由专门机构进行管理。发达国家提供的对外贸易中长期信贷，一般直接由商业银行发放，若因为金额巨大，商业银行资金不足时，则由国家专设的出口信贷机构给予支持。不少国家还对一定类型的对外贸易中长期贷款，直接由出口信贷机构承担发放的责任。它的好处是利用国家资金支持对外贸易中长期信贷，可弥补私人商业银行资金的不足，改善该国的出口信贷条件，加强该国出口商夺取国外销售市场的力量。

3. 出口信贷方式

（1）直接贷款。由进出口银行直接向国外进口商提供贷款，一般地，贷款只能用于购买进出口银行所在国的资本品和设备等。

（2）间接贷款。也叫银行转贷款，在这种结构下，进出口银行贷款给一家商业银行，由其将款项再发放给进口单位。

（3）利率补贴。在这种结构下，先由一家商业银行在以低于市场利率的基础上向借款人发放贷款，然后，由进出口银行对市场利率与贷款人发放该笔贷款的利率差给予补贴。

4. 出口信贷的优缺点

（1）优点：① 协议有效期内利率固定，有利于成本核算；② 出口卖方信贷的利率一般比较优惠；③ 可购买机械设备和技术，符合工程融资的要求；④ 出口国竞争激烈，项目单位可选择对自己有利的方案。

（2）缺点：① 只能从提供的国家进口设备，质量不一定一流；② 设备价款可能高于国际招标购买价。

4.2.4 国际金融组织贷款

1. 国际货币基金组织贷款

国际货币基金组织的宗旨是促进国际货币合作、支持国际贸易的发展和均衡增长、稳定国际汇兑并提供临时性融资、帮助成员国调整国际收支的暂时失调。它不向成员国提供一般性的项目贷款，而只是在成员国国际收支暂时不平衡时提供贷款，帮助他们克服国际收支逆差。国际货币基金组织贷款的条件比较严格，主要是按照成员国在基金中所占的份额、面临的国际收支困难程度以及解决这些困难的政策能否奏效等条件来确定贷款的数额。

2. 世界银行贷款

世界银行贷款包括国际开发协会贷款（称为"软贷款"）和国际复兴开发银行贷款（称为"硬贷款"）。

（1）国际开发协会贷款——软贷款。

国际开发协会（International Development Association，IDA），主要向成员国中最贫穷的国家提供经济开发所需资金。它贷款的资金来源是富有成员国提供的捐款和世界银行的拨款；贷款不考虑借款国的信誉，不着重考虑贷款的偿还。国际开发协会贷款又称为"软贷款"，主要贷给人均国民收入低于一定数量的发展中国家，贷款偿还期为35年，比世界银行长。其中，宽限期 10 年，不收利息，每年只对贷款未偿还部分征收 0.75%的手续费；另外，再对借款人未支取的贷款征收 0.5%的承诺费。因此，软贷款条件十分优惠。

（2）国际复兴与开发银行——硬贷款。

国际复兴与开发银行（the International Bank for Reconstruction and Development，IBRD）简称世界银行，专门向会员国发放能源、交通、公用事业、农村发展、环境保护等重点基础工程项目开发建设贷款或提供保证。这种贷款称为硬贷款，是世界银行向发展中国家提供的，低于国际金融市场利率的长期贷款。其贷款期限为 20 年，含 5 年宽限期，承诺费为 0.75%。利率每半年进行一次调整，主要视其筹资成本的变化情况而定。

世界银行贷款一般对项目发放。贷款发放的主要对象为：农业和农村发展、环境保护、交通、能源、基础工业及社会事业。针对项目的具体情况，世界银行按照其贷款程序和项目评估方法选择项目，并监督项目的实施。对于贷款项目的实施，世界银行要求在所有成员国间实行国际竞争性招标，对项目的评审也比较严格，其目的是使发放的贷款对借款国真正发挥作用，促进发展中国家经济的平衡发展。

世界银行贷款发放条件：① 重点基础工程，有政府部门担保；② 开发建设贷款；③ 不能以合理条件从其他方面取得贷款的（称"最后贷款人"）；④ 项目在经济、技术上可行，有偿还能力；⑤ 有固定发放程序，需经历项目选定（Identify of Project）、项目准备（Proportion of Project）、项目评估（Appraisal of Project）、项目谈判（Negotiation of Project）、项目执行（Implementation of Project）、项目总评价（Evaluation of Project）几个步骤。

世界银行贷款的优点：① 利率低于市场利率；② 采用国际招标方式，压低项目建设成本；③ 贷款的项目利于东道国发展，且能按计划完成；④ 有利于其他机构贷款，降低成本和风险；⑤ 世行与东道国有接触，利于项目有关法律、管理准备工作；⑥ 世行可提供项目的政治风险和货币风险的担保。

世界银行贷款的缺点：① 有严格限制条件；② 借款方需获得该国政府的担保；③ 需经严格的环境评估，并实现一定经济效益；④ 贷款是直接给项目中标的外国产商，不易进行费用核算（货币换算预先不知）；⑤ 贷款手续繁杂，历时长，需 3~5 年。

（3）国际金融公司。

国际金融公司（International Finance Corporation，IFC），主要向发展中国家的私人部门提供无须政府担保的贷款和投资。它对成员国的私人部门进行股本和准股本投资，如购买私人部门的优先股、可转换债券等。

4.2.5 外国政府贷款

政府贷款，又称政府信贷，是一国政府利用财政或国库资金向另一国政府提供的长期优惠性贷款，是工程项目筹资的优良品种。它是经济发达国家为促进本国商品出口和外交需要，向外国提供的。其性质属于政府间的开发援助。它的偿还期长，一般为 20~30 年；而且利率低，年利率只有 2%~3%。故政府贷款中赠予成分较高，一般为 50%~70%。含有赠予成分的贷款称为软贷款，不含赠予成分而按市场利率发放的为硬贷款。

此类贷款一般投入借款国非营利的开发项目，如城市基础设施、交通、能源等项目，或者是贷款国的优势行业，有利于该国出口设备。目前，美国、法国、意大利、丹麦、加拿大、澳大利亚、西班牙、比利时、阿根廷等国家，向我国提供政府贷款。

政府贷款一般采取这样的形式：直接给予借款国的某一特定项目。该国在提供买方信贷的同时，再提供部分政府贷款与买方信贷混合使用，又称混合信贷。

政府贷款是工程项目筹资的优良品种，但它也有其缺点：① 贷款政治性强，受外交关系及贷款国预算与国内政策影响大，会中断；② 贷款使用方向受限，限于从发放国向援助的国家购买商品和劳务，不能用投标竞争。

4.2.6 债券融资

债券融资也是项目融资较大的资金来源，越来越多的项目通过债券融资，特别是通过美国、欧洲债券市场融资。

债券是一种有价证券，是债务人为筹措资金而向债券投资者出具的、承诺按一定利率向债权人定期支付利息，并到期偿还本金的债权债务凭证。

发行债券进行项目筹集资金，相对于股票筹资，其主要优点是资金成本低。因为债券利息在税前支付，企业或项目实体可得到利息免税的好处。对投资者而言，债券风险比股票小，因此债券的发行比股票容易，发行成本也低。企业或项目实体通过债务筹资还可以发挥财务杠杆的作用，进一步提高资金收益率。但债券筹资需签订严格的债券合同，这是一个具有法律效力的文件，规定了债权人和发行者双方的权利和义务。债券合同中保护债权人的条款对发行人资产流动性、证券销售、红利支付、投资及兼并等的限制，降低了企业经营灵活性，这是债券筹资不利的一面。而债券合同中的提前兑回条款则允许企业在市场利率降低时兑回已发行的高利率债券，继而发行低利率债券，以此减少债券利息支出。

1. 债券的特点

（1）时间上的有期限性。发债人在发行债券时，就必须向投资者作出具有法律效力的承诺，债券便因此具有期限性。不同债券之间的区别之一在于期限的长短不同。

（2）收益的相对固定性。投资债券的收益表现为债券的利息，而利息是发债时便已确定的，因而不受发债人的经营业绩及市场利率变动的影响，其收益是固定的。

（3）较强的流动性。债券是一种社会化、标准化的投资工具，在证券市场健全的情况下，债券持有人可以随时在证券交易市场将债券出售变现。因而，债券具有较好的流动性。

（4）较高的安全性。债券投资也有一定的风险，但相对于其他资本证券而言，债券的风险相对较小，因而具有较高的安全性。因为：① 债券的利率是事先确定的，除非发债企业因资不抵债而宣告破产，否则投资者一般都可以获得固定的利息收益并收回本金；② 债券本息的偿还和支付有法律保障；③ 债券的发行需符合一定的资信条件，只有资信级别较高的企业方被允许发债（也有例外情况，如垃圾债券），至于政府发行的债券，一般不用担心还本付息的问题。

（5）权益的单一性。一般而言，债券的持有人只有获取债息、索偿本金，以及转让债券的权利；除此外，投资者既无权过问发债企业的决策及管理事务，也无权在应得利息之外参与企业的利润分配；发债人与投资者之间是一种很简单的债权债务关系。

2. 债券分类

（1）按发行主体分：公债券、金融债券、公司债券。公债券是国家发行的，也称为国债、政府债券或国库券；公司债券是公司依照法定程序发行的，约定在一定期限内还本付息的有价证券；金融债券是银行或其他非银行性金融机构发行的债券。

（2）按期限长短分：短期债券、中期债券、长期债券、永久债券。短期债券的偿还期限一般在一年以下。政府发行短期债券多是为了平衡预算开支，企业发行短期债券则主要是为了筹集临时性周转资金。中期债券的偿还期限为1~10年，发行中期债券的目的是获得较长期的稳定的资金。长期债券的偿还期限为10年以上，发行长期债券的目的是筹集可供长期使用的资金。

（3）利息支付方式分：附息债券、贴现债券。附息债券是券面上附有各种息票的债券，到期时凭剪下的息票领取本期利息；贴现债券又称贴水债券，发行时按规定的折扣率（贴水率）以低于券面价值的价格发行，到期时按券面价值偿还本金的债券，发行价与券面价值的差价即为利息。

（4）按发行方式（是否公开发行）分：公募债券、私募债券。公募债券是证券主管机构批准在市场上公开发行的债券，它是面向社会不特定的多数投资者公开发行，这种方式的证券发行的允准比较严格，并采取公示制度；私募债券是向少数投资者发行的债券，投资者多为银行或金融机构，其审查条件相对宽松，也不采取公示制度。

（5）按有无担保分：信用债券、抵押债券、担保债券。信用债券又称无担保债券，凭发行者的信用发行，是无任何担保，只凭企业的信誉发行的债券，通常只有信誉强的大企业才能发行这种债券；抵押债券是凭发行者的不动产或有价证券作抵押品的债券；担保债券是由第三者担保偿还本息的债券。

（6）按是否记名分：记名债券、不记名债券。记名债券是指在债券券面上记载持有人姓名的债券。由于记名，支取本息时必须凭券面载明的持有人的印鉴，转让时必须背书并办理过户手续；另外，可以挂失并防止冒领。但这类债券也因此流通性较差。无记名债券是指券面上不记载持有人姓名的债券。这类债券只凭债券本身支取本息而不管持有人的身份，转让时不需背书、过户，只需把债券交付给受让方即可，因而流通较方便。但这类债券不能挂失，一旦遗失或被窃，容易被冒领，因而存在风险。

（7）按债券票面利率是否变动分：固定利率债券、浮动利率债券、变动利率债券。固定利率债券是偿还期内利率固定不变的债券；浮动利率债券是利率随市场利率定期变动的债券；变动利率债券是随债券期限的增加，利率累进的债券。

（8）按发行人是否给予投资者选择权分：附有选择权的企业债券（可与债券发行者进行其他交易，这种权利可剥离单独买卖），不附有选择权的债券。附有其他权力债券有可转让公司债券，可退还的债券，有认股权证、认债权证、货币转换权、产品购买权的债券。可转换公司债券的持有者，能够在一定时间内按照规定的价格将债券转换成企业发行的股票；有认股权证的债券持有者，可凭认股权证购买所约定的公司的股票；可退还的企业债券，在规定的期限内可以退还。反之，债券持有人没有上述选择权的债券，即是不附有选择权的企业债券。

（9）按发行地的不同分：国内债券（本国债券）、国际债券（又分为外国债券和欧洲债券两种）。本国债券是发行人国家与发行地一致的债券；外国债券是发地人国家与发行地不一致的债券；欧洲债券是在国际金融市场柜台交易的债券。

（10）按是否与商品的价格联系分：商品关联债券（与商品的价格联系在一起的债券）。

（11）按债券的货币种类分：双货币债券（以一种货币支付利息，而以另一种货币支付本金的债券，可选利率较低的货币作为计算利息的货币，以项目所在国货币或与项目现金流量密切相关的货币作为偿还债券本金货币）。

3. 债券融资的优缺点

1）债券融资的优点

（1）融资成本较低。发行债券融资的成本要比股票融资的成本低。这是因为债券发行费用较低，其利息允许在所得税前支付，可以享受扣减所得税的优惠，所以企业实际上负担的债券成本一般低于股票成本。

（2）保障股东控制权。债券持有人无权干涉企业的管理事务，因此，发行企业债券不会像增发股票那样可能会分散股东对企业的控制权。

（3）发挥财务杠杆作用。不论企业盈利水平如何，债券持有人只收取固定的利息，而更多的收益可用于分配给股东，或留归企业以扩大经营。

（4）便于调整资本结构。企业通过发行可转换债券，或在发行债券时规定可提前赎回债券，有利于企业主动地、合理地调整资本结构，确定负债与资本的合理比率。

2）债券融资的缺点

（1）可能产生财务杠杆负效应。债券必须还本付息，是企业固定的支付费用。随着这种固定支出的增加，企业的财务负担和破产可能性增大，一旦企业资产收益率下降到债券利息率之下，会产生财务杠杆的负效应。

（2）可能使企业总资金成本增大。企业财务风险和破产风险会因其债务的增加而上升，这些风险的上升又导致企业债务成本、权益资金成本上升，因此，增大了企业总资金成本。

（3）经营灵活性降低。在债券合同中，各种保护性条款使企业在股息策略融资方式和资金调度等多方面受到制约，经营灵活性降低。

4. 公司债券融资

我国的公司债券是指公司依照法定程序发行的，约定在一定期限内还本付息的有价证券。公司债券是公司债的表现形式，基于公司债券的发行，在债券的持有人和发行人之间形成了以还本付息为内容的债权债务法律关系。因此,公司债券是公司向债券持有人出具的债务凭证。

我国发行公司债券的基本条件有六个:① 股份有限公司的净资产额不低于人民币 3 000 万元,有限责任公司的净资产额不低于人民币 6 000 万元;② 累计债券余额总额不超过净资产额的 40%;③ 最近三年平均可分配利润足以支付公司债券一年的利息;④ 筹集的资金投向符合国家产业政策;⑤ 债券的利率不得超过国务院限定的利率水平;⑥ 国务院规定的其他条件。如需上市,除以上条件外,还要满足公司债券的期限为一年以上,及公司债券实际发行额不少于人民币 5 000 万元两个条件。

公司债券发行时一般由投资银行等金融中介机构承购包销。它们帮助企业或项目实体确定发行规模、发行价格、发行方式及发行费用,并把债券推销给投资者。公司债券的等级对发行者和投资者都十分重要,是债券倒账风险的衡量指标。债券等级越高,其债务的偿还越有保证,因而风险越小,其债券利率越低,筹资成本也越低。故企业或项目实体应力争评上较高的等级,在这种条件下发行债券,对企业或项目实体最有利。

公司债券筹资的优点:① 资金成本较低,债券筹资比股票筹资成本低;② 保证控制权,不会因发行公司债券而分散控制权;③ 可发挥财务杠杆作用,在公司收益好时,债券持有人只收取固定的利息,而更多收益可分配给股东。

公司债券筹资的缺点:① 筹资风险高,有固定到期日,并定期支付利息;② 限制条件多。限制比发行优先股和短期债务严得多;③ 筹资额有限,当公司的负债比率超过一定程度后,筹资成本会快速上升,有时甚至发不出去。

5. 境外债券融资

越来越多的项目通过债券融资,特别是通过美国、欧洲债券市场融资。境外债券有外国债券和欧洲债券两种。外国债券是发地人国家与发行地不一致的债券;欧洲债券是在国际金融市场柜台交易的债券。其区别见表 4-1。

表 4-1 欧洲债券、本国债券、外国债券的主要区别

债券特征		欧洲债券	本国债券	外国债券
发行地	发行人国家与发行地一致		√	
	发行人国家与发行地不一致			√
	在国际金融市场柜台交易	√		
法规控制	遵守发行地法律		√	√
	可不遵守发行地法律			
市场交易	证券交易市场		√	√
	柜台交易	√		

发行境外债券前,发行人首先经过评级机构的评级,然后委托承销团确定发行条件,包括金额、偿还期、利率、发行价格、发行费用等。发行后的债券可在二级市场上流通。目前,世界上主要的国际债券市场有:美国美元债券市场(纽约)、亚洲美元债券市场(新加坡、中

国香港)、欧洲美元债券市场(伦敦、卢森堡)、德国马克债券市场(法兰克福)、日本日元债券市场(东京)、英国英镑债券市场(伦敦)、瑞士法郎债券市场(苏黎世)等。境外债券在国际金融市场上的价格，随着该种债券在市场上的需求情况而变动。如果债券在二级市场上表现不佳，则会影响发债人的信誉和今后的债券发行。在境外债券中，欧洲债券是最常见的资金筹集手段，以下就稍作介绍。

欧洲债券是为借款人提供从欧洲货币市场为数众多的金融机构投资者和个人投资者手中获得的相对成本较低的债务资金的一种有效形式。与一般国家发行的本国债券或外国债券不同，欧洲债券的发行和交易超出了国家的界线，不受任何一个国家的国内金融市场的法律法规限制。

发行欧洲债券筹集债务资金的优点：① 筹资成本相对比较低。对于在国际金融市场上具有良好资信的借款人来说，利用欧洲债券市场融资有可能获得比其他借款方式更低的融资成本。② 通过发行欧洲债券，可以接触到范围非常广泛的投资者，这是其他债务资金形式无法比拟的。③ 集资时间比较短。一旦发行系统建立起来，每次发行债券所需要的时间便非常短，这样就可以有效地抓住机会，迅速进入市场。④ 借款可以采用多种货币形式。⑤ 在还款日期安排上比辛迪加银团贷款灵活；⑥ 在一些国家，采用欧洲债券方式融资可以获得不用支付利息预提税的优惠。

发行欧洲债券筹集债务资金的缺点：① 由于欧洲债券市场上的投资者组成非常分散，所以投资者很难掌握一个复杂的项目融资结构和愿意购买与之有关的债券，这个问题是利用欧洲债券市场为项目筹集债务资金的主要障碍。只有很少一部分已经被这个市场所接受的借款人可以比较容易地利用该市场筹资。对于多数的融资项目(特别是在发展中国家的项目)，则需要有类似辛迪加银团贷款那样的银团组织作为发行债券的后盾(由该银团承担项目的风险)。例如，作为债券发行的担保人或者直接以银团名义发行，该银团收取一定的费用作为提供项目信用保证的代价，然而这样一来也就相对减少了利用欧洲债券市场融资的成本优势。② 由于组织欧洲债券发行的程序比较复杂，因而要求具有一定的发行金额才能具备规模经济效益。对于长期债券，一般要求有至少不低于 5 000 万美元的价值；对于中短期债券，一般也要求不能低于 2 000 万美元。

4.2.7 融资租赁

融资租赁起源于 20 世纪 50 年代的美国。中国的现代融资租赁业起步较晚，开始于 20 世纪 80 年代的改革开放，当时是为了解决资金不足和引进先进技术、设备、管理理念，作为增加引进外资的渠道。2013 年，中国融资租赁业总体发展迅速：融资租赁公司突破了 1 000 家，达到 1 026 家，比年初的 560 家增加 466 家，增长 83.2%；融资租赁行业注册资金突破 3 000 亿人民币大关，达到 3 060 亿人民币。截至 2013 年 6 月底，全国融资租赁合同余额约 1.9 万亿元人民币，比年初的 1.55 万亿元增加约 3 500 亿元，增长幅度为 22.6%。其中，金融租赁合同余额约 7 400 亿元，比上年年底的 6 600 亿元增长 12.1%；内资租赁合同余额约 6 600 亿元，比上年底的 5 400 亿元增长 22.2%。我国融资租赁行业保持了良好的发展态势，融资租赁行业在整个经济发展中的作用愈加明显。

项目融资的租赁安排可以来自以下三个方面:(1)专业租赁公司、银行和财务公司。这些机构可以为项目安排融资租赁,包括直接租赁和作为股本参加者安排杠杆租赁。(2)设备制造商和一部分专业化租赁公司。这些机构可以为项目安排经营租赁。(3)项目的投资者以及与项目发展有利益关系的第三方,也可以采取租赁融资形式将资金投入到项目中,包括经营租赁、直接租赁和杠杆租赁等。

1. 融资租赁的概念

融资租赁是指出租人在承租人给予一定报酬的条件下,授予承租人在约定的期限内占有和使用财产权利的一种契约性行为。融资租赁以租赁的方式筹集资金,是指当企业或项目实体需要设备时,不是通过筹资自行购买,而是以付租金的方式向租赁公司借入设备。租赁公司(出租人)有设备的所有权,企业(承租人)只有设备的使用权。以租赁的方式为项目提供所需的设备,为项目提供大量资金。

融资租赁的主要特征是:由于租赁物件的所有权只是出租人为了控制承租人偿还租金的风险而采取的一种形式所有权,在合同结束时最终有可能转移给承租人,因此租赁物件的购买由承租人选择,维修保养也由承租人负责,出租人只提供金融服务。租金计算原则是:出租人以租赁物件的购买价格为基础,按承租人占用出租人资金的时间为计算依据,根据双方商定的利率计算租金。它实质是依附于传统租赁上的金融交易,是一种特殊的金融工具。

融资租赁是一种租赁期限相对较长、承租人不能随意提前终止的租赁协议。在财务租赁期内,资产的使用价值在该资产的全部使用价值中占有较高的比重,有时可以高达90%。在财务租赁期间,出租人虽然拥有被出租的资产,但是实质责任只限于提供一种融资,占有和使用被出租资产所需要的一切费用和成本,包括维修、保养、保险,以至有关税收(出租人本身的公司所得税除外)均需要由承租人负担。承租人按照租赁协议定期支付租金,并且向出租人保证在租赁期满时支付一笔资金购进所租赁资产。融资租赁的应用范围十分广泛,小到一个机械设备,大到一个完整的工程项目,都可以成为租赁的对象。

2. 融资租赁与经营租赁的区别

租赁是一种其使用者(即承租人)可以获得某一设备或某一工厂的使用权用以增加生产,而不需要在使用初期支付该设备或工厂全部资本开支的一种融资手段。任何一个租赁协议都包括两个方面:承租人和出租人。在西方工业国家,根据在租赁协议中承租人和出租人双方所承担的责任以及租赁期间资产的使用价值占该资产全部使用价值的比重,将租赁分为经营租赁和融资租赁两种基本类型,两种租赁类型在项目融资的债务安排中都占有重要的位置,其区别见表4-2。

表 4-2 融资租赁与经营租赁的区别

项目	融资租赁	经营租赁
租赁程序	由承租人向出租人提出正式申请，由出租人融通资金引进承租人所需设备，然后再租给承租人使用	承租人可随时向出租人提出租赁资产要求
租赁期限	租期一般为租赁资产寿命的一半以上	租赁期短，不涉及长期而固定的义务
合同约束	租赁合同稳定。租期内承租人必须连续支付租金，非经双方同意，中途不得退租	租赁合同灵活，在合理限制条件范围内，可解除租赁契约
租赁期期满的资产处置	租赁期满后，租赁资产的处置有三种方法可供选择：将设备作价转让给承租人；由出租人收回；延长租期续租	租赁期满后，租赁资产一般要归还给出租人
租赁资产的维修保养	租赁期内，出租人一般不提供维修和保养设备方面的服务	租赁期内，出租人提供设备保养、维修、保险等服务

3. 融资租赁的形式

（1）售后租回。企业将资产卖给出租人再租回使用，出租人是租赁公司等金融机构。

（2）直接租赁。直接向出租人租入资产并付租金，指只有出租人和承租人两方参与的简单租赁形式。出租人自己安排资金购买被出租资产，然后将其租赁给承租人。

（3）杠杆租赁。出租人出部分租金（30%），其余以该资产担保来借款（70%），购买资产出租，并收租金。杠杆租赁不仅可以作为一种完整的项目融资模式，而且也可以作为一种债务资金形式用作大型项目融资结构中的一个组成部分。

4. 融资租赁筹资的优缺点

融资租赁筹资的优点：

（1）筹资速度快，租赁与设备购置同时进行。筹资企业或项目实体不必预先筹集一笔相当于设备价格的资金即可取得设备投入使用。

（2）增加投资者运用资金的灵活性。租赁具有百分之百融资的特性，采用这种方式可以使项目投资者保留较高的自有资金和银行信用额度，用于其他的投资和业务发展机会。

（3）限制条款少。相比债券和长期借款而言，租赁合同条款中对承租人的限制比债券合同少，方式也更灵活。

（4）设备淘汰风险小。租赁期限为资产使用年限的 75%，租赁可使企业或项目实体避免设备过时的风险，大型设备、飞机、轮船、建筑机械和电子计算机等均采用租赁的方式。

（5）财务风险小，会计安排较灵活。租金在整个租期内分摊，而且在租赁期间，租赁费用可以比一般债务资金更灵活地根据项目的现金流量和利润情况加以设计和调整，可以使公司的收益有一个相对平稳发展的水平。

（6）税收负担轻，税务安排灵活。承租人的租金支出是在缴纳所得税之前扣除的，具有抵免所得税的效用；项目公司能将税务好处直接转移给投资者。资产出租人可利用项目在建设期和生产期拥有的大量税务亏损，并将一部分利益以降低租赁费用的方式转让给承租人，可以较为有效地降低投资成本，提高项目的综合经济效益。

（7）对公司的负债状况不会产生影响。大多数国家的财务规定都将租金作为一项固定费用支出在公司资产负债表的注脚加以说明，从而使其成为一种非公司负债型融资。

融资租赁筹资的缺点：

租赁筹资成本较高。租金包括了设备价格、租赁公司为购买设备的借款利息及投资收益，比银行借款或发行债券所负担的利息高得多。

4.2.8 商业信用融资

商业信用是指商品交易中的延期付款或延期交货所形成的借贷关系，是企业之间的直接信用关系。商业信用融资利用商业信用，是一种形式多样、适用范围很广的短期资金筹措方式。商业信用融资有以下三种方式：

（1）应付账款融资。

应付账款是指企业购买货物未付款而形成的对供货方的欠账，即卖方允许买方在购货后的一定时间内支付货款的一种商品交易形式。在规范的商业信用行为中，债权人（供货商）为了控制应付账款期限和额度，往往向债务人（购货商）提出信用政策。信用政策包括信用期限和给买方的购货折扣与折扣期，如"2/10，n/30"，表示客户若在10天内付款，可享受2%的货款折扣，若10天后付款，则不享受购货折扣优惠，应付账款的商业信用期限最长不超过30天。应付账款融资最大的特点在于易于取得，无须办理筹资手续和支付筹资费用，而且它在一些情况下是不承担资金成本的。其缺点在于期限较短，放弃现金折扣的机会成本很高。应付账款融资，对于融资企业而言，意味着放弃了现金交易的折扣，同时还需要负担一定的成本，因为往往付款越早，折扣越多。

（2）预收货款融资。

预收货款是指销货企业按照合同或协议约定，在交付货物之前向购货企业预先收取部分或全部货物价款的信用形式。它相当于销货企业向购货企业先借一笔款项，然后再用货物抵偿。这是买方向卖方提供的商业信用，是卖方的一种短期资金来源，信用形式应用非常有限，仅限于市场紧缺商品、买方急需或必需商品、生产周期较长且投入较大的建筑业、重型制造等。

（3）商业票据融资。

商业票据融资是由金融公司或某些企业签发，无条件约定自己或要求他人支付一定金额，可流通转让的有价证券，其持有人具有一定权力，如汇票、本票、支票等。它是企业在延期付款交易时开具的债权债务票据。对于一些财力和声誉良好的企业，其发行的商业票据可以直接从货币市场上筹集到短期货币资金。

一般来说，企业商业票据融资有一定条件：①信誉卓著，财力雄厚，有支付期票金额的可靠资金来源，并保证支付；②非新设立公司，发行商业票据的必须是原有旧公司，新开办的公司不能用此方式筹集资金，如专为项目融资组织起来的项目公司进行融资，则信用保证结构复杂；③在某一大银行享有最优惠利率的借款；④在银行有一定的信用额度可供利用；⑤短期资金需求量大、筹资数额大，资金需求量不大的企业不宜采用此方式筹集资金。

1. 商业票据融资

商业票据融资是指通过商业票据进行融通资金。商业票据是一种商业信用工具，指由债务人向债权人开出的、承诺在一定时期内支付一定款项的支付保证书，即由无担保、可转让的短期期票组成。

1）商业票据融资的优点

（1）公司获取的资金成本低。一些大公司发行商业票据，融资成本通常低于银行的短期借款成本，因为它是直接从投资者处获得资金，节省了部分利润。

（2）公司筹资的灵活性强。公司在发行商业票据筹资时，可以根据自己某段时间对资金的需求确定发行量、利率、次数。只要发行人和交易商达成书面协议，在约定时期内，发行人可不限次数及不定期发行，以满足自身短期资金的需求。

（3）有利于提高公司的信誉。公司有能力发行兑付票据，表明公司有较高信誉，发行后也有利于提高公司形象。公司也可借此来向银行争取较好的借贷条件。

（4）投资者投资可享有盈利性、流动性、安全性之利。投资者购买公司票据后，可以获取比银行更高的利息收入，票据如经信用评级，银行担保也比较安全。需要资金时也可以把持有的未到期票据到二级市场出售，可以取得流动性之便。

2）商业票据融资的缺点

（1）无担保。无实体财产作抵押担保品，只以发行公司的声誉、实力地位作担保；如果专为项目融资组织起来的项目公司进行融资，则信用保证结构复杂。

（2）资金使用期限较短。

2. 美国商业票据

商业票据是美国国内金融市场上主要的也是最古老的金融工具之一。美国商业票据市场为借款人提供了一种成本低、可靠性高，而且可以通过不断展期来满足长期资金需求的短期债务资金形式。最早的商业票据是美国的公司、银行和金融机构用来筹集流动资金的。自20世纪70年代以来，美国商业票据开始逐渐成为非美国公司的一种重要资金来源，成为国际辛迪加银团贷款、欧洲债券市场的一种具有竞争力的替代方式。但是，在欧洲债券市场上安排融资一样，对于缺乏知名度的外国公司以及为项目安排融资来说，利用商业票据市场多数情况下也需要某种形式的银行信用作为后盾。

1）美国商业票据市场融资的优点

（1）低成本。追求降低融资成本是大批美国公司和许多大型项目融资进入美国商业票据市场的最大原动力。同时,能够获得低成本的资金也是美国商业票据市场能够和欧洲货币市场竞争的一个主要原因。一般来说,在同等条件下,从美国商业票据市场上获得的资金可以比银团贷款的利息成本低。但是对于外国公司来说,由于要加上外国风险因素,其优惠就没有这样明显了。

(2)资金来源多元化。这一优点与使用欧洲债券市场是一样的。借款人通过使用商业票据市场获得广泛的资金来源,从而避免过分依赖少数商业银行和投资银行。对于偶尔组织一次项目融资活动的公司,这一优点似乎并不明显,但是对于任何跨国公司或者希望积极介入国际金融市场的公司来说,资金来源多元化是分散风险的一项重要措施。

(3)资金使用灵活。美国商业票据市场为票据发行人在票据期限和发行时间上提供了很大的灵活性,从而可以满足票据发行人的各种具体需要。一般的辛迪加银团贷款要求提款必须预先通知,提前量在 5~30 天不等。但是,使用商业票据市场可以做到在同一天发行票据并获得资金,不需要任何提前通知。

2)美国商业票据市场融资存在的问题

美国商业票据是一种无担保可转让的短期票据,票据投资人的投资决策主要取决于发行人的资信评级。这一特征对于希望利用该市场作为项目融资主要债务资金来源的项目投资者来说,面临着两个必须解决的问题:一是项目公司的资信和在市场上的知名度问题。专为项目融资组织起来的项目公司没有经营历史,信用保证结构复杂,无论是公司资信还是知名度都是比较弱的,如果单独以项目公司作为发行人,在市场上将很难找到踊跃的票据投资人。二是项目融资寻求的主要是长期债务资金。虽然可以利用市场的流动性,通过不断发行新商业票据偿还到期债务,以达到循环使用资金的目的,但是,过分依赖市场的流动性来满足项目长期债务资金的需求具有潜在的风险。

复习思考题

1. 在项目融资中常用的权益融资方式有哪些?
2. 在项目融资中常用的债务融资方式有哪些?
3. 什么是准股本资金?其投入方式有哪些?
4. 试分析项目融资中商业银行贷款的操作方式及利弊。
5. 请分析出口信贷在项目融资中的作用及局限性。
6. 试分析项目融资中通过发行普通股融资的利弊。
7. 如何理解利用融资租赁来为项目筹集资金?
8. 试分析项目融资中通过发行债券融资的利弊。

第5章 资金成本与资本结构决策

本章与上一章都涉及项目融资的资金结构问题。不同筹资方案的资金成本和资金结构具有差异,而资金成本和资金结构是决定项目融资方案的主要因素。如何计算资金成本和决定最优资金结构就是本章学习的内容。

通过本章的学习,学生需要掌握项目融资的资金构成及资金结构的概念,理解准股本资金的形式及作用;熟悉资金成本计算,了解资金结构的优化选择方法。

5.1 项目融资的资金构成及资金结构

5.1.1 项目融资的资金构成

从项目资金的来源及其性质上看,项目融资的资金构成有三个部分:股本资金、准股本资金(也称为从属性债务或初级债务资金)和债务资金(也称为高级债务资金)。虽然相对于贷款银行提供的债务资金而言,股本资金与准股本资金在项目融资中没有本质上的区别,承担的风险也是相同的,只是在形式上有所不同,但是对于项目投资者来说,准股本资金相对于股本资金在安排上具有较高的灵活性,并在资金序列上享有较为优先的地位。

1. 股本资金

股本资金是投资者投入的风险资金,是项目融资的基础。在资金偿还序列中排在最后一位。项目投资中的股本资金在收益分配和风险承担上的特殊性,往往使项目的股本投入具有风险资本的性质。由于债务资金相对股本资金来说具有优先清偿权,因此贷款银行往往把股本资金看作其融资的安全保障。然而,对于项目投资者来说,股本资金不仅有其承担风险的一面,更重要的是由于项目具有良好的发展前景,能够为其带来相应的投资收益。增加股本资金的投入实际上并不能改变或提高项目的经济效益,但是可以增加项目的经济强度,提高项目的风险承受能力。

1）股本资金的作用

（1）提高融资项目的抗风险能力。项目资金总额中股本资金所占比例往往影响项目债务资金的风险程度。由于项目预期的现金流量（在偿还债务之前）在某种意义上是固定的，贷款银行通常希望项目的现金流量能够按照计划支付项目的生产成本、资本开支、管理费用，并按计划偿还债务，同时为各种可能发生的不可预见风险提供充分的资金余地。项目承受的债务越高，现金流量中用于偿还债务的资金占用的比例就越大，贷款银行所面对的潜在风险也就越大；相反，在项目中股本资金投入越多，项目的抗风险能力就越强，贷款银行的风险也就越小。

（2）决定投资者对项目的关心程度。投资者在项目中投入资金的多少与其对项目管理和前途的关心程度是成正比的。贷款银行总是希望项目投资者能够全力以赴地管理项目，尤其是在项目遇到困难的时候能够千方百计地渡过难关。从贷款银行的角度，要求项目投资者投入一定数量的股本资本，无疑是约束项目投资的经营行为，可提高项目投资者在项目经营中的责任心和积极性，保证项目经营的稳定性和经营效率。

（3）对项目融资具有良好的心理鼓励作用。投资者在项目中的股本资金代表着投资者对项目的承诺和对项目未来发展前景的信心，对于组织项目融资可以起到很好的心理鼓励作用。

2）股本资金的来源

（1）投资者直接投入的股本资金，被称为投资者自有资金。

（2）安排项目融资的同时，直接安排项目公司上市，通过发行项目公司股票和债券的方式来筹集项目融资所需要的股本资金和准股本资金，这类股本资金被称为公募股本资金。

（3）政府机构和公司出于政治利益或经济利益等方面的考虑，也会为项目提供类似股本资金或准股本资金的资金，这类资金被称为"第三方资金"。这些机构包括愿意购买项目产品的公司、愿意为项目提供原材料的公司、工程承包公司、政府机构以及世界银行和地区开发银行等。这些机构为了促使项目的开发，有可能提供一定的股本资金、软贷款或贷款担保。

在项目融资的结构中，应用最普遍的股本资金形式是认购项目公司的普通股和优先股。

3）股本资金投入比例的惯例与规定

（1）一定地区、特定行业会逐渐形成一种"惯例"，如电力行业等能源和基础设施项目要求较高，上海电力行业股本资金投入比例在50%以上。

（2）国家对项目资本金有原则性规定：交通运输、煤炭项目，资本金比例为35%及以上；钢铁、邮电、化肥项目为25%及以上；电力、机电、建材、化工、石油加工、有色、轻工、纺织、商贸及其他行业项目为20%及以上；房地产开发项目，项目资本金在35%以上（经济适用房30%）。具体比例，由项目审批单位根据投资项目的经济效益以及银行贷款意愿和评估意见等情况，审批可行性研究报告时核定。

2. 准股本资金

1）准股本资金的定义及性质

准股本资金是指投资者或者与项目利益有关的第三方所提供的债务资金。其债务地位从属于银行贷款,即清偿程序在银行贷款之后,但高于股本金,也称从属贷款资金,从另一角度可看作股本资金的一部分。准股本资金是相对股本资金而言的,准股本资金需要具备的性质包括:

(1)债务本金的偿还需要具有灵活性,不能规定在某一特定期间强制性地要求项目公司偿还从属性债务。

(2)从属性债务在项目资金优先序列中优先级要低于其他的债务资金,但是高于股本资金。

(3)当项目公司破产时,在偿还所有的项目融资贷款和其他的高级债务之前,从属性债务将不能被偿还。从项目融资银行的角度,准股本资金将被看作股本资金的一部分。

准股本资金可作为一种与股本资金和债务资金平行的形式进入项目,也可作为一种准备金形式,用来支付项目建设成本超支、生产费用超支以及其他贷款银行要求投资者承担的资金责任。根据资金的从属性质,准股本资金又可以分为一般从属性债务和特殊从属性债务两大类。一般从属性债务是指该种资金在项目资金序列中低于一切其他债务资金形式,而特殊从属性债务则在其从属性定义中明确规定该种资金相对于某种其他形式债务(典型的是项目融资中的长期债务)的从属性,但是针对另外的一些项目债务,则具有平等的性质。

2)准股本资金投资的优点

对于项目投资者来说,为项目提供从属性债务要比提供股本资金具有以下几个方面的优点:

(1)投资者在安排资金时具有较大的灵活性。作为一个投资者,任何资金的使用都是有成本的,特别是如果在项目中投入的股本资金是投资者通过其他渠道安排的债务资金,投资者就会希望利用项目的收入承担部分或全部的融资成本。从属性债务一般包含了比较具体的利息和本金的偿还计划,而股本资金的红利分配则带有较大的随机性和不确定性。

(2)在项目融资安排中,项目公司的红利分配通常有着十分严格的限制,但是可以通过谈判减少对从属债务在这方面的限制,尤其是对债务利息支付的限制。然而为了保护贷款银行的利益,一般要求投资者在从属性债务协议中加上有关债务和股本资金转换的条款,用以减轻在项目经济状况不好时的债务负担。

(3 从属性债务为投资者设计项目的法律结构提供了较大的灵活性。首先,作为债务,利息的支付是可以抵税的;其次,债务资金的偿还还可以不用考虑项目的税务结构,而股本资金的偿还则会受到项目投资结构和税务结构的各种限制,其法律程序要复杂很多。

3)准股本资金的形式

项目融资中最常见的准股本资金有无担保贷款、可转换债券、零息债券和以贷款担保形式出现的股本资金。

(1)无担保贷款是贷款中最简单的一种形式。这种贷款形式上与商业贷款相似,贷款协议中包括贷款金额、期限、利率、利息支付、本金偿还等主要条款,但是贷款没有任何项目资产作为抵押和担保,本息的支付也通常带有一定的附加限制条件。无担保贷款指没有任何项目资产作为抵押和担保的贷款,多数情况下股东贷款属无担保贷款,设备供应商以商业信用方式为公司提供的货物也属无担保贷款。无担保贷款的作用:一是项目发起人为吸引融资而贷款,因融资巨大,发起人为使主要贷款人放心而用担保贷款作为发起人投入的资金,以支持商业贷款;二是项目发起人可享受税务优惠的好处,所以项目发起人乐于接受无担保贷款来代替权益投资。

（2）可转换债券是从属性债务的另一种形式。可转换债券在其有效期内只需支付利息，但是在特定时期（通常为债券到期日或者某一段时间）内，债券持有人有权选择将债券按照规定的价格转换成为公司的普通股。如果债券持有人选择不执行期权，则公司需要在债券到期日兑现本金。可转换债券的履行没有任何公司资产或项目资产作为担保，债券利息一般也比同类贷款利息要略低一点。这种形式对于债券持有人的吸引力在于如果公司或项目经营良好，公司股票价格或项目资产价值高于现已规定的转换价格，则债券持有人通过转换可以获得资本增值；相反，如果公司或项目经营结果较预期差，债券持有人仍可以在债券到期日收回债券面值。国外一些项目融资结构中的投资者，出于法律上或税务上的考虑，希望推迟在法律上拥有项目的时间，常常采用可转换债券形式安排项目的股本资金。

（3）零息债券也是项目融资中常用的一种从属性债务形式。零息债券计算利息，但是不支付利息。在债券发行时，根据债券的面值、贴现率（即利率）和到期日贴现计算出其发行价格，债券持有人按发行价格认购债券。零息债券持有人的收益来自于债券购买价格与面值的差额，而不是利息收入。深贴现债券是零息债券的一种变通形式。深贴现债券需要定期支付很低的利息，同时在发行时也采用贴现的方法计算价格，因而这种债券的收益也主要是来自贴现而不是来自利息收入。零息债券作为一种准股本资金形式，在项目融资结构中获得了较为普遍的应用，其主要原因是这种资金安排既带有一定的债务资金特点（如每年的名义利息可以取得税务扣减），同时又不需要实际支付利息，减轻了对项目现金流量的压力。因而，如果由于种种原因，项目投资者没有在项目中投入足够的股本资金，贷款银行则通常会要求投资者以零息债券或深贴现债券形式，为项目提供一定数额的从属性债务作为投资者在项目中的股本资金。债券的期限原则上等于或略长于项目融资期限。

（4）以贷款担保形式出现的股本资金。以贷款担保形式作为项目股本资金的投入，是项目融资中具有特色的一种资金投入方式。在项目融资结构中，投资者不直接投入资金作为项目公司的股本资金或准股本资金，而是以贷款银行接受的方式提供固定金额的贷款担保作为替代。作为项目的投资者，这是利用资金的最好形式，由于项目中没有实际的股本资金占用，项目资金成本最低。然而，从贷款银行的角度来看，这是一种项目风险高于投资者直接投入股本资金的形式，因为银行在项目的风险因素之外，又增加了投资者自身的风险因素。因此，采用贷款担保形式作为替代投资者全部股本资金投入的项目融资结构是较少见的，多数情况是贷款担保作为项目实际投入的股本资金或者准股本资金的一种补充。只有在项目具备很好的经济强度，同时承诺担保责任方本身具有很高的政治、商业信誉的双重条件下的项目融资结构，才有可能以贷款担保形式百分之百或者接近百分之百地替代项目投资者实际的股本资金投入。中国国际信托投资公司在澳大利亚波特兰铝厂和加拿大塞尔加纸浆厂两个项目的融资，成功地做到了这一点。贷款担保作为股本资金有两种主要形式：担保存款和备用信用证担保。担保存款是项目投资者在一家由贷款银团指定的一流银行中存入一笔固定数额的定期存款，存款账户属于项目投资者，存款的利息也属于项目投资者，但是存款资金的使用权却掌握在贷款银团的手中，如果项目出现资金短缺，贷款银团可以调用担保存款。备用信用证担保是比担保存款对项目投资者更为有利的一种形式。投资者可以根本不用运用公司的任何资金，而只是利用本身的资信作为担保。由于这种方式贷款银团要承担投资者的信用风险（如投资者出现财务危机或投资者不履行担保协议等情况），所以一般坚持要求备用信用证由一家被接受的独立银行开出，将风险转移。贷款担保在项目融资结构中的作用同样也分为两种形式：

一种形式是一般性贷款担保，即如果项目出现资金短缺，或者出现项目到期债务无法偿还的情况时，运用贷款担保弥补资金短缺或偿还债务，从贷款担保中获取的资金将按比例在贷款银行之间分摊；另一种形式是针对性贷款担保，即该贷款担保只针对于项目资金中的某一家银行或某一部分资金，而这家银行或这部分资金将在整个融资结构中扮演从属性债务的角色。

3. 债务资金

债务资金是项目资金来源的重要组成部分，在资金偿还序列中排在第一位。

项目融资最典型的作用在于为基础设施项目或者资源开发类项目筹集大量的债务资本，通常在这类项目中债务资本所占的比例为 70%~80%，甚至更高。因此，项目债务资金的筹集是解决项目融资的资金结构问题的核心。债务资金的筹集中需注意以下问题：

1）债务期限

债务的到期时间是区别长期债务和短期债务的一个重要界限。在资产负债表中，短于一年的债务被作为流动负债，超过一年的债务则被作为非流动负债，即长期债务。

项目融资结构中的债务资金基本上是长期性的资金，即便是项目的流动资金，多数情况下也是在长期资金框架内的短期资金安排。有的资金形式，如商业银行贷款、辛迪加银团贷款、融资租赁等可以根据项目的需要较灵活地安排债务的期限。但是如果使用一些短期资金形式，如欧洲期票、美国商业票据等作为项目融资的主要债务资金来源，如何解决债务的合理展期就会成为资金结构设计的一个重要问题。

2）债务偿还

长期债务需要根据一个事先确定下来的比较稳定的还款计划表来还本付息。对于从建设期开始的项目融资，债务安排中一般带有一定的宽限期，在宽限期内，贷款的利息可以资本化。由于项目融资的有限追索性，还款需要通过建立一个由贷款银团经理人控制的偿债基金方式来完成。每年项目公司按照规定支付一定数量的资金到偿债基金中，然后由经理人定期按比例分配给贷款银团成员。如果资金形式是来自金融市场上公开发行的债券，则偿债基金的作用就会变得更为重要。

项目融资的借款人通常希望保留提前还款的权利，即在最后还款期限之前偿还全部的债务。这种安排可以为借款人提供较大的融资灵活性，根据金融市场的变化或者项目风险的变化，对债务进行重组，获得成本节约。但是，某些类型的债务资金安排对提前还款有所限制，如一些债券形式要求至少在一定年限内借款人不能提前还款。又如，对于固定利率的银团贷款来说，因为银行安排固定利率的成本，如果提前还款，借款人可能会被要求承担一定的罚款或分担银行的成本。

3）债务序列

无论是公司融资还是项目融资，债务安排都可以根据其依赖于公司（或项目）资产抵押的程度或者依赖于有关外部信用担保的程度而划分为由高到低不同等级的序列。所谓高级债务，是指由全部公司（或项目）资产作为抵押的债务或者是得到相应强有力信用保证的债务。所谓低级债务，则是相对于高级债务而言的，一般是指无担保的债务。低级债务也称为初级债务或从属性债务，项目融资中的准股本资金就属于这一类型。在公司（或项目）出现违约的情况下，公司（或项目）资产和其他抵押、担保权益的分割将严格地按照债务序列进行。从属性债权人的位置排在有抵押权和担保权的高级债权人之后，只有在这些债务获得清偿之后，从属性债权人才有权从公司（或项目）资产和其他来源获得补偿。

项目融资中的银团贷款（或类似性质的债务资金）是最高级的债务资金形式，这是因为有限追索的性质决定了贷款银团在项目融资中要求拥有最高的债权保证。投资者在项目中的贷款或其他类似性质的贷款是项目公司的从属性债务，对于贷款银团来说具有股本资金的性质。因此，已经安排了项目融资的项目，基本上不可能再以该项目资产为基础从其他渠道获得相似性质的融资了。

4）债权保证

债权保证是债务资金的提供者最为关心的一个问题。项目融资的债权保证在形式上和内容上都与公司融资有一定程度的区别。公司债务可以分为有债权保证和无债权保证两类。有债权保证的债务多以公司的资产（如工厂设备、房地产、有价证券等）作为抵押，形式比较简单；无债权保证的债务则主要依赖于公司的资信、经营能力，有时也依赖于公司提供的消极担保条款作为保证。

项目融资的债权保证在含义上要广泛得多，除了包括以项目资产作为抵押外，还包括：对项目现金流量使用和分配权的控制，对项目公司银行往来账户的控制，对有关项目的一切重要商业合同（包括工程合同、市场销售合同、原材料供应合同等）权益的控制，对项目投资者给予项目的担保或来自第三方给予项目的担保及其权益转让的控制，等。项目融资中的债权保证是项目信用保证结构需要重点解决的问题。

5）违约风险

一种债务在公司（或项目）债务中的序列及债权保证，并不能确保该项债务是无风险的。一种债务资金形式可以是高序列并且是有保证的，但是仍然会具有一定的风险。在公司融资中，人们可以比较容易地划分出股本资金风险和债务资金风险。但是在项目融资中，这种划分有时就不是很容易了，因为如果项目失败，贷款银行就可能会发现它们的地位与股本投资者没有太大的区别，这是由项目融资的特点所决定的。

项目融资出现借款人违约而债务无法获得偿还的可能性主要有三种情况：①项目的现金流量不足以支付债务的偿还；②项目投资者或独立第三方不执行所承担的具有债权保证性质的项目义务；③在项目公司违约时，项目资产的价值不足以偿还剩余的未偿还债务。

6）利率结构

项目融资中的债务资金利率主要有浮动利率、固定利率以及浮动/固定利率三种机制。使用较为普遍的债务资金形式，如辛迪加银团贷款、欧洲期票、美国商业票据等，采用的多为浮动利率，计算利率的基础（以美元贷款为例）一般为LIBOR（伦敦同业拆借利率）、美国银行的优惠利率，有时也使用美国财政部发行的证券收益率，然后根据项目的风险情况、金融市场上的资金供应状况等因素在这个基础上加上一个百分数，形成借款人的实际利息率。浮动利率债务一般的利率变动期间为3个月和6个月，在此期间利率是固定的。

采用固定利率机制的债务资金有两种可能性：一种可能性是贷款银团所提供的资金本身就具有固定利率的结构，如一些长期债券和财务租赁；另一种可能性是通过在金融掉期市场上将浮动利率转换成固定利率而获得的，利率被固定的期间可以是整个融资期，也可以是其中的一个部分。

评价项目融资中应该采用何种利率结构，需要综合考虑三方面的因素：① 项目现金流量的特征；② 金融市场上利率的走向；③ 借款人对控制融资风险的要求。

首先，项目现金流量的特征起着决定性的作用。有一种类型的项目，如一些火力发电厂项目、一些专门为发电站供应煤炭的煤矿项目和一些运输系统项目等，由于政府部门作为项目产品（或服务）的承购方，将产品（或服务）的价格以固定价格加通货膨胀因素的公式确定，因而项目的现金流量相对稳定，可预测性很强，对于这类项目，采用固定利率机制有许多优点，有利于项目现金流量的预测，减少项目风险。另一种类型的项目，如资源和原材料项目，虽然可以有"无论提货与否均需付款"或"提货与付款"性质的产品销售安排，但是产品价格是由国际市场价格规定的。这类项目的现金流量极不稳定，价格好时，项目现金流量就很好；价格坏时，项目现金流量就很差。对于这类项目，采用固定利率就有一定的缺点，在产品价格不好时将会增加项目的风险。而国际金融市场的浮动利率，其基本趋势是跟随各主要工业国家的经济情况和政府金融政策而变化的，国际市场上的资源和原材料价格的变化趋势与世界经济的繁荣和衰退趋势也基本吻合，因此，此类项目采用浮动利率较为合适。在经济衰退期，各工业国家为了刺激经济的发展，多将降低利率作为一种主要手段。因此，采用浮动利率机制，当产品价格不好时，虽然项目现金流量较差，但是由于利率也较低，相应地也降低了项目的风险。

其次，对金融市场中利率的趋向分析，在决定债务资金利率结构时也起着很重要的作用。在利率达到或接近谷底时，如果能够将部分或全部浮动利率债务转化为固定利率债务，无疑对借款人来说是一种有利的安排，这样可以在较低成本条件下将一部分融资成本固定下来。

最后，任何一种利率结构都有可能为借款人带来一定的利益，但也会相应地增加一定的成本，最终取决于借款人如何在控制融资风险和减少融资成本之间权衡。如果借款人将控制融资风险放在第一位，在适当时机将利率固定下来是有利的，然而短期内可能要承受较高的利息成本；如果借款人更趋向于减少融资成本，问题就会变得相对复杂得多，从而要更多地依赖于对金融市场上利率趋向的分析。因此，近几年来在上述两种利率机制上派生出了几种具有固定利率特征的浮动利率机制，以满足借款人的不同需要。

简单地说，具有固定利率特征的浮动利率机制是相对浮动利率加以封顶的。对于借款人来说，在某个固定利率水平之下，利率可以自由变化，但是利率如果超过该固定水平，借款人只按照该固定利率支付利息，这种利率安排同样是需要成本的。

7) 货币结构与国家风险

项目融资债务资金的货币结构可以依据项目现金流量的货币结构加以设计，以减少项目的外汇风险。另外，为了减少国家风险和其他不可预见因素的影响，国际上大型项目的融资安排往往不局限于在一个国家的金融市场上融资，也不局限于一种货币融资。事实证明，资金来源多样化是减少国家风险的一种有效措施。

5.1.2 项目融资的资金结构

1. 资金结构的概念

现代项目融资是多渠道的,如何将多渠道的资金按照一定的资金结构结合起来,是制定项目融资方案的主要任务。项目资金结构是指构成项目的各种资金的比例。它包括债务资金与权益资金的比例、资金的期限结构、资金的倾向结构、债务资金的利率结构。在分析融资方案的组合结构时,最重要的是考虑债务资金与股本资金的比例。

1) 债务资金与股本资金的比例

债务资金与股本资金的比例是项目资金结构的一个基本比例,也称为资金结构。一个项目中的资本结构与项目的投资结构、融资模式和信用担保结构有着密切的关系。合理、灵活、巧妙地安排资本结构,选择适当的资金形式,可以有效地降低资金成本和项目风险,提高项目的综合经济效益。

债务资金、股本资金和税收政策是确定资本结构主要考虑的三个因素。国际上多数国家税法都规定贷款利息支出可以计入企业的成本冲抵所得税,债务资金成本相对要低于权益资金成本。理论上,如果一个项目使用债务资金比例较高,它的资金成本相对较低,但是其财务状况和抗风险能力会由于承担较高的债务而变得相对脆弱;相反,如果一个项目使用权益资金比例较高。其会有一个非常稳固的财务基础和较强的抗风险能力,但是这却增加了资金使用的"机会成本",使得项目的综合成本变得十分昂贵。从投资者的角度考虑,项目融资的资本结构追求以较低的权益投资争取较多的债务融资,同时还要尽可能低地对股东追索;而对于提供债务融资的债权人,则希望债权得到有效的风险控制。通常条件下,项目的股本资金比例越高,债务的风险越低;反之,债务利率越高。当股本资金比例降低到债权人不能接受的水平时,企业不会取得债务资金,特别是低息的银行贷款。

2) 期限结构

项目资金的期限结构是指构成项目资金的各种资金使用期限的结构比例。合理的项目资金期限结构是保证项目顺利建成和正常运行的重要条件,同时也为债权人能按期收回贷款本息奠定基础。通过项目融资获得的各种资金使用期限是不同的。通常,投资者投入的权益资金比债务资金的使用期限更为久远,只要项目和项目公司能够正常运行,股本资金可以被永续地使用。在项目融资中的债务资金,如贷款、债券、融资租赁等,基本上都属于超过一年的长期债务,其与短期债务商业票据等比较优点是融资成本低,但如果项目公司的财务流动性不足,会产生较高的财务风险。

3) 利率结构

利率结构是各种债务资金利率的结构比例关系。利率的形式多种多样,在利率结构分析中,主要是研究债务资金的固定利率、浮动利率以及由浮动形式演变出来的其他形式利率的结构关系。固定利率由于在借贷期限内利率不随借贷资金的供求状况而变动,具有简便易行、计算方便的优点,但在市场利率变化较频繁的情况下,借贷双方须承担一定的风险损失。相反,浮动利率在借贷期内随着市场利率的变化而定期调整利率,计算烦琐,不可避免地增加了资金成本,但它能使借贷双方承担的风险损失降低到最低水平。债务利率结构的确定需要考虑以下三个因素:

(1)项目现金流量的特征。对于收入相对稳定的项目来说,比如煤电项目、交通基础设施项目,由于政府部门是项目产品的承购者,项目产品通常以固定价格加上通货膨胀因素的方式定价,现金流量相对稳定,采用固定利率有利于项目现金流量的预测,减少项目风险。而对于资源、原材料类项目,其产品价格主要由国际市场供求关系确定,价格波动比较大,采用浮动利率,能够在价格降低的情况下,有效降低项目风险。

(2)金融市场利率的走向。金融市场上利率的趋势分析对于确定债务资金的利率结构起着非常重要的作用。在利率到达或接近低谷时,选择固定利率对借款人是一种有利的安排,可以较低的资金成本取得项目建设资金。

(3)借款对控制融资风险的要求。任何一种利率安排既可能为借款人带来一定的利益,也会相应地增加一定的成本。利率结构的确定与借款人在控制金融风险和减少融资成本之间的权衡有着密切的关系。如果借款人将控制融资风险放在第一位,固定利率的比例可能会相对高一些,在短期内可能要承担较高的债务成本;如果借款人更趋向于降低融资成本,其更多要依赖于金融市场上利率趋势的分析。

4)货币结构

项目的货币结构包括货币的品种结构和货币市场来源结构,主要体现在外汇币种选择和境内外借贷占比。不同币种的外汇汇率总是在不断地变化,如果条件许可,项目使用外汇贷款需要仔细选择外汇币种。外汇贷款的借款币种与还款币种有时不一致,特别要注意对还款币种的选择。为了降低还款成本,一般选择币值较为软弱的币种为还款币种。这样,当这种外汇币值下降时,还款金额相对降低。当然,币值软弱的外汇贷款利率通常较高,这需要在汇率变化与利率差异之间作出预测、权衡和抉择。境内外借贷的占比主要取决于项目使用外汇的额度,同时主要由借款取得的可能性及方便程度决定。项目投资中如果有国外采购,可以附带寻求国外的政府贷款、出口信贷等优惠融资。项目融资结构分析中主要是分析各种融资方案债务资金与权益资金的比例,并讨论其实现条件。

2. 最佳资金结构

股本资金、准股本资金和债务资金这三部分资金在一个项目中的构成以及相互之间的比例关系在很大程度上受制于项目的投资结构、融资模式和项目的信用保证结构,但是也不能忽略资金结构安排和资金来源选择在项目融资中可能起到的特殊作用。通过灵活巧妙地安排项目的资金构成比例,选择恰当的资金形式,可以达到既减少项目投资者自身资金的直接投入,又能够提高项目综合经济效益的双重目的。

项目中债务资金和股本资金之间的比例关系、项目资金的合理使用结构以及税务安排对融资成本的影响,是确定项目的资金结构和资金形式的三个主要考虑因素。

1)债务和股本资金的比例

由于项目的债务资本和权益资本在资金成本和风险程度上存在差异,因此项目资本结构的确定事实上是项目资金成本和可承受风险的权衡问题。由于按照各国的相关法律，债务资金本金和利息的偿付可以在税前进行，因此项目贷款的实际利息成本得以降低。

由于在考虑税收影响的情况下，债务资金的成本通常要低于股本资金的成本，因此理论上如果一个项目的资金全部是债务资金，此时项目的资金成本是最低的。然而项目的财务状况和抗风险能力则会由于承受过高的债务而变得相对脆弱起来；相反，如果一个项目使用的资金全部是股本资金，则项目将会有一个非常稳固的财务基础，而且项目的抗风险能力也会由于减少了金融成本而得以加强。但是，这样一来却大大提高了资金使用的"机会成本"，使得综合资金成本变得很高。因而对于绝大多数的项目来说，实际的资金构成和比例是在以上两个极端中间加以选择的。项目融资没有标准的"债务/股本资金比率"可供参照，确定一个项目资金比例的主要依据是该项目的经济强度，而且这个比例也会随着工业部门、投资者情况、融资模式诸因素的不同而发生变化，并在一定程度上也反映出安排资金当时当地的借贷双方在谈判中的地位、金融市场上的资金供求关系和竞争状况以及贷款银行承受风险的能力。

项目融资的一个重要特点是可以提高项目的债务承受能力。在项目融资中，贷款银行所面对的是一个相对简单的独立项目，通过对项目的全面风险分析，可以确定项目最小现金流量水平和债务承受能力；通过对整体融资结构（包括投资结构、融资结构、资金结构、信用保证结构四个方面）的综合设计，可以减少和排除许多风险因素和不确定因素，对潜在的风险会有较为清楚的认识。因此，与传统的公司融资相比较，采用项目融资方式可以获得较高的债务资金比例。但是，项目融资的这一特点并不意味着项目融资可以不需要或很少需要股本资金投入，而完全依靠贷款来解决项目的全部资金需求。事实上，项目融资所做到的只是使股本资金的投入形式多样化，最大限度地利用项目的信用保证结构来支持项目的经济强度。而且，由于20世纪80年代末90年代初期的世界经济萧条、银行业不景气，一些项目融资即使在具备强有力的担保结构作为支持的情况下，贷款银行仍会要求投资者在项目中注入相当数量的股本资金，以确保投资者有足够的经济利益来激励他们以最有效的方式建设项目、经营项目，保证项目获得成功。债务覆盖率是决定债务资金在全部项目资金中所占比例的一个重要指标。

2）项目资金的合理使用结构

统筹考虑项目资金的合理使用结构无论是对于项目投资者还是对于提供融资的贷款银行来说都是十分重要的。确定项目资金的合理使用结构，除了需要建立合理的债务资金和股本资金的比例关系之外，至少还需要考虑以下四方面的内容。

（1）项目的总资金需求量。

在项目融资中为了确定合理的资本结构及筹资规模，一个重要的前提条件是能够准确地制定出项目的资金使用计划及总资金需求量。如果资金需求量和资金使用计划测算得不够准确，往往导致资金筹集和资金使用之间出现不一致的现象，增加项目资金筹集成本和运行风险，甚至导致项目失败，国际上大量存在着因为资金使用计划不周而造成失败的案例。

通常在进行一个新建项目的资金预算时，主要应考虑三个方面的资金需求：① 项目资本投资（包括土地、基础设施、厂房、机器设备、工程设计和工程建设等费用）；② 投资费用超支准备金，即不可预见费用（一般为项目总投资的10%～30%）；③ 项目流动资金。

为避免在项目运行中出现资金不足的现象而影响项目的运行，同时也为了避免项目融资规模过大造成项目成本过高的局面出现，做好项目总资金预算以及项目各阶段的资金需求量和现金流量预算是重要的一环。

(2) 资金使用期限。

项目的权益资本和债务资本在使用期限上也存在差异。理论上,项目资本中由投资者所投入的股本资金是项目中使用期限最长的资金,其回收只能依靠项目的投资收益。但是项目中的任何债务资金都是有固定期限的,如果能够针对具体项目的现金流量特点,根据不同项目阶段的资金需求采用不同的融资手段,安排不同期限的贷款,就可以起到优化项目债务结构、降低项目债务风险的作用。例如:利用短期贷款为项目安排长期资金是不经济的,然而对于流动资金的贷款则可以采用较灵活的方式,如银行信用额度、银行透支、商业票据等,根据项目的实际生产资金需求安排提款和还款。项目长期贷款应根据项目的经济生命期和项目现金流量状况来决定。项目融资贷款期限通常比公司融资要长,根据项目情况可以达到8~10年,有些项目贷款期限甚至可以达到20年。

(3) 资金成本和构成。

项目资本中由投资者投入的股本资金成本是一种相对的成本概念,因而在有些情况下也被称为是一种"机会成本"。在评价股本资金成本时,除了要参照投资者获取该部分资金时的实际成本、当时当地的资本市场利率因素和在可供选择的投资机会之间的比较利益及比较成本等客观因素之外,投资者的长期发展战略以及一些潜在的相关投资利益也是十分重要的考虑因素。然而,项目的债务资金成本则是一种绝对的成本,这就是项目贷款的利息成本(或者以其他名目出现的同样性质的成本)。尽管在考虑到公司所得税因素以后债务资金成本可能要比股本资金成本便宜,但对于项目直接投资者来说,无论项目经营情况和现金流量情况如何,项目债务资金的利息通常是必须按期偿还的。项目债务资金的利率风险是项目融资的主要金融风险之一,项目融资可以选用固定利率、浮动利率或者两种利率的结合,也可以选用利率封顶、限底等手段相对降低利率风险。利率结构的选择首先需要考虑项目现金流量的性质,对于收入相对稳定的项目来说,选择固定利率有利于较准确地作出项目资金预算,减少金融风险;其次,选择利率结构应考虑利率的发展变化趋势。采用固定利率,可以准确计算出一定年限内的利息支出,并且在利率上升时期起到保护项目利益的作用。然而,若将项目贷款的全部或大部分利率完全固定,则在利率下降阶段会增加项目的机会成本,降低项目产品在市场上的竞争能力。另外,选用固定利率将限制项目重新融资的灵活性。

(4) 混合结构融资。

混合结构融资是指不同利率结构、不同贷款形式或者不同货币种类的贷款的结合。混合结构融资如果安排得当,可以起到降低项目融资成本、减少项目风险的作用。例如,根据项目产品的市场分布和销售收入的货币币种比例,相应地安排对应货币种类的融资,可以起到一种自然保值的作用,减少项目的汇率风险。

3) 利息预提税的考虑

预提税(Withholding Tax)是一个主权国家对外国资金的一种管理方式。预提税可以分为红利预提税和利息预提税两大类,其中以利息预提税应用最为广泛。利息预提税率通常为贷款利息的 10%~30%,是世界多数国家对非居民在其司法管辖地获取的利息收入进行征税的有效手段。利息预提税一般由借款人交纳,其应付税款金额可以从向境外支付的利息总额中扣减,也可以在应付利息总额之上附加成本,这取决于借贷双方之间的安排。但是,项目贷款人所关心的问题是如何保证所获取的利息收入不受到或者尽可能少地受到利息预提税的影响，从而利息预提税成本最终将以不同的形式转嫁到借款人身上。

对于以国际债务资金作为重要资金来源的项目融资来说，利息预提税无疑增加了项目的资金成本，因此在考虑项目的资金结构时，也应将利息预提税问题作为一个重要课题加以研究。

国际金融界存在着一些比较成熟和比较常用的合法减免利息预提税的做法。在这里选择两种较有代表性的方法作简单介绍，以供在安排融资时参考。需要说明的是，各国法律背景不同，在一个国家适用的方法在另一个国家未必适用，然而这两种方法的基本思路则是具有一定的启发和借鉴作用的。

第一种方法建立在一些国家之间的避免双重征税条约的基础上。借款人通过向条约国的金融机构贷款，或者在借款人与国际银团之间安排一家条约国的金融机构作为中介实现避免征收利息预提税，从而降低贷款的综合成本。例如，中国和美国、加拿大等国的双边征税条约规定，一方政府对另一方金融机构在本国的贷款活动不征收利息预提税。按照这一规定，中国在美国、加拿大等地的海外企业从中国的金融机构安排融资在成本上就会明显优于没有这种优惠条件的另外一些国家的金融机构。又如，在塞浦路斯从英国安排贷款需要支付10%的利息预提税，但是根据双边条约，塞浦路斯与爱尔兰、爱尔兰与英国之间则不征收利息预提税，从而理论上如果将塞浦路斯与英国的直接贷款安排成为塞浦路斯与爱尔兰、英国之间的贷款关系，就可以节约10%的利息预提税成本。当然，这种安排需要具有一定的商业理由，否则有可能被项目所在国政府认为是一种单纯的"逃税"行为。

针对国际金融市场上对减免利息预提税的需求，一些国家的金融机构经常利用本国政府与其他国家政府之间的税务条约，为一些大型国际项目融资提供上述性质的服务，并在提供服务时收取一定的费用。

减免利息预提税的另一种方法是将境外融资转化成为境内融资，或者采用不需要支付利息预提税的融资方法。例如，按照一些国家的法律，如果外汇债务不是来自境外的银行或其他金融机构，而是来自"公众"（如通过发行欧洲债券、欧洲期票、美国商业票据等方式筹集的资金），则其利息可以不用交纳利息预提税。还有一些国家规定，本国公司向本国银行支付利息不用交纳利息预提税，而本国银行向外国银行支付利息时亦不需要交纳利息预提税。在这种情况下，借款人通过本国银行安排外汇资金贷款，就可以将境外融资转为境内融资，降低项目的融资成本。

5.2 资金成本

5.2.1 资金成本概述

1. 资金成本的含义

资金成本（The Cost of Capital）又称融资成本，是指企业为完成某项目筹集和使用资金而付出的代价。从广义上讲，企业筹集和使用任何资金，不论短期还是长期，都要付出代价。狭义的资金成本仅指筹集和使用长期资金的成本。由于多数工程项目特许期均超过 1 年，甚至长达数十年，因此，本章研究对象——资金成本为狭义资金成本。

现代经济条件下，权益人和债权人是企业为项目筹集资金的两大途径，前者称为权益资金，后者称为债务资金。投资者或权益人将资金投入到企业，其目的是取得一定的投资报酬，而债务人将资金借贷出去的目的也是能获得一定的利息。由此可见，企业作为资金的使用人，必须付代价，这个代价就是资金成本。资金成本可能是企业一定时期内实际支付的利息和股利等实际成本，是企业事后核算的成本，也可能是按照一定市场利率等计算的机会成本，是企业因项目筹集资金可能会发生的事前预期成本。在项目融资中，企业主要关注的是对于未来筹资的安排和规划，因此更多考虑的是资金的预期成本。

资金成本与资金的时间价值这两个概念既有区别又有联系。资金的时间价值与资金成本都基于同一个前提，即资金或资本参与任何交易活动都有代价。具体地说，资金的时间价值是资本所有者在一定时期内从资本使用者那里获得的报酬，资金成本则是资金的使用者由于使用他人的资金而付出的代价。它们都以利息、股利等作为表现形式，是资金运动分别在其所有者和使用者方面的体现。两者的区别主要表现在两个方面：第一，资金的时间价值表现为资金所有者的利息收入，而资金成本是资金使用人的筹资费用及利息费用；第二，资金的时间价值一般表现为时间的函数，而资金成本则表现为资金占用额的函数。

2. 资金成本的构成

资金成本由资金筹集费用和资金占用费用两部分组成，资金筹集费用是指企业在资金筹集过程中发生的各项费用，如发行股票、债券支付的印刷费、发行手续费、律师费、资信评估费、公证费、担保费、广告费等。资金占用费是指企业作为资金的使用者支付给资金所有者的资金报酬，如股票的股息、银行贷款和债券利息等。资金筹集费用一般属于一次性发生，在计算资金成本时通常作为筹资金额的一项扣除。资金占用费是筹资企业经常发生的，是资金成本的主体部分，也是降低资金成本的主要方向。

为了便于比较分析，通常用项目占用资金所负担的费用与筹集资金净额的比值来表示资金成本的大小。用公式表示为：

$$K = \frac{D}{P - F}$$

或

$$K = \frac{D}{P(1-f)}$$

式中：K 表示资金成本率（一般亦称为资金成本），以百分率表示；D 表示资金占用费用；P 表示筹集资金总额；F 表示资金筹集费用；f 表示融资费用率。公式中 D 由筹集资金的渠道或方式决定，若资金为债务资金，如银行贷款、发行债券、融资租赁等，则 D 为利息费用；若资金为权益资金，则 D 表示预计的投资利润或股利。

3. 资金成本的作用

资金成本是企业筹资和投资决策的主要依据，分析资金成本的作用在于：

（1）资金成本是选择资金来源、确定筹资方案的重要依据，企业力求选择资金成本最低的筹资方式。

（2）资金成本是评价投资项目、决定投资取舍的重要标准。国际上通常将资金成本视为项目投资的"最低成本率"或是否采用投资项目的取舍率，是比较投资方案的主要标准。

（3）资金成本是衡量企业经营成果的尺度，经营利润应高于资金成本，否则表明业绩不佳。

4. 影响资金成本的主要因素

在市场经济环境中，多方面的因素综合作用决定着企业资金成本的高低，其中主要有以下几个因素：

（1）总体经济环境。总体经济环境决定了整个经济中资金的供给与需求，以及预期通货膨胀的水平。如果货币需求增加，而供给没有相应增加，投资人便会提高投资收益率，企业的资金成本就会上升；反之，则会降低其要求的投资收益率，使成本下降。如果预期通货膨胀水平上升，货币购买能力下降，投资者也会提出更高的收益率来补偿预期的投资损失，导致企业资金成本上升。

（2）证券市场条件。证券市场条件影响证券投资的风险。证券市场条件包括证券的市场流动难易程度和价格波动程度。如果证券市场流动性不好，投资者想买进或者卖出证券相对困难，变现风险加大，要求的收益率就会提高；或者虽然存在对证券的需求，但其价格波动较大，投资风险大，要求的收益率也会提高。

（3）企业内部的经营和融资状况。企业内部的经营和融资状况指经营风险和财务风险的大小。经营风险是企业投资决策的结果，表现在资产收益率的变动上；财务风险是企业筹资决策的结果，表现在普通股收益率的变动上。如果企业的经营风险和财务风险太大，投资者便会有较高的收益率要求。

（4）融资规模。企业融资规模大，资金成本较高。例如，企业发行的证券金额很大，资金筹集费和资金占用费都会上升，而证券发行规模的增加还会降低其发行价格，由此会增加企业的资金成本。

5.2.2 个别资金成本计算

个别资金成本是指使用各种长期资金的成本。根据长期资金的来源，个别资金成本可以分为长期借款成本、债券成本、优先股成本、普通股成本、留存收益成本。前两者为债务资金成本，后三者为权益资金成本。

1. 优先股成本

企业发行优先股筹资,既要支付筹资费用,又要定期支付股息。它与债务成本不同的是股息在税后支付,且没有固定到期日。企业破产时,优先股持有人求偿权在债务持有人之后,其风险大于债券。因此优先股成本通常高于债券成本。公司发行优先股融资时,需支付发行费用和优先股股利,而优先股股利通常是固定的。测算优先股成本时,优先股融资额就按优先股的发行价格确定。其计算公式为:

$$K_p = \frac{D_p}{P_p(1-F_p)}$$

式中 K_p——优先股成本;
D_p——优先股股息;
P_p——优先股发行价格;
F_p——优先股筹资费用率。

【例 5-1】某工程公司发行优先股总面额为 1000 万元,总发行价为 1250 万元,融资费用率为 6%,规定年股利率为 14%。计算优先股成本。

$$K_p = \frac{1000 \times 14\%}{1250(1-6\%)} = 11.91\%$$

2. 普通股成本

普通股成本是普通股东预期的、要求达到的或实际的在赚得后可使股票的市场价值保持不变的报酬率。普通股成本的计算基本上与优先股相同,但是普通股的股利是不固定的,由于与优先股相比,普通股股东承担的风险比债权人和优先股股东大,因此,普通股股东要求的收益也较高,且通常要求逐年增长。普通股成本的测算方法有股利折现模型、资本资产定价模型和风险溢价模型三种常见方法。

1)普通股成本股利折现模型测算

(1)如果预期企业每期的股利相等,则普通股成本的计算公式为:

$$K_c = \frac{D_c}{P_c(1-F_c)}$$

式中 K_c——普通股成本;
D_c——每年固定股利;
P_c——普通股市价;
F_c——普通股筹资费用率。

【例 5-2】某企业采用发行普通股的方式筹集项目建设资金,发行价格为 15 元,每股筹资费用 3 元,预计每年分派现金股利 1.6 元。计算普通股成本。

$$K_c = \frac{1.6}{15(1-3/15)} \times 100\% = 13.33\%$$

（2）如企业预期股利是不断增加的，假设年增长率为 G，则普通股成本的计算公式为：

$$K_c = \frac{D_1}{P_c(1-F_c)} + G$$

式中　D_1——第一年普通股年股利；
　　　P_c——普通股融资额；
　　　F_c——普通股融资费用率；
　　　G——股利固定增比率；
　　　K_c——普通股成本。

【例 5-3】某工程公司发行普通股总价格为 5 000 万元，融资费用率为 4%，第一年股利率为 12%，以后每年增长 5%。计算普通股成本。

$$K_c = \frac{5\,000 \times 12\%}{5\,000(1-4\%)} + 5\% = 17.5\%$$

2）资本资产定价模型法

普通股成本或必要报酬率 = 无风险报酬率 + 风险报酬率

$$K_c = R_f + \beta(R_m - R_f)$$

式中　R_f——无风险报酬率；
　　　β——第 I 种股本贝他系数；
　　　R_m——市场平均报酬率；
　　　R_f——无风险报酬率。

【例 5-4】某期间市场无风险报酬率为 12%，平均风险股票必要报酬率为 14%，某企业普通股 β 值为 1.4。计算普通股的成本。

$$Kc = R_f + \beta(R_m - R_f)$$
$$= 12\% + 1.4 \times (14\% - 12\%) = 14.8\%$$

3）债券投资报酬率加股票投资风险报酬率

从投资者的角度看，股本投资的风险高于债券。因此，股本投资的必要报酬率可以在债券利率的基础上再加上股本投资高于债券投资的风险报酬率。普通股股东对企业的投资风险大于债券投资者，因而会在债券投资者要求的收益率上再要求一定的风险溢价。债务成本比较容易计算，难点在于确定风险溢价。风险溢价可以凭借经验估计：企业普通股风险溢价对其自己发行的债券来讲，大约为 3%～5%，当市场利率达到历史性最高点时，风险溢价通常较低，在 3%左右；当市场利率处于历史性最低点时，风险溢价通常较高，在 5%左右；通常情况下，常常采用 4%的平均风险溢价。

例如，对于债券成本为 9%的企业来讲，其留存收益成本为：

$$K_s = 9\% + 4\% = 13\%$$

而对于债券成本为 13%的另一家企业，其留存收益成本为：

$$K_s = 13\% + 4\% = 17\%$$

3. 留存收益成本

留存收益是企业缴纳税后形成的，由公司税后净利润形成，其所有权属于股东。股东将这一部分未分派的税后利润留存于企业，实质上是对企业追加投资。如果企业将留存收益用于再投资所获得的收益率低于股东自己进行另一项风险相似的投资收益率，企业就不应该保留留存收益而应将其分派给股东。股东将留用利润用于公司而不作为股利取出投资于他处，总是要求得到与普通股等价的报酬。因此，留用利润也有成本，不过是一种机会成本。它的成本确定方法与普通股成本基本相同，只是不考虑融资费用。

$$K_r = \frac{D_c}{P_c} + G$$

式中 K_r——普通股成本；
D_c——预期年股利；
P_c——普通股融资额；
G——股利固定增比率。

以下是用股利增长模型来计算留存收益成本的

【例5-5】某企业普通股目前市价为32元，估计增长率为12%，本年发放股利2元。计算留存收益成本。

$$K_r = \frac{D_c}{P_c} + G = \frac{2(1+12\%)}{32} + 12\% = 19\%$$

4. 长期借款成本

长期借款成本一般由借款利息和借款手续费两部分组成。按照国际惯例和各国税法的规定，借款利息可以计入税前成本费用，起到抵税的作用。按国际惯例，债务的利息允许在所得税前支付，项目实际利息为：利息×（1-所得税率）。由此，一次还本、分期付息借款的成本计算公式为：

$$K_l = \frac{I_t(1-T)}{L(1-F_l)}$$

式中 K_l——长期借款成本；
I_t——长期借款年利息；
T——所得税率；
L——长期借款筹资额；
R——长期借款筹资费用率。

长期借款利息等于长期借款本金与借款利率之积，公式可以简化为：

$$K_l = \frac{R_l(1-T)}{L(1-F_l)}$$

式中：R_l 为长期借款利率。当长期借款的筹资费（主要是借款的手续费）很小时，可以忽略不计。

【例 5-6】某项目公司取得长期借款 1 500 万元，年利率 8%，期限 5 年，每年付息一次，到期一次还本。筹措这笔借款的费用率为 0.5%，所得税率为 25%，计算该企业长期借款成本率。

$$K_l = \frac{1\,500 \times 8\%(1-25\%)}{1\,500 \times (1-0.5\%)} = 6.03\%$$

5. 债券成本

债券的成本主要是指债券利息和筹资费用。债券利息的处理和长期借款利息的处理相同，应以税后的债务成本为计算依据，债券的筹资费用一般比较高，包括申请发行债券的手续费、债券注册费、印刷费、上市费及推销费等，不可以在计算资金成本时省略。债券成本中的利息应在税前列支，所以实际利息（即用资成本）为：利息×（1－所得税率）。同时，由于债券的发行价格受发行市场利率的影响，致使债券发行价格出现等价、溢价、折价等情况，因此在计算债券成本时，债券的利息按票面利率确定，但债券的筹资金额按照发行价格计算。债券成本的计算公式为：

$$K_b = \frac{I_b(1-T)}{B(1-F_b)}$$

式中 K_b——债券资金成本；
　　　I_b——债券年利息；
　　　T——所得税税率；
　　　B——债券筹资额；
　　　F_b——债券筹资费用率。

提示：在实际中，由于债券利率水平通常高于长期借款，同时债券发行费用较多，因此，债券成本一般高于长期借款成本。

【例 5-7】某工程公司发行总面额为 4 000 万元的债券 8 000 张，票面利率 12%，发行费用占发行价值的 5%，公司所得税税率为 25%。

则该债券成本可计算如下：

$$K_b = \frac{4\,000 \times 12\%(1-25\%)}{4\,000(1-5\%)} = 9.47\%$$

【例 5-8】某工程公司发行总面额为 4 000 万元的债券 8 000 张，发行价格 4 500 万元，票面利率 12%，发行费用占发行价值的 5%，公司所得税税率为 25%。

则该债券成本可计算如下：

$$K_b = \frac{4\,000 \times 12\%(1-25\%)}{4\,500(1-5\%)} = 8.42\%$$

【例 5-9】某工程公司发行总面额为 4 000 万元的债券 8 000 张，发行价格 3 500 万元，票面利率 12%，发行费用占发行价值的 5%，公司所得税税率为 25%。

则该债券成本可计算如下：

$$K_\mathrm{b} = \frac{4\,000 \times 12\%(1-25\%)}{3\,500(1-5\%)} = 10.83\%$$

5.2.3 综合资金成本

企业在筹资过程中，由于受到多种因素的制约，不可能只使用某种单一的筹资方式，往往需要通过多种方式筹集所需要的资金。为了进行筹资决策，就要计算确定企业全部长期资金的总成本——综合资金成本。综合资金成本是指项目全部长期资金的总成本，通常是以各种资金占全部资金的比重为权数，对个别资金成本进行加权平均确定，也称为加权平均资金成本。

$$K_\mathrm{w} = \sum_{j=1}^{n} K_j W_j$$

式中 K_w——综合资金成本；

K_j——第 j 种个别资本成本；

W_j——第 j 种个别资本占全部资本的比重（权数）。

【例 5-10】工程的开发建设需要初始投资 10 000 万元，其融资方案中借款 1 500 万元、债券 2 000 万元、优先股 1 000 万元、普通股 3 000 万元、留用利润 2 500 万元，其中成本分别为 5%、6%、10%、14%、15%。求该融资方案的综合资金成本。

【解】（1）权重计算：

长期借款：$W_\mathrm{t} = 1\,500/10\,000 = 0.15$

债券：$W_\mathrm{b} = 2\,000/10\,000 = 0.20$

优先股：$W_\mathrm{p} = 1\,000/10\,000 = 0.10$

普通股：$W_\mathrm{c} = 3\,000/10\,000 = 0.30$

留用利润：$W_\mathrm{r} = 2\,500/10\,000 = 0.25$

（2）加权平均资金成本计算：

$$K_\mathrm{w} = 5\% \times 0.15 + 6\% \times 0.20 + 10\% \times 0.10 + 14\% \times 0.30 + 15\% \times 0.25 = 10.9\%$$

注意：通常情况下，个别资本占全部资本的比重可以按照账面价值确定，其资料容易取得。如果债券和股票的市场价值已脱离账面价值许多（股票、债券的市场价格发生较大变动），则应以市场价值或项目的目标价值确定为宜。

5.2.4 边际资金成本

1. 边际资金成本的含义

企业的个别资金成本和综合资金成本是企业过去或目前使用资金的成本。然而，随着时间推移或筹资条件的变化，个别资金成本会随之变化，综合资金成本也会变化。因此，企业在未来追加筹资时，不能仅仅考虑目前所使用的资金成本，还要考虑新筹资金的成本，即边际资金成本。边际资金成本是项目公司追加融资的成本。

项目追加融资，有时可能采取某种融资方式。但如所筹资金数额较大，则需通过多种融资方式的组合来实现，这时，边际资金成本需按加权平均法来计算，其权数必须为市场价值的权数，不应采用账面价值权数。

边际资金成本是指资金每增加一个单位而增加的成本。边际资金成本也是按加权平均法计算的，是追加筹资使用的加权平均成本。

2. 边际资金成本计算

比较各筹资范围内新增筹资总额的边际资金成本与项目的内含报酬率，进行投资与筹资方案的选择。

1）追加融资额确定的边际成本计算

【例 5-11】某公司目标资金结构为：债务 0.2、0.05、普通股权益（包括普通股和留存收益）0.75。现拟追加融资 3 000 万元，仍按此资金结构来筹资。个别资金成本预计分别为债务 7.5%、优先股 11.5%、普通股权益 14.5%。试按加权平均法计算追加融资 3000 万元的边际资金成本。

【解】用表 5-1 进行计算。

表 5-1 某公司追加融资额确定的边际成本

资金种类	目标资金结构 W	追加筹资（市场价值）	个别资金成本 K（%）	加权平均边际资金成本（%）
债务	0.2	600	7.5	1.500
优先股	0.05	150	11.5	0.575
普通股权益	0.75	2 250	14.5	10.875
合计	1	3 000		12.95

2）追加融资额不确定的边际资金成本计算

计算步骤如下：

（1）确定公司的目标资金结构。
（2）测算各种资金的成本率。
（3）估计资金成本分界点。
（4）计算筹资总额分界点。计算筹资总额分界点的公式为：

$$筹资总额分界点 = \frac{可用某一特定成本筹资到的某种资金额}{该种资金在此结构中所占的比重}$$

（5）计算边际资金成本。
（6）选择有利的投资及融资机会。

【例 5-12】某项目公司目前拥有长期资本 10 000 万元,其中:长期债务 2 000 万元,优先股 500 万元,普通股权益 7 500 万元。为了适应扩大投资的需要,公司准备筹措新资。测算建立追加融资的边际资本成本率。

第一步:确定目标资本结构。

因为要求在今后增资时要保持公司目前的资本结构,所以目标资本结构为:

长期债务:2 000/10 000 = 0.2

优先股:500/10 000 = 0.05

普通股:7 500/10 000 = 0.75

第二步:测算各种资金的成本率,见表 5-2。

表 5-2 某项目公司资金成本率表

资本种类	目标资本结构	追加融资数额范围(元)	个别资本成本率(%)
长期债务	0.2	10 000 以下 10 000~40 000 40 000 以上	6 7 8
优先股	0.05	2 500 以下 2 500 以上	10 12
普通股权益	0.75	22 500 以下 22 500~75 000 75 000 以上	14 15 16

第三步:测算融资总额分界点。

根据公司目标资金结构和各种资金的成本率变动测算分界点,见表 5-3。

表 5-3 某项目公司成本率变动的分界点测算表

资本种类	个别资本成本率(%)	各种资金融资范围(元)	融资总额分界点(元)	融资总额范围(元)
长期债务	6 7 8	10 000 以下 10 000~40 000 40 000 以上	1 000/0.2 = 50 000 40 000/0.2 = 200 000	50 000 以下 50 000~200 000 200 000 以上
优先股	10 12	2 500 以下 2 500 以上	2 500/0.05 = 50 000	50 000 以下 50 000 以上
普通股权益	14 15 16	22 500 以下 22 500~75 000 75 000 以上	22 500/0.75 = 30 000 75 000/0.75 = 100 000	30 000 以下 30 000~100 000 100 000 以上

第四步:测算边际资金成本率,见表 5-4。

表 5-4　某项目公司边际资金成本率测算表

序号	融资总额范围	资金种类	目标资金结构（%）	个别资金成本率（%）	边际资金成本率（%）
1	30 000 以内	长期债务	0.20	6	1.20
		优先股	0.05	10	0.5
		普通股权益	0.75	14	10.50
	第一个融资总额范围的边际资金成本率＝12.20%				
2	30 000～50 000	长期债务	0.20	6	1.20
		优先股	0.05	10	0.5
		普通股权益	0.75	15	11.25
	第二个融资总额范围的边际资金成本率＝12.95%				
3	50 000～100 000	长期债务	0.20	7	1.40
		优先股	0.05	12	0.60
		普通股权益	0.75	15	11.25
	第三个融资总额范围的边际资金成本率＝13.25%				
4	100 000～200 000	长期债务	0.20	7	1.40
		优先股	0.05	12	0.60
		普通股权益	0.75	16	12.00
	第四个融资总额范围的边际资金成本率＝14.00%				
5	200 000 以上	长期债务	0.20	8	1.60
		优先股	0.05	12	0.60
		普通股权益	0.75	16	12.00
	第五个融资总额范围的边际资金成本率＝14.20%				

第五步：选择有利的投资及融资机会。

根据上步的计算结果：

融资总额在 30 000 以内的边际资金成本率＝12.20%

融资总额在 30 000～50 000 的边际资金成本率＝12.95%

融资总额在 50 000～100 000 的边际资金成本率＝13.25%

融资总额在 100 000～200 000 的边际资金成本率＝14.00%

融资总额在 200 000 以上的边际资金成本率＝14.20%

根据上述各个融资方案的融资总量、边际资本成本率及其预计的边际投资报酬率的比较，判断及选择有利的投资及融资机会。

如果仅以边际资金成本率为评判指标的话，那么我们选择边际资金成本最低的，即第一个融资方案。

5.3 资金结构的优化选择

5.3.1 最佳资金结构概述

不同的资金结构会给项目带来不同的经济后果。适当利用负债，可以降低项目资金成本，但当项目负债比率太高时，也会带来较大的财务风险。

最佳资金结构是指在适度财务风险条件下，使其预期的加权平均资金成本率最低，同时使其收益及项目价值最大的资金结构。

最佳资金结构的确定有定性和定量两种方法，其中定性方法就是分析影响资金结构因素，来确定最佳资金结构。定量分析有两种定量方法：每股利润分析法（无差异点法）和比较资金成本法。下面就具体讲述一下这两种定量方法。

5.3.2 每股利润分析法

每股利润分析法，又称无差异点法，是利用每股利润无差别点来进行资金结构方案的决策。每股收益无差异点是指两种或两种以上融资方案下普通股每股收益相等时的息税前利润（EBIT）点，亦称息税前利润平衡点。根据每股收益无差异点，分析判断在什么情况下可以利用什么方式融资来安排及调整资金结构，进行资金结构决策。即是通过比较相同息税前利润情况下的每股利润值大小，来选择最佳的融资方案。见以下案例：

【例 5-13】某工程公司拥有长期资金 17 000 万元，其资金结构为：长期债务 2 000 万元。普通股 15000 万元。现准备追加融资 3 000 万元，有三种融资方案可供选择：增发普通股、增加债务、发行优先股。其资金结构资料表及追加融资后的资金结构如表 5-5。

表 5-5 某工程公司资金结构及追加融资后的资金结构资料表

资本种类	目前资本结构		追加融资后的资金结构					
			增发普通股		增加长期债务		发行优先股	
	金额	比例	金额	比例	金额	比例	金额	比例
长期债务	2 000	0.12	2 000	0.10	5 000	0.25	2 000	0.10
优先股							3 000	0.15
普通股	15 000	0.88	18 000	0.90	15 000	0.75	15 000	0.75
资金总额	17 000	1.00	20 000	1.00	20 000	1.00	20 000	1.00
其他资料								
年债务利息额	180		180		540		180	
年优先股股利额							300	
普通股数（万股）	2 000		2 600		2 000		2 000	

当息税前利润为 3 200 万元时，所得税为 25%，下面测算这三种融资方式追加融资后的普通股每股利润，如表 5-6。

表 5-6　三种融资方案追加融资后每股利润测算表

项目	增发普通股	增加长期债务	发行优先股
息税前利润	3 200	3 200	3 200
减：长期债务利息	180	540	180
所得税前利润	3 020	2 660	3 020
减：公司所得税（40%）	1 208	1 064	1 208
所得税后利润	1 812	1 596	1 812
减：优先股股利			300
普通股可分配利润	1 812	1 596	1 512
普通股股数（万股）	2 600	2 000	2 000
普通股每股利润	0.70	0.80	0.76

由表的测算结果可知，采用不同融资方式追加融资后，普通股每股利润是不相等的。当息税前利润为 3 200 万元时，增发普通股，则普通股每股利润最低，为每股 0.70 元；增加长期债务时最高，普通股每股利润为 0.80 元；增发优先股居中，普通股每股利润为 0.76 元。这说明在息税前利润一定的条件下，不同资金结构对普通股每股利润有影响。

当息税前利润为多少时，采用何种融资方式更为有利呢？

用每股利润无差别点测算：

（1）增发普通股与增加长期债务两种增资方式下的每股利润无差异点（图 5-1）：

$$\frac{(EBIT-180)(1-40\%)}{2\,600}=\frac{(EBIT-540)(1-40\%)}{2\,000}$$

$$EBIT=1\,740 \text{ 万元}$$

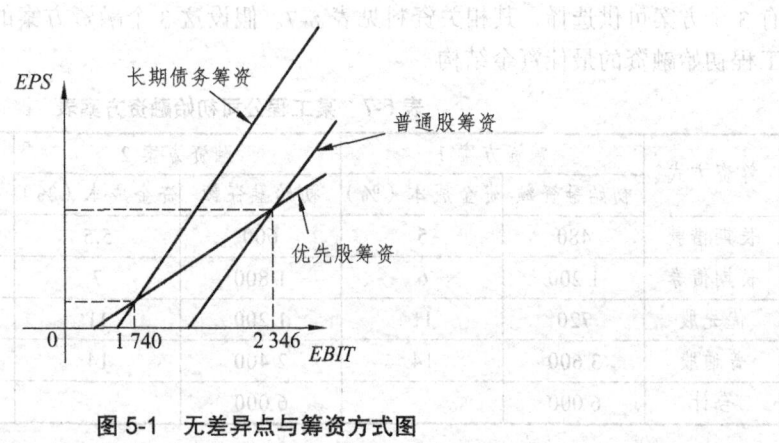

图 5-1　无差异点与筹资方式图

说明当息税前利润为 1 740 万元时,增发普通股和增加长期债务的每股利润相等。

(2)增发普通股与发行优先股两种增资方式下的每股利润无差异点:

$$\frac{(EBIT-180)(1-40\%)}{2\ 600}=\frac{(EBIT-180)(1-40\%)-300}{2\ 000}$$

$$EBIT=2\ 346\ 万元$$

说明当息税前利润为 2 346 万元时,增发普通股和发行优先股的每股利润相等。

根据以上方法计算出不同融资方案间的无差别点之后,通过比较不同息税前利润情况下的每股收益值大小,分析各种每股收益值与临界点之间的距离及其发生的可能性,来选择最佳融资方案。这种分析方法的实质是寻求不同融资方案之间的每股收益无差别点,以使项目能够获得对股东最为有利的最佳资金结构。

5.3.3 比较资金成本法

比较资金成本法是指通过计算不同资金组合的综合资金成本,并以其中综合资金成本最低的组合为最佳资金结构的一种方法。它以资金成本的高低作为确定最佳资金结构的唯一标准。在适度财务风险的条件下,测算可供选择的不同资金结构或融资组合方案的加权平均资金成本率,并以此为标准相互比较确定最佳资金结构的方法。

其操作过程为:

第一步,确定不同筹资方案的资金结构;

第二步,计算不同方案的综合资金成本;

第三步,选择资金成本最低的资金组合,即最佳资金结构。

1. 初始融资的资金结构决策

初始融资的资金结构决策是通过测算和比较各融资方案加权平均融资成本率来实现的。

【例 5-14】某工程的开发建设需要初始投资 6 000 万元,经融资顾问的精心设计和安排,有 3 个方案可供选择,其相关资料见表 5-7。假设这 3 个融资方案的财务风险相当,请确定该工程初始融资的最佳资金结构。

表 5-7 某工程公司初始融资方案表

筹资方式	融资方案 1		融资方案 2		融资方案 3	
	初始融资额	资金成本(%)	初始融资额	资金成本(%)	初始融资额	资金成本(%)
长期借款	480	5	600	5.5	960	6
长期债券	1 200	6	1 800	7	1 440	6.5
优先股	720	11	1 200	11	600	11
普通股	3 600	14	2 400	14	3 000	14
合计	6 000		6 000		6 000	

第一步:分别计算 3 个融资方案中不同筹资方式下融资额占融资总额的比例,详见表 5-8。

表 5-8　某工程公司不同筹资方式下融资额占融资总额的比例表

筹资方式	不同筹资方式下的融资额占融资总额的比例（%）		
	融资方案 1	融资方案 2	融资方案 3
长期借款	8	10	16
长期债券	20	30	24
优先股	12	20	10
普通股	60	40	50

第二步：分别求出 3 个融资方案的综合资金成本。

方案 1 的综合资金成本为：

8%×5%+20%×6%+12%×11%＋60%×14%=11.32%

方案 2 的综合资金成本为：

10%×5.5%+30%×7%+20%×11%+40%×14%=10.45%

方案 3 的综合资金成本为：

16%×6%+24%×6.5%+10%×11%+50%×14%=10.62%

第三步：比较各个融资方案的综合资金成本，并确定该工程融资的最佳资金结构。

通过计算可知，融资方案 1、2、3 的综合资金成本分别为 11.32%、10.45%和 10.62%。显然，融资方案 2 的综合资金成本最低，该方案为最佳融资组合方案。由此形成的资金结构为最佳资金结构，即长期借款 600 万元，长期债券 1 800 万元，优先股 1 200 万元，普通股 2 400 万元。

2. 追加融资的资金结构决策

追加融资方案的选择可以有两种方法：一种是直接计算各被选追加融资方案的边际资金平均成本，以边际资金平均成本为标准选择最佳融资方案组合；另一种是分别将各追加融资方案与原有资金结构合并考虑，计算合并后各个方案的综合资金成本，然后以综合资金成本为标准选择最佳融资方案。分别将各备选追加融资方案与原有最佳资金结构汇总，测算比较各个追加融资方案下汇总资金结构的加权资金成本率。

【例 5-15】某项目公司追加融资 10 000 万元，现有两个追加融资方案可供选择，有关资料经测算整理后列入表 5-9。

表 5-9　某公司两种融资方案选择表

筹资方式	筹资方案 1 追加筹资额	方案 1 资本成本率	筹资方案 2 追加筹资额	方案 2 资本成本率
长期借款	5 000	7%	6 000	7.5%
优先股	2 000	13%	2 000	13%
普通股	3 000	16%	2 000	16%
合计	10 000	—	10 000	—

方法一：比较边际资金成本法

融资方案1的边际资金平均成本率为：

$$7\% \times \frac{5\,000}{10\,000} + 13\% \times \frac{2\,000}{10\,000} + 16\% \times \frac{3\,000}{10\,000} = 10.9\%$$

融资方案2的边际资金平均成本率为：

$$7.5\% \times \frac{6\,000}{10\,000} + 13\% \times \frac{2\,000}{10\,000} + 16\% \times \frac{2\,000}{10\,000} = 10.3\%$$

比较：方案2的边际资金成本率低于方案1，因此，在适度财务风险下，方案2优于方案1，选择其所形成的新的资金结构为该项目公司的最佳资金结构。

方法二：综合资金成本法

【例5-16】设该公司原有资金总额为50 000万元，资金结构是长期借款5 000万元、长期债券15000万元、优先股10 000万元、普通股2 000万元。追加融资后的资料如表5-10。

表5-10 某公司追加融资后的资料表

筹资方式	原有资金结构	资本成本率	追加筹资额	融资方案1资本成本率	追加筹资额	融资方案2资本成本率
长期借款	5 000	6.5%	5 000	7%	6 000	7.5%
长期债券	15 000	8%				
优先股	10 000	13%	2 000	13%	2 000	13%
普通股	20 000	16%	3 000	16%	2 000	16%
合计	50 000	—	10 000	—	10 000	—

追加融资方案1与原有资金结构汇总后的加权平均资金成本率为：

$$\left(\frac{6.5\% \times 5\,000}{60\,000} + \frac{7\% \times 5\,000}{60\,000}\right) + \frac{8\% \times 15\,000}{60\,000} + \frac{13\% \times (10\,000 + 2\,000)}{60\,000} + \frac{16\% \times (20\,000 + 3\,000)}{60\,000}$$
$$= 11.86\%$$

追加融资方案2与原有资金结构汇总后的加权平均资金成本率为：

$$\left(\frac{6.5\% \times 5\,000}{60\,000} + \frac{7.5\% \times 6\,000}{60\,000}\right) + \frac{8\% \times 15\,000}{60\,000} + \frac{13\% \times (10\,000 + 2\,000)}{60\,000} + \frac{16\% \times (20\,000 + 2\,000)}{60\,000}$$
$$= 11.76\%$$

比较：因为方案2与原有资金结构汇总后的加权平均资金成本率低于方案1，所以在适度财务风险下，追加融资方案2优于方案1，选择其所形成的新的资金结构为该项目公司的最佳资金结构。

5.3.4 影响资金结构因素的定性分析

在决定项目资金结构时要综合考虑各种因素造成的影响，选取能使项目融资成本最低、收益率最高的最佳资金结构。除了定量分析以外，还应考虑以下各种影响因素，进行定性分析。

1. 项目投资和管理人员的态度

项目投资和管理人员的态度是项目资金结构的最终决策者。项目投资与管理人员很关心控制权问题，如果股票由众多投资者持有，不担心控制权旁落，则可选择发行股票筹集资金；如股票由少数股东控制，项目投资与管理人员会重视控制权的问题，则会考虑采用借贷筹资。

另外，经营管理者的财务风险意识也很大程度决定了项目的资金结构：如投资者是风险追求型，则追求较高的负债水平；如是风险回避型、中立型，则较少使用债务融资。

2. 金融机构及评信机构的影响

大型工程项目或大企业集团，其信誉较高，获取资本能力大，融资成本低，负债比例可增加；中小型项目资本获取能力低，银行不会接受大额贷款的要求，或只有抵押担保或相当高的利率条件才可行，其融资成本高，负债比例不宜过大。

3. 税收政策的影响

债务的利息可以抵税，而股票的股利不能抵税，如项目的所得税越高，利息免税的效应越显著，则更多采用借款来达到节约成本的目的。

4. 资金结构的行业差别

所处行业的特点及行业资金的一般水准对资金结构有重要影响作用。如基础设施、公用设施和能源工业，资产可抵押，则借债较多；如电子、电器和医药行业正常利润较高，有足够的资本金，则借债较少。

5. 企业经营状况的影响

公司财务状况和发展能力强，获利较多，可用留存收益用于再投资。投资收益高的项目一般较少使用债务资金；公司经营状况良好的较易获得债务资金。公司需保持较好的借债储备能力（控制债务比例），使其有较好的财务状况。

6. 投资者动机的影响

债权投资者的动机是在按期收回投资本金的条件下获取一定的利息收益，但在高债务比例时,风险增加,银行不会同意增加贷款;股权投资者的动机是在保证投资资本金的基础上,获得一定的投资收益并使投资价值不断增值。

7. 项目资产结构的影响

有大量固定资产的项目主要通过长期负债和发行股票来筹集资金;而拥有较多流动资金资产的项目主要通过流动负债来筹集资金;资产适于抵押的一般举债较多;而以技术研究开发为主的项目公司则负债很少。

8. 利率水平变动趋势的影响

如利率水平较低,不久有可能上升,项目公司会大量发行长期债券,将债权资金成本固定在较低水平上。

复习思考题

1. 项目资金成本的概念是什么?
2. 什么是项目的资金结构?
3. 项目的资金构成有哪些?
4. 某项目公司发行普通股100万股,每股面值1元,发行价格为每股10元,筹资费率为4%,预计第一年年末每股发放股利0.25元,以后每年增长5%,计算普通股的资金成本。
5. 某项目公司发行长期债券筹集建设资金,债券面值为1 000元,发行价格为1 000元,期限为5年,票面利率为8%,每年付息一次,5年后一次还本,发行费率为4%,所得税率为25%,计算债券的资金成本。若发行价格分别为800元和1 200元,债券的资金成本如何计算?
6. 某项目公司留存收益800万元,公司对外发行普通股的每股市价为18元,预计第1年年末每股盈利25元,每股拟发放1元股利,以后股利年增长4%,计算留存收益资金成本。

第6章 项目融资的风险及保险

项目融资时间跨度长、涉及面广，其潜在的风险也是巨大的。因此，研究项目融资中存在的风险及分配与管理是项目融资过程中最重要的环节。由于融资项目具有风险种类较多、风险规模较大和风险分配复杂的特点，因此在项目信用保证结构设计中，风险的处理和分配方式是项目融资设计的重要内容。

在大多数项目融资中，经常通过保险来降低项目风险。项目保险是项目发起人和贷款人都关注的一个非常重要的方面。尤其是贷款人，他们将项目保险视为项目担保组合中的一个重要和关键的组成部分。

本章涉及的是信用与担保结构的内容，研究了项目融资风险的分类，阐明了项目融资的风险管理内容和步骤，并讨论了几种常见的基本风险类型（信用风险、完工风险、市场风险、生产经营风险、金融风险、政治风险、环保风险）的表现形式，针对不同的风险性质讨论了其风险管理措施及项目保险问题。

在项目融资中，项目参与各方谈判的核心问题之一，就是各方对风险的合理分担和严格的管理，这也是项目融资能否成功的关键。

6.1 项目融资风险的分类

风险是指对某一事件的全过程的预期目标，可能产生的不利因素发生的概率及后果。项目融资时间长、涉及面广，潜在风险巨大，研究融资中的风险及其分配与管理是项目融资过程中最重要的环节。项目融资的全过程就是风险识别、风险评价、风险分摊和风险控制的过程。

为了更好地认识和判断项目的风险，我们可以从不同角度对项目风险进行分类。在风险分类的基础上，投资者可以根据项目及环境的特点，进行项目风险因素的识别和评估。本节将从项目的发展阶段、项目风险的表现形式、项目投入的资源组成以及项目风险的可控性四个不同的角度，对项目风险的识别作出全面的说明。这当中必然存在着一部分内容的重叠，有些风险只发生在项目某个特定阶段，而其他一些风险则可能贯穿于整个项目的始终。

项目的建设和经营过程可以按照时间顺序分为三个阶段，即项目建设开发阶段、项目试生产阶段、项目生产经营阶段。在项目的这三个阶段里，银行的债务资金拨付和项目的债务资金偿还具有明显的时间特性。对于贷款银行来说，其在建设期和试生产期的风险随着未偿还贷款数额的增加而不断加大,因此,在这两个阶段,银行一般要求较高的追索权和较完善的融资信用保证体系。而进入正式生产经营期以后,融资风险迅速降低,银行一般会放松对投资者的追索权限制。项目各个阶段风险特性的差异除表现为风险的大小不同以外,还表现在风险的表现形式的不同。

6.1.1 按建设进展阶段分

按照项目建设进展阶段,风险可以划分为三个阶段,即项目建设开发阶段风险、项目试生产阶段风险和项目生产经营阶段风险。每个阶段的项目风险都有不同的特点。

1. 项目建设开发阶段风险

项目在正式建设之前通常会有一个较长的预开发阶段,包括项目的规划、可行性研究、工程设计,对于资源项目还会包括地质勘探、储量确定、矿石金属性试验等一系列工作。在这一时期,项目有许多未知的和不确定的因素,这时期的投资也带有风险投资的性质。这一阶段的风险通常由项目投资者承担,银行不会通过项目融资的形式为此阶段的项目提供债务资金,其风险不包括在项目融资风险之中。

项目建设开发阶段的风险是从项目正式动工建设开始计算的。项目动工建设之后,大量的资金投入到购买工程用地、购买工程设备、支付工程施工费用当中,贷款的利息也由于项目还未产生任何收入而计入资本成本。从贷款银行的角度看,在这一阶段,随着贷款资金的不断投入,项目的风险也随之增加,在项目建设完工时项目的风险也达到或接近最高点。这时,如果因为任何不可控制或不可预见的因素,造成项目建设成本超支,不能按预定时间完工甚至项目无法完成,贷款银行所承受的损失也是最大的。因此,在这一阶段,银行要求投资者提供强有力的信用支持以保证项目的顺利完成。只有在对项目建设有百分之百把握的前提下,贷款银行才会取消对投资者提供附加信用支持的要求。

投资者利用不同形式的工程建设合同,实现对项目建设期风险的合理分配,并有可能将部分项目建设期风险转移给工程承包公司。这类合同的一个极端是固定价格、固定工期的"交钥匙"合同,另一个极端是"实报实销"合同。在两者之间又有多种中间类型的合同形式。在"交钥匙"合同中,项目建设的控制权和建设期风险全部由工程公司承担;而在"实报实销"合同中,项目建设期风险全部落在项目的投资者身上。

贷款银行在这一阶段往往要着重考虑以下因素的可能性和影响:① 由于工程、设计或技术方面的缺陷,或由于不可预见因素的影响,造成项目生产能力不足或产量和效率低于计划指标;② 由于能源、机器设备、原材料及承建商等因素造成项目建设成本超支,不能按预定时间完工甚至项目无法完成;③ 石油、天然气或其他矿藏资源的储量达不到预计的开采数量;④ 由于各种因素造成的竣工延期而导致的附加利息支出;⑤ 土地、建筑材料、燃料、原材料、运输、劳动和管理人员以及可靠的承包商的可获得性;⑥ 其他不可抗力因素引发的风险。

2. 项目试生产阶段风险

项目融资在试生产阶段的风险仍然是很高的，即使这时项目建成投产了，如果项目不能按照原定的成本计划生产出符合"商业完工"条件的产品和服务，也就无法达到项目预期的现金流目标。这必然危及贷款的偿还，给项目投资者带来相应的风险。

贷款银行一般不把项目建设的结束作为项目完工的标志。在项目融资中，引入一个"商业完工"的概念来判断项目是否进入正式生产经营期。根据这一概念，在融资文件中具体规定项目产品的产量和质量、原材料、能源消耗定额以及其他一些技术经济指标作为完工指标，并且将项目达到这些指标的时间下限也作为一项指标，只有项目在规定的时间范围内满足这些指标时，才被贷款银行接受为正式完工。

3. 项目生产经营阶段风险

项目试生产满足了"商业完工"的具体指标，即进入项目的生产经营阶段。在这一阶段，项目进入正常的运转，如果项目可行性研究报告中的假设条件符合实际情况的话，项目应该具有足够的现金流量支付生产经营费用、偿还债务，并为投资者提供理想的收益。

从这一阶段起，贷款银行的项目风险随着债务的偿还逐步降低，融资结构基本上依赖于项目自身的现金流量和资产，成为一种"无追索"的结构。这一阶段的项目风险主要表现在生产、市场、金融以及其他一些不可预见的因素方面。

6.1.2 按项目风险的可控制性分

从项目投资者是否能够直接控制的角度，又可以将风险划分为两类：系统风险、非系统风险。前者指与市场客观环境有关、超出了项目自身的风险；后者指可由项目实体自行控制和管理的风险。然而，这两种风险的划分并不绝对。有时候不可控风险也可以通过一定的手段予以消减，而另外一些时候可控风险却无法避免。

1. 系统风险

项目的系统风险是指项目的生产经营由于受到超出企业控制范围的经济环境变化的影响，而遭受到损失的风险。这类风险企业无法控制，与宏观市场环境有关，超出了自己控制范围，并在很大程度上也无法准确预测。

系统性风险不能通过增加不同类型的投资数目而排除，因为造成这种风险的要素将会影响整体资本市场的运动和所有的投资活动。系统性风险的典型例子有政府经济政策（如税收、货币政策等）的调整、经济衰退、世界性能源危机、中长期资本市场利率激增等。这种风险包括国家风险和金融风险。一般用项目保险的方式来控制系统风险，使贷款银行和投资者一起去管理和控制这部分风险。

该风险主要包括：项目的金融风险（利率风险和汇率风险）、部分项目的市场风险、项目的政治风险、项目的法律风险。

2. 非系统风险

非系统风险是指一个项目所特有的风险，是指与项目建设和生产经营管理直接有关的风险，包括完工风险、生产风险、技术风险和部分市场风险。这类风险是项目投资者在项目建设或生产经营过程中无法避免，而且必须承担的风险，同时也是投资者可自行管理和控制的风险。

非系统风险一般可以通过多样化、分散化投资战略加以避免或减低。它包括信用风险、完工风险、经营风险、市场风险、环保风险等类型。对于非系统性风险，投资者只能作出定性的判断，而不可能取得统一的定量分析标准。非系统风险项目常采用担保来控制非系统风险，即可用各种合同契约的形式转让给项目投资者或其他项目参与者来管理和控制风险。

在项目融资中，将项目的风险按照可控制性加以分类，是希望能够按照不同的风险性质对其加以控制与管理。作为项目融资的贷款银行，对于不同性质风险的处理方式是不一样的。对于项目的非系统风险，贷款银行总是尽可能地以各种合同契约形式，将其转移给项目的投资者或其他项目参与者；但是对于项目的系统风险，在一定程度上，贷款银行是可以接受的，并且愿意和项目的投资者一起来管理和控制这类风险。

这两种基本的风险种类以不同的方式存在于项目的开发、建设、试运营及正常运营阶段，如何识别这些风险，并在各参与者之间分配风险并进行必要的管理，是项目融资成败与否的一个重要因素。

6.1.3 按项目的投入要素分

项目在开发和经营的过程中需要投入的要素可以划分为五大类：人员、时间、资金、技术和其他要素。因此，从项目投入要素的角度，风险可以划分为：

1. 人员风险

人员风险指人员来源的可靠性、技术熟练程度、流动性、生产效率、工业关系、劳动保护立法及实施、管理素质、技术水平、市场销售能力、质量控制、对市场信息的敏感性及反应灵活程度、公司内部政策、工作关系协调等因素带来的风险。

2. 时间风险

时间风险指生产计划及执行、决策程序及时间、原材料运输问题、原材料短缺的可能性、在建设期购买项目土地及设备延期的可能性、工程建设延期的可能性、达到设计生产水平的时间、单位生产效率等因素带来的风险。

3. 资金风险

资金风险指由产品销售价格及变化、汇率变化、通货膨胀因素、项目产品购买者或项目设备使用者的信用、年度项目资本开支预算、现金流量、原材料及人工成本、融资成本及变化、税收及可利用的税务优惠、管理费用和项目生产运行成本、土地价值、项目破产以及与破产有关的法律规定等带来的风险。

4. 技术风险

技术风险指由项目风险的技术要素包括综合项目技术评价（选择成熟技术是减少项目融资风险的一个原则）、设备可靠性及生产效率、产品的设计或生产标准等带来的风险。

5. 其他风险

其他风险指由其他一些因素可能给项目带来的风险，如产品需求、产品替代可能性、市场竞争能力、投资环境（立法、外资政治环境、外汇管制）、环境保护立法、项目的法律结构和融资结构、知识产权、自然环境、其他不可抗拒因素等造成的风险。

以上几种要素无论哪一种要素（不仅仅是资金要素）出现问题，都会对项目的经济强度产生影响。

6.1.4 按项目风险的表现形式分

按照项目风险在各个阶段的表现形式，可以将风险划分为十种基本类型：信用风险、完工风险、生产风险、市场风险、金融风险、政治风险、法律风险、不可抗力风险、环境保护风险及国家风险。

6.2 项目融资的风险及管理

项目风险管理是由风险规划、风险识别、风险估计、风险评价、风险应对、风险监控等环节组成的，即通过计划、组织、协调、控制等过程，综合、合理地运用各种科学方法对风险进行识别、估计和评价，提出应对方法，随时监视项目进展，注意风险动态，妥善地处理风险事件造成的各种后果。

在项目融资中，风险的划分已经形成了一套较为完整的体系。然而，对于如何认识具体风险因素对项目融资的影响，仍然缺乏统一的标准，大量的工作仍处于定性分析而非定量分析的阶段。

6.2.1 项目融资的风险管理

1. 项目风险管理

项目风险管理是指项目管理组织通过风险识别、风险估计和风险评价等活动，运用各种风险管理技术，对可能发生的项目风险实施有效的控制并妥善处理风险所致损失的后果，期望以最小的项目成本实现最大的项目目标的一种管理活动。项目风险管理是项目管理活动的重要内容，对于保证项目目标的完成起保证作用，项目风险管理活动往往贯穿项目全过程。

2. 项目融资风险管理

项目融资的风险管理是指有目的地通过计划、组织、协调和控制等管理活动来防止风险损失发生、减少损失发生的可能性以及削弱损失的大小和影响程度，同时采取各种方法促使有利后果的出现和扩大，以获取最大利益的过程。项目融资风险管理有以下步骤：

（1）正确判断项目可能产生的风险。

正确地判断项目可能产生的风险是项目风险管理决策的基础，而项目风险管理决策对于项目融资结构中的借贷双方都是十分重要的，直接影响项目融资的成功与否。作为项目风险管理决策的起点，首先，需对关键性风险要素进行必要的预测，进行风险的识别和预测；然后，确定出现预测状态的概率、严重程度和大小，进行风险的估量。分析及识别项目融资中的项目风险，以便按照不同的风险性质对其加以控制与管理。

（2）风险管理的实施。

识别、预测和估量风险之后，就应考虑对各种风险采取对策，即针对各种类型的风险及其可能的影响程度，寻找和制订相应的风险应对方案，按照一定的标准选择最佳的应对措施或是应对措施的组合，制订具体的风险管理计划并付诸实施。风险管理的实施是风险管理过程的最后阶段，它涉及面较广，而且在项目融资的各个阶段都存在风险管理。

3. 在项目融资中怎样实施风险管理

对于项目参与各方而言，他们各自所愿意承担的风险种类以及程度不一。风险分担不是将风险平均地分给参与各方，而是采用"将某类风险分配给最适合承担它的一方"的基本原则。为降低和减少项目融资中的种种风险因素，国际上参与项目融资的主要银行在实践中逐渐积累了一系列的方法和经验，其核心就是通过各种类型的法律契约和合同将项目有关各方的利益结合起来共同承担风险。

在项目融资中，项目参与各方谈判的核心问题之一，就是各方对风险的合理分担和严格的管理，这也是项目融资能否成功的关键。由于项目融资具有有限追索或无追索的特点，对于借款方而言，风险降低了。但是就项目而言，其风险依然存在。所以识别、评估项目中存在的风险，制订相应的措施，编制风险管理计划并付诸实施是十分必要的。下面针对项目融资中的不同风险进行识别，并探讨其防范方法和措施。

分析及识别对项目融资中的项目风险，以便按照不同的风险性质对其加以控制与管理。以下将按照项目风险在各个阶段的表现形式，讨论以下几种常见的基本类型：信用风险、完工风险、市场风险、生产经营风险、金融风险、政治风险、环保风险。

项目融资需要分别对国家风险、金融风险、完工风险、经营风险、市场风险、环保风险进行管理。为了防范和减轻项目融资的风险，项目投资者在项目运作过程中必须准确识别项目的主要风险，评价项目每个风险的水平以及可接受的程度，并将项目风险分配到有关各方，将项目风险与融资结构相结合，再恰当地使用一些金融工具化解风险，最大限度地避免项目融资风险带来的损失。

6.2.2 政治风险管理

1. 政治风险的类型及其表现方式

1）政治风险的类型

在项目融资中，往往遇到由于战争、国际关系变化、政权更迭、政策变化而导致项目的资产和利益受到损害的风险。凡是投资者与所投资项目不在同一个国家，或者贷款银行与所贷款项目不在同一个国家的，都有可能面临由于项目所在国的政治条件发生变化，而导致项目失败、项目信用结构改变、项目债务偿还能力改变等方面的风险，这类风险统称为项目的政治风险。

在国际项目融资中，投资者很关心政治风险，如项目本身开发建设需要东道国政府的许可或授权，或项目对东道国的经济基础或经济安全非常重要，政府不得不加以管理和限制（如没收或征收较高税收），或依赖于特定税收政策、价格政策、外汇政策等因素，并以这些政策和特许权作为重要的信用支持来安排有限追索的项目贷款，那么政治风险对于项目融资将变得更加敏感和突出。

项目的政治风险可分为两大类：一类表现为国家风险，即项目所在国政府由于某种政治原因或外交政策上的原因，对项目实行征用、没收，或者对项目产品实行禁运、联合抵制、中止债务偿还的潜在可能性；另一类表现为国家政治稳定性风险，即项目所在国在外汇管理、税收制度、劳资关系、环境保护、资源主权等与项目有关的敏感性问题方面的立法是否健全，管理是否完善，是否经常变动。项目的政治风险可以涉及项目的各个方面和各个阶段，即从项目的选址、建设，一直到生产经营、市场销售、现金流量及利润回收等项目的全过程。

2）政治风险的表现形式

政治风险的表现形式有以下几种：

（1）主权风险：包括政变、领导人变更、政治体制等变动给项目造成的损失或影响。

（2）没收或国有化风险：项目资产被没收，股份被国有化的风险。如项目本身可能对国家的基础设施或安全有重要影响，因此更容易受到国有化或兼并的威胁。例如能源、机场、海港、公路、铁路、桥梁、隧道等方面的项目，所在国政府可能对政治上的考虑大于经济上的考虑。

（3）获准风险：项目可能需要政府许可证、特许经营权或其他形式的批准。政府因各种原因（如项目设计有缺陷、环保不符合、地方民众的反对、政府内部斗争等）迟发、拒发或吊销项目的许可，即产生获准风险。例如电站、交通基础设施和国家自然资源的开发项目，一般都需要政府的经营特许才能正常建设和运营，任何有关政策上的负面变化都有可能造成项目的损失，引发项目的政治风险。

（4）税收风险：东道国政府对项目产品征收较高税或取消应有的减免税待遇，如英国政府对开采北海油田征收附加税，对经济强度产生了重大影响。

（5）利润不能汇出国外的风险：汇出利润和偿债可能被征税或有其他限制，尤其在将投资所得进行再投资的国家更明显。

（6）法律政策变更风险：东道国变更与项目有关的法律、法规及条例等影响。例如：① 在项目建设和经营期，增加原材料的进口关税。② 对项目产品的出口征税、规定配额甚至禁止出口；项目所在国有可能改变进出口政策，增加关税或限制项目设备、原材料的进口，增加关税或限制项目产品的出口。③ 实行生产和消费控制，限制对自然资源的消费，影响项目的生产能力。由于国内经济原因或国际政治原因，政府可能采取控制措施来限制生产速度或项目蕴藏量的消耗速度（如石油输出国组织成员国对国内石油生产的限制，以及近几年东南亚和南太平洋岛国对森林采伐和原木出口的限制）。④ 在项目经济生命期中引入更严厉的环境保护立法，增加项目的生产成本或影响项目的生产计划。⑤ 项目是根据一定的假设条件安排融资的，例如固定价格或政府控制价格、政府对市场的管理与控制、一定的税收规定或外汇控制，这些条件的变化将对项目的可行性造成较大的影响。

2. 政治风险的评估

1）政治风险表现程度

政治风险表现程度受以下几种因素影响：① 与项目的性质有关：影响福利的公共设施项目（如水厂项目）对国家风险不太敏感，而对资源开发敏感。② 与世界银行或地区开发银行参与的程度有关，如有它们的参与，将给东道国以信心和动力来支持该项目。③ 与东道当事人参与程度有关，如当地银行或当地投资者参加会降低风险。

2）预测政治风险发生的概率

预测政治风险发生的概率是非常复杂的，但可从以下两方面入手：① 政局的稳定性，即当局政府是否有绝对控制力、是否有战争可能、是否有政变可能。② 政策的稳定性，如土地政策、税收政策、关税政策和价格政策。例如：为吸引外资，在土地政策上提供各种优惠政策，而后再取消；优惠的税收政策只会在若干年内提供；对进口设备、原材料征收额外关税甚至禁止进口；在国内供应不足出口征收关税，或禁止出口。一个国家的政策稳定性也将是决定政治风险大小的重要因素。

3. 政治风险管理措施

降低政治风险的办法之一是政治风险保险，包括纯商业性质的保险和政府机构的保险。政府机构的保险往往是主要工业国家政府为保护本国企业在海外的投资而常采用的一种措施。除了政治风险保险之外，投资者在投资或安排项目融资时寻求项目所在国政府、中央银行、税收部门或其他有关政府机构的书面保证也是行之有效的办法。政府的保证包括政府对一些特许项目权利或许可证的有效性及可转移性的保证、对外汇管制的承诺、对特殊税收结构的批准认可等一系列措施。另外，在一些外汇短缺或管制严格的国家，如果项目本身的收入是国际流通货币，贷款银行愿意通过项目融资结构在海外控制和保留相当部分的外汇用以偿还债务，以达到减少政治风险以及外汇管制风险的目的。管理政治风险可以归纳为以下一些具体操作方法：

（1）与世行等共同发放贷款。贷款银行与世界银行等多边金融机构和地区开发银行共同对项目发放贷款，东道国政府通常不愿激怒这些金融机构，以免失去这些机构的支持。

（2）国际投资集团共同投资。形成一个国际投资和贷款者的集团共同投资，如东道国违约会危及该国的国家信用。

（3）政治风险投保。向某些私人保险机构和政府保险机构投保政治风险，尤其是政府保险机构（如英国进出口信贷担保局、德国赫尔梅斯保险公司、美国的进出口银行，世界银行的多边投资也提供机构担保政治风险）。

（4）获得在固定期限内自由利用特定部分资产许可，如得到一国央行的外汇长期保证。

（5）东道国外担保。担保合同置于东道国外，避免政府的干预，如要求东道国外的担保人提供担保，要求项目公司与东道国国外的买方订立产品买卖合同，并要求买方将货款存入东道国国外的银行信托账户上。

（6）选用东道国外法律法院。借贷法律选择东道国外法律为准据法，选择东道国外法院为管辖法院，以便不受东道国影响。

（7）风险发生时政府补贴。与政府谈判，当发生政治波动时，政府给予补贴。但中国政府机构目前不准对项目作任何形式的担保或承诺，也不得对外出具借款担保。

6.2.3 金融风险管理

1. 金融风险的种类及其表现形式

金融风险指项目发起人不能控制的金融市场的可能变化而对项目产生的负面影响。在项目融资中，项目发起人与贷款人必须对自身难以控制的金融市场上可能出现的变化加以认真分析和预测，如汇率波动、利率波动、通货膨胀、国际贸易政策的趋向（国际市场商品价格上涨、项目产品价格在国际市场下跌、国际贸易、贸易保护主义和关税壁垒的趋势）等。这些因素会引发项目的金融风险。

项目的金融风险表现在利率风险、外汇风险和货币贬值风险三个主要方面。

1）外汇风险

外汇风险即外汇不可获得、不可转移风险。该风险涉及东道国通货的自由兑换、经营收益的自由汇出以及汇率波动所造成的货币贬值问题。东道国外汇短缺可能使其当地货币不能转换成所需要的外国货币。外汇管制使项目公司所得不能转换成需要的外汇汇出，境外的项目发起人一般希望将项目产生的利润以本国货币或者硬通货汇往本国，以避免因为东道国的通货膨胀而蒙受损失。而资金投入与利润汇出两个时点上汇率的波动，可能对项目发起方的投资收益产生较大的影响。总之，外汇风险是项目融资中各参与方都十分关心的问题。

2）货币贬值风险

货币贬值风险即通货膨胀风险。国家宏观经济的变化，引起货币贬值，从而使投资者在协议确定的项目收费标准下，无法按期收回投资所带来的风险。另外，如项目产品的收入基本是当地货币，而项目贷款基本是外国货币，就容易使项目暴露在货币风险下。境外投资方希望项目产生的利润以所在国的货币汇回，贷款方也希望项目能以同种货币偿还贷款，避免因东道国货币贬值而蒙受损失。

3）利率风险

利率风险是指项目在经营过程中，由于利率变动会直接或间接地造成项目价值降低或收益受到损失的风险。实际利率是项目借贷款人的机会成本的参照系数。如投资方利用活动利率融资，一旦利率上升，项目生产成本就会升高；而如果采用固定利率融资，当市场利率下降时便会造成机会成本的提高，此时就要付出比市场行情更高的代价去做同样一件事。而对于借款者而言，则反之。

2. 金融风险的管理措施

1）外汇风险的管理

在项目融资中，一般通过以下方法来进行外汇风险的管理：

（1）同东道国政府或结算银行签订远期兑换合同，事先把利率锁定在一个双方都可以接受的价位上。这种方法主要适用于软硬通货之间。

（2）外汇风险均担法。首先，双方洽谈商定一个基本利率，然后确定一个中性地带，在中性地带内，双方各自承担外汇风险和利益。但是一旦外汇汇率变化过大，超过了中性地带，则双方按一定百分比来分担风险。

（3）当地筹集债务。项目公司可以通过在当地举债的办法来减少货币贬值风险，因为项目的收入多以当地货币取得，债务偿还就不存在货币兑换问题。但在当地借债会受诸多因素

（4）项目收入以硬货币支付。将项目收入的合同尽量以硬货币支付，尤其当合同的一方是政府部门时，则意味着政府以合同的方式为项目提供硬货币担保。

（5）优先获得外汇的协议。与东道国政府谈判，取得东道国政府保证项目公司优先获得外汇的协议或出具外汇可获得担保。

（6）利用政治风险保险降低外汇不可得风险。如美国海外私人投资局和世行的多边投资担保局等的保险都涵盖了外汇不可得风险。

（7）利用掉期等衍生金融工具减少货币贬值风险。如远期合同、货币期权和其他货币市场套期工具。这种方法主要适用于硬通货之间，在发展中国家不很普遍。

2）货币贬值风险的管理

（1）收入货币与支出货币匹配。通过构造不同的合同结构使项目的收入与债务支出货币相匹配，以防货币贬值风险。

（2）在协议中规定相应条款，将项目产品和服务的价格，与东道国的通货膨胀率和当地货币与贷款货币的利率挂钩，采用包含通货膨胀率与利率因素在内的价格调整公式，作为以后对价格进行核查的依据。在通货膨胀率与利率波动超出一定范围时调整价格，或相应增加收费，或延长特许期限，以保证项目产生的现金流足以偿付债务，保证投资收益。

（3）在产品购买协议中规定逐步提高价格条款。

3）利率风险的管理

对于利率变化风险，可采取以下管理控制方法：

（1）以某种浮动利率（如伦敦银行同业拆借利率）作为基数，加上一个利差作为项目的贷款利率。

（2）固定利率的贷款担保。

（3）理想的多种货币组合方式。

（4）银团及其他金融机构密切合作。

（5）运用封顶、利率区间、保底等套期保值技术以减小利率变化的影响。

（6）寻求政府的利息率保证。由东道国政府为项目发起人提供利率保证，在项目期内利率增长超过规定的百分比时，发起人可以得到补偿。如在马来西亚南北高速公路项目中，项目公司就得到了政府提供的利息率保证，如利率增加超过 20%，项目公司在偿还费用中将得到差额补偿。

6.2.4 信用风险管理

1. 信用风险及其表现形式

信用风险也称合作风险（Counter Part Risk）。组成信用保证结构的各个项目参与者是否愿意并且能够按照法律文件的规定，在需要时履行其所承担的对项目融资的信用保证责任，就构成项目融资所面临的信用风险。在法制不够健全的发展中国家，信用风险发生的概率更大。有限追索的项目融资是依靠有效的信用担保结构支撑起来的。组成信用保证结构的各参与方是否有能力执行其职责就构成项目的信用风险。

信用风险贯穿于项目的各个阶段。项目信用保证的项目参与者（包括项目投资者、工程公司、产品购买者、原材料的供应者等）的资信状况、技术和资金能力、以往的表现和管理水平等，都是评价项目信用风险程度的重要指标，如：考核项目发起人是否在项目中起重要作用，是否有股权资本和其他形式的支持；项目承包商是否提供保函来保证赔偿未能履约造成的损失；项目运营方是否有先进的管理技术和方法；项目购买方是否已提供"take or pay contract"性质的合同等。因此，对项目融资中的各参与方的资信状况、技术和资金能力、以往的表现和管理水平等进行评估和分析是非常重要的。

2. 信用风险的管理措施

1）政府对于信用风险的防范方法

（1）政府确保发起人完成项目的最有效办法，是对保证的条件给予实质性的落实。例如，土地划拨或出让、原材料供应、价格保证、在或取或付合同条款下的产品最低购买量以及保证外币兑换等。

（2）政府委派法律专家或财务顾问与债权人和发起人接触并协助其工作，要求其将有关财务信息、担保手续公开化，以便确保届时项目将有足够的资金到位。

2）债权人管理和控制信用风险的方法

（1）项目公司提供担保合同或其他现金差额补偿协议，一旦出现资金不足，能筹措到应急资金以渡过难关。

（2）建筑承包商提供保证，赔偿因其未能履约造成损失的担保银行的保函。

（3）项目发起人提供股权资本或其他形式的支持。

（4）产品购买者提供或取或付或其他形式的长期购买合同。

（5）项目供应商提供或供或付合同或其他形式的长期供货合同，以保证原材料的来源。

（6）项目运营方提供具备先进的管理技术和管理方法的证明。

（7）评估保险公司、再保险公司按保单支付的能力和保险经纪人的责任。

6.2.5 完工风险管理

1. 完工风险及其表现形式

完工风险是指项目无法完工、延期完工或完工后无法达到商业完工标准的风险，是项目融资的主要非系统风险。完工风险是项目融资的主要核心风险之一，因为如果项目不能按照预定计划建设投产，项目融资所赖以依存的基础就受到了根本的破坏。完工风险对项目公司而言意味着项目现金流量不能按计划获得，利息支出增加、贷款偿还期延长和错过市场机会。

如一条公路，由于规划阶段没有顺利购买到关键土地的使用权，从而使夏季、秋季进行的混凝土工程不得不推迟，由于冬季、春季无法进行混凝土室外施工，所以只有推迟到第二年的夏季、秋季。工程开始推迟 2 个月，导致公路开通推迟了 9 个月，由于间接和直接的作用，成本增加了 50%。

项目的完工风险存在于项目建设阶段。其主要表现形式为：项目建设延期；项目建设成本超支；由于种种原因，项目迟迟达不到设计规定的技术经济指标；在极端情况下，由于技术和其他方面的问题，项目完全停工放弃。

项目建设期出现完工风险的概率是比较高的。根据已有统计资料，无论是在发展中国家还是在发达国家，均有大量的项目不能按照规定的时间或者预算建成投产，导致项目融资成本大幅度上升乃至失败。完工风险的大小取决于四个因素：项目设计技术要素、承建商的建设开发能力、资金运筹能力、政府节外生枝的干预。

项目的"商业完工"标准是贷款银行检验项目是否达到完工条件的依据。商业完工标准包括一系列经专家确定的技术经济指标。根据贷款银行对具体项目完工风险的评价，项目融资中实际采用的"商业完工"标准可以有很大的差别。总的原则是，对于完工风险越大的项目，贷款银行会要求项目投资者承担越大的"商业完工"责任。一些典型的"商业完工"标准包括：

（1）完工和运行标准。项目需要在规定的时间内达到商业完工的标准，并且在一定时期内（通常为 3~6 个月）保持在这个水平上运行。

（2）技术完工标准。这一标准比完工和运行标准约束性要差一些。因为在条件中没有规定对项目运行时间的检验。采用这一标准，贷款银行实际上承担了一部分项目生产的技术风险。

（3）现金流量完工标准。这是另一种类型的完工标准，贷款银行不考虑项目的技术完工和实际运行情况，只要求项目在一定时期内（一般为 3~6 个月）达到预期的最低现金流量水平，即认为项目通过了完工检验。

（4）其他形式的完工标准。有些项目，由于时间关系，在项目融资还没有完全安排好之前就需要进行提款。在这种情况下，贷款银行为了减少项目风险，往往会要求确定一些特殊的完工标准。例如，如果产品销售合同在提款前还未能最后确定下来，贷款银行就有可能规定以某种价格条件，销售最低数量的产品作为项目完工标准的一部分；又如，如果在提款前矿山的最终储量还不能最后确定下来，则最小储量会被包括在项目的完工标准中。

为了限制及转移项目的完工风险，贷款银行通常要求投资者或工程公司等其他项目参与者提供相应的"完工担保"作为保证。

2. 完工风险的管理措施

贷款银行是项目完工风险的主要受害者之一，为了限制和转移项目的完工风险，贷款银行通常要求工程承建公司提供相应的"完工担保"作为保证，同时也可以聘请项目管理代表，代表贷款方监督项目的建设进展、完工情况。项目公司也可以通过投保来寻求完工保证。几种常用的完工保证形式有：

（1）提供无条件完工担保，即投资者提供无条件资金支持，以确保项目可以达到项目融资所规定的"商业完工"条件。

（2）提供债务收购保证，即在项目不能达到完工标准的情况下，由项目投资者将项目债务收购或转化为负债。如达不到完工标准，发起人收购项目债务，由有限追索转化为完全追索融资。

（3）建立完工保证基金。贷款银行要求项目发起人提供固定数额的资金作保证基金。这样，投资者不再承担任何超出保证基金的项目建设费用。

（4）其他，如：单纯技术完工保证，要求施工方使用成熟技术，并按进度完成；要求承包商提供项目完工担保和工程建成后的性能担保，提供完工保证基金和最佳努力承诺等。

6.2.6 生产经营风险管理

1. 生产经营风险及其表现形式

项目的生产经营风险，是对项目在试生产阶段和生产运行阶段存在的技术、资源储量、能源和原材料供应、生产经营、劳动力状况等风险因素的总称，是项目融资的另一个主要的核心风险。生产经营风险是由于经营者的疏忽，发生重大经营问题，使项目不能按计划运营，影响项目的获利能力的风险。项目的生产经营风险直接关系着项目是否能够按照预定的计划正常运转，是否具有足够的现金流量支付生产费用和偿还债务。

1）技术风险

技术风险指存在于生产技术及生产过程中的风险，如生产工艺的先进性、成熟性，厂址是否合适，原料是否有保证，工程造价是否合理，技术人员的专业水平和职业道德是否达到要求。贷款银行的原则是：只为采用经市场证实的成熟生产技术的项目安排有限追索性质的项目融资；对于任何采用新技术的项目，如果不能获得投资者强有力的技术保证和资金支持，是不可能得到项目融资的。贷款银行对项目技术风险的估价，与银行是否曾经参加过类似项目的融资很有关系。然而，有时尽管银行曾经参加过该类项目的融资，但是由于新的融资项目在设备规模上或在技术上有较大的改进，银行将仍然认为项目的技术风险是较高的。

2）生产条件风险

生产条件风险指原材料、能源供应是否可靠，通信及公用设施条件是否便利，包括自然资源风险、能源和原材料供应风险。

（1）资源风险。对于依赖某种自然资源（如石油、天然气、煤矿、金属矿等）的生产型项目，在项目的生产阶段有无足够的资源保证，是一个很大的风险因素。因此，对于这类项目的融资，一个先决条件是要求项目的可供开采的已证实资源总储量与项目融资期间所计划采掘或消耗的资源量之比保持在风险警戒线之下。例如，生产成本的增加、产品价格的下跌（在周期性波动的世界能源和原材料市场上，这是经常发生的）等因素都会大大减少项目的现金流量，推迟债务偿还计划的执行。只有获得足够的资源储量保证，才有可能在项目生命期内偿还全部的贷款。

最低资源覆盖比率是根据具体项目的技术条件和贷款银行在这一工业部门融资的经验确定的。一般要求资源覆盖比率应在 2 以上；如果资源覆盖比率小于 1.5，则贷款银行就可能认为项目的资源风险过高，要求投资者提供相应的最低资源储量担保，或者要求在安排融资前做进一步的勘探工作以落实资源情况。

（2）能源和原材料供应风险。一些重工业部门（如电解铝厂和铜冶炼厂）和能源工业部门（如火力发电站）对能源和原材料的稳定供应依赖性很大，能源和原材料成本在整个生产成本中占有很大的比重，价格波动和供应可靠性成为影响项目经济强度的一个主要因素。对于这类项目，没有能源和原材料供应的恰当安排，项目融资基本上是不可能的。长期的能源和原材料供应协议，是减少项目能源和原材料供应风险的一种有效方法。这种安排可以保证项目按照一定的价格，稳定地得到重要能源和原材料供应，在一些特殊情况下（如原材料市场不景气），甚至有可能进一步将供应协议设计成"供货或付款"类型的合同，这样，项目的经济强度就能够得到更强有力的支持。

3）经营管理风险

经营管理风险指投资者是否有能力经营管理好所开发项目的风险。管理风险主要用来评价项目投资者对于所开发项目的经营管理能力，而这种能力是决定项目质量控制、成本控制和生产效率的一个重要因素。

项目的投资者在同一领域是否具有成功的经验，是贷款银行衡量项目经营管理风险的一项重要指标。经验证明，在一个由多个投资者组成的合资项目中，如果项目经理（负责项目日常生产管理的公司）由几个在这一领域具有良好资信的投资者承担，那么无论是整个项目进行融资，还是其中个别投资者单独进行融资，都会成为项目很好的信用支持。

评价项目的经营管理风险主要从几个方面考虑：① 项目经理（无论是否为项目投资者）在同一领域的工作经验和资信。② 项目经理是否为项目投资者之一；如果是投资者，则要看其在项目中占有多大比例，一般经验是项目经理同时又是项目最大投资者之一（40%以上），对于项目融资是很有帮助的。③ 除项目经理的直接投资外，项目经理是否具有利润分成或成本控制奖励等鼓励机制。

2. 生产经营风险的管理措施

生产经营风险主要是通过一系列的融资文件和信用担保协议来防范。生产经营风险种类不同，可以设计不同的合同文件。一般通过以下一些方式来实现：项目公司应与信用好且可靠的伙伴就供应、燃料和运输问题签订有约束力的、长期的、固定价格的合同；项目公司拥有自己的供给来源和基本设施（如建设项目专用运输网络或发电厂）；在项目文件中订立严格的条款，涉及承包商和供应商的包括延期惩罚、固定成本，以及项目效益和效率的标准等。另外，提高项目经营者的经营管理水平，也是降低生产经营风险的有效途径。项目融资风险管理的主要原则是让利益相关者承担风险，通过各种合同文件实现项目风险在项目参与各方之间的合理、有效分担，将风险带来的冲击降至最低。

可以采取以下管理措施来降低生产经营风险：

（1）签订无条件的供应合同，如原材料供应、设备供应合同，保证项目的运营成本相对稳定。

（2）签订无条件的销售合同，如"take or pay"合同，来保证项目的现金收入。

（3）建立储备基金账户，保证有足够的收入来应付经营成本、特别设备检修费和偿还债务。基金来源可以从项目收入中或部分银行贷款中扣取。

6.2.7 市场风险管理

1. 市场风险及其表现形式

市场风险是指产品在市场上销售和其他情况的不确定性。市场风险主要有价格风险、竞争风险和需求风险（黄金、白银、石油等只有价格风险而没有需求风险，但一般产品几种风险共存）。

价格风险主要体现在两个阶段：一是生产建设阶段，生产投入要素价格变化引起的项目成本的不确定性，其造成的影响将直接关系到项目的成本控制；二是运营阶段，项目提供的产品或服务价格的不确定性，是影响产品或服务市场竞争力和盈利能力的重要决定因素。

竞争风险主要包括以下几个方面：一是现有竞争者风险，同业竞争越多，企业获得利润就越困难，进而加剧竞争；二是潜在竞争者风险，如果有新企业进入，就意味着该行业的供应量会增加，一般情况下新企业提供产品的价格会更低、更具竞争力；三是替代品竞争风险，替代品会使企业产品的竞争力减弱甚至消失，因此替代品增多会加剧竞争并加大市场风险。

需求风险，项目的市场需求受各种不确定性因素的影响，如产品和服务本身的价格、消费者收入水平及收入分配平等程度、人口数量与结构的变动、政府的消费政策、消费者的预期等，这些不确定性因素难以进行准确的预测和把握。

2. 市场风险的管理措施

市场风险能否降低取决于项目初期能否做好充分的可行性研究。在项目的建设和运营过程中，签订在固定价格或是可预测价格基础上的长期原材料及燃料供应协议和"无论提货与否均需付款"产品销售协议，可以在很大程度上降低项目的市场风险。

项目融资要求项目必须具有长期的产品销售协议作为融资的支持，这种协议的合同买方可以是项目投资者本身，也可以是对项目产品有兴趣的具有一定资信的任何第三方。通过这种协议安排，合同买方对项目融资承担了一种间接的财务保证义务。前面涉及的"无论提货与否均需付款"和"提货与付款"合同，是这种协议的典型形式。长期销售协议的期限要求与融资期限相一致。销售数量通常是这一时期项目所生产的全部产品或者至少大部分产品，在销售价格上则根据产品的性质分为浮动定价和固定定价两大类型。

在有关降低项目市场风险的谈判过程中，如何建立一个合理的价格体系，对于投资者和贷款银行双方无疑都是一个重要的问题。双方均需要对市场的结构和运作方式有清楚的认识，对各方承受项目市场风险的能力有正确的判断。过去有的融资安排曾出现过投资者对市场结构不是十分了解，而接受过高定价公式的情况，实际上是由投资者为项目提供了附加的财务保证。

总的说来，对于市场风险的管理控制方法有：

（1）做好国内外市场调研分析。项目初期做好充分的市场调查，认真做好项目的可行性研究。市场调研主要应研究分析以下问题：① 项目的需求量有多大，调查是否存在该项目产品的国内国际市场。② 可能的竞争程度，是否有相似项目竣工，即还有多少家公司提供这种产品或服务。③ 产品的国际价格、市场准入情况、项目自身的市场占有率和市场渗透力如何。④ 项目产品或服务有无其他替代品。⑤ 顾客或用户的消费习惯是否会有新变化。⑥ 未来的通货膨胀率大致是多少。

（2）通过签订或取或付的产品购买合同、或供或付的长期供货合同锁定产品的价格，确定好产品定价策略，确保项目收益。其中，产品购买合同是项目融资能力的基础，合同中规定的产品购买价格要涵盖产品的固定成本，而且合同必须在整个项目贷款期内都有效。

（3）政府或其公共部门保证。该保证主要是要求政府或其公共部门，在协议中明确承诺在项目运营的头几年内，保证最低需求量以确保项目的成功。在 BOT 高速公路、隧道、桥梁、发电项目中经常采用这种方式来分散风险，比如对发电项目，消费者常常是唯一的一个国家或地区的电网，在这种情况下，通常由相关的使用机构来提供最低使用量和价格的保证。

（4）建立独立账户。针对现金流量时高时低的情况，通过设立独立账户，优先支付项目债务利息。政府在项目建设期，提供附属贷款，保证偿还债务利息。

6.2.8 环保风险管理

1. 环保风险及其表现形式

环保风险指项目投资者可能因为严格的环境保护立法而迫使项目降低生产效率、增加生产成本，或增加新的资本投入来改善项目的生产环境，更为严重的甚至迫使项目无法继续生产下去。

随着人们生活水平的提高，世界对有关环境保护方面的立法变得越来越严格。对于项目融资的贷款银行，环境保护风险不仅表现在由于增加生产成本或资本投入而造成项目经济强度降低甚至丧失原有的经济强度，而且表现在一旦项目投资者无法偿还债务时，贷款银行取得项目的所有权和经营权之后，也必须承担同样的环境保护的压力和责任。进一步讲，由于存在环境保护方面的问题，项目本身的价值降低了。因此，在项目融资期内有可能出现的任何环境保护方面的风险应该和上述其他风险一样得到充分的重视。

由于环境保护问题所造成的项目成本的增加，最主要的表现形式首先是对所造成的环境污染的罚款以及为改正错误所需要的资本投入。其次，还需要考虑到由于为了满足更严格的环境保护要求所增加的环境评价费用、保护费用以及其他的一些成本。我们将遵守环境保护法规可能会增加的项目生产成本与环境保护的成本，称之为环境成本。环境成本包括：付给管理机构和批准机构的费用；为获得计划部门的批准而对大型项目进行环境影响评估的费用；购买环境损害保险和遵守保险商要求采取的管理措施费用；遵守新的包装和标签要求所需要的费用；实行良好的环境管理战略，使用可获得的最好的技术来防止或减少工业过程的污染所需的费用；因被迫关闭而带来的利润损失；污染现场的清洁费用和环境损害而负有的公共债务；被污染的土地价值降低；不断增加的废物处置、处理和运输费用；对使用不可再生资源或生产有污染的产品的征税，等。

例如，香港 1997 年的两个 BOT 项目，在第三条海底隧道（西区海底隧道）及连接香港与广东省的南北高速公路的建设上，为挖掘建设工地发现了"受污染的泥土"，必须将受污染的泥土转运到指定地点以免周围海洋生态环境受污染，因而付出了额外开支。

国际社会奉行"污染者负担费用"，如违反，损失更大。如英国一家公司因污染梅斯河而被罚款 100 万英镑，另外还承受清除污染、支付第三方索赔、安装新设备等在内的损失达 700 万英镑。

在项目融资中，环境保护风险通常被要求由项目的投资者或借款人承担，因为投资者被认为对项目的技术条件和生产条件的了解比贷款银行要多得多，并且，环境保护问题也通常被列为贷款银行对项目进行经常性监督的一项重要内容。

2. 环保风险的管理措施

环保风险的管理主要依赖于详细的可行性研究，并进行相应的保险。除此之外，还应做到：熟悉所在国与环境保护有关的法律，并纳入可行性研究中；估计项目的环境责任风险。

具体环境风险的管理控制方法有：

（1）投保。这是项目发起人和债权人通常的做法，当然保险不可能面面俱到，它很难包括事故以外的连锁效应的风险损失，何况重大的环境损害的潜在责任是无限的。

（2）把项目的法律可行性研究（特别是环保方面）作为项目总的可行性研究的一个重点来对待。

（3）作为债权人一方，可要求其将令人满意的环境保护计划作为融资的一个特殊前提条件，该计划应留有一定余地，确保将来能适用加强的环保管制。

（4）制定好项目文件。该项目文件应包括项目公司的陈述、保证和约定，确保项目公司自身重视环保，遵守东道国的有关法律、法规等。

（5）运营商不断提高生产效率，努力研发符合环保标准的新技术和新产品。

6.3 项目保险

保险是一种财务安排，是为了分摊意外损失、提供经济保障的财务安排，投保人交纳少量的钱购买保险，实际上是将其面临的不确定的损失转化为确定的支出。保险是风险管理的一种方法，是风险转移的一种机制。

在项目面临的无数风险中，有许多可以以合同的形式分配给各方。但项目融资中的有些风险，通常指的是不可抗力风险，是不可能通过合同来分配的。有两种不可抗力风险，一种直接影响项目，比如火灾和地震；另一种间接影响项目，比如自然灾害使得供应商不能完成他对项目承诺的义务。不可抗力风险是不可能通过合同来分配的。如火灾和自然灾害等，只能通过购买保险来避险。

在大多数项目融资中，经常通过保险来降低项目风险。项目保险是项目发起人和贷款人都关注的一个非常重要的方面。尤其是贷款人，他们将项目保险视为项目担保组合中的一个重要和关键的部分。

项目保险的范围依项目不同而不同，一般可分为商业风险保险和政治风险保险。

6.3.1 商业风险的保险

1. 商业保险的范围

商业风险的保险范围分别体现在项目的建设和经营两个阶段中。

（1）建设阶段，项目保险覆盖以下内容：① 项目建设过程中给项目单位带来的物质损失；② 项目其他资产如办公楼、汽车等造成的物质损失；③ 运输过程中造成的损失；④ 对工人、职员及第三者造成的责任损失；⑤ 对环境造成的破坏；⑥ 保险事故造成成本增加而导致的工期延误。

（2）经营阶段，保险的覆盖范围是：① 经营过程中给项目单位带来的物质损失；② 对其他资产等造成的物质损失；③ 产品销售以前运输过程中的损失；④ 对工人及第三者造成的责任损失；⑤ 环境破坏造成的损失；⑥ 商业受阻、利润下降等损失。

2. 商业保险的种类

项目融资中，各个国家的法律框架不同，保险种类有很大不同。常见保险险种有以下几种：

1）建筑安装工程一切险

这是针对工程项目在建设/安装过程中可能出现的自然灾害和意外事故而造成的物质损失和依法应对第三者的人身伤亡和财产损失承担的经济赔偿责任提供保障的一种综合性保险。这种保险针对的是建筑施工中"意料之外的"、突发性的或不可预料的因素导致的物质损失或灭失。例如：自然气候影响工程的进度，但如果是正常气候条件下导致的延误，保险公司不赔。

（1）责任范围。

① 物质损失部分。这里所说的物质是指与项目相关的所有永久或临时的工程，包括机器设备（不包括施工机具）、建筑物、办公室以及所有工地上或者在保单规定的地域范围内被保险人拥有的或应负责的财产，包括已经完工的财产。其保险责任为不可预测及突然的有形的

损失（自然灾害、意外事故）和相关费用。

② 第三者责任部分。在执行被保险合同的过程中造成的第三者人身伤害及财产损失，依法应由被保险人承担赔偿责任。

（2）除外责任。

保险人对由下列各项所直接或间接引起、引发或扩大的损失及责任，不负责赔偿：

① 战争、侵略、外敌入侵行为、敌对行为（无论宣战与否）、内战、暴乱、革命、兵变、叛乱、暴动、罢工、停工、民众骚乱、军事政变、恶意的群体或代表任何政治组织或与其有关的群体的阴谋、没收、征用、在法律上被政府命令或公共权力机关征收、破坏或损坏。

② 核反应、核辐射或放射性污染。

③ 被保险人或其代表的故意行为或重大过失。

④ 工程全部或部分停工。

2）施工机具设备保险

施工机具设备保险承保施工机具、设备在施工场所保险期间因突发的不可预料的意外事故而导致的损失或损坏。

由于承包商所拥有或租借的用于工程的施工机具和设备多不含在工程造价之内，因而建筑工程保险（CEAR）通常不赔偿用于施工的机器和设备。一般情况而言，这类机器和设备的风险是比较大的，尤其是施工现场情况复杂、机械化作业程度较高的工程项目。同时，多数承包商往往同时承揽多项工程，施工机具和设备在不同工程之间来回调用，机动性高，使用强度大，风险较大。

责任范围：不承保领有公共运输执照的运输工具，包括不外出作业的车辆和偶尔外出作业的车辆及其他机动车辆。后续进场的施工机具需第一时间向保险公司提交清单。

3）货物运输保险

货物运输保险承保：在水路、陆路和联合运输中，由于运输工具发生碰撞、搁浅、触礁、沉没、出轨或隧道、码头坍塌所造成的损失；在装货、卸货或转载时，因遭受不属于包装质量不善或装卸人员违反规程所造成的损失。大型项目的建设，经常涉及超限超重设备，有的还要考虑二次搬运的问题，应考虑供货合同中的运输条款与保险安排的衔接问题。

4）施工人员意外伤害保险

施工人员意外伤害保险是对于导致项目员工死亡而由雇主承担的法律责任提供的保险。承保在工程项目建设期内，施工人员从事与本项目相关的业务工作时，遭受意外而致伤、致残、死亡等，被保险人须负担的经济赔偿责任，包括治疗费用等。

例如：某海外高速公路项目，当地工人驾驶的自卸车，未将车斗放下，即直冲过桥下。司机及副驾当场死亡，桥梁受损，自卸车损毁。启动建筑工程一切险、人员意外伤害保险保单，并向自卸车责任方进行追偿。

5）第三者责任险

第三者责任险是对施工而造成的对第三者的身体伤害和财产损失所导致的法律责任进行保险。

6）经营一切险（Operator All Risks）

经营一切险是指为商业经营过程中引起的损失和损坏提供的保障。

6.3.2 政治风险的保险

1. 海外投资保证制度

海外投资保证制度仅针对政治风险。所谓政治风险，是指东道国现行社会政治状况及法律政策发展趋向的不确定性。它包括两方面的内容：一是东道国未来政治环境变化的不确定性；二是东道国社会和政府影响外国投资者利益的未来行为的不确定性。可以说，政治风险大多源于东道国政府行为，如法律政策变化、外汇管制措施变化等。但也有些风险属于政府无法预见或控制的行为，如内乱、反政府行为等。各国国内法通常认为政治风险包括三类：

（1）汇兑险，包括货币兑换险和汇出险，是指东道国通过颁布法律或采取其他措施，禁止或限制外国投资者将其投资原本或利润兑换成可自由使用的货币，并转移出东道国境外，致使该投资者受损的风险。

（2）征收险是指东道国政府采取征收、征用、国有化、没收或类似措施，致使外国投资者的投资以及有关权益遭受损害的风险，例如强制国有化、强制股权转让、强制转让经营权、不适当提高税率等。美国、英国、德国等采取"直接征收"与"间接征收"的立法模式，但范围各有不同。美国《对外援助法》所规定的"征收"含义较为广泛，它规定，征收包括但不限于外国政府的废弃、拒绝履行以及损害其与投资者订立的合同，使该投资项目实际上难以继续经营。但东道国政府的上述行为必须是由不可归责于投资者本人的过错或不当行为引起的。日本《输出保险法》规定，凡在外国投资的资产为外国政府（或地方公共团体）所"夺取"者，均在征收险之列。该"夺取"是指征收、征用、没收、国有化、剥夺所有权。

（3）战乱险（战争险），包括战争险与内乱险，是指外国投资者在东道国的投资因当地发生战争等军事行动或内乱，而导致损失的风险。"战争等军事行动"是指不同国家、军队或团体、武装部队之间的战争或武装冲突。"内乱"是指革命、骚乱、暴动，旨在推翻东道国现任政府在全国或部分地区的统治的暴力行为，但不包括罢工、学潮等运动。一般恐怖主义活动或国内骚乱所致的损失，也不属于战乱险，除非是出于国内或国际有组织的武装力量的敌对行动对该财产的蓄意破坏。美国将战乱险限于"个人或集团主要是为了实现某种政治目的而采取的破坏活动所造成的损失"。

除上述三种险别外，英国还承保"其他非商业性风险"，美国承保"营业中断险"。根据美国 1985 年《海外私人投资公司修订法案》，营业中断险的基本含义是：不论发生禁兑保险事故，或征收保险事故，还是战乱保险事故，致使海外私人投资者投保的投资企业的营业中断，从而遭受损害者，应由承保人给予赔偿。将"营业中断险"作为单独险别，其目的在于对海外美国私人投资给予更大的投资保证，以鼓励资本向海外输出。

根据各国立法与实践，负责实施海外投资保险业务的有政府机构、政府公司或公营公司等。美国是采用政府公司作为保险人的典型国家，由兼具公、私性质的海外私人投资公司

（OPIC）主管海外投资保险业务：公司董事会由总统遴选的 13 名董事组成，国际开发署长兼任董事长；行政机构由总统委任的总经理和副总经理组成，公司在财政年度末须向国会提交经营报告。澳大利亚也属此类。日本、新西兰和瑞典等国是由政府机构承保海外投资政治风险。如日本，法定保险人是通产省大臣，具体业务由通产省贸易局输出保险科（EID/MITI）承办。还有的国家由政府与国营公司共同负责承保海外投资政治风险，如联邦德国，财政部是法定保险人，具体海外投资保险业务由黑姆斯信用保险（HermsKerditversicherungs A.G.）和信托与监察公司（Treuarbeit A.G.）两家国营公司经营，但只负责执行投资保证业务，而主管审查与批准保险的机关由为经济部、财政部及外交部代表所组成的有决议权的部际委员会及由会计审核院和联邦银行代表组成的咨询委员会，主要审查该投资项目是否值得鼓励，以及对加强联邦德国同发展中国家经济关系有无积极贡献。因此，联邦政府是法定保险人，执行则由两个国营公司负责。

法国的做法类似于联邦德国。法国的法定保险人为经济与财政部，实行海外工业投资与商业投资保证并行的"双轨制"，由法国外贸银行（FTB）、法国外贸保险公司（FTIC）承担业务。法国外贸保险公司提供优惠保险措施，其投保条件限于可带动一定数量出口的海外投资，即在投保时应附交一份出口计划，并须兑现，否则，该公司可单方撤消该保险合同。这是适用于出口者出口投资担保的专门体制。凡不符合出口投保条件的投资可申请法国外贸银行承保，它属于海外工业投资保证体制，是适用于所有法国海外投资的基本体制。

2. 政治保险机构

政治风险的保险范围一般较窄，且保险条款较繁。以下是常见的提供政治保险的机构及承保的范围：

1）多边投资担保机构

多边投资担保机构（Multilateral Investment Guarantee Agency，MIGA）成立于 1988 年，是世界银行集团里成立时间最短的机构，1990 年签署第一笔担保合同。多边投资担保机构的宗旨是向外国私人投资者提供政治风险担保，包括征收风险、货币转移限制、违约、战争和内乱风险担保，并向成员国政府提供投资促进服务，加强成员国吸引外资的能力，从而推动外商直接投资流入发展中国家。作为担保业务的一部分，多边投资担保机构也帮助投资者和政府解决可能对其担保的投资项目造成不利影响的争端，防止潜在索赔要求升级，使项目得以继续。多边投资担保机构还帮助各国制定、实施吸引和保持外国直接投资的战略，并以在线服务的形式免费提供有关投资商机、商业运营环境和政治风险担保的信息。该机构可为合格的投资因以下几种风险而产生的损失作担保。

（1）外汇的不可获得和外汇的不能转移风险（货币汇兑险），指东道国政府采取新的措施，限制其货币兑换成可自由兑换货币或投保人可接受的另一种货币，并移出东道国境外的风险。这类风险还包括消极的不作为，如东道国政府未能在合理的时间内对投保人提出的汇兑申请作出行动。根据免责条款，对在担保合同签订时即已存在的外汇管制的法律、法令不予以担保。

（2）没收风险（征用险），即东道国政府采取立法或行政措施，或懈怠行为，实际上剥夺了投保人对其投资的所有权或控制权或其应从该投资中得到的大量收益，但政府为管理其境内的经济活动而通常采取的普遍适用的非歧视性措施不在此列。除了通过颁布法令直接取得财产、把财产所有权从原投资者手中转到国家名下这类直接国有化措施外，发展中国家还经常采取各种"间接国有化"措施，如妨碍投资者作为股东或债权人行使其基本权利，妨碍投资者转让证券和其他权利，妨碍投资者对其财产主要部分行使有效的控制权、使用权和处置权，或妨碍投资者投资项目的建设和经营。对上述"间接国有化"措施，机构也予以承保。

（3）东道国政府违约风险，指东道国政府不履行或违反与投保人签订的合同，并且投保人无法求助于司法或仲裁机关对毁约或违约的索赔作出裁决，或该司法或仲裁机关未能根据机构的条例在担保合同规定的合理期限内作出裁决，或虽有这样的裁决但未能执行。

（4）战争或暴乱风险（由政治原因引起），指因公约适用的东道国境内任何地区的任何军事行动或内乱给投保人造成损失的风险。这里的军事行动既包括不同国家之间的军事行动，也包括同一国家不同政府、党派之间的军事行动，既包括经过宣战的战争，也包括未经宣战的军事行动；内乱则指针对政府的有组织的暴力行为。那些针对投保者私人的恐怖主义行为，均不在此风险之列。由于战争和内乱险不受东道国政府控制，因此机构在向投保者赔付后，一般不能向东道国索赔。

（5）其他非商业性风险，指由投资者与东道国联合申请，经董事会特别多数票通过，机构可以承保的其他特定的非商业性风险，但在任何情况下都不包括货币贬值的风险。

此外，机构对下列原因造成的损失不予担保：

（1）投保人认可或负有责任的东道国政府的任何行为或懈怠，包括：东道国法律所禁止的行为；投保者自己的行为；以投保者名义所为的行为；投保者可以行使权利制止的投资企业的行为。

（2）发生在担保合同缔结之前的东道国政府的任何行为、懈怠或其他任何事件。

2）中国出口信用保险公司

中国出口信用保险公司，简称"中国信保"。中国信保承保国家风险和买方风险。国家风险包括买方国家收汇管制、政府征收、国有化和战争等；买方风险包括买方信用风险（拖欠货款、拒付货款及破产等）和买方银行风险（开证行或保兑行风险）。中国信保的主要任务是积极配合国家外交、外贸、产业、财政、金融等政策，通过政策性出口信用保险手段，支持货物、技术和服务等出口，支持中国企业向海外投资，为企业开拓海外市场提供收汇风险保障，并在出口融资、信息咨询、应收账款管理等方面为外经贸企业提供快捷、完善的服务。

（1）短期出口信用。有买方或开证行所在国家、地区禁止或限制买方或开证行向被保险人支付货款或信用证款项；禁止买方购买的货物进口或撤销已颁布发给买方的进口许可证；发生战争、内战或者暴动，导致买方无法履行合同或开证行不能履行信用证项下的付款义务；买方支付货款须经过的第三国颁布延期付款令。

（2）中长期出口信用保险。中长期出口信用保险通过承担保单列明的商业风险和政治风险，使被保险人得以有效规避出口企业收回延期付款的风险和融资机构收回贷款本金和利息的风险。

（3）投资保险通过向跨境投资者提供中长期政治风险保险及相关投资风险咨询服务，积极配合本国外交、外贸、产业、财政、金融等政策，为跨境投资活动提供风险保障，对保单项下规定的损失进行赔偿，支持和鼓励本国投资者积极开拓海外市场、更好地利用国外的资源优势，以促进本国经济的发展。其海外投资保险是针对中国投资者进行海外投资，保障投资者的海外投资免受征收、汇兑限制、战争和政府违约等事件造成损失进行承保的保险产品。

3）海外私人投资公司

海外私人投资公司（Overseas Private Investment Corporation，OPIC）于1971年开始运营，作为美国同时也是世界上首家海外投资保险机构，它具有公、私两方面性质：一方面，法律明文规定该公司是"在美国国务院政策指导下的一个机构"，其法定资本由国库拨款；另一方面，该公司作为法人，完全按照公司的体制和章程经营管理，即支持私人海外投资的联邦机构。在承保险别上，美国起初仅承保货币禁兑险，后来逐渐扩大到战乱险、征收险等政治风险，主要有政治风险保险、项目融资、投资基金等业务。担保对象是美国人或美国公民控股至少95%的公司。

4）国际复兴开发银行、国际金融公司

国际复兴开发银行（International Bank for Reconstruction and Development，IBRD），是世界银行下属机构之一。它是一个国际组织，其任务是资助发展中国家克服穷困，各机构在减轻贫困和提高生活水平的使命中发挥独特的作用。它的宗旨是：① 对用于生产目的的投资提供便利，以协助会员国的复兴与开发，鼓励不发达国家的生产及其资源的开发；② 保证或参与私人贷款和私人投资，促进私人对外投资；③ 鼓励国际投资以开发会员国生产资源，促进国际贸易的长期平衡发展，维持国际收支的平衡；④ 在提供贷款保证时，应同其他方面的国际贷款配合。

国际金融公司（International Finance Corporation，IFC）也是世界银行下属机构之一。它是首个将推动私营企业发展作为其主要目标的政府间组织。但与世行只给成员国贷款不同，它向私人部门贷款，甚至投资于私人企业。

以上两个机构对项目或企业的投资目的在于吸引其他的贷款和股本投资，这种方式称作联合融资。它们主要担保的范围重点是外汇的不可获得和外汇的不能转移风险，及东道国政府违约风险。但这些机构不是直接对这种风险提供某种损失赔偿，而是通过联合融资的方式来间接担保这种风险。因它的参与，东道国政府会愿意支持该项目，则发生外汇不可得的风险会大大降低。

5）其他机构的保险

（1）亚洲开发银行（Asian Development Bank），主要担保的范围是外汇的不可获得和外汇的不能转移风险、东道国政府违约风险。

（2）美洲开发银行（Inter-American Development Bank），其担保的主要风险是：外汇的不可获得和外汇的不能转移风险，但不包括货币贬值、东道国违约、没收、战乱等风险。

6.4 项目融资对政治风险管理的例证

对没收风险的例证——1971年智利接管了所有外国人拥有的铜矿。

6.4.1 美国肯尼科特铜公司（K 公司）

K 公司在智利的铜量占其全球产量的 30%，1964 年又扩展，公司将 51%的股权（8 000 万美元）出售给智利政府，换取 10 年的管理合同。智利政府成为第一大股东，重估公司财产，从 6 900 万美元增值到 2.86 亿美元；利润部分的税率从 80%降到 44%。

美国进出口银行取得 1.8 亿美元贷款，期限为 10～15 年。

智利铜业公司也提供了 2 400 万美元的资金。

通过与欧洲和亚洲客户签订长期合同，由智利政府提供无条件担保。为此筹集了 4 500 万的资金，这些合同的收款权又卖给了欧洲集团 3 000 万和三井物产株式会社 1 500 万。

1. 政治风险担保措施

将股权卖给智利政府，取得由智利政府重新投入的保证，为此，向美国国际发展机构（AID）投保。

要求智利政府对美国进出口银行的贷款提供无条件担保。

公司与智利政府的争端适用纽约州的法律。

2. 1971 年没收股权后

K 公司收到了美国国际发展机构（AID）的 8 000 万美元的赔偿和一笔利息，其数额超过了 1964 年股权的市面价值。

根据纽约州的法律条款，美国联邦法院取得了该管辖权，对所有的智利财产采取扣押，包括智利航空公司降落在纽约的飞机。

由于以上扣押，智利政府承认了合资企业与美国进出口银行、欧洲集团及三井物产公司原先签订的所有债务责任。K 公司免除了任何进一步的国际责任。

3. K 公司项目融资机构对国家风险的规划分析

K 公司从项目业主智利政府处取得了担保，形成了一个国际性的投资和贷款方的集团，签订了美国进出口银行、智利铜业公司、欧洲和亚洲的客户、欧洲集团、三井物产株式会社等的投资合同，如果该项目设施被没收，将导致该国对一批国际贷款违约，危及国家的信用。

政府机构提供海外投资的政治风险：由美国海外私人投资公司[美国国际发展机构（AID）的后机构]对处于政治风险区域的资产给予保险。

与主权政府谈判得到融资的承诺：K 公司将其 51%的股权出售给智利政府，使得智利政府成为主要债务人和融资责任者。

与智利政府谈判争取到对自己有利的争端解决方案。

6.4.2　安纳康达铜公司（A 公司）

A 公司对智利很乐观，虽进行了大量投资，但却并没有采取措施，在 1969 年迫于同样的原因将其在智利 51%的股权售给政府，从而在合资企业中也只持有了少量股份。

担保措施：先在 AID 对股权进行了部分保险，但是在 1969 年终止了这种保险。

1971 年没收股权后：没有从智利政府和美国国际发展机构（AID）得到任何补偿。

从这个案例可看出，项目融资中的政治风险不是无法管理的，只要考虑详细，运用正确的方法，采取恰当的措施，就可将它置之度外。

复习思考题

1. 按照项目风险的表现形式，项目风险都有哪些种类？
2. 什么是项目的系统风险，系统风险有哪些？什么是项目的非系统风险，哪些风险属于非系统风险？
3. 项目融资风险的特征是什么？分配项目风险的基本原则又是什么？
4. 什么是项目的完工风险？判断完工风险的标志是什么？
5. 什么是项目的政治风险？如何进行政治风险的管理？
6. 项目融资中的金融风险有哪些特点及表现形式？金融风险的管理措施有哪些？
7. 试分析项目融资中进行保险的重要性。

第 7 章 项目融资的担保

项目融资的根本特征体现在项目风险的分摊。项目担保作为项目融资结构中的一个重要组成部分，是项目风险分担和管理的主要手段之一，它是实现这种项目风险分摊的一个关键所在。在项目融资中，项目担保对项目风险分摊的重要途径有两个：一是项目风险管理与保险；二是构造严谨的项目担保体系，以强化项目的信用等级。

贷款人对项目公司及其资产只具有无追索或有限追索权，所以对贷款人来说，至关重要的是参与项目的各当事人要构造完整而严谨的担保结构，以将所有的风险漏洞予以堵塞。项目融资担保是将风险分担的结果落实到书面上的行为。本章涉及项目信用担保结构中的项目融资担保的内容，主要介绍项目融资的担保人、信用担保和物权担保两类担保形式。需要掌握项目融资担保人和信用担保的类型，了解项目融资的特权担保。

7.1 项目融资担保及项目担保人

7.1.1 项目融资担保

担保指以确保债务或其他经济合同项下的履行或清偿为目的的保证行为，是债务人对债权人提供履行债务的特殊保证，是保证债权实现的一种法律手段。项目融资担保指借款方或第三方以自己的信用或资产向境内外贷款人作出的还款保证。

1. 项目融资担保的分类

担保可以分为两大类：一类是物的担保，指借款人或担保人以自己的有形财产或权益财产为履行债务而设定的担保物权，如抵押权、质押权、留置权等，包括对不动产、有形资产的抵押，对无形资产设置担保物权等；另一类是人的信用担保，即担保人以自己的资信向债权人保证对债务人履行债务承担责任，如担保（保证书）、安慰信等。

项目融资担保具体分为物权担保和信用担保，即前面提到的物和人的担保。

2. 项目融资担保的目标

鉴于项目融资的最大特点是"无追索权或有限追索权"，因此，项目融资中的担保和一般商业贷款的担保有着明显的不同，不能混为一谈。项目融资担保与一般商业担保的目的和操作不同：项目融资的贷款者关注的重点是项目的成功与否，而不是现有担保资产的价值。

一般贷款的担保目标是担保人有足够的资产弥补借款人不能按期还款时可能带来的损失，而项目融资的担保目标是保证项目按期完工、正常运营，获取足够的现金流来收回贷款。

3. 项目融资担保的功能

担保在项目融资中有特殊的作用。它能把项目融资的某些风险，转嫁给本来不想直接参与经营，或直接为项目提供资金的有关方面。通常的情况是，第三方担保人如果愿意出力，帮助建成项目，但是不想在自己的资产负债表上有所反映的话，可以不贷款或出资，而以提供担保承担商业风险的方式为项目做出贡献。鉴于项目融资中的担保和一般商业贷款的担保有很大的不同，它的主要功能是：

（1）防御功能。项目融资担保可防范其他未担保贷款人对该担保贷款人贷款的项目资产行使处置权。在贷款人通过出售项目资产收回贷款本息前，其他贷款人不能对该资产有任何处理。

（2）为贷款者监督管理提供方便。所有的担保权益最终都要转让给贷款人，如项目经营失败，贷款人有权接管项目，让其产生足够的现金流量收回贷款。当然，这种权利在有的国家不一定能得到保证，因法律不允许本国项目或资产被外国银行控制和拥有。

（3）在所有参与者之间分配风险。项目融资风险不是由发起人独自承担的，是参与者共同承担的，但不是平均分配，而是根据取得利益的不同对风险的控制程度来分配风险，以合同形式确定下来，这就是项目担保中的各种合同。

7.1.2 项目担保人

项目融资担保人可以分为三种：项目的投资者、与项目有关的第三方参与者和商业担保人。

1. 项目发起人（Sponsor）

发起人（项目直接投资者）作为担保人是项目融资结构中最主要和最常见的形式。对提供资金但又不愿较深地介入项目中的发起人，提供项目担保是较普遍的形式。

项目融资结构中，发起人通过项目公司建设、拥有和经营项目。但项目公司在资金、经营历史上不足以支持融资，所以贷款人要求作为项目公司股东的发起人提供担保。因而，除非项目投资者可以提供其他的能够被贷款银行接受的担保人，否则在大多数情况下必须自己提供一定的项目担保,如"项目完工担保""无论提货与否均需付款协议"和"提货与付款协议"等。

运用项目投资者提供的非直接的和以预防不可预见因素为主体的项目担保,加上来自其他方面的担保,同样可以安排成为贷款银行所能接受的信用保证结构,这是项目融资的主要优点之一。

发起人担保可以有各种不同的形式,但最常见的是完工担保。完工担保是保证项目建设阶段按计划完工,它是时间上有限的担保责任。一旦项目商业完工,担保协议就终止,发起人的责任就消除了。

2. 第三方当事人（Third Party）

在项目融资结构中,所谓利用第三方作为担保人,是指在项目的直接投资者之外寻找其他与项目开发有直接或间接利益关系的机构,为项目的建设或者项目的生产经营提供担保。这些机构的参与在不同程度上分担了一部分项目的风险,为项目融资设计一个强有力的信用保证结构创造了有利的条件,对项目的投资者具有很大的吸引力。

一般情况下,借款人认为项目发起人提供的担保不充足时,要参与者担保。而第三方担保人一般不愿在项目融资中承担直接的无条件责任,所以,它多为有限责任的间接担保。这些第三方担保人的目的是通过为项目融资提供担保而换取自己在项目中的长期商业利益。

能够提供第三方担保的机构大致可以分为以下三种类型。

1）政府机构

政府机构作为担保人在项目融资中是极为普遍的。政府机构为项目提供担保多从发展本国（或本地）经济、促进就业、增加出口、改善基础设施建设、改善经济环境等目的出发。这种担保对于大型工程项目的建设十分重要,尤其是对于发展中国家的大型项目,政府的介入可以减少政治风险和经济政策风险（如外汇管制）,增强投资者的信心,而这类担保是从其他途径得不到的。常见的担保形式有政府的特许权协议、提供贷款担保、项目长期购买协议等。

我国《担保法》第八条明确规定"国家机关不得为担保人,但除经国务院批准,为使用外国政府或者国际经济组织贷款进行转贷的除外";最高人民法院《关于贯彻执行〈中华人民共和国民法通则〉若干问题的意见（试行）》第106条第二款也规定"国家机关不能担任保证人",故认为我国政府在项目融资中不能提供担保。

2）与项目开发有直接利益关系的商业机构

这类商业机构作为担保人,其目的是通过为项目融资提供担保而换取自己的长期商业利益。这些利益包括：①获得项目的建设合同；②获得项目设备的供应、安装合同；③保证担保人自身产品的长期稳定市场（如果被担保项目是担保人自身产品的主要消费者）；④保证担保人自身可以获得长期稳定的原材料、能源供应（如果被担保项目的产品是担保人所需要的主要原材料或能源）；⑤保证担保人对项目设施的长期使用权（如被担保项目是码头、铁路等公用设施项目,虽然项目是由其他机构所拥有,但是项目的建成投入使用对担保人至关重要）。

因此,能够提供这种第三方项目担保的商业机构可以归纳为以下三类：

（1）工程公司。工程承包公司为了在激烈的竞争中获得大型工程项目的承包合同，很多情况下愿意提供项目的完工担保（如"交钥匙"工程）。

（2）供应商。项目设备或主要原材料的供应商急于推销自己的产品或副产品，为获得项目设备的供应安装合同往往成为担保人。设备供应商通常提供卖方信贷以及项目设备质量（运营）形式担保。原材料供应商则主要以出口信贷方式、"无论供货与否均需付款"、"供货或付款"合同等提供长期、稳定、价格优惠的供应协议作为对项目的支持。

（3）产品购买者或用户。为获取某种产品或服务，项目用户以长期合同或预付款的形式提供担保，从保障项目市场的角度为项目融资提供一定的担保或财务支持。其目的是保证自身获得长期稳定的原材料、能源供应以保证自身产品的长期稳定市场，或保证其对项目设施的长期使用权。这类担保机构多集中在能源、原材料工业和基础设施项目中。

3）世界银行、地区开发银行等国际性金融机构

这类机构虽然与项目的开发并没有直接的利益关系，但是为了促进发展中国家的经济建设，对于一些重要的项目，有时可以寻求到这类机构的贷款担保。这类机构在项目中的参与同样可以起到政府机构的作用，可减少项目的政治、商业风险，增强商业银行对项目融资的信心。

3. 商业担保人

商业担保人以提供担保作为一种盈利的手段，承担项目的风险并收取担保服务费用。商业担保人通过分散化经营降低自己的风险。商业银行、保险公司和其他的一些专营商业担保的金融机构是主要的商业担保人。

商业担保人提供的担保服务有两种基本类型。

一种是担保项目投资者在项目中或项目融资中所必须承担的义务。这类担保人一般为商业银行、投资公司和一些专业化的金融机构，所提供的担保一般为银行信用证或银行担保。这种类型担保的第一个作用是担保一个资金不足或者资产不足的项目公司对其贷款所承担的义务。这种类型担保的第二个作用是担保项目公司在项目中对其他投资者所承担的义务。这种担保在有两个以上的投资者参加的非公司型合资结构中较为常见。这种类型担保的第三个作用是在担保人和担保受益人之间起到一个中介作用，这种作用类似于国际贸易中银行信用证的作用。

商业担保的另一个基本类型是为防止项目意外事件的发生提供担保。这类担保人一般为各种类型的保险公司。项目保险是项目融资文件中不可缺少的一项内容。保险公司提供的项目保险包括广泛的内容，除项目资产保险外，项目的政治风险保险在有些国家也是不可缺少的。项目保险在性质上等同于其他类型的担保。

常见的商业担保方式有：①银行信用证或银行保函，如贷款银行要求对资金不足或资产不足的项目公司需提供专业化金融机构的商业担保；②备用信用证方式，非公司型结构中资本不足的公司需提供由国际商业银行签发的备用信用证作担保；③保险，为防止项目意外事件发生而提供的保险服务，这类商业担保人一般是各类保险公司。

7.2 项目融资的物权担保

项目融资的物权担保是指项目公司或第三方以自身资产为履行贷款债务提供担保。当借款人违约时，贷款人有权出售担保物及其与之相关的权利，从出售所得中优先于其他债权人得到补偿。

国内信贷活动虽然广泛使用物权担保，但在项目融资这种国际融资活动中，却较少使用物权担保，其作用也不明显。这是因为贷款方不易控制跨国担保物，而更重要的是因为项目融资追索权有限。项目公司自身的资产一般不能使贷款方放心，贷款方看重的是项目本身，而非项目公司目前的资产。虽然物权担保对于借款方没有特别大的压力，但是它仍然能够约束项目有关参与方认真履行合同，保证项目顺利建成和运营。此外，在项目融资中，借款方以项目资产作担保，使贷款方能够控制项目的经营，进而顺利地收回贷款。

项目融资物权担保按担保标的物的性质可分为不动产物权担保和动产物权担保；按担保方式可分为固定和浮动设押。

7.2.1 不动产物权担保物

不动产指土地、建筑物等难以移动的财产。在项目融资中，项目公司一般以项目资产作为不动产担保，但其不动产仅限于项目公司的不动产范围，而不包括或仅包括很少部分项目发起方的不动产。在一般情况下，如果借款方违约或者项目失败，贷款方往往接管项目公司，或者重新经营，或者拍卖项目资产，弥补其贷款损失。但这种弥补对于大额的贷款来说，往往是微不足道的。因为项目的失败往往导致项目资产，特别是不动产本身价值的下降，难以弥补最初的贷款额。例如管道项目，如果管道流量很少，那么管道设施本身只是废铁一堆。

7.2.2 动产物权担保

动产物权担保指借款方（一般为项目公司）以自己或第三方的动产作为履约的保证。动产可以分为有形和无形动产两种，前者如船舶、设备、商品等，后者如合同、特许权、股份和其他证券、应收账、保险单、银行账户等。由于处理动产物权担保在技术上比不动产物权担保方便，故在项目融资中使用较多。

在项目融资中，无形动产担保的意义更大些。一方面，有形动产的价值往往因为项目的失败而大减；另一方面，也因为有形动产涉及多个项目参与方，其权力具有可追溯性，而且这种追溯是有合同等文件作为书面保证的。

可以说，项目融资中的许多信用担保最后都作为无形动产担保而成为对贷款方的一种可靠担保，因此，信用担保与无形动产担保往往具有同样的作用。

例如："无论供货与否均需付款"（Take or Pay Contract）合同本身是一种信用担保，但当该合同作为无形资产担保掌握在贷款方手中时，贷款方就享受了该合同中的权利。这时，合同又成为无形动产担保。

1. 无形动产担保的具体担保物

（1）发起人取得的协议和合同，包括经营、购买、供应、运输、收费合同等。
（2）特许权协议，但注意有的国家不允许将特许权协议转让给外国人。
（3）股份和其他保函，如发起人的股份或承包商的完工保函。
（4）保险单，如将项目保险单的受益人转让给贷款人。
（5）银行账户，如项目融资中的支出账户和收入账户，从账户中提取资金的能力将受到贷款人的监督和管理。

2. 有形动产物权担保的担保物

有形动产包括船舶、设备、商品，但其价值往往因为项目的失败而大减。
（1）生产中的仪器、机械设备。有些国家不允许该物权担保，如法国，只有贷款人贷款购买的机器设备才能作为对该贷款人的权益担保。
（2）项目产品。项目产品操作起来较复杂，因项目性质和国家的不同而不同。许多国家，煤炭或矿产品只有在开采出来后才能作为担保资产，未开采的是国家财产，不能抵押给任何企业和个人。

7.2.3 固定设押和浮动设押

设押（Charge）是指不需要资产和权益占有的移转或所有权的移转，而是签署一项协议，根据协议，债权人有权使用该项担保条件下资产的收入来清偿债务人对其的责任。设押又分为固定设押（Fixed Charge）和浮动设押（Floating Charge）。

固定设押（固定担保）指与担保人的某一特定资产相关联的一种担保。在解除担保或担保受益人同意之前不能出售或者以其他形式处置该项资产。借款方作为还款保证的资产是固定的，如特定的土地、厂房或特定的股份、特许权、商品等。当借款方违约或项目失败时，贷款方一般只能从这些担保物受偿。固定担保一般是在固定资产上设定，即固定担保的财产必须特定化，即设定抵押时就固定在具体的财产上，且必须遵守设定担保的必要手续。固定担保也可以在未收资金及流动资产上设定，但是在未经担保权人同意的情况下，不允许公司出售抵押的资产。

浮动设押（浮动担保）指不与担保人某项特定资产相关联，借款人（即担保人）对浮动担保物享有占有、使用和处分权，在借款人违约或破产之前，借款人有权在其正常的业务活动中自由使用和处分担保物，只有在特定事件发生时才能最后确定受偿资产。浮动担保无须转移担保物的占有，直到违约事件发生促使担保受益人行使担保权时，置于浮动设押下的资产才被置于担保受益人的控制之下。而之前，担保人可自主地运用该项资产，包括出售，经借款人处分后的担保物自动退出担保物范围；反之，借款人在设定浮动担保后所取得的一切财产（或某一类财产）也自动进入担保范围。可见在贷款人实际行使浮动担保权之前，担保物一直处于不确定的浮动状态，所以一旦项目的经营者在经营中有恶意地处分财产的情况，对贷款人而言，其担保权的实现就有相当大的风险。

固定设押下的标的处置是受很大的限制的，而浮动设押的处置则几乎不受任何限制。对项目公司来说，其不愿设立较多的固定担保，因为这样会对其自主经营施加一定的限制，对资产的处理会束手束脚；对贷款人而言，固定担保则对其比较有利，便于其实现抵押权。因此，为了保证项目公司（或项目经营者）的利益，不宜设立较多的固定担保；为了保证贷款人的利益，又要设定一定的固定担保。或者从另一角度来说，就对两种担保的选择而言，项目公司愿意使用浮动担保，而贷款人则愿意使用固定担保。

7.2.4 物权担保的局限性

项目融资所设定的物权担保，其作用主要是消极的、防御性的，而不是积极的、进攻性的，即贷款人主要是用它来防止借款人的其他债权人在项目的资产上取得对它不利的利益。但实际操作中，它有许多不足之处：

（1）项目资产很难出售。

（2）大陆法系国家，要以公开拍卖方式强制执行担保物权，而不像英美法系那样允许由借款人指定的接管人占有财产继续经营该项目。

（3）贷款人即使能接管，也难取得项目成功。

（4）由于政治上的原因，要强制执行东道国的项目资产或出售特许协议，是很难办到的。

7.3 项目融资的信用担保

项目融资中的信用担保，即我们通常所说的项目担保，又称为人的担保，是当事人之间的一种合同关系，它是在贷款银行认为项目自身物的担保不够充分时要求借款人提供的一种人的担保。其主要作用是：由担保人为某一项目参与方向贷款人提供担保，当该项目参与方无法履行合同义务时，由担保人负责代其履行义务或承担赔偿责任。信用担保为项目的运作提供了一种附加的保障，从而降低了贷款银行在项目融资中的风险，是项目融资结构的生命线。

在信用担保中，担保人的信用是至关重要的，往往是贷款人决定是否给予贷款所要考虑的关键性因素。在项目融资中，担保人通常是法人，包括借款人以外的其他公司、商业银行、政府、官方信贷机构等。

根据信用担保在项目融资中承担的经济责任不同，可将其划分为三种基本类型：直接担保、间接担保和意向性担保。

7.3.1 直接担保

直接担保（Direct Guarantee）是直接担保人以直接的财务担保形式为项目公司按期还本付息向贷款银行提供的担保。

直接担保是担保人代替第三方贷款人承担所有的义务，是担保中的传统方式。直接担保具有直接性和无条件性，在时间或数量上是有限的。

直接担保的主要操作方式有完工担保和资金缺额担保两种。

1. 完工担保

在项目的建设期和试产期，贷款银行所承受的风险最大。项目能否按期建成投产并按照其设计指标进行生产经营是以项目现金流量为融资基础的项目融资的核心。贷款银行只愿意在建设成本和生产成本均已知的条件下安排有限的项目融资。为了防止出现因资金短缺而导致项目失败，需要有人承担建设成本和生产成本超支的风险，并提供相应的担保，这就是完工担保。项目完工担保是项目融资结构中一个最主要的担保。

完工担保是一种有限责任的直接担保形式。完工担保所针对的项目完工风险包括：由于工程或技术上的原因造成的项目拖期或成本超支；由于外部纠纷或其他外部因素造成的项目拖期或成本超支；由于上述任何原因造成的项目停建以致最终放弃。

大多数的项目完工担保属于仅仅在时间上有所限制的担保形式，即在一定的时间范围内（通常在项目的建设期和试生产或试运行期间），项目完工担保人对贷款银行承担着全面追索的经济责任。在这一期间，项目完工担保人需要尽一切方法去促使项目达到"商业完工"的标准并支付所有的成本超支费用。

项目完工担保的提供者主要由两类公司组成：一类是项目的投资者（发起人）；另一类是承建项目的工程公司或有关保险公司。

1）由项目投资者（发起人）提供的完工担保

由直接投资者作为项目完工担保人是最常用，也是最容易被贷款银行所接受的方式。因为项目的投资者不仅是项目的最终受益人，而且由于股本资金的投入使其与项目的建设和运行成功与否有着最直接的经济利益关系，所以如果项目的投资者作为担保人，就会想方设法使项目按照预定的计划完成，同时由项目投资者作为完工担保人也可以增加贷款银行对项目前途的信心。

在项目融资结构中，完工担保可以是一个独立协议，也可以是贷款协议的一个组成部分。无论以哪种形式出现，完工担保都应包括以下几个方面的基本内容：

（1）完工担保的责任。完工担保的中心责任是项目投资者向贷款银行作出保证。在计划内的资金安排之外，项目投资者必须能够提供使项目按照预定工期完工的或按照预定"商业完工"标准完工的、超过原定计划资金安排之外的任何所需资金。如果项目投资者不履行其提供资金的担保义务而导致该项目不能完工，则需要偿还贷款银行的贷款。

（2）项目投资者履行完担保义务的方式。一旦项目出现工期延误和成本超支，需要项目投资者按照完工担保义务支付项目所必要的资金时，通常采用的方式主要有两种：一种是要求项目投资者追加对项目公司的股本资金投入；另一种是由项目投资者自己或通过其他金融机构向项目公司提供初级无担保贷款（即准股本资金），这种贷款必须在高级债务被偿还后才有权要求清偿。

（3）保证项目投资者履行担保义务的措施。国际上大型项目融资经常会出现贷款银团与项目投资者分散在不同国家的情况。这种状况使得一旦项目担保人不履行其完工担保义务时，就会给贷款银团采取法律行动造成许多不便；即使贷款银团与项目担保人同属于一个法律管辖区域，为了能够在需要时顺利及时地启动项目完工担保，贷款银团也需要在完工担保协议中规定出具体的确保担保人履行担保义务的措施。

除原计划融资外，在必要时，发起人将进一步提供资金，使项目在预定日期完工。如不能完工，发起人将代替借款人偿还贷款人的贷款。项目完工期间，贷款人实际拥有完全追索权。

这种担保比较通行的做法是，项目投资者（担保人）被要求在指定银行的账户上存入一笔预订的担保存款，或者从指定的金融机构中开出一张以贷款银行为受益人的、相当于上述金额的备用信用证，以此作为贷款银行支付第一期贷款的先决条件。一旦出现需要动用项目完工担保资金的情况，贷款银行将直接从上述担保存款或备用信用证中提取资金。在这种情况下，根据完工担保协议，如果项目投资者（担保人）在建设期承担的是完全追索责任，则会被要求随时用其担保存款或备用信用证补足原来的金额。

2）由承建项目的工程承包公司及金融保险机构相结合提供的完工担保

由工程承包公司以及其背后的金融机构提供的项目完工担保，是包括在工程承包合同中的一种附加条件，这种担保条件的引入可以减少项目投资者所需承担的完工担保责任。它作为项目发起人完工担保的一种补充来减少项目发起人完工担保方面承担的压力，保护项目发起人自身利益。其主要内容是建设合同违约时，支付建设合同价格的一部分（5%~30%）给担保受益人。

当项目是由具有较高资信和丰富管理经验的工程公司承建时，特别是对于技术比较成熟的资源性、能源性和基础设施性工程项目，可以增加贷款银行对项目完工的信心，从而减少投资者在完工担保方面所需承担的压力。

然而，在大多数项目融资中，投资者是不可能彻底摆脱其完工担保责任的，但是可以通过在工程合同中引入若干种完工担保条件，转移一部分完工风险给工程承包公司，对项目投资者起到一定的保护作用。这些做法包括投标押金、履约担保、留置资金担保、预付款担保、项目运行担保。

这种完工担保经常以银行或其他金融机构的无条件信用证形式出现。通常，工程承包公司与项目公司签订完工担保协议+由承包公司提供由金融机构签发的担保合同（银行保函）来代替完工担保协议。这种担保协议称为银行保函（Letter of Guarantee）。银行保函主要种类有投标保函、履约保函、预付款保函、留置金保函、维修保函。

（1）投标保函（Bid Bonds）。保证工程投资者对投标是认真的，不中途撤标，准备按投标条件执行合同，且有能力执行合同，一般相当于投标价的1~2%。

（2）履约保函（Performance Bonds）。承包公司向项目公司保证履行承包合同。一般地，项目公司将其转让给贷款人，所以，贷款人是履约保函的最终受益人。如不能履行合同，则向担保受益人提供资金补偿，金额为建设合同价款的5%。

（3）预付款保函（Advance Payment Bonds）。它的作用是帮助工程公司安排流动资金用于开始时的购买设备材料等，使之可启动项目建设，并从项目公司处获得对工程公司的分期付款。金额相当于建设合同价款的14%。

（4）留置金保函（Retention Money Bonds）。大型项目建设中，投资者将部分到期应付款留置，作为防备由于承包公司的原因造成的不可预见费用开支的准备金。如承包公司希望尽快收回资金，就提供留置金保函作为实际留置资金的替代来提前取得全部承包款项以解决资金周转问题。

（5）维修保函（Maintenance Bonds or Warranty Bonds）。在工程完工并投入试产后的一定时间内，要求工程公司提供一部分资金，以修正完工后才能发现的工程设计或工程合同执行中的错误，起到项目运行担保的作用。一般做法是：工程实际完工后，履约保函和留置金保函自动转成项目维修保函。

3）两种担保的不同点

投资者（发起人）的完工担保要求尽全力去执行融资协议，实现项目完工；而工程公司的完工担保只是在建设工程合同违约时，支付建设工程合同款项的一部分（通常是5%~30%，在美国，由保险公司提供的工程履约担保有时可以达到100%的合同金额）给予担保受益人。因此，这种担保只能作为项目投资者完工担保的一种补充，并且和投资者提供的担保一样，其担保信用在很大程度上依赖于提供担保人的资信状况。

2. 资金缺额担保

资金缺额担保（A Cash Deficiency Guarantee），有时也称为现金流量缺额担保，是一种在担保金额上有所限制的直接担保，为项目完工后收益不足的风险提供担保，主要作为一种支持已进入正常生产阶段的项目融资结构的有限担保。从贷款银行的角度，设计这种担保的基本目的有两个：一是保证项目有正常运行所必需的最低现金流量，具有支付和偿付到期债务的能力，保证项目的正常运转；二是在项目投资者出现违约的情况下，或者在项目重组及出售项目资产时保护贷款银行的利益，保证债务的回收。

维持一个项目正常运行所需要的资金包括三个方面：日常生产经营性开支；必要的大修、更新改造等资本性开支；如果项目资金构成中有贷款部分，还需要考虑到期债务利息和本金的偿还。从贷款银行的角度，为了保证项目不至于因资金短缺而造成停工和违约，往往要求项目投资者以某种形式承诺一定的资金责任，以保证项目的正常运行，从而使项目可以按照预定计划偿还全部银行贷款。资金缺额担保的三种具体操作方法为：担保存款或备用信用证；建立留置基金（Retention Fund）；项目发起人提供项目最小净现金流量担保。

1）担保存款或备用信用证

担保存款或备用信用证指项目发起人在指定银行存入一笔事先确定的资金作为担保存款，或由银行以贷款银团为受益人开出一张备用信用证。这种担保存款或备用信用证金额在项目投资中没有一个统一的标准，一般取为该项目年正常运行费用总额的 25%~75%，其数额主要取决于贷款银行对项目风险的识别和判断。如项目某时期现金流量不足以支付生产成本、资本开支或偿还到期债务时，贷款银团可从担保存款或备用信用证中提取相应资金。在一定年限内，投资者不能撤销或将担保存款和备用担保信用证挪作他用，担保存款或备用信用证额度通常随着利息的增加而增加，直到一个规定的额度。

这种担保形式在为新建项目安排融资时比较常见。对于一个新建项目，虽然从融资的角度，该项目可能已通过"商业完工"标准的检验，但是并不能保证在其生产经营阶段百分之百地成功，尤其是由于新建项目没有经营历史也没有相应资金积累，抗意外风险的能力比经营多年的项目要脆弱得多。因而贷款银行多会要求由项目投资者提供一个固定金额的资金缺额担保，作为有限追索融资结构中信用保证结构的一个组成部分。

2）建立留置基金

项目的年度收入在扣除全部的生产费用、资本开支及到期债务本息和税收之后的净现金流量，存入留置基金账户，以备出现任何不可预见的问题时使用。对投资者使用该基金加以严格限制和规定，规定一个最小资金缺额担保，当项目可支配资金大于最小资金缺额担保时，发起人才可提走资金。

3. 项目发起人提供项目最小净现金流量担保

项目发起人提供项目最小净现金流量担保即保证项目有一个最低的净收益作为对贷款银行在项目融资中可能承担风险的一种担保。当实际项目净现金流量低于协议规定的最小净现金流量时，项目发起人就必须负责将其差额部分补上，保证项目正常运行。

7.3.2 间接担保

项目融资中的间接担保（Indirect Guarantee）是指项目担保人不以直接的财务担保形式为项目提供的一种担保，而是以某种合同或协议作为项目担保，多以商业合同或政府特许权协议的形式出现。对于贷款银行来说，这类型的担保同样构成了一种确定性的无条件的财务责任。

间接担保有以产品销售协议提供的间接担保、项目建设合同（Construction Contracts）提供的间接担保、经营和维护合同（Operation and Maintenance Agreement）提供的间接担保、供应合同（Supply Contracts）提供的间接担保、和其他合同形式提供的项目担保等形式。

1. 以产品销售协议提供的间接担保

在项目融资中,有可能作为项目担保的主要销售合同或协议有"或付或取"(无论供货与否均需付款)销售合同(Take or Pay Sales Contract)、"提货与付款"销售合同(Take and Pay Sales Contract)、长期销售协议(Long-term Sales Agreements)等,其中最多的是"无论供货与否均需付款"协议和"提货与付款"协议。各类销售协议的不同,其担保功能是有较大差别的。

1)"无论供货与否均需付款"销售合同

"无论供货与否均需付款"销售合同是指买方按协议承担按期根据规定的价格向卖方支付最低数量项目产品销售金额的义务,不问事实上买方是否收到产品。如项目发起人同时具有产品购买者和项目公司双重身份,则由银行独立监管项目公司的资金使用以确保项目平稳运行。

这种合同的特点是:① 它是一种长期销售合同,期限应不小于项目融资的贷款期限;② 买方在合同项下的支付义务是无条件的和不可撤销的,即使买方未收到合同项下的产品,仍须履行其义务,它是项目公司能按期偿还项目贷款的基础;③ 以市场价格为基础,但价格规定有最低限价;④ 购买数量以项目达到生产指标时的产量为基础,不能低于该最低产量标准。

"无论供货与否均需付款"销售合同的基本原则是项目产品的购买者所承诺支付的最低金额应不少于该项目生产经营费用和债务偿还费用的总和。该协议是项目公司与项目产品购买方签订的,但项目公司将在该协议下无条件地取得的货款权利转让给贷款银行。

2)"提货与付款"销售合同

"提货与付款"销售合同是指买方取得货物后,即在项目产品交付或项目劳务实际提供给买方以后,买方才支付某一最低数量的产品或劳务的金额给对方,也可称作"Take if Offered"合同。

它的担保分量比"无论供货与否均需付款"合同担保的担保分量要轻得多。所以贷款银行会要求项目投资者提供一份资金缺额担保作为提货与付款协议担保的一种补充。它没有最低限价的规定,一旦产品价格长期过低,银行会用资金缺额担保来偿还贷款。

这种销售合同与长期销售合同类同,但"提货与付款"拥有期权,如果它支付生产者的固定成本部分,它就有权选择拒绝接受产品或服务。

3)长期销售协议

长期销售协议是项目公司和项目买方就一定数量的项目产品签订的销售合同,一般为1~5年。在这种合同中,如购买方不购买指定的项目产品,则应向项目公司赔偿损失。但是购买方没有义务为了项目公司的债务支付而进行最小数量的付款。

"无论提货与否均需付款"协议和"提货与付款"协议是两类既有共性又有区别,并且是国际项目融资所特有的项目担保形式。"无论提货与否均需付款"协议和"提货与付款"协议,是项目融资结构中的项目产品(或服务)的长期市场销售合约的统称,这类合约形式几乎在所有类型的项目融资中都广泛地得到了应用,从各种各样的工业项目,如煤矿、有色金属矿、铁矿、各种金属冶炼厂、石油化工联合企业、造纸、纸浆项目,一直到公用设施和基础设施项目,如海运码头、石油运输管道、铁路集散中心、火力发电厂等,因而在某种意义上已经成为项目融资结构中不可缺少的一个组成部分。同时,这类合约形式在一些项目融资结构中也被用于处理项目公司与其主要原材料、能源供应商之间的关系。"无论提货与否均需付款"协议和"提货与付款"协议在法律上体现的是项目买方与卖方之间的商业合同关系,尽管实质上是由项目买方对项目融资提供的一种担保,但是这类协议仍被视作商业合约,是一种间接担保形式。

2. 以项目建设合同提供的间接担保

这种合同的担保作用是贷款者通常会要求承建公司承担赔偿工期延误所造成的损失的责任,所赔金额应至少能支付工期延误期间,根据贷款协议项目公司应偿还的利息和弥补项目公司在工期延误期的经营成本等。这类合同主要有:

1)一揽子承包合同

一揽子承包合同(Turnkey Contracts)是指承建商保证承担包括规划设计和建设在内的全部工作,甚至对于子承建选择都由其负责的合同。在这种合同中,项目公司要求承建商提供全面的完工担保,承建商风险最大。

2)EPC 合同

EPC 合同(Engineering-procurement-construction)是指承包商负责工程项目的规划,然后转包给分包商来具体建设项目,并监督分包商以使项目按照项目公司指定的标准建设的合同,使用这种合同承建商的风险最小。当发起人认为自己很有经验,相信他们的监督能降低 EPC 合同的风险,认为没有必要付出一揽子承包合同额外的成本时适用。

3. 以经营和维护合同提供的间接担保

经营和维护合同(Operation and Maintenance Agreement)在保证项目经营期的现金流量充足方面起着非常重要的作用,因而也可以构成项目担保的一个重要组成部分。

在项目融资实务中,项目发起人对于项目经营有两种选择:它可以自己经营,这时就不需要经营维护合同。它还可以聘请一个经营公司经营项目,这时签订经营合同就很重要,因为签订这种合同的目的有:① 将项目的经营维护风险分配给项目的经营者,实现项目公司和贷款者与此风险隔离;② 确保项目以适当方式运营,使项目具有实现收入最大化的能力;③ 确保项目设施在项目公司和贷款者认可的预算范围内正常经营和维护。

在由第三方当事人作为经营者的情况下,经营和维护合同的基本种类一般有以下几种:

(1)固定价格合同,经营者经营该项目取得一笔固定的费用,超出经营者自己承担风险,节约取得更大利益。

(2)成本加费用合同-固定费用(经营者的利润)+经营成本,这类合同中项目公司承担了经营成本增加的风险。

(3)带有最高价格和激励费用的成本加费用合同-报酬与经营成本,经营目标与资金挂钩。这类合同将项目公司与项目相连的大部分经营风险隔离,且提供使项目在预算内有效运营的良好前景。

4. 由供应合同提供的间接担保

项目的供应合同在保证项目成本稳定和可预见方面起着非常重要的作用,因而也构成项目担保的一个组成部分,以用来为项目的成本超支风险提供担保。因为许多项目都会依赖必要的原料和燃料以使项目能正常经营,还有项目公司是否能在事先协商的价格基础上签订一个长期的供应合同。

一般来说,在项目融资中,原料供应合同有两种不同的操作形式:

(1)或付或取供应合同(Take or Pay Supply Contracts),指原料供应方以协议价格供应规定数量的原料,如项目公司不购买,则它必须向供应方付款。

(2)纯供应合同(Sole-supplier Contracts),指项目公司向供应商购买项目所需的全部原料。项目公司支付实际的货款,但供应商可能供应也可能不供应项目所需的全部原料。

供应合同可保证项目成本稳定和可预见性,为项目的成本超支风险提供担保。贷款银行一般偏好"或付或取"供应合同,因为它使项目在协定价格基础上取得一个稳定的原料供应。

5. 其他合同形式提供的项目担保

项目融资是由许多各自独立的合同相互联结在一起的一个综合体。任何一个项目融资交易都需要采用一系列的合同把项目融资参与者联结起来,以确定他们彼此之间的权利义务,并为资金提供者提供一种担保。其合同种类除了以上各种合同外,还有以下种类的合同,它们也可在一定程度上发挥项目担保的作用。

1)投资协议

投资协议(Investment Agreement)是发起人与项目公司之间签订的协议,内容是规定发起人同意向项目公司提供一定金额的财务支持。财务支持有两种方式:

(1)发起人同意以次级贷款或参与股权的方式向项目公司注资,贷款或股份出资金额应当能使项目公司有清偿债务的能力或达到规定的财务指标,比如应达到规定的最低流动资本额。

(2)由发起人向项目公司提供一笔足以使后者向贷款人偿还贷款的金额。投资协议最终被项目公司转让给贷款人而起到间接担保的作用。

2)购买协议

购买协议(Purchase Agreement)是项目发起人与贷款人之间签订的协议,内容是发起人同意,当项目公司不履行对贷款人偿还资金时,发起人购买相当于贷款人发放给项目公司的贷款金额。因此,这种协议同样可以作为一种担保形式,它是项目发起人对贷款人向项目公司贷款所提供的一种保护。

7.3.3 意向性担保

意向性担保(Implied Guarantee)是担保人表现出有可能对项目提供一定支持的意愿,是一种道义承诺，无法律后果。从严格的法律意义上讲，意向性担保不是一种真正的担保，没有法律约束力，仅仅表现出担保人有可能对项目提供一定支持的意愿。它也不需要在担保人公司的财务报告中显示出来，因此受到担保人的偏爱，在项目融资中应用较为普遍。

1. "安慰信"或"支持信"

安慰信一般是由项目发起人或政府写给贷款人，对它发放给项目公司的贷款表示支持的信。它通常是在担保人不愿接受法律约束的情况下所采用的一种担保形式。它对贷款人表示的支持一般体现在以下三个方面。

（1）经营支持。"担保人"声明在他的权利范围内将"尽一切努力保证按照有关政策支持项目公司的正常经营"。

（2）不剥夺资产。东道国政府保证不会没收项目资产或将其国有化。

（3）提供资金。担保人同意向项目公司提供一切必要手段使其履行经济责任，如母公司愿意在其子公司遇到财务困难时提供帮助等。

安慰信的条款一般不具有法律约束力，而只有道义上的约束力；即使明确规定了法律效力，安慰信也会由于条款的弹性过大而不能产生实质性的权利义务。然而，由于关系到担保人自身的资信和今后的业务，故资信良好的担保人一般不会违背自己在安慰信中的诺言。因此，贷款方愿意接受担保人出具的这类安慰信。

2. 东道国政府的支持

我国的中央政府部门或地方政府部门，往往为大型项目融资向贷款方出具安慰信，一方面是向贷款方提供信誉担保，另一方面可为项目的进展创造良好的支持环境。

东道国政府在项目融资中扮演的角色虽然是间接的，但很重要。在许多情况下，东道国政府颁发的开发、运营的特许权和执照是项目开发的前提。虽然东道国政府一般不以借款人或项目公司股东的身份直接参与项目融资，但可能通过代理机构进行权益投资，或者是项目产品的最大买主或用户，在我国尤其如此。一般项目，特别是基本建设项目，如公路、机场、地铁等，所在国政府将参与项目的规划、融资、建设和运营各个阶段，BOT项目就是一个典型。对于其他项目，政府的支持可能是间接的，但对项目的成功仍然至关重要，例如，自然资源开发和收费交通项目均需得到政府的特许。在多数国家，尤其在我国，能源、交通、土地、通信等资源均掌握在政府手中，而这些资源是任何项目成功必不可少的条件，只有得到我国政府的支持，才能保证项目顺利进行。

这种东道国政府的支持一般表现为以下内容：① 保证不对项目公司实施不利的法律变化，坚持"非歧视原则"；② 保证外汇的可获得性；③ 保证不实施歧视性的外汇管制措施；④ 保证项目公司能得到必要的特许经营协议和其他许可权；⑤ 保证不没收或使其国有化；⑥ 可能情况下，通过政府代理机构进行必要的权益投资；⑦ 可能成为项目产品的最大买主或用户等。

复习思考题

1. 什么是项目融资担保？它与一般商业贷款的担保有什么区别？
2. 项目融资担保人的类型有哪几种？他们的作用分别是什么？
3. 什么是项目融资的信用担保？它的主要形式有哪几种？
4. 什么是项目融资的物权担保？它的主要形式有哪几种？
5. 试分析资金缺额担保的主要目的，并分析设置该项担保的积极作用。

第 8 章 项目融资模式基础

项目融资模式指项目法人取得资金的具体形式，它是项目融资整体结构组成的核心部分。项目融资模式的设计需要与项目投资结构的设计同步考虑，并在项目的投资结构确定下来之后进一步细化以完成融资模式的设计工作。项目融资在具体实施过程中有很多模式。在项目融资发展的几十年历史中，人们基于项目的不同特点设计出了多种融资模式。不同的项目融资模式，其融资结构和实施过程差异很大。因此，必须根据不同项目的特点选择不同的融资模式。

本章涉及融资结构的内容，主要介绍项目融资模式设计的原则、从项目融资主体角度划分的融资模式及针对项目特性所划分出的融资模式。本章需要掌握项目的直接融资模式和项目公司融资模式，熟悉和了解产品支付融资模式、杠杆租赁融资模式、设施使用协议融资模式。

8.1 项目融资模式设计的原则

在实际项目中，很少有两个项目的融资模式是完全一样的，这是项目在行业性质、投资结构等方面的差异以及投资者对项目的信用支持、融资战略等方面的不同考虑所造成的。然而，无论一个项目的融资模式如何复杂，结构怎样变化，实际上融资模式中总是包含一些具有共性的东西并存在一些基本特征。下述问题和基本原则是投资者在选择和设计项目融资模式时必须认真加以考虑的。

8.1.1 争取适当条件下的有限追索融资的原则

实现融资对项目投资者的有限追索，是设计项目融资模式的一个最基本的原则。一个项目的债务资金追索形式和追索的程度，往往取决于贷款银行对项目风险的评价以及项目融资结构的设计，具体来说，取决于包括项目所处行业的风险系数、投资规模、投资结构、项目开发阶段、项目经济强度、市场安排以及项目投资者的组成、财务状况、生产技术管理、市场销售能力等在内的多方面因素。同样条件的一个项目，如果上述因素不同，项目融资的追索形式或追索程度也就会有所变化。最后的追索程度取决于项目的经济强度和贷款银行的要求，是由借贷双方通过谈判决定的。

由于融资项目风险较大，项目投资者在融资模式设计时，为了限制融资对项目投资者的追索责任，通常要考虑尽量降低融资对项目投资者的追索责任。通常，贷款银行在确定对项目投资者的追索责任时往往要考虑三个方面的问题：① 项目的经济强度在正常情况下是否足以支持融资的债务偿还；② 项目融资是否能够找到强有力的来自投资者以外的信用支持；③ 对于融资结构的设计能否作出适当的技术性处理，如提供必要的担保等。

8.1.2 实现项目风险的合理分担原则

由于融资项目的风险程度超过了直接投资者的承受能力，所以合理分配项目风险是项目投资者选择项目融资和进行项目融资设计时必须考虑的一个重要目标。保证投资者不承担项目的全部风险责任，是项目融资模式设计的第二条基本原则。其问题的关键是如何在投资者、贷款银行以及其他与项目利益有关的第三方之间有效地划分项目的风险。

项目在不同阶段的各种风险可以通过合理的融资结构设计将其分散。在项目建设期和试生产期，其全部风险可能由项目投资者（有时包括项目的工程承包公司）全部承担；在项目建成投产以后的经营期，投资者所承担的风险责任将有可能被限制在一个特定的范围内。投资者或对产品有需求的第三方，以购买项目全部或绝大部分产品的方式承担项目的市场风险，贷款银行也可能要承担项目的一部分经营风险。这是因为尽管项目投资者或项目投资者以外的第三方产品购买者以长期协议的形式承购了项目的全部产品，对于贷款银行来说仍存在两种潜在的风险：① 有可能出现国际市场产品价格过低从而导致项目现金流量不足的风险；② 有可能出现项目产品购买者不愿意或者无力继续执行产品销售协议而造成项目的市场销售风险。一旦项目融资结构确定下来，这些潜在的风险是贷款银行必须承担的，除非贷款银行可以从项目投资方获得其他的信用保证支持。

以上两条原则是项目融资模式设计时需要考虑的最主要原则，除此之外，投资者在设计项目融资模式时还会遇到一些其他带有共性的问题需要解决。

8.1.3 最大限度地降低融资成本

项目融资所涉及的投资数额大，资本密集程度高，运作的周期长，因此在项目融资结构的设计与实施过程中经常需要考虑的一个重要问题是如何降低融资成本。可尽量从以下几个方面入手：第一，完善项目投资结构设计，增强项目的经济强度及尽量降低项目风险（尤其是贷款银行实际承担的风险）以获取较低的债务资金成本；第二，合理选择融资渠道，优化资金结构和融资渠道配置，尽量选择成本较低的资金来源并提高此类资金在全部资金来源中所占的比例，从而降低项目的综合融资成本；第三，充分利用各种税收优惠，如加速折旧、税务亏损结转、利息冲抵所得税、减免预提税、费用抵税等。世界上多数国家的税法都对企业税务亏损的结转问题有规定（即税务亏损可以在一定时间内用以冲抵公司的所得税），同时，许多国家政府为了发展经济制定了一系列的投资鼓励政策，这些政策很多也是以税务结构为基础的（如加速折旧）。大型工程项目如何利用这些税务亏损降低项目的投资成本和融资成本，可以从项目的投资结构和融资结构两方面着手考虑，特殊的项目融资模式设计在一定程度上可以实现这一目的，如杠杆租赁融资模式。合理地利用项目的税收优惠，可以降低融资成本或提高投资回报。

8.1.4 实现发起人对项目较少的股本投入

目前，世界各国往往都规定各类项目在其投资建设时必须实行资本金制度，要求项目投资者注入一定比例的股本资金。在项目融资中，贷款银行为了降低其贷款资金的风险，约束项目直接投资者的行为，也会要求项目直接投资者注入一定数量的股本资金作为对项目开发的支持。然而在项目融资实践中，股本资金的注入方式可以比传统的公司融资更为灵活。这就为设计项目融资模式时争取实现发起人对项目较少的股本投入提供了条件。如果投资者希望项目建设所需要的全部资金做到百分之百的融资，则投资者的股本资金可以考虑以担保存款、信用证担保等非传统形式出现。但是这时在设计项目融资结构过程中需充分考虑如何最大限度地控制项目的现金流量，保证现金流量不仅可以满足项目融资结构中正常债务部分的融资要求，还可以满足股本资金部分融资的要求。因此，如何使发起人以最少的资金投入获得对项目最大程度的控制和占有，是设计项目融资模式时必须加以考虑的问题。

8.1.5 处理好融资与市场安排之间的关系

长期的市场安排是实现有限追索项目融资的一个信用保证基础，没有作出合理的长期市场安排就很难组织项目融资。对大多数项目投资者来说（尤其是在非公司型合资结构中），以合理的市场价格从投资项目中取得部分产品是其参与该项目投资的一个主要动机。这样就可能出现一种矛盾的局面：从贷款银行的角度，低于公平价格的市场安排意味着银行要承担更大的风险，但对于项目投资者来说，高于公平价格的市场安排意味着全部或部分地失去了项目融资的意义。因此，能否确定以及如何确定项目产品的公平市场价格对于借贷双方来说是处理融资市场安排的一个焦点问题。国际项目融资在多年的发展中积累了大量处理融资与市场关系的方法和手段，其中除了"无论提货与否均需付款合同"和"提货与付款合同"外，还有一些将融资与项目产品联系在一起的结构性市场安排，如产品支付、产品贷款等多种形式。如何利用这些市场安排的手段最大限度地实现融资利益与市场安排利益相结合，应该成为项目投资者设计项目融资模式的一个重要考虑因素。

8.1.6 处理好项目近期融资和远期融资的关系

大型工程项目的融资一般都是7~10年的中长期贷款，近些年最长的甚至可以达到20年。在项目投资过程中，投资者自身的特点决定了他们对项目融资的考虑也有所不同：有的投资者愿意接受长期的融资安排；有的投资者则更多考虑的是近期融资的需要。他们选用项目融资方式是出于对某个国家或某个投资领域不十分熟悉，对项目的风险及未来发展没有十分把握而采取的一种谨慎策略，或者是出于投资者在财务、会计或税务等方面的特殊考虑而采取的一种过渡性措施。在此背景下，其融资战略只能是一种短期战略，项目运行中如果采用项目融资方式的各种决定因素变化不大，就长期地保持这种项目融资结构；一旦这些因素朝着有利于投资者的方向发生较大的变化，他们就会希望重新安排融资结构，放松或取消银行对投资者的种种限制，以降低融资成本，这就是在项目融资中经常会遇到的"重新融资问题"，这也是投资者基于经济利益因素而作出的正确选择。基于这一原因，在设计项目融资结构时，投资者需要明确选择项目融资方式的目的并对重新融资问题加以考虑，决定是否应把这一问题在结构设计时作为一个重点。不同的项目融资结构在重新融资时的难易程度是有所区别的，有些结构比较简单，有些结构相对复杂，项目融资模式的设计必须充分考虑这一问题。

8.1.7 争取实现资产负债表外融资

实现非公司负债型融资（即资产负债表外融资）是一些投资者选用项目融资方式筹集项目资金的原因之一。通过项目投资结构的设计，在一定程度上可以做到不将所投资项目的资产负债与投资者本身公司的资产负债表合并，但是多数情况下这种安排只对于共同安排融资的合资项目中的某一个投资者而言是有效的。如果是投资者单独安排融资，如何实现投资者的非公司负债型融资要求则是在设计项目融资模式时需要考虑的问题。解决这一问题往往需要在项目所在国法律、法规的约束下，经过复杂的设计，选择较为灵活的变通形式才能实现。例如，在项目融资中可以把一项贷款或一项为贷款提供的担保设计成为"商业交易"的形式，按照商业交易来处理。因为商业交易在国际会计制度中是不必进入资产负债表的，这样就既实现了融资的安排，又达到了不将这种贷款或担保列入投资者的资产负债表的目的。再如，在BOT项目融资模式中，政府以"特许合约"为手段利用私人资本和项目融资兴建本国的基础设施，一方面达到了改善本国基础设施状况的目的，另一方面又有效地减少了政府的直接对外债务，使政府所承担的义务不以债务的形式出现。

8.1.8 争取实现融资结构最优化

所谓融资结构是指融通资金的诸组成要素（如资金来源、融资方式、融资期限、利率等）的组合和构成。要做到融资结构的优化，应该把握的基本原则是：以融资需要的资金成本和筹资效率为标准，力求融资组成要素的合理化、多元化。筹资人应避免依赖于单一融资方式、单一资金来源、一种货币资金、一种利率和一种期限的资金，而应根据具体情况并从筹资人的实际资金需要出发，注意内部筹资与外部筹资、直接融资与间接融资相结合，尽量提高筹资的效率与效益，降低筹资成本、减少筹资风险。在为项目筹集资金时不能过度依赖某一种筹资方式或几个筹资渠道，而要采取多元化、分散化的筹资方式，增强筹资转换能力、降低风险。

8.2 项目融资模式的基本种类

在考虑项目取得资金的具体形式时,由谁作为融资主体去进行融资呢?可由此分为由项目发起人直接安排项目融资模式和发起人通过项目公司安排项目融资模式,以下将这两种模式简称为投资者直接安排融资和由项目公司安排融资模式。

8.2.1 由项目发起人直接安排项目融资模式

由项目发起人直接安排项目融资模式简称为直接融资模式。直接融资模式是由项目投资者直接安排项目的融资并且直接承担融资安排中相应的责任和义务的一种模式,结构上最简单,适用于投资者本身财务结构不复杂的情况。这种融资模式有利于投资者税务结构方面的安排,对于那些资信状况良好的投资者来说,由于直接使用投资者的名义出面,对于大多数银行来说这本身就是一种担保。直接安排融资还可以获得相对成本较低的贷款。但采用这种模式需要注意的问题是如何限制贷款银行对投资者的追索权利。这种模式由投资者安排融资并直接承担其中的债务责任,项目贷款很难安排成为非公司负债型的融资,在法律结构中实现有限追索会相对复杂。

直接安排项目融资的模式在投资者直接拥有项目资产并直接控制项目现金流量的非公司型合资结构中比较常用,并且,因为绝大多数的非公司型合资结构不允许以合资结构或管理公司的名义融资,所以这种融资模式有时也是为项目筹集追加资本金时所能使用的唯一方法。

1. 直接融资模式的集中化形式

集中化形式指投资者直接安排融资,但各个投资者在融资过程中面对的是共同的贷款银行和市场。首先,项目实际投资者组成非公司型合资结构,按合资协议组成非公司型结构,组建一个项目管理公司,同时签订管理协议、销售代理协议;其次,根据合资协议的规定,投资者分别在项目中投入相应比例的自有资金,并统一安排项目融资、统一筹集项目的建设资金和流动资金,但是由每个投资者独立与贷款银行签署协议;第三,项目公司负责项目的建设和生产经营,项目管理公司同时也作为项目投资者的代理人负责项目的产品销售;最后,项目的销售收入进入银行监控账户,支付项目的生产成本和资本再投入,偿还贷款银行的到期债务后,按融资协议将盈余资金返还给投资者。其具体过程如图 8-1 所示。

2. 直接融资模式的分散化形式

分散化形式是指投资者独立安排融资和承担市场销售责任。在融资过程中,项目投资者根据合资协议组建合资项目,投资于某一项目,并由投资者而不是项目管理公司组织产品销售和债务偿还。首先,项目投资者根据合资协议组建合资项目,任命项目管理公司负责项目的建设和生产管理;其次,投资者按照投资比例,直接支付项目的建设费用和生产费用,根据自己的财务状况自行安排融资,项目管理公司代表投资者安排项目建设、安排项目生产、组织原材料供应,并根据投资比例将项目产品分配给项目投资者;最后,投资者以规定价格购买产品,其销售收入根据与贷款银行之间的现金流量管理协议进入贷款银行监控账户,并按照资金使用序列的原则进行分配。其具体操作过程如图8-2。

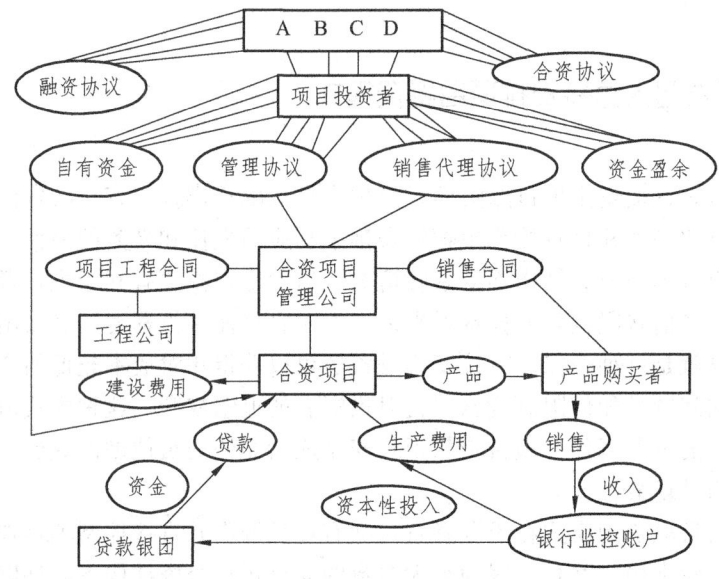

图 8-1　直接融资模式的集中化形式

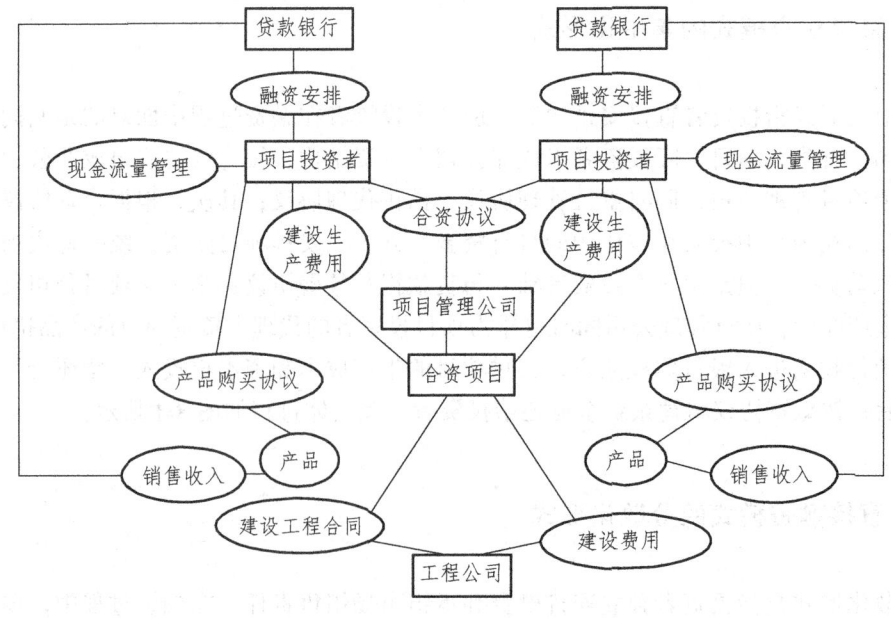

图 8-2　直接融资模式的分散化形式

3. 投资者直接安排项目融资模式的特点

直接融资有其优点也有其不足，其优点主要体现在：

（1）选择融资结构及融资方式较灵活，投资者可以根据不同需要在多种融资模式、多种资金来源方案之间加以充分选择和合并。可获成本较低的贷款，充分利用税收减免，降低融资成本。

（2）投资者可灵活运用自己在商业社会中的信誉，安排融资、选择融资方式。

（3）债务比例安排也比较灵活，投资者可根据项目经济强度和本身的资金情况确定债务比例。

直接融资模式也有不足，主要是将融资结构设计成有追索时较复杂，要注意如何限制贷款银行对投资者的追索权利。

（1）如果合资结构中的投资者在信誉、财务状况、市场销售和生产管理能力等方面不一致，就会增加项目资产及现金流量作为融资担保抵押的难度，从而在融资追索的程度和范围上会比较复杂。

（2）在安排融资时，需要注意划清投资者在项目中所承担的融资责任和投资者其他业务之间的界限，这一点在操作上更为复杂。所以在大多数项目融资中，由项目投资者成立一个专门公司来进行融资的做法比较受欢迎。

（3）通过投资者直接融资很难将融资安排成为非公司负债型的融资形式，也就是说，在安排成有限追索的融资时难度很大。

在非公司型投资结构中，由于项目实体并非独立法人，因此只能由投资者作为融资主体进行融资，这种安排也造成了债务风险隔离的困难和难以实现资产负债表外融资的局面。

8.2.2 发起人通过项目公司安排项目融资模式

发起人通过项目公司安排项目融资模式简称为项目公司融资模式，是指投资者通过建立一个单一目的的项目公司来安排融资，具体有单一项目子公司和合资项目公司两种基本形式。

1. 单一项目子公司形式

为了减少投资者在项目中的直接风险，在非公司型合资结构、合伙制结构甚至公司型合资结构中，项目的投资者经常建立一个单一目的的项目子公司作为投资载体，以该项目子公司的名义与其他投资者组成合资结构并安排融资，即所说的单一项目子公司的融资形式，这是通过项目公司安排融资的一种形式。

这种融资形式的特点是项目子公司将代表投资者承担项目中的全部或主要的经济责任，由于该公司是投资者为一个具体项目专门组建的，缺乏必要的信用和经营历史（有时也缺乏资金），所以可能需要投资者提供一定的信用支持和保证。这种信用支持一般至少包括项目的完工担保和保证项目子公司具备良好的经营管理的意向性担保。这种模式的具体操作过程如图 8-3 所示。

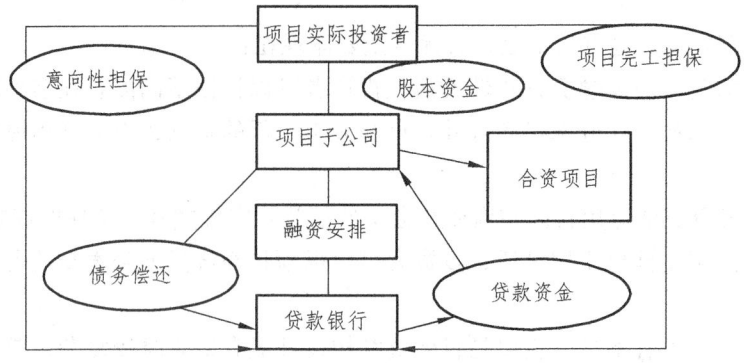

图 8-3 单一项目子公司项目融资形式

对于其他投资者和合资项目本身而言，采用这种结构安排融资与投资者直接安排融资没有多大区别；然而对于投资者而言，这种模式却与投资者直接安排融资有一定的差异。

（1）该项目融资方式容易划清项目的债务责任。贷款银行的追索权只能涉及项目子公司的资产和现金流量，其母公司除提供必要的担保以外不承担任何直接的责任，融资结构较投资者直接安排融资要简单清晰。

（2）项目融资有可能被安排成为非公司负债型融资，减少了投资者的债务危机。

（3）在税务结构安排上灵活性可能会差一些，并有可能影响到公司经营成本的合理控制，这取决于各国税法对公司之间税务合并的规定。

2. 合资项目公司模式

合资项目公司模式是通过项目公司安排融资的另一种形式，也是最主要的形式，是由投资者共同投资组建一个项目公司，再以该公司的名义拥有、经营项目和安排项目融资的形式，在公司型合资结构中较为常用。

采用这种模式，项目融资由项目公司直接安排，主要的信用保证来自项目公司的现金流量、项目资产以及项目投资者所提供的与融资有关的担保和商业协议。对于具有较好经济强度的项目来说，这种融资模式可以安排成为对投资者无追索性的形式。

由于项目公司的弱点是除了正在安排融资的项目之外没有任何其他的资产，也没有任何经营历史，所以投资者必须承担一定程度的项目责任，而完工担保是应用最普遍的一种方式；在项目生产期间，如果项目的生产经营达到预期标准，现金流量又可以满足债务覆盖比率的要求，项目融资就可以安排成为无追索贷款。图 8-4 是投资者共同组建项目公司并通过合资项目公司融资的模式。

3. 投资者通过项目公司融资模式的特点

与直接安排融资相比，投资者通过合资项目公司安排融资具有以下特点：

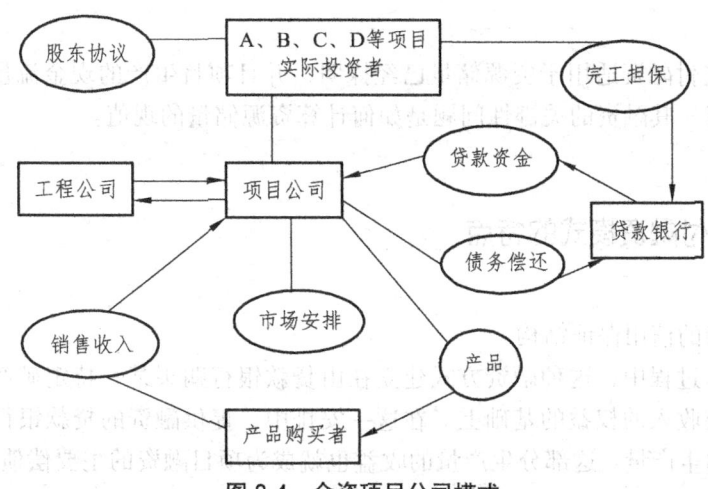

图 8-4　合资项目公司模式

（1）项目公司统一负责项目的建设、生产、市场，并且可以整体地使用项目资产和现金流量作为融资的抵押和信用保证，在概念上和融资结构上较易于为贷款银行接受，法律结构相对比较简单。

（2）项目公司融资模式中，项目投资者不直接安排融资，而是通过间接的信用保证形式支持项目公司的融资，如完工担保、"无论提货与否均需付款"或"提货与付款"协议等。投资者的债务责任较直接融资清楚，较易实现有限追索的项目融资和非公司负债型融资的要求。

（3）通过项目公司安排融资可以充分利用大股东在管理、技术、市场和资信等方面的优势为项目获得优惠的贷款条件，共同融资避免了投资者之间为安排融资的相互竞争。

（4）该模式的主要缺点是缺乏灵活性，难满足不同投资者对融资的各种要求。该种模式中投资者缺乏对项目现金流量的控制，在资金安排上有特殊要求的投资者就会面临一定的选择困难。

8.3　产品支付融资模式

产品支付是项目融资的早期形式之一，起源于20世纪50年代美国的石油天然气项目的融资安排。它是以产品支付为基础组织起来的项目融资，以项目生产的产品和销售收益的所有权作为担保品，而不采用转让或抵押方式进行融资。

这种形式是针对项目贷款的还款方式而言的，一般情况下，借款方在项目投产后不以项目产品的销售收入来偿还债务，而是直接以项目产品来还本付息。在贷款得到偿还前，贷款方拥有项目部分或全部产品的所有权。在绝大多数情况下，产品支付只是产权的转移而已，而非产品本身的转移。通常，贷款方要求项目公司重新购回属于它们的产品或充当它们的代理人来销售这些产品。因此，销售的方式可以是市场销售，也可以是由项目公司签署购买合同一次性统购统销。无论哪种情况，贷款方都不用接受实际的项目产品。

针对资源属于国家的项目，还款由项目未来产生的现金流量+资源开采权项目资产的抵押组成，贷款银行所取得的权利仅限于那一部分项目产品，如收入不足以偿还其贷款，贷款人无权请求补偿。

这种产品支付融资适用于资源储量已经探明，并且项目生产的现金流量能够比较准确地计算出来的项目。其融资的关键性问题是如何计算资源储量的现值。

8.3.1 产品支付融资模式的特点

（1）有独特的信用保证结构。

在实际操作过程中，这种融资方式建立在由贷款银行购买某一特定矿产资源储量的全部或部分未来销售收入的权益的基础上。在这一安排中，提供融资的贷款银行从项目中购买到一个特定份额的生产量，这部分生产量的收益也就成为项目融资的主要偿债资金来源。因此，产品支付是通过直接拥有项目的产品，而不是通过抵押或权益转让的方式来实现融资的信用保证。对于资源属于国家所有的项目，投资者只能获得资源开采权，产品支付的信用保证是通过购买项目未来生产的现金流量加上资源开采权和项目资产的抵押来实现的。从理论上讲，产品支付融资能安排的资金数量，应该等于产品支付所购买的那一部分资源的预期未来收益的资产现值。

（2）贷款银行的融资容易被安排成为无追索或有限追索的形式。

由于所购买的资源储量及其销售收益被用作产品支付融资的主要偿债来源，而产品支付融资的资金数量多少取决于产品支付所购买的那一部分资源储量的预期收益在一定利率条件下贴现出来的资产现值，所以贷款的偿还非常可靠，从一开始贷款就可以被安排成无追索或有限追索的形式。在这种融资模式中，如何计算所购买的资源储量的现值成为一个关键性问题，同时也是实际工作中一个较为复杂的问题。它需要确定已证实的资源总量、资源价格、生产计划、通货膨胀率、汇率、利率、资源税、其他有关政府税收和其他一些经济因素。

（3）产品支付的融资期限一般应短于项目预期的经济生产期，即产品支付融资的贷款期限将会大大短于资源性项目的开采期。

（4）产品支付中的贷款银行一般只为项目的建设和资本费用提供融资，而不承担项目生产费用的融资，并且要求项目发起人提供最低生产量、最低产品质量标准等方面的担保等。

（5）融资中介机构在产品支付融资中发挥着重要的作用。在具体操作中，一般成立一个"融资中介机构"，即所谓的专设公司，用以专门负责从项目公司中购买一定比例的项目生产量。这样做可能是由于以下原因：其一，贷款人所在国家的法律禁止银行参与非银行性质的商业交易；其二，在有多家银行提供项目贷款时，希望由一家专设公司负责统一管理。如果由银行直接与项目公司签订"产品支付"协议，则必须得到有关部门的授权才能从事此项"贸易"。

8.3.2 产品支付融资模式的操作过程

1. SPV 的建立

由贷款银行或者项目投资者建立一个"融资的中介机构（SPV）"，从项目公司购买一定比例的项目资源的生产量（如石油、天然气、矿藏储量）作为融资的基础。

2. 资金注入

贷款银行为融资中介机构（SPV）安排用以购买这部分项目生产量的资金，该 SPV 机构根据产品协议将资金注入项目公司。

3. 还款保证

SPV 以对产品的所有权及其有关购买合同作为对贷款银行的还款保证。

4. 开发建设

项目公司从专设公司 SPV 得到"购货款"，作为项目的建设和资本投资资金，进行开发建设。本阶段产品支付结构示意见图 8-5。

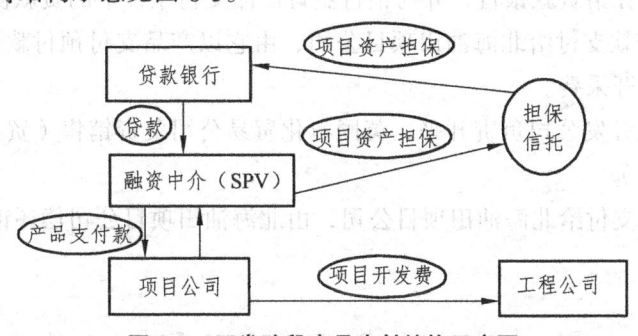

图 8-5　开发阶段产品支付结构示意图

5. 项目投产后销售

在项目进入生产期后，根据销售协议，项目公司作为融资中介机构的代理销售其产品，销售收入将直接进入融资中介机构，用来偿还自身"购货款"。本阶段产品支付结构示意见图 8-6。

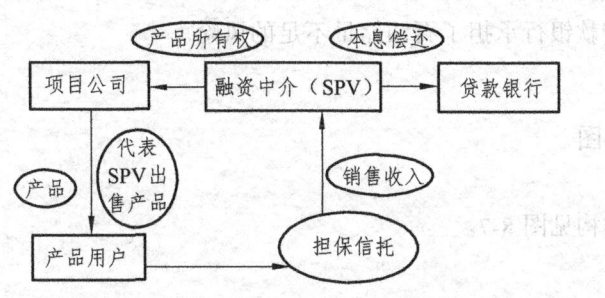

图 8-6　投产阶段产品支付结构示意图

8.3.3 产品支付融资模式案例

英国北海石油项目融资——典型的产品支付模式

1. 项目情况

英国国家石油公司联合私营石油公司共同开发北海石油项目。英国国家石油公司为保证北海油田的石油产品能在本国提供，同意按国际市场价格购买51%的石油产品。它是项目投资者，又是项目产品的购买者。

（1）英国石油公司组建两个完全控股的独立实体，分别是英国石化开发公司、英国石化贸易公司。

（2）英国石油公司成立一个壳公司——北海油田项目公司，由它专门负责北海油田的项目融资安排，它是通过项目公司安排的融资。

（3）英国石油公司转让由英国政府授予的石油开采许可证给北海油田项目公司，北海油田项目公司将其转让给贷款银行，并与银行签订产品支付条件下的贷款协议。

（4）银行将贷款支付给北海油田项目公司，由它以产品支付预付款形式支付给英国石化开发公司作为石油开采费。

（5）英国石化开发公司负责开采，英国石化贸易公司负责销售（贸易公司实质上是作为银行的销售代理人）。

（6）销售收入支付给北海油田项目公司，由北海油田项目公司偿还银行债务资金。

2. 融资情况

（1）银团贷款：贷款金额近9亿美元，贷款期8年，宽限期4年（不偿还本金），后4年为偿还期，分8次偿还贷款本金。以开采出来的石油为产品支付基础。无英国财政部担保，也不以国家石油公司股权作抵押。

（2）担保结构：要求所有贷款人的权益作担保，包括合资经营协议的权益和销售合同权益。英国石化开发公司保证以合理价格开采出石油，石油开采许可证作抵押转让给银行。

（3）风险：贷款银行承担了石油储量不足的风险。

3. 融资结构图

本项目融资结构见图8-7。

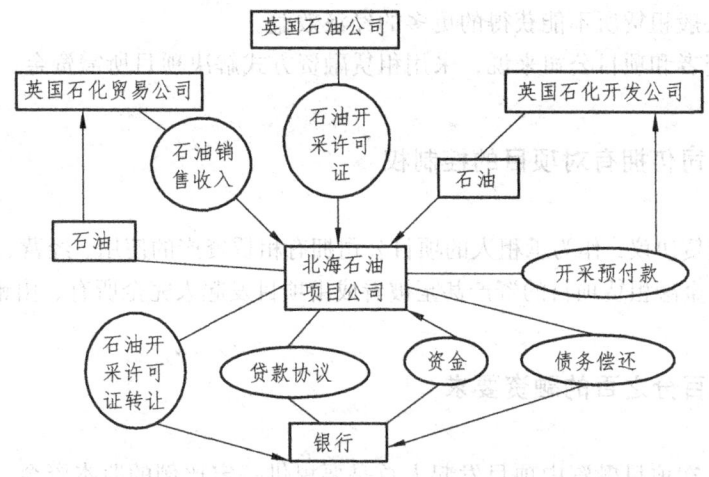

图 8-7 英国北海石油项目融资结构图

8.4 杠杆租赁融资模式

杠杆租赁融资模式是指在项目投资者的要求和安排下，由杠杆租赁结构中的资产出租人融资购买项目的资产然后将其租赁给承租人（项目投资者）的一种融资结构。资产出租人和融资贷款银行的收入以及信用保证主要来自结构中的税务好处、租赁费用、项目的资产以及对项目现金流量的控制。

由于融资项目多属基础设施项目或是资源开发类项目，在这类项目的投资总额中，大型设备购置费所占比例较大，项目所需设备除可通过贷款筹集资金购置以外，也可以采取租赁的形式获得。根据出租人对购置一项设备的出资比例，可将金融租赁划分为直接租赁和杠杆租赁两种类型。在一项租赁交易中，凡设备购置成本由出租人独自承担的即为直接租赁。而在项目融资中，得到普遍应用的是杠杆租赁。

杠杆租赁中，设备购置成本的小部分由出租人承担，大部分由银行等金融机构提供贷款补足。出租人一般投资购置设备所需款项的 20%～40%，银行贷款 60%～80%。出租人是设备所有权人，经济上拥有设备所有权，享受如同对设备 100% 投资的同等税收待遇。

8.4.1 杠杆租赁融资的优势分析

杠杆租赁融资可获得杠杆效果和优惠待遇。从一些国家的实际情况来看，租赁在融资活动中的使用非常普遍，特别是在购买轮船和飞机的融资活动中这种方式应用得更为普遍。在英国和美国，很多大型工业项目也采用金融租赁方式来建设。这是因为通过金融租赁，尤其是杠杆租赁方式获取的设备往往具有技术水平先进、资金占用量大的特点，所以它能享受到诸如投资减免、加速折旧、低息贷款等多种优惠待遇，使得出租人和承租人双方都能得到好处，从而获得一般租赁所不能获得的更多的经济效益。

对项目投资者和项目公司来说，采用租赁融资方式解决项目所需资金，具有以下好处。

1. 项目公司仍拥有对项目的控制权

根据金融租赁协议，作为承租人的项目公司拥有租赁资产的使用、经营、维护和维修权等。在多数情况下，金融租赁项目的资产甚至被看成由项目发起人完全所有、由银行融资的资产。

2. 可实现百分之百的融资要求

一般来说，在项目融资中项目发起人总是要提供一定比例的股本资金，以增强贷款人提供有限追索性贷款的信心。但在杠杆租赁融资模式中，由金融租赁公司的部分股本资金加上银行贷款，就可以全部解决项目所需资金或设备，项目发起人不需要再进行任何股本投资。

3. 较低的融资成本

在多数情况下，项目公司通过杠杆租赁融资的成本低于银行贷款的融资成本，尤其是在项目公司自身不能充分利用税务优惠的情况下这种优势体现得更明显。因为在许多国家，金融租赁可享受到政府的融资优惠和信用保险。一般地，如果租赁的设备为新技术、新设备，政府将对租赁公司提供低息贷款；如果租赁公司的业务符合政府产业政策的要求，政府可以提供 40%~60% 的融资。同时，当承租人无法交付租金时，由政府开办的保险公司向租赁公司赔偿 50% 的租金，以分担风险和损失。这样，金融租赁公司就可以将这些优惠的租金分配一些给项目承租人——项目公司。

4. 可享受税前偿租的好处

在金融租赁结构中，项目公司支付的租金可以被当作费用支出，这样就可以直接计入项目成本，不需要缴纳税收。这对项目公司而言，就起到了减少应纳税额的作用。

8.4.2 杠杆租赁融资模式的复杂性

与其他融资模式相比，杠杆租赁融资模式在结构上较为复杂，主要体现在以下几个方面。

1. 融资需考虑的问题较多

多数融资模式的设计主要侧重于资金的安排、流向、有限追索的形式和程度以及风险分担等问题上，而将项目的税务结构和会计处理问题放在项目的投资结构中加以考虑和解决。杠杆租赁融资模式则不同，在结构设计时不仅需要以项目本身的经济强度，特别是现金流量状况作为主要的参考依据，而且也需要将项目的税务结构作为一个重要的组成部分加以考虑。因此，杠杆租赁融资模式也被称为结构性融资模式。

2. 杠杆租赁项目融资中的参与者比其他融资模式要多

在一个杠杆租赁融资模式中，至少要有资产出租者、债务参加者、资产承租者和融资顾问的参与。其中：资产出租者至少有由两个"股本参加者"组成的合伙制结构作为项目资产的法律持有人和出租人；债务参加者是提供资金的银行和其他金融机构；资产承租者是项目的主办人和真正投资者，项目资产承租人通过租赁协议的方式从杠杆租赁结构的股本参加者手中获得项目资产的使用权，并支付租赁费作为使用项目资产的报酬；融资顾问通常也称"杠杆租赁经理人"。一般地，杠杆租赁融资结构是通过一个杠杆租赁经理人组织起来的，这个经理人相当于一般项目融资结构中的融资顾问角色，主要由投资银行担任。

3. 实际操作中对杠杆租赁项目融资结构的管理比其他项目融资模式复杂

一般项目融资结构的运作通常包括两个阶段，即项目建设阶段和项目经营阶段；但是，杠杆租赁项目融资结构的运作需要包括五个阶段，即项目投资组建（合同）阶段、租赁阶段、建设阶段、经营阶段、中止租赁协议阶段。

杠杆租赁融资结构的运作与其他项目融资结构运作之间的主要区别在于两个方面：第一，在项目投资者确定组建（或参加）一个项目的投资之后，需要将项目的资产及投资者在投资结构中的全部收益转让给由股本参加者组织起来的杠杆租赁融资结构，然后再从资产出租人（即由股本参加者组成的合伙制结构）手中将项目资产转租回来。第二，在融资期限届满或由于其他原因中止租赁协议时，项目投资者的一个相关公司需要以事先商定的价格（或价格公式）将项目的资产购买回去。

8.4.3 杠杆租赁的操作要点

1. 项目投资组建（合同）阶段

（1）项目投资者设立一个单一目的的项目公司，项目公司签订资产购置和建造合同、购买开发建设所需的厂房和设备，并在合同中说明这些资产的拥有权将转移给金融租赁公司，然后再从其手中将这些资产转租回来。当然，这些合同必须在金融租赁公司同意的前提下才可以签署。

（2）成立合伙制金融租赁公司，安排债务资金，用以购买项目及资产。由愿意参与到该项目融资中的两个或两个以上的专业租赁公司、银行及其他金融机构等以合伙制形式组成一个特殊合伙制的金融租赁公司,这个金融租赁公司将作为资产出租人负责筹集购置设备并出租。

本阶段各参与方的关系见图 8-8。

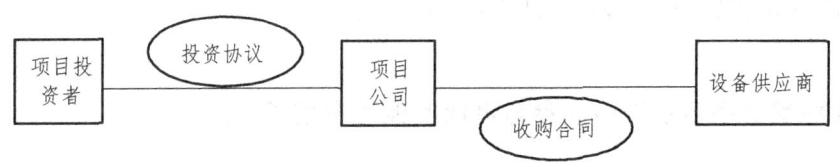

图 8-8 杠杆租赁的合同阶段

2. 租赁阶段

由合伙制金融租赁公司筹集购买租赁资产所需的债务资金,也即寻找项目的"债务参与者"为金融公司提供贷款。这些债务参加者通常为普通的银行和金融机构,它们通常以无追索权的形式提供 60%～80% 的购置资金。一般来讲,金融租赁公司必须将其与项目公司签订的租赁协议和转让过来的资产抵押给贷款银行,这样贷款银行的债务在杠杆租赁中就享有优先取得租赁费的权利。

购买设备并出租:合伙制金融租赁公司根据项目公司转让过来的资产购置合同购买相应的厂房和设备,然后把它们出租给项目公司。

租赁阶段各参与方之间的关系见图 8-9。

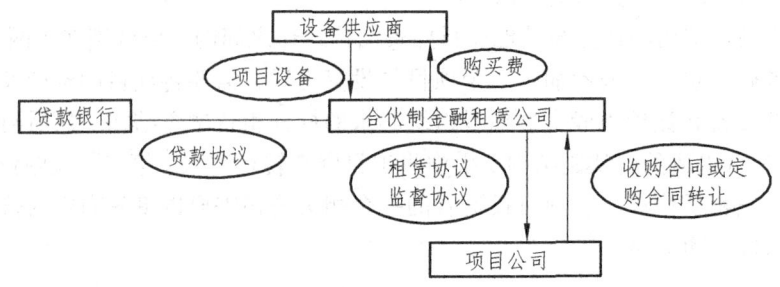

图 8-9 杠杆租赁的租赁阶段

3. 建设阶段

项目公司根据租赁协议从合伙制金融公司手中取得项目资产的使用权,并代表租赁公司监督项目的开发建设。

同时,项目公司开始向租赁公司支付租金,租金在数额上应该等于租赁公司购置项目资产的贷款部分所需支付的利息。同时,在大多数情况下,项目公司也需要为杠杆租赁提供项目完工担保、长期的市场销售保证及其他形式的信用担保等。

建设阶段各参与方之间的关系见图 8-10。

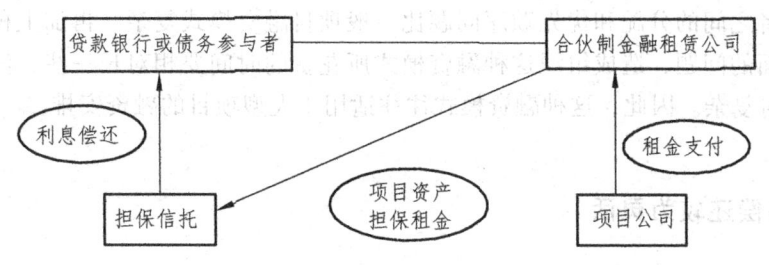

图 8-10 杠杆租赁的建设阶段

4. 经营阶段

项目公司生产出产品,并根据产品承购协议将产品出售给项目投资方或用户获得收入。这时,项目公司补缴建设期内没付清的租金,租赁公司收到租金后通过担保信托支付银行本息。

租赁公司监督或管理项目公司现金流,通常由租赁公司的经理人或经理公司监督或直接管理项目公司的现金流量,以保证项目现金流量在以下项目中按顺序进行分配和使用:生产费用、项目的资本性开支、租赁公司经理人的管理费、相当于贷款银行利息的租金支付、相当于租赁公司股本投入的投资收益的租金支付、作为项目投资者投资收益的盈余资金。

经营阶段各参与方之间的关系见图 8-11。

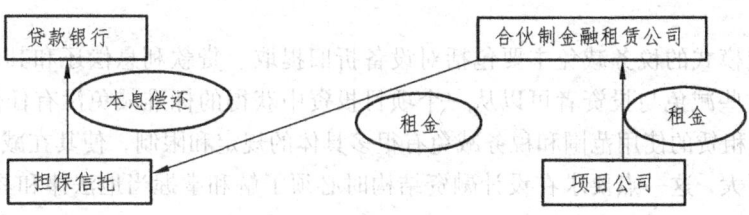

图 8-11 杠杆租赁的经营阶段

5. 租赁期满

项目投资者将项目资产以事先商定的价格购买回去,或由项目公司作为代理人把资产以可接受的价格卖掉,售价大部分会当作手续费由租赁公司返还给项目公司。

8.4.4 杠杆租赁融资模式的特点

杠杆租赁融资模式的特点主要体现在以下方面。

1. 融资模式比较复杂

由于杠杆租赁融资模式的参与者较多,资产抵押以及其他形式的信用保证在股本参加者与债务参加者之间的分配和优先顺序问题比一般项目融资模式复杂，再加上税务、资产管理与转让等方面的问题，造成组织这种融资模式所花费的时间要相对长一些，法律结构及文件的确定也相对复杂。因此，这种融资模式往往适用于大型项目的融资安排。

2. 债务偿还较为灵活

杠杆租赁充分利用了项目的税务好处，如税前偿租等作为股本参加者的投资收益，在一定程度上降低了投资者的融资成本和投资成本，同时也增加了融资结构中债务偿还的灵活性。据统计，杠杆租赁融资中利用税务扣减一般可偿还项目全部融资总额的30%~50%。

3. 杠杆租赁融资应用范围比较广泛

杠杆租赁融资既可以作为一项大型项目的项目融资安排，也可以为项目的一部分建设工程安排融资，如用于购置项目的某一项大型设备。

4. 融资项目的税务结构以及税务减免的数量和有效性是杠杆租赁融资模式的关键

杠杆租赁模式的税务减免主要包括对设备折旧提取、贷款利息偿还和其他一些费用开支上的减免，这些减免与投资者可以从一个项目投资中获得的标准减免没有任何区别。但一些国家对于杠杆租赁的使用范围和税务减免有很多具体的规定和限制，使其在减免数量和幅度上较其他标准更大，这一点要求在设计融资结构时必须了解和掌握当地法律和具体的税务规定。

5. 杠杆租赁融资模式一经确定便难以改变

受上述复杂因素的影响，杠杆租赁融资模式一经确定，重新安排融资的灵活性以及可供选择的重新融资余地就变得很小，这也会给投资者带来一定的局限。投资者在选择采用杠杆租赁融资模式时，必须注意这一特点。

8.4.5 杠杆租赁融资模式案例分析

中国国际信托投资公司在澳大利亚波特兰铝厂项目中的融资，是一个非常典型的以杠杆租赁为基础安排的有限追索项目融资模式。

波特兰铝厂位于澳大利亚维多利亚州的港口城市波特兰，主要由美国铝业澳大利亚公司（以下简称"美铝澳公司"）投资，始建于1981年，1982年该项目因国际市场铝价大幅度下跌和电力供应等问题而停建。在与州政府达成30年电力供应协议之后，该项目于1984年重新开始建设。1985年美铝澳公司邀请中信公司投资波特兰铝厂，经过历时一年的投资论证、可行性研究、收购谈判及融资谈判等紧张的工作，中信公司于1985年8月成功地向波特兰铝厂进行了投资，持有项目10%的资产，每年可获得3万吨铝锭产品。

1. 项目投资结构分析

波特兰铝厂采用的投资结构是非公司型合资结构。1986年，中信公司参与波特兰铝厂投资时，根据合资协议规定，项目的具体投资比例为美铝澳公司45%、维多利亚州政府（以下简称"维州政府"）35%、第一国民资源信托基金（以下简称"第一国民信托"）10%、中信澳公司10%。1992年，维州政府又将其在波特兰铝厂中的10%资产出售给日本丸红公司。这样，新的投资结构组成为美铝澳公司持有45%的比例、维州政府为25%、第一国民信托为10%、中信澳公司为10%、日本丸红公司为10%，见图8-12。

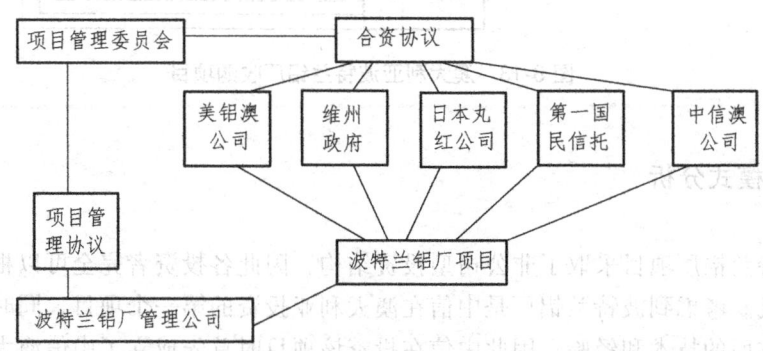

图 8-12　澳大利亚波特兰铝厂收购项目的投资结构

合资协议中确定投资各方在该项目中的职责分别是：

（1）由各投资者的代表组成一个"项目管理委员会"作为该合资项目的最高管理决策机构，负责项目的建设、生产、资本性支出和生产经营预算的审批等一系列重大决策问题，这是非公司型合资结构在管理上的操作特点。

（2）项目资产根据合资协议由各投资者按比例分别直接拥有。波特兰铝厂本身不具有法人地位。投资各方单独安排自己的项目建设和生产所需资金，单独安排项目生产中所需要的主要原材料（氧化铝和电力），并直接获得相应比例的最终产品，各投资者直接销售其所获产品。这种投资结构为中信公司在安排项目融资时直接提供项目资产作为贷款抵押提供了客观上的可能性。

（3）由于其他投资者都不具备生产和管理铝厂的经验和技术，由项目管理委员会与其中之一的投资者——美铝澳公司的一个全资控股的单一目的公司波特兰铝厂管理公司签订了项目管理协议，由波特兰铝厂管理公司作为项目经理负责项目的日常生产经营活动，见图8-13。

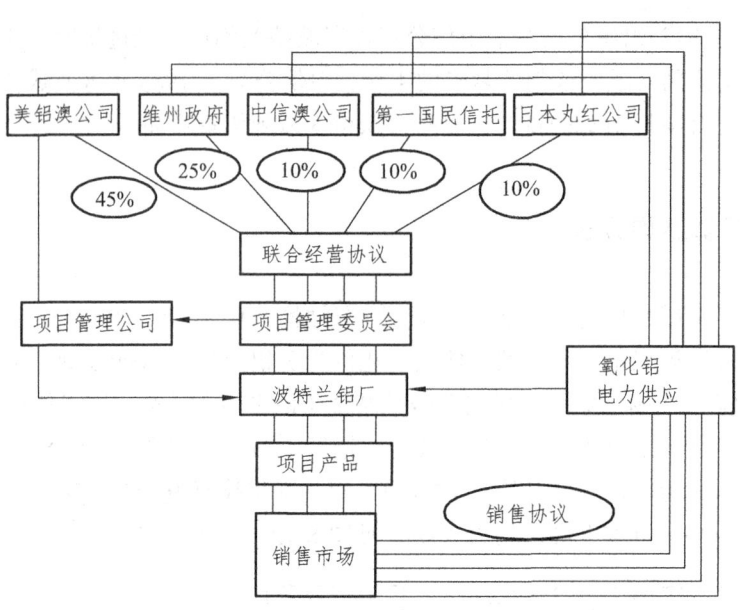

图 8-13 澳大利亚波特兰铝厂收购项目

2. 融资模式分析

由于波特兰铝厂项目采取了非公司型投资结构,因此各投资者完全可以根据自己的需要选择融资模式。考虑到波特兰铝厂是中信在澳大利亚投资的第一个项目,同时中信又不具备电解铝生产方面的技术和经验,因此中信在投资该项目时首先成立了中信澳大利亚有限公司(中信澳公司),由中信澳公司代表总公司管理项目的投资、生产、融资、财务和销售,承担总公司在合资项目中的经济责任。这种安排既能实现中信在项目中的投资,又有利于隔离项目的风险。经过认真分析,中信公司决定为在该项目中的投资份额设计一个以杠杆租赁为基础的有限追索的融资结构,为此,又成立了由中信澳公司 100% 控股的单一目的公司——中信澳(波特兰)公司直接进行该项目的投资。中信波特兰铝厂项目融资操作过程如下:

(1)中信公司聘请美国信孚银行澳大利亚分行作为项目融资顾问,由其负责设计项目融资结构。

(2)由五家澳大利亚银行组成一个合伙制租赁公司作为项目的股本投资者,在法律上拥有中信公司投资的波特兰铝厂 10% 的投资权益。为了更好地利用项目的税务优惠,这五家银行只提供项目建设资金的 1/3,其余资金由债务参与者提供,以充分利用项目资产加速折旧及贷款利息税前支付的税务好处。所以,作为合伙制租赁公司的投资者,银行将通过两方面来获得收益:一是项目的巨额税务亏损,通过利用合伙制结构特点吸收这些税务亏损抵免公司所得税;二是收取租金。

(3)由这五家银行作为股本参与者去寻找债务参与者为合伙制租赁公司提供债务资金,用以购买波特兰铝厂 10%的投资权益。在具体操作中,由比利时国民银行提供项目建设所需的 2/3 资金,但是该行不愿意承担任何的项目信用风险,所以,由该银行作为主经理人组成一个债务参与银团,为比利时银行的贷款提供信用证担保来承担项目信用风险。之所以选择这种融资结构，是因为在当时，比利时税法允许其国家级银行申请扣减在海外支付的利息预提税。因此，澳大利亚利息预提税成本就可以不由项目的实际投资者和借款人——中信澳公司承担（1992年，比利时政府修改税法，已取消了这种税务优惠安排）。此举为中信公司节省了总值几百万美元的利息预提税款。

（4）债务参与银团由BT银行牵头，由澳大利亚、日本、美国、欧洲等九家银行组成国际贷款银团。它们本身不对项目提供任何资金，主要以银行信用证方式为合伙制租赁公司的股本参与者和比利时银行的贷款资金提供信用担保，承担全部的项目风险。

（5）中信澳（波特兰）公司作为项目的承租人，与合伙制租赁公司的全资项目代理公司签订了一个为期12年的租赁协议，从项目代理公司手中获得10%的波特兰铝厂项目资产的所有权。中信澳（波特兰）公司自行安排氧化铝及电力等关键性供应合同，使用租赁的资产生产出最终产品——铝锭，并直接销售给母公司。当然，并非是中信澳（波特兰）公司直接生产，而是由美铝澳公司全资控股的波特兰铝厂管理公司负责生产出铝锭，再按投资比例由中信澳（波特兰）公司直接拥有项目产品。

中信公司的杠杆租赁融资方案见图8-14。

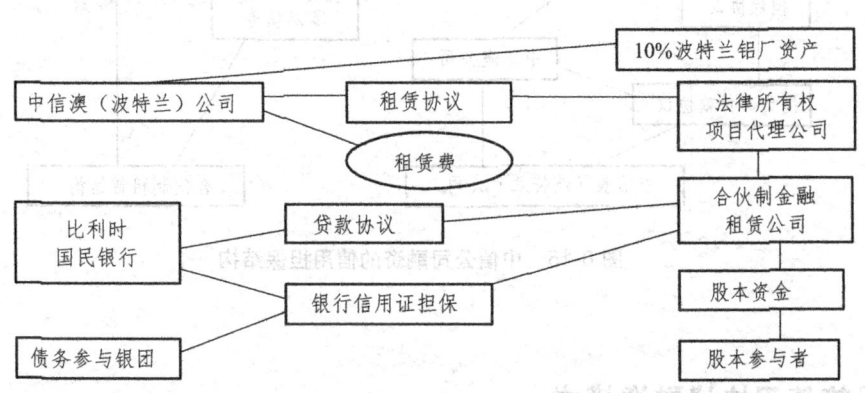

图8-14 澳大利亚波特兰铝厂收购项目中信公司的杠杆租赁融资

3. 信用担保结构分析

中信波特兰铝厂项目融资采用了以下的几种担保：

在融资担保方面，由母公司中信总公司和其100%控股的中信澳公司为中信澳（波特兰）公司提供一定程度的信用支持。其信用支持方式表现在五个方面：

（1）由中信澳（波特兰）公司与中信澳公司签订"提货与付款"性质的产品购买协议，该协议是一个期限与融资期限相同的产品长期销售协议。根据该协议，中信澳公司保证按照国际市场价格购买中信澳（波特兰）公司生产的全部铝锭产品，这样就大大降低了项目债务参与银团的市场风险。

（2）由于当时的中信澳公司和中信澳（波特兰）公司都只是一个"空壳公司"，所以项目债务参与银团要求中信公司作为母公司对它们之间签订的"提货与付款"购买协议提供担保。

（3）中信公司还以担保存款方式为项目提供了"完工担保"和"资金缺额担保"，这种担保的具体形式是由中信公司在海外一家国际一流银行存入一笔固定金额的美元担保存款。在项目建设费用超支和项目现金流量不足时，杠杆租赁经理人就可以运用该担保存款的本金和利息。事实上，由于项目经营良好，担保存款从来没被动用过，并在1990年通过与银行谈判解除。

（4）中信公司在项目中也投入了一部分股本资金，但其投入形式选择了以大约相当于项目建设总金额4%的资金购买合伙制租赁公司发行的与融资期限相同的无担保零息债券，实际上是一种准股本资金的投入形式。这种形式在对债务参与银团起到一种良好心理作用的同时，也给项目发起人自身带来了诸多的灵活性。

（5）中信公司同意项目公司将总公司的名称冠在其前面，即以"中信"澳（波特兰）公司出现。因为"中信"在国际上的知名度是大多数银行认可的，中信公司以这种形式提供的担保，正是前面所说的"默示担保"。

中信公司的信用担保结构见图8-15。

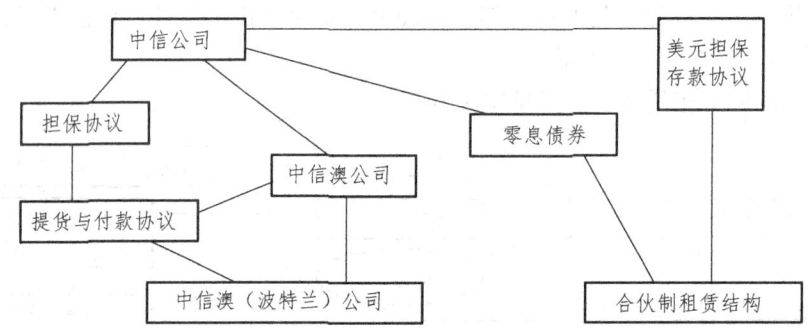

图8-15　中信公司融资的信用担保结构

8.5　设施使用协议融资模式

国际上一些项目融资是围绕着一个工业设施或者服务性设施的使用协议作为基础进行安排的。这种设施使用协议在工业项目中有时也称为"委托加工协议"，是指在某种工业设施或服务性设施的提供者和这种设施的使用者之间达成的一种具有"无论提货与否均需付款"性质的协议。以"设施使用协议"为基础的融资模式，主要应用于一些带有服务性质的项目，如石油、天然气管道项目、发电设施、某种专门产品的运输系统以及港口、铁路设施等。从国际市场上看，20世纪80年代以来，由于国际原材料市场的长期不景气，原材料的价格与销量一直维持在较低的水平上，导致与原材料有关的项目投资风险偏高，以原料生产为代表的一些工业项目也开始尝试引入"设施使用协议"这一融资模式，并取得了良好的效果。

利用"设施使用协议"安排项目融资，其成败的关键是项目设施的使用者能否提供一个强有力的具有"无论提货与否均需付款"（在这里也可以称为"无论使用与否均需付款"）性质的承诺。这个承诺要求项目设施的使用者在融资期间定期向设施的提供者支付一定数量的预先确定下来的项目设施使用费。这种承诺是无条件的，不管项目设施的使用者是否真正地利用了项目设施所提供的服务，他都必须按约定支付相应的使用费给项目公司。在项目融资中，这种无条件承诺的合约权益将被转让给提供贷款的银行，通常再加上项目投资者的完工担保就构成了项目信用保证结构的主要组成部分。理论上，项目设施的使用费在融资期间应能够足以支付项目的生产经营成本和项目债务的还本付息。

图8-16是20世纪80年代初期澳大利亚一个运煤港口项目的建设实例。A、B、C等几个公司以非公司型合资结构的形式在澳大利亚昆士兰州的著名产煤区投资兴建了一个大型的煤矿项目，该项目与日本、欧洲等地公司订有长期的煤炭供应协议。但是，由于港口运输能力不够，影响项目的产品出口，该项目的几个投资者与主要煤炭客户谈判，希望能够共同参与港口的扩建工作，以扩大港口的出口能力并满足买方的需求。然而买方都是国外的贸易公司，不愿意进行直接的港口项目投资，而A、B、C等几家公司或者出于本身财务能力的限制，或者出于自身发展战略上的考虑，也不愿意单独承担起港口的扩建工作。最后，煤矿项目投资者与主要煤炭客户等各方共同商定采用"设施使用协议"作基础安排项目融资来筹集资金进行港口扩建。

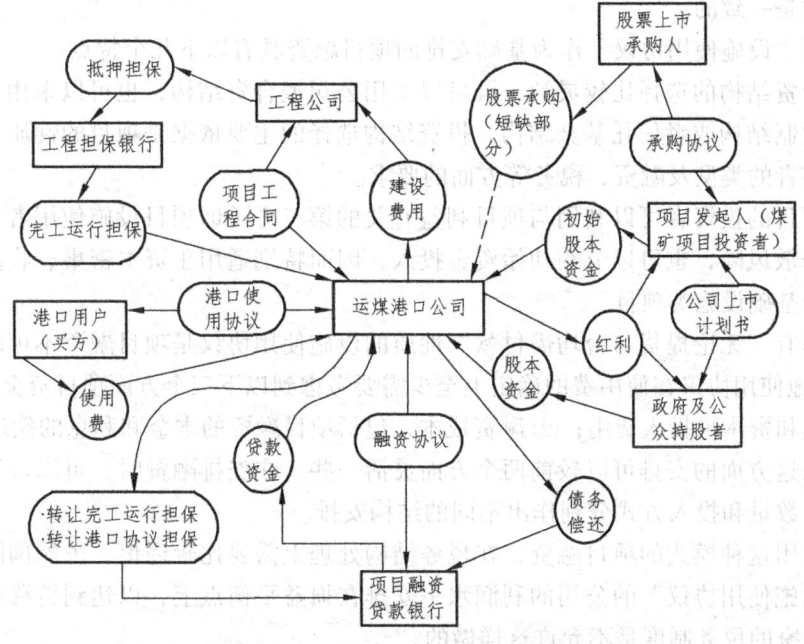

图8-16 运用"设施使用协议"组织项目融资的运煤港口项目

第一步，煤矿项目的投资者与日本及欧洲的客户谈判达成协议，由煤炭客户联合提供一个具有"无论提货与否均需付款"性质的港口设施使用协议，在港口扩建成功的前提条件下定期向港口的所有者支付规定数额的港口使用费作为项目融资的信用保证。由于签约方是日本和欧洲主要的实力雄厚的大公司，因而这个港口设施使用协议能够为贷款银行所接受。

第二步，A、B、C等几家公司以买方的港口设施使用协议以及煤炭的长期销售合约作为基础投资组建了一个煤炭运输港口公司，由该公司负责拥有、建设、经营整个煤炭港口系统。因为港口的未来吞吐量及其增长是有协议保证的，港口经营收入也相对稳定和有保障，所以煤矿项目的投资者成功地将新组建的煤炭运输港口公司推上股票市场，吸收当地政府、机构投资者和公众的资金作为项目的主要股本资金。

第三步，港口的建设采用招标的形式进行，中标的公司必须具备一定标准的资信和经验，并且能够由银行提供履约担保。

第四步，新组建的港口公司从煤矿项目投资者手中取得港口的设施使用协议，以该协议和工程公司的承建合同以及由银行提供的履约担保作为融资的主要信用保证框架。这样，一个以"设施使用协议"为基础的项目融资就组织起来了。

对于日本、欧洲等地的煤炭客户来说，这样的安排与直接参与港口扩建投资相比节约了大量的资金，也避免了投资风险，而只是承诺了正常使用港口设施和支付港口使用费的义务；对于煤矿项目的投资者来说，既避免了大量的资金投入，又有效地将港口项目的风险分散给了与项目有关的用户、工程公司以及其他投资者，完成了港口的扩建工作，更重要的是通过这一安排保证了煤矿项目的长期市场。

在生产型工业项目中，"设施使用协议"被称为"委托加工协议"，项目产品的购买者提供或组织生产所需要的原材料，通过项目的生产设施将其生产加工成为最终产品，然后由购买者在支付加工费后将产品取走。围绕"委托加工协议"组织起来的项目融资在结构上与上述安排基本是一致的。

通过以"设施使用协议"作为基础安排的项目融资具有以下几个特点：

（1）投资结构的选择比较灵活，既可以采用公司型合资结构，也可以采用非公司型合资结构、合伙制结构或者信托基金结构。投资结构选择的主要依据是项目的性质、项目投资者和设施使用者的类型及融资、税务等方面的要求。

（2）项目的投资者可以利用与项目利益有关的第三方（即项目设施使用者）的信用来安排融资、分散风险，也可以节约初始资金投入，因而特别适用于资本密集、收益相对较低但相对稳定的基础设施类项目。

（3）具有"无论提货与否均需付款"性质的设施使用协议是项目融资不可缺少的组成部分。这种设施使用协议在使用费的确定上至少需要考虑到以下三个方面项目资金的回收：① 生产运行成本和资本再投入费用；② 融资成本，包括项目融资的本金和利息的偿还；③ 投资者的收益，在这方面的安排可以较前两个方面灵活一些。在安排融资时，可以根据投资者股本资金的投入数量和投入方式分别作出不同的结构安排。

（4）采用这种模式的项目融资，在税务结构处理上需要比较谨慎。虽然国际上有些项目将拥有"设施使用协议"的公司的利润水平安排在损益平衡点上，以达到转移利润的目的，但是有些国家的税务制度是不允许这样做的。

复习思考题

1. 设计项目融资模式的基本影响因素有哪些？怎样理解项目融资模式设计的基本原则？
2. 说明由项目发起人直接安排融资的操作方法及特点。
3. 通过项目公司安排项目融资有何特点？
4. 比较合资项目公司模式和单一项目公司模式的异同。
5. 什么是产品支付融资？简述产品支付融资模式的操作过程、特点及其适用范围。
6. 杠杆租赁在项目融资中的主要作用是什么？分析杠杆租赁融资的特点及适用范围。
7. 分析在中信澳大利亚波特兰铝厂融资实例中，为什么中信选择了杠杆租赁融资模式？

第 9 章　项目融资现代模式

本章将介绍在我国项目融资领域中使用最多的 BOT 融资模式、对近年来越来越广泛使用的 PPP 模式，及近年来在国内外发展较快的资产证券化融资模式（ABS 模式）。本章与上一章一样，也是涉及项目融资结构的内容，主要对这几种融资模式的基本概念、特点、运作方式等进行介绍。本章需要熟悉这几种模式的概念、运作方式、主要特点，理解这些模式操作中需要注意的问题和要点内容。

9.1　BOT 项目融资模式

我国从 20 世纪 80 年代开始应用项目融资方式为大型基础设施项目筹集资金，这些基础设施的融资模式主要以 BOT 融资模式为主。以下将对 BOT 融资模式的概念、运作方式、融资文件等进行探讨。

9.1.1　BOT 项目融资的概述

1. BOT 项目融资的概念

1984 年，香港合和实业公司和中国发展投资公司等作为承包商和广东省政府合作在深圳投资建设了沙角 B 电厂项目，是我国首个 BOT 基础项目。1995 年广西来宾电厂二期工程是我国引进 BOT 方式的一个里程碑，为我国应用 BOT 方式提供了宝贵的经验。20 多年来我国项目融资的主要应用领域集中在大型基础设施的建设方面，而且这些基础设施建设项目的融资模式以 BOT 模式为主。本节将专门对 BOT 模式的概念、运作方式及其成功的关键要素进行探讨。

BOT 融资模式是近年来国际上逐渐兴起的一种基础设施项目的融资模式，是一种利用外资和民营资本兴建基础设施的融资模式。BOT 是英文 Build-Operate-Transfer（建设、经营、转让）的缩写，代表一种项目融资和管理模式。它代表着一个完整的项目融资过程，是对一个项目投融资建设、经营回报、无偿转让的经济活动全过程典型特征的简要概括。

BOT 融资模式的基本思路是：由项目所在国政府或所属机构对项目的建设和经营提供一种特许权协议作为项目融资的基础，由本国公司或者外国公司作为项目的投资者和经营者安排融资、承担风险、开发建设项目，并在有限的时间内经营项目、获取商业利润，最后根据协议将该项目转让给相应政府机构。所以，有时 BOT 被称为"暂时私有化"（Temporary Privatization）过程，或"特许权融资"。

2. BOT 模式的适用范围

由于 BOT 模式的实质是在政府的特许下，允许私营机构进行基础设施建设并通过在运营期向设施的使用者进行收费以偿还债务并获取利润，因此 BOT 模式的适用范围需要考虑项目的特点及项目所在国经济体制的限制。一般来说，采用 BOT 模式进行建设的项目，必须是具有较强盈利能力的基础设施项目，只有项目具有较强的盈利能力才能吸引私营机构进行投资。对于盈利能力不强的项目来说，如果希望通过 BOT 模式进行建设，则政府要对投资财团采取其他形式的利益补偿，如给予一定的补贴或给予投资方其他的资源或经营权等。由于 BOT 模式的核心是由私营机构运营基础设施，因此只有在国家的经济体制允许私营化的领域，才可能通过 BOT 模式进行建设。由于各个国家的经济体制、基础设施建设和运营方式不同，发达国家和发展中国家 BOT 的适用范围也有所不同：

（1）在发达国家，各类经济法规健全、政策透明度高、市场竞争有序，为 BOT 项目提供了良好的外部环境，所以 BOT 模式已作为基础设施私有化的有效方式之一，并且得到成功的实施。在发达国家，BOT 模式的应用领域一般比较广泛，其应用范围可以包括：公共设施项目（如电力、电信、自来水、排污、医院等）、公共工程项目（如大坝、水库、仓库等）、交通设施项目（如公路、铁路、桥梁、隧道、港口、机场等）。

（2）在发展中国家，应用 BOT 模式往往是为了解决资金短缺问题，而且受自身投资环境的限制较多。承包商往往认为发展中国家投资风险大，融资成本和股本回报要求都较高。对于特定的项目，在项目产品价格可接受的情况下，可以采用 BOT 模式进行建设，如电力项目、收费公路项目等；某些类型的项目（如水厂、地铁等）若采用 BOT 模式，则必须进行认真的项目规划和论证，以保证在基础设施建设和运营过程中，既能够使投资方适度获利，又有利于公共利益的保护。

一般来说，BOT 项目适用于竞争性不强的行业或有稳定收益的项目，如水厂、电厂、收费公路（传统上由政府公共部门专营的基础设施项目）。

3. BOT 模式的优缺点分析

BOT 项目通常运用于社会性很强的基础设施建设项目中，采用 BOT 模式进行建设的基础设施项目包括道路、桥梁、轻轨、隧道、铁路、地铁、水利、发电厂和水厂等。在 BOT 项目特许期内，项目生产的产品或提供的服务（如自来水、电等）既有可能销售给国有单位，也有可能直接向最终使用者收取费用（如交纳通行费、服务费等）。与传统的承包模式相比，BOT 融资模式的优点主要体现在以下方面：

（1）能减少政府的直接财政负担，减轻政府的借款负债义务。在 BOT 项目中，所有的项目融资负债责任都被转移给项目发起人，政府无须保证或承诺支付项目的借款，从而也不会影响东道国政府和发起人为其他项目融资的信用，避免了政府的债务风险，政府可将原来这些方面的资金转用于其他项目的投资与开发。

（2）有利于转移和降低风险。在 BOT 项目中，政府除为项目提供必要的条件和少量的保证外，不为项目的筹资行为和项目的运营提供其他强制性的义务，因此也就将项目的建设阶段和运营阶段的风险转移给了私营机构，私营机构必须通过严密的合同体系、担保体系来分配和处理各种风险。

（3）有利于提高项目的运行效率。在 BOT 模式的应用实践中，我们一般将该模式视为提高项目的设计和管理实效的一种有效手段。这是因为：一方面，BOT 项目一般具有投资数额大和项目周期长等特点，从而导致项目风险较大，同时由于私营企业的参与，贷款机构对项目的要求就会比政府更加严格，从而有利于减少项目建设和运营中的风险，确保项目成功；另一方面，私营企业为了减少风险，获得较多的收益，客观上也会促使其在建设和运营阶段加强管理，以确保其投资目标的实现。因此，尽管项目前期工作量较大，但一旦进入实施阶段，项目的设计、建设和运营效率就会比较高，用户也可以得到较高质量的服务。此外，在 BOT 项目投资财团的选择招标中，项目所在国政府往往将投标方的技术、管理能力列为重要的考虑目标，竞争机制有利于提高项目的运营效率。

（4）BOT 融资模式可以提前满足社会和公众对基础设施的需求。采用这一方式，可使一些本来急需建设而政府目前又无力投资建设的基础设施项目提前开工建设并投入使用，从而有利于社会生产力的提高，也有利于促进经济的发展。

（5）BOT 项目通常都由外国公司来承包，这会给项目所在国带来先进的技术和管理经验，既给本国的承包商带来较多的发展机会，也促进了国际经济的融合。

（6）BOT 模式有利于开发当地资本市场和吸引外资。BOT 模式可以通过鼓励当地机构和人士发展自己的基础设施而汇集本地资本，也可以通过吸引国外投资来支持本地基础设施建设。

上述这些优点是项目所在国政府愿意采取 BOT 模式进行基础设施建设的主要原因，然而对于进行项目投资的私营机构来说，BOT 模式也具有一定的吸引力，否则缺少了私营机构的主动性，BOT 项目将无法进行建设。对于投资财团来说，BOT 模式的吸引性体现在：

第一，BOT 模式具有独特的项目背景、定位和资源优势，可以保证项目投资者获得可观的投资回报。采用 BOT 模式进行建设的项目往往是由项目所在国政府根据经济和社会发展的需要提出的急需建设的项目，这类项目或是有稳定的市场需求，或是由政府提供了市场保障和价格保障，从而大大降低了项目的运营风险，同时也确保了项目的投资收益。

第二，特许权协议一般对私营机构的独占经营权有所规定，从而可以有效避免同类项目对已建成基础设施的冲击和业务竞争，有利于保障项目投资者的投资目标实现。

第三，BOT 模式可以使私营财团有机会参与基础设施项目的投资，不仅可以扩展其业务范围，而且也可以借助其在 BOT 项目中的成功表现创造更多的未来投资机会。

第四，BOT 模式有利于促进投资者其他业务的发展。组成投资财团的投资者除了期望从 BOT 项目中获得收益外，可能其中某些投资者本身就是大型设备的生产厂商、项目原材料的提供方、项目产品的购买方或是能从项目的建设和运营中获得其他业务机会，BOT 项目将有利于其扩展业务市场，获得新的市场机会。

尽管BOT模式对于项目所在国政府和投资财团来说都具有一定的可取之处，但是也不能忽视采用BOT模式可能带来的负面效果。这些负面效果主要表现为：

（1）可能导致大量税收的流失。BOT模式实际上是基础设施暂时私有化的过程，以改变长期以来只能由国有部门进行基础设施建设的局面，这种操作可能导致税收的大量流失。在国有部门建设的情况下，可以保证税收及时、足量地缴纳。然而，在BOT融资方式下，项目公司多以外资企业的形式出现，而许多国家对外资都有一定的优惠政策，这些优惠政策很可能造成税收的流失。

（2）可能造成对基础设施的掠夺性经营。在BOT项目中，私人部门只是项目设施的租赁者，特许期满，项目设施总要无偿转让或以一定的价格转让给政府指定的企业。所以，项目公司为了能够早日收回投资并获得利润，就必须在项目的建设和经营中采用先进的技术和管理方法，提高项目的生产效率和经营业绩，增加项目的竞争力，使得投融资双方均能获得一定的利润回报。这种掠夺式的经营使得特许期满、项目资产转移时，原来的设备已经老化，需要大量的维护和保养资金。

（3）BOT的运营模式可能导致政府失去对项目关键环节的控制。在项目的投标阶段，由于投标期较长，政府很容易失去对设计过程的控制，也无法保证中标设计方案能全部满足政府的各种需求，尤其是隐性需求；在项目特许期内，私营机构拥有项目的独立经营权，政府失去了对项目经营权的控制，也就难以确保项目运营中公共利益的保护。

（4）私营机构承担了项目的大部分风险，从而融资费用较高。对于基础设施建设项目，采用BOT模式建设往往具有更高的融资成本。造成这种现象的原因是：一方面，银行提供给政府机构贷款的条件往往比私营机构要低；另一方面，贷款利率的高低也与贷款人承担的风险有关。BOT项目中私营机构承担原应由政府承担的部分风险，因此可能会造成融资论证过程前期费用的增加和贷款利率的上升。

（5）BOT项目的资金流特点有可能造成大量外汇流出，影响国家外汇平衡。项目的投资者中通常有国外投资者，而且项目的债务资金往往由国际银行提供，而项目的基础设施属性又决定了其收入的货币形式为项目所在国本国货币。项目产生的收入与贷款还本付息、投资收益汇出的货币形式不同，将产生货币倒换问题，进而造成大量的外汇流出。

总的说来，BOT模式迄今为止仍然是一种出现时间较短的新型项目融资模式，还没有任何一个项目足以证明它是一种十分完善的成功模式。国际金融界较为一致的看法是，BOT模式在项目融资中表现出无限的发展潜力，但是还需要做大量的工作才能将它真正移植到不同的项目中去。BOT模式涉及的方面多，结构复杂，项目融资前期成本高，且对于不同国家的不同项目没有固定的模式可循。BOT模式近些年来已经在我国引起了广泛的重视，并且在若干大型基础设施项目融资中获得了应用。然而，BOT模式能否在我国的基础设施项目建设中大规模地加以利用及如何进行结构创新，还是一个有待探讨的问题。

4. BOT模式取得成功的关键因素

1）选择合适的特许经营者

政府必须采用竞争投标的方法，从经济、技术、资信等几个方面全面考察项目承办人。

在制定评标标准时，如果规定项目的特许期不发生变化，政府根据特许期和特许价格的先后顺序，可以考虑两种模式。

模式一：政府在公开招标时首先确定项目的特许期，包括决定特许期的结构和长度。然后投标人以特许价格作为报价，政府选择特许价格报价合理、最低的竞标者中标。

模式二：政府在公开招标时首先确定项目的特许价格，确定特许价格时主要参考同类项目的现有价格或者从保护社会公众利益的角度制定基础特许价格。投标人以项目的特许期为报价参数，政府选择特许期最短的竞标者中标。

2）合理分担风险

公共基础设施项目具有各种风险，减少了私人部门的融资、建设、运营的积极性。如果政府不承担一定的风险，则无法吸引私人部门的投资。政府承担风险的基本原因是 BOT 项目所带来的社会利益超过了私人部门所获得的收益，社会公众因项目而得到作为社会公众的代表，政府理应为此承担风险，确保私人部门的投资积极性和收益，促成项目的成功实施。

风险分担（Risk Allocation）包括一方主体完全承担某一风险（Risk Bearing）以及各方共同承担某一风险（Risk Sharing）两种形式。如果对于一个主体来说，某一风险的可控性强，或者该主体为导致风险发生的主要过错人，就应该完全承担该风险；如果某一风险对各方来说都不可控，且单一主体完全承担的成本过高，或者各方对风险都具有一定的控制力，就可以采用风险共担的形式来分散风险。明确区分风险分担的两种形式充分体现了控制能力原则、风险成本最低原则和过错原则，便于详细划分具体的风险承担责任。

3）确定合理的特许期

特许期（Concession Period）是政府特许私人部门建设和运营基础设施项目的期限，包括建设期和经营期的 BOT 项目执行期限。

特许期分为两种设定情况：

一种是单限定特许期（Single Period Concession），只规定特许经营协议签订之日到项目移交之日的长度。

另一种是双限定特许期（Two Period Concession），分别规定建设期和经营期的长度。在单限定特许期情况下，当出现双方共担的完工延迟风险时，应该根据政府承担风险损失部分，相应延长项目经营期，不需要调整特许价格；在双限定特许期情况下，完工延迟风险增加项目建设期利息，政府承担风险就需要将部分增加的利息核算到项目投资额中，允许项目公司据此重新核定特许价格。

例如在实际操作中，可以有以下三种方案：第一种是单限定、无激励机制，第二种是单限定、有激励机制，第三种是双限定、无激励机制。如项目收入来自政府，并且完工风险小，几种结构方案都可以采用；但如果完工风险大，需要政府和私人部门共担风险，则选择方案三；如果项目收入来自市场，但完工风险小，可以使用结构方案一，以激励私人部门提前完工，并承担完工风险。

4）确定合理的特许价格

确定特许价格需要解决两个问题：第一是如何确定基础特许价格（Base Tariff or Base Toll Rate），第二是如何确定价格调整机制。基础特许价格是在分析项目运营初期定价要素和相应风险之后确定出来的，能够同时满足政府社会福利目标和私人利润目标的，为提供项目产品或者服务所执行的初始价格。

第一种趋势是研究者通过建立一般的定价模型，力图指导所有行业内 BOT 项目的特许定价。例如从投资回报率入手来确定特许价格，那么，特许定价必须满足社会福利丧失最少，并且产生足够大的直接经济收益等条件。

另一种趋势就是考虑每个行业的特点，分别研究电力、水处理以及公共交通等 BOT 项目的特许定价，强调每种定价方法的针对性和实用性。

9.1.2 BOT 模式的特许权协议

1. 特许权及特许权协议

由于基础设施的建设和经营直接关系到东道国的国民经济和全民利益，私营机构要从事基础设施项目的融资、建设和经营，一个重要的前提条件就是得到东道国政府的许可，以及在政治风险和法律风险等方面的支持，为此必须签订特许经营协议。

BOT 项目融资的关键文件是特许权协议。特许权协议说明了特许权的授予者与被授予者双方的权责，这是整个 BOT 融资的基础。因此，有必要搞清楚特许权协议的内容和协议的基本条款。

特许权是指政府机构授予个人从事某种事务的权力，如耕耘土地、经营工业、提炼矿物等。在 BOT 项目的实践中，特许权是指东道国政府授予国内外的项目主办者在其境内或土地区内从事某一 BOT 项目的建设、经营、维护和转让的权利。

特许权协议是规定和规范 BOT 项目中，东道国政府与该项目私营机构之间的相互权利义务关系的一种法律文件。协议说明了特许权的授予者与被授予者双方的权责，是整个 BOT 融资的基础，是 BOT 项目在法律上的存在基础，是 BOT 项目所有协议的核心和依据。

特许经营协议既是 BOT 项目的最高法律文件，又是整个项目得以融资、建设和经营的基础和核心；同时还是 BOT 项目框架的中心，它决定了 BOT 项目的基本结构。从合同法的意义上讲，特许经营协议是 BOT 项目融资中的主合同，其他合同均为子合同。

常见的特许权协议可分为三种方式：

（1）政府通过立法性文件确定授权关系。

（2）以合同或协议的形式确定，即政府或政府授权部门与项目主办人或项目公司签订特许权合同或协议。

（3）同时并用以上两种形式，即先由政府单方面公布立法性文件，然后由政府或政府授权部门与项目主办人或项目公司签订特许权协议。

我国部分地方政府主要采取就某特定项目制定公开立法性文件的方式来确定授权关系，如上海市关于两桥一隧道、延安东路隧道、徐浦大桥等项目的专营办法；有时还通过政府背景的某一领域主管部门的国有公司出面，与项目公司或项目主办人签订专营合同，其实质是该国有企业代表政府直接向项目主办人授予专营权，如大场水厂、闸北电厂项目的专营合同。

相比之下，较为简便的做法是在具有 BOT 项目立法的前提下，由政府或政府授权部门与项目主办人或项目公司直接签订特许权协议或合同，使政府与项目主办人在项目利益上的权利与义务关系直接化、明确化。

2. BOT 特许经营协议的主要内容

BOT 特许权协议的内容分为一般条款和权利义务条款两部分。其中，一般条款包括以下内容：

1）一般条款

一般条款与东道国政府及其项目公司等方面的利益有着密切的关系，是核心条款，包括：
（1）特许经营协议的双方当事人。
（2）授权目的。
（3）授权方式。
（4）特许权范围。特许权范围即政府授予项目公司对 BOT 项目的设计、资金筹措、建设、运营、维护和转让的权力，或其中的部分权力，有时还授予该主办者从事和经营其他事务的权力作为补偿或优惠措施。
（5）特许期限。特许期限即东道国政府许可项目主办者在项目建成后，运营该项目设施的期限。在实践中，特许权期限的确定还缺乏科学的依据，这也是项目融资理论领域中尚待解决的问题之一。
（6）特许经营协议生效的条件。

特许权协议确定了协议各方分担风险的方式和范围，一旦项目遇到政治风险或法律障碍时，东道国政府需提供相应的支持，各方也应采取有效的行动。当然，BOT 项目特许权协议条款会因融资结构、项目所在地的投资环境及法律体系等因素而有所不同。

2）基本条款

特许权协议涉及 BOT 项目的产品性能和质量、建设期、特许期、项目公司结构、资本结构、备用资金、原料和燃料供应、项目收费和价格调整方式、最低收入担保、外汇安排、贷款人的权利、不可抗力、项目建设规定、维修计划、移交条件、奖励及仲裁等内容。其基本条款包括：

（1）特许经营权的范围。这一方面的规定主要包括三个方面的内容：一是权力的授予，即规定由哪一方来授予项目主办者哪些特权，一般是项目所在国政府或其公营机构授予私营机构特权；二是授权范围，包括项目的建设、运营、维护和转让权等，有时还授予主办者一些从事其他事务的权力；三是特许期限，即项目所在国政府许可主办者在项目建成后运营合同实施的期限，该条款与政府及其用户的利益密切相关，所以也是特许经营权协议的核心条款。

（2）项目建设的规定。该条款包括项目用地如何解决、基本条款项目的设计要求、承包商的具体义务、工程如何施工及采用的施工技术、工程建设质量的保证、工程的进度及工期延误处理等方面的规定。

（3）土地征收和使用的规定。该条款规定土地征收是由项目公司还是由政府部门承担，如由政府部门承担,将土地修整到什么程度,项目公司才介入。在一般情况下,土地征收、居民迁徙等事项由政府或政府部门委托的公共机构来承担,外国公司是不直接介入的。在明确了征地事项后,还应明确项目公司对土地的使用方式、使用年限、征地费用的承担及偿还事项等。

(4)项目的融资及其方式。此条款主要是规定一个BOT项目将如何进行融资、融资的利率水平、资金来源、双方同意将采用什么样的方式融资等,此外,还包括收益的分配、支付方式、外汇兑换、经济担保及税收等内容。

(5)项目的经营及维护。此条款规定项目公司运营和维护合同设施的方式和措施,项目公司、政府等各方的权利义务、服务标准、收费标准、收费记录的检验,运营维护商的选择和责任。

(6)能源物资供应。例如,燃煤电站BOT项目的特许经营协议规定东道国政府应保证按时、按质地向项目公司供应燃煤或其他能源物资,以及规定所供能源的价格等。

(7)项目的成本计划、收费标准的计算方式。项目公司将如何向项目设施的用户收取服务费、计价货币币种等内容以及遇到特殊情况需对收费标准作出调整的可能性及其程序等。

(8)项目的移交。本条款规定项目移交的范围、运营者对设施进行最后检修的方式、项目设施风险转移的时间、项目设施移交的方式及其费用的负担、移交的程序如何商定等。

(9)协议双方的一般义务。东道国政府的一般义务指保证纳税优惠、进出口、入境、就业许可等其他优惠政策,确保第三方不予干涉等。项目公司的一般义务指遵守法律法规、安全和环境标准的义务,保护考古地质和历史文物的义务,以及保险、纳税、利用东道国劳动力义务等。

(10)违约责任。本条款规定出现违约情况后的处理和补救措施,包括协议终止及各种类型的赔偿责任。

(11)协议的转让。本条款规定协议的权利和义务能否转让,在何种情况下可以由哪一方进行转让及转让或处置,包括抵押、征收的限制条件,如对设置财产抵押权的限制等。

(12)争议解决和法律适用条款。争议解决方式一般选择协商或仲裁,如选择仲裁则必须明确仲裁机构、地点、仲裁规则、适用法律、语言、费用的承担等。

(13)不可抗力。它指不可抗力情况的范围,发生不可抗力情况后的通知程序,风险与费用的分配与承担,终止协议后双方的义务,如文件的归属、保密等。

3. 特许权协议中政府与项目公司的主要权责

1)业主政府部门权责

(1)特许权在特许期内有排他性,不能再将该项目授予其他人。

(2)必要的承诺和保证,如取得土地使用权协议。

(3)提供与项目有关的基本服务,如公路交通。

(4)授予一定的税收优惠政策,如税收减免政策。

(5)可能的话,提供关键材料和购买产品,提供一定风险担保。

(6)如特许权授予者违约,项目公司可单方面终止特许经营的权利。

2）项目公司的权责

（1）得到具体经营位置。
（2）为项目进行融资，并建设、经营、维护项目。
（3）保证建设项目达标，并接受项目授予者的监督。
（4）规定时间完成项目，并提供一定完工担保。
（5）做好必需的项目注册登记。
（6）对项目产品进行适当销售。
（7）若项目公司违约，允许业主部门终止特许权协议或接管公司。

9.1.3 BOT 模式的基本结构

与一般融资项目一样，BOT 项目结构中也有项目投资者、直接主办人、政府机构、与项目有利益关系的第三方等融资参与主体，但是在 BOT 模式中，政府机构的作用却与一般项目有明显不同。在 BOT 项目中，政府机构往往既是项目的提出者，又是项目的受益人之一和最终所有者。BOT 项目中参与者之间的关系有着一定的特殊性。

BOT 项目的全过程涉及项目发起与确立、项目资金的筹措、项目设计、建造、运营管理等诸多方面和环节。BOT 结构总的原则是使项目众多的参与方的分工责任与风险分配明确合理，把风险分配给与该风险最为接近的一方。

在 BOT 项目中，项目发起人（政府）、项目投资者（私营财团）和贷款银行是最主要的参与者，而 BOT 项目成功组建的前提是政府授予私营财团的特许权协议。在 BOT 项目中，政府、私营财团和贷款银行都是经济行为中的平等主体，因此只有在特许权协议的授予和贷款协议的形成中充分考虑到各参与方所关注的问题，项目才有可能成功筹资建设。

1. BOT 模式的参与方

BOT 项目的参与方主要包括政府、项目承办人和 BOT 项目公司（即被授予特许权的私营部门）、投资者、项目贷款银行、保险机构和担保人、建设机构（承担项目设计、建造的总承包商）、经营机构（承担项目建成后的运营和管理）、原材料供应商、法律财务技术咨询服务机构、项目的用户（东道国政府一般是最终和最大的用户）等。各参与方之间的权利义务依各种合同、协议而确立，例如，政府与项目承办人之间订立特许权协议，各债权人与项目公司之间签订贷款协议等。其中，BOT 模式主要由以下三方组成。

1）项目的最终所有者（项目发起人）

项目发起人是项目所在国政府、政府机构或政府指定的公司。它是 BOT 项目的真正或最终拥有者，是特许经营期的最终确定者，有时，也是项目的用户。

（1）从项目的最终所有者所在国政府的角度考虑，采用 BOT 模式的主要吸引力在于以下两点：

第一,可以减少项目建设的初始投入。大型基础设施项目,如发电站、高速公路、铁路等公共设施的建设,具有资金占用量大、投资回收期长的特点,而资金紧缺和投资不足是发展中国家政府所面临的一个普遍性的问题。利用BOT模式,政府部门可以将有限的资金投入到更多的领域。

第二,可以吸引外资,引进先进技术,改善和提高项目的管理水平。在BOT模式中,项目发起人与其他几种项目融资模式中投资者的作用有一定程度的区别。在BOT项目特许期内,政府作为项目发起人在法律上既不拥有项目,也不经营项目,而是通过给予项目某些特许经营权和一定数额的从属性贷款或贷款担保作为项目建设、开发和融资安排的支持。在融资期间结束后,项目的发起人通常无偿地获得项目的所有权和经营权。由于特许权协议在BOT模式中处于核心地位,所以有时BOT模式也被称为特许权融资。

在BOT项目的初始阶段,政府根据经济和社会发展的需要提出项目,并通过建设条件保证、市场条件保证等措施来增加项目的吸引力,以吸引项目的投资;在项目建设和运营期间,政府除按承诺提供项目的必要支撑条件外,还可能为项目的融资和运营提供其他形式的支持;特许期结束后,政府作为项目的最终所有者将有偿或无偿获得项目资产。需要说明的是,政府在不同的BOT项目中发挥作用的方式、为项目提供的条件等都有很大差异,也并不见得所有的项目都是由政府首先提出或最终收回项目资产的。

(2)项目的最终所有者在BOT项目中关注的问题。

政府作为BOT项目的发起者和最终所有者,将过去多有由财政投资建设的基础设施项目暂时私有化。因此政府所关注的问题往往既涉及项目,又涉及公众,既涉及项目特许期,又涉及特许期结束后的项目运营。政府关注的问题包括:

① 项目所在国的经济体制、法律政策、人们的主观认识等环境因素是否有利于保证BOT项目的成功,这些因素也将直接影响项目是否能吸引到有实力的私营机构参与投资;

② 投资财团的经验、资信、筹资能力和经营管理能力以及项目中的各种协议的设置是否有利于保证项目的成功;

③ 在项目的建设阶段和特许经营期内,项目运营方可能要求各种直接或间接的项目支撑条件,这些要求与政府的利益及风险承受能力相比是否存在着"过度保证";

④ 项目建设阶段和经营阶段的各种活动是否有利于实现项目的建设目标,并尽可能地保护公众利益;

⑤ 在建设期和特许经营期内是否存在着一些明显的不确定性因素,这些因素是否会影响项目的现金流量或影响项目的成败;

⑥ 特许经营期结束后,政府是否能够获得一个保养良好的、可持续运营的基础设施等。

(3)项目的最终所有者(项目发起人)在BOT项目融资中的功能。

① 提出项目,BOT项目招标;

② 采用法律、政策、法规、行政来吸引、支持、领导和控制BOT项目;

③ 保护东道国利益,并让项目承办人获得合理回报;

④ 应对来自东道国某些机构或部门的阻力。

2)项目的直接投资者和经营者(承办人和BOT项目公司)

此处所说的项目直接投资者和经营者是指组成投资财团,参与项目投标并获得政府的特许经营权，进行项目的资金筹集、建设并在特许期内拥有项目经营权的主体，一般指承办人和一些投资者（投资银行、机构甚至东道国政府）组建成立的项目公司。它是 BOT 融资模式的主体，是项目筹资、建设和经营的主体，承担项目中的大部分风险并从项目经营中获得利润。项目公司的组建以在这一领域具有技术能力的经营公司和工程承包公司作为主体，有时也吸收项目产品（或服务）的购买者和一些金融性投资者参与。因为在特许权协议结束时，项目要最终交还给项目发起人（所在国政府、政府机构或政府指定的公司），所以从项目所在国政府的角度看，选择合适的项目经营者不仅有利于确定特许期内基础设施项目的建设和运营效率，也有利于特许期结束后政府能继续利用所接收的基础设施为公众提供服务。

（1）政府选择 BOT 项目投资经营者（承办人和 BOT 项目公司）的标准和要求。

① 项目投资经营者要有一定的资金、管理和技术能力，保证在特许权协议期间能够提供符合要求的服务；

② 经营的项目要符合环境保护标准和安全标准；

③ 项目产品（或服务）的收费要合理；

④ 项目经营期内要保证做好设备的维修和保养工作，保证在特许权协议终止时，项目发起人接收的是一个运行正常、保养良好的项目，而不是一个过度运用的超期服役项目。

（2）项目直接投资者和经营者（承办人和 BOT 项目公司）关心的问题。

私营机构作为 BOT 项目的投资者和运营者，其投资的主要目标是通过参与基础设施的建设和经营获取财务效益，因此可能影响项目财务效益的因素都是投资者所关心的问题。这些问题包括：

① 项目的建设成本、工期、特许期限、建成后的运营成本、收费标准及其调整程序和办法；

② 项目的现金流量能否满足偿还债务的要求并为投资者带来满意的投资回报；

③ 项目所在国政府对 BOT 项目是否有明确的政策、规则或专门法规，这些政策和法规对项目的建设和运营有什么影响；

④ 项目所在国的政治经济状况、建设条件及竞争项目的情况，这些因素是否构成项目建设和运营阶段的关键风险；

⑤ 政府是否愿意分担项目风险，特别是那些投资者不能控制的风险。

（3）项目直接投资者和经营者（承办人和 BOT 项目公司）的功能。

① 与东道国签署特许权协议；

② 借钱工具；

③ 负责组织 BOT 项目的建设、经营和移交。

3）项目的贷款银行

（1）BOT 模式中的贷款银行组成。

BOT 模式中的贷款银行组成较为复杂，有：商业银行组成的贷款银团；政府的出口信贷机构，这种出口信贷是发展中国家的重要贷款渠道；世界银行或地区性开发银行，它可提供政策性贷款。

BOT 项目贷款的条件不仅取决于项目本身的经济强度、项目经营者的经营管理能力和资金状况，而且也在很大程度上依赖于项目发起人和所在国政府为项目提供的支持和特许权协议的具体内容。

BOT 项目的资金需求量大，而且贷款资金往往是资金的主要来源，因此能否筹集到足够的债务资金是 BOT 项目成功的关键。为 BOT 项目提供贷款的银行数量取决于项目的筹资额度和风险程度。一般来说，如果项目筹资额度较小且项目风险较小，贷款往往可以由少数几个银行来提供；而如果项目投资额度增加或风险较大，则贷款银行的数量也将有所增加，对项目担保体系的要求也会更加严格。根据 BOT 项目中提供贷款的银行数量来分，贷款有独家贷款（包销）、联合贷款和银团贷款三种形式。

（2）贷款银行关心的问题。

虽然贷款银行也同项目投资者一样十分关注项目的成败，但是实际上银行最关注的是项目的贷款偿还是否安全、有保障，项目的现金流量和担保体系都是银行所考虑的重要内容。银行所关注的因素包括：

① 项目完工计划和技术目标的可行性，若项目未能按时完工或未达到原设计标准，风险由谁承担；

② 项目绝大部分建设资金的落实情况；

③ 偿还债务的收入来源是否可靠，能否保证大部分项目收入用于偿还债务；

④ 贷款担保条件、项目发起人及其他参与者作出的承诺以及贷款人拥有多大的追索权；

⑤ 政府实施项目的决心、实力及对风险分担的态度。

除上述参与者之外，BOT 项目中的参与者还包括工程公司、运营商、保险公司、供应商（燃料供应商、设备供应商）、产品（或服务）购买者、融资顾问等，其中某些参与者可能本身就是项目的投资财团的一员。

一般来说，在 BOT 项目中，项目公司以特许权利、协议作为基础向银行安排融资。在建设阶段，工程承包集团以承包合同的形式建造项目；在经营阶段，经营公司根据经营协议负责项目公司投资建造的公用设施的运行、保养和维修，支付项目贷款本息并为投资财团获得投资利润。

2. BOT 项目各参与方之间的关系

BOT 项目中各参与方之间是通过各种协议组织在一起的，而每一个协议都是在项目各参与方之间进行的利益和风险分配的一种机制和手段。

1）BOT 融资具体操作过程

（1）由项目经营公司、工程公司、设备供应公司以及其他投资者共同组建一个项目公司，从项目所在国政府获得特许经营协议作为项目建设开发和安排融资的基础。

（2）项目公司以特许经营协议作为基础安排融资。例如有些出口信贷机构会直接为本国的成套设备出口安排融资。为了减少贷款的风险，融资安排中一般要求项目公司将特许经营协议的权益转让给贷款银行作为抵押，并且设计专门的机构控制项目的现金流量。在有些情况下，贷款银行也会要求项目所在国政府提供一定的从属性贷款和贷款担保作为融资的附加条件。

（3）在项目的建设阶段，工程承包集团以承包合同形式建造项目。采用这种类型的工程承包合同，可以起到类似完工担保的作用，有利于安排融资。

（4）项目进入经营阶段之后，经营公司根据经营协议负责项目公司投资建造的公用设施的运行、保养和维修，支付项目贷款本息并使投资财团获得投资利润，保证在 BOT 模式结束时将一个运转良好的项目移交给项目所在国政府或其他所属机构。

2）BOT 项目中各参与方之间的内部关系

从图 9-1 可以看出，BOT 项目与一般项目融资结构最大的区别就体现在政府特许权协议上，这个协议不仅将私营财团建设和运营基础设施的行为合法化，而且也影响到投资者和政府之间风险和利益的分配关系。除了政府提供的特许权协议以外，BOT 项目各参与方之间的关系与一般融资项目并没有明显区别。然而由于 BOT 项目多数都属于基础设施建设项目，因此其产品购买者或设施的使用者直接是与政府有关的机构（如水厂或电厂建设项目的产品购买者一般直接就是国有的供水公司或电网公司），或者是由政府为项目的市场状况提供一定的保障（如高速公路项目中政府所提供的最低车流量保证）。同时，BOT 项目中的产品（或服务）的销售收入（或营业收入）受政府的影响比较大，出于维护公共利益的角度，政府一般在进行投资财团选择时要规定项目运营期的收费标准，从而影响到项目运营期的收入水平。

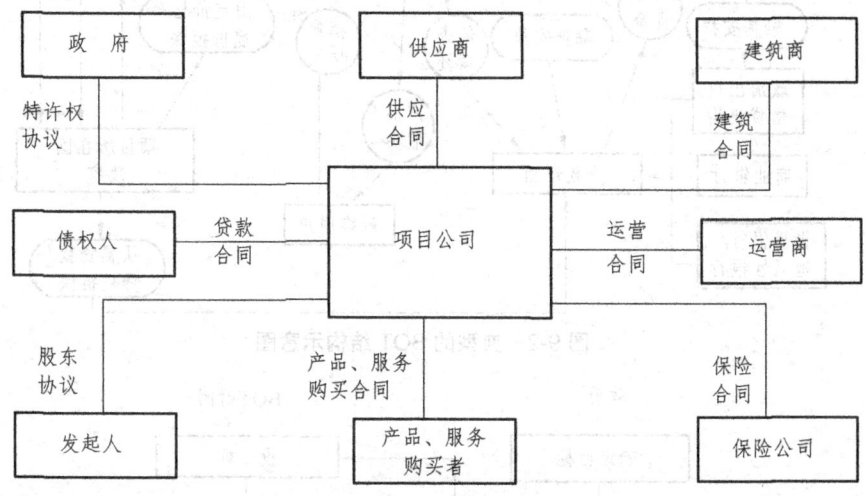

图 9-1　BOT 项目中参与方关系图

除图 9-1 中所展示的各项目参与方之间的关系外，BOT 项目成功的另一个关键因素在于项目的参与方或第三方为项目提供的各类协议和担保等所组成的担保体系。图 9-1 中的各个协议本身就构成了对项目现金流量产生影响的重要安排，但除此之外，有时银行还会要求项目的参与者或第三方提供适当的担保来确保债务资金的安全。整个 BOT 结构正是由项目各参与方之间的各种协议安排及担保体系所构成的。通过这些协议和担保安排既能有效地分配风险，又能保证各参与方在项目的不同阶段协同运作。一个典型的 BOT 项目的结构如图 9-2 所示。

9.1.4　BOT 模式的基本操作程序

尽管在不同的 BOT 项目中，项目参与方发挥的作用及相互关系有很大差异，然而各个 BOT 项目的组织和实施过程基本上是相同的，要经历项目确定、准备、招标、各种协议和合同的谈判与签订、建设、运营和移交等过程，见图 9-3。总的说来，一个典型的 BOT 项目要经历以下阶段，即准备阶段、实施阶段和移交阶段。

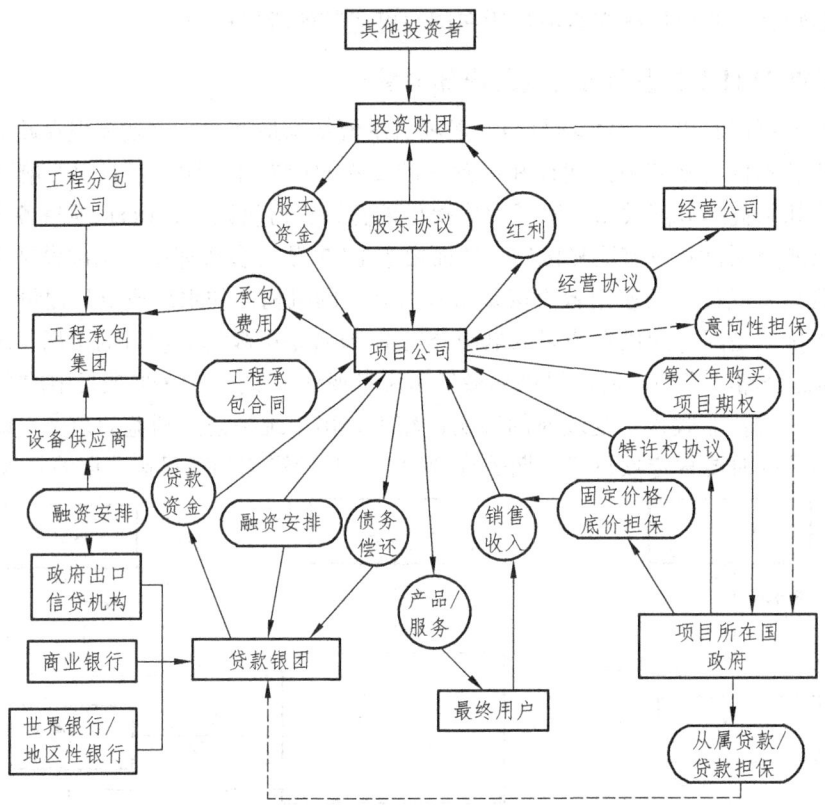

图 9-2 典型的 BOT 结构示意图

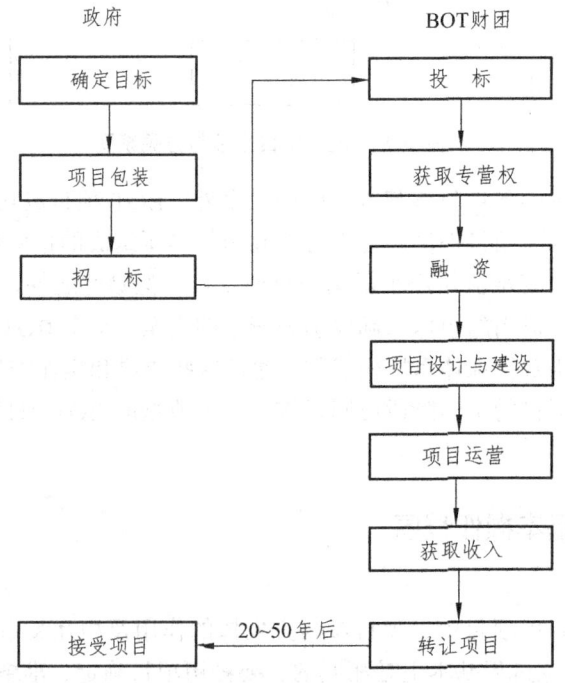

图 9-3 BOT 项目的运行步骤图

1. 准备阶段

项目的准备阶段主要是选定 BOT 项目，通过资格预审与招标，选定项目的承办人。项目承办人选择合作伙伴并取得他们的合作意向，提交项目融资与项目实施方案文件，项目参与各方草签合作合同，申请成立项目公司，并通过经营协议，授予项目公司特许权。项目公司股东之间签订股东协议，项目公司与财团签订融资等主合同以后，项目公司另与 BOT 项目建设、运营等各参与方签订子合同，提出开工报告。

准备阶段的工作目的是为项目的建造和运营创造条件，包括组织条件、资金条件和实施方案等，以下是其具体工作内容和实施步骤。

1）项目识别与立项（政府）

这一步主要是考察项目的条件，选定 BOT 项目，然后进行项目立项和规划设计，由政府来完成。

（1）考察项目，确定是否可以采用 BOT 模式。

BOT 作为一种新型的项目投资建设方式，并不是所有的项目都适合以该方式进行建设。因此，政府需要认真考虑某一具体项目是否可以采用 BOT 模式建设。首先，政府需要结合经济和社会发展的需要，判断项目是否符合政府基础设施建设规划或者是否属于有重大经济和社会效益且需要优先建设的项目；然后，政府将重点研究采用 BOT 融资模式满足该项目需要的可能性。

项目能否采用 BOT 模式进行投资建设，主要是由项目是否具备合理的投资收益，或者说，政府是否准备允许投资人获得合理的投资回报决定的。只有投资人能够获得合理的回报，BOT 项目才能成功。而盈利能力不足或无盈利能力的基础设施项目，其建设方式主要有以下两种：一是由政府或者公共机构进行投资建设，项目建成后面向公众提供免费服务；二是由政府给予财政补贴或给予其他形式的支持，提高项目投资者的投资回报，进而吸引私营机构进行投资建设。

（2）做预可行性研究，进行项目立项。

一般项目的可行性研究主要是从经济、技术、环境和法律等方面来研究项目是否可行。由于采用 BOT 建设的多属基础设施项目，其经济、环境、法律可行性受项目所在国政府影响较大，而政府使用 BOT 模式建设基础设施项目的目的，在于引进新的技术和管理经验，因此其技术风险相对较大。上述这些特点往往会使投资者对项目的各类风险因素更为谨慎，进而要求政府或项目投资者提供必要的信用强化措施，而这些信用强化措施的提供对于项目所在国政府和投资者来说都是十分谨慎的。因此，政府必须对项目进行技术、经济及法律上的可行性研究，分析项目的可能风险及投资者的利益和风险要求，进而确定项目是否采用 BOT 的方式进行建设。

拟采用 BOT 模式进行建设的项目规模较大，且有可能在项目投资结构中引进外资，而且一般以招投标方式选择项目的实施方。按照我国现行项目管理体制和关于招投标的有关规定，项目在进行项目投资方选择之前，应将《项目意见书》或《预可行性研究报告》报有关部门审查并批准，政府有关部门给予的批复也将构成项目招投标的基础和依据。一般来说，在我国，外资 BOT 项目或投资规模较大的项目需要得到国家发展和改革委员会（或国务院）的批复，一定规模内的内资 BOT 项目则可以由地方政府批准。

2）项目招标（政府）

这一步主要进行项目协议和资格预审，政府做主导工作。

BOT 项目中投资财团的选择多采取公开竞争的形式，一旦项目的意见书得到批准，即进入招投标程序。

（1）确定采购方式。

政府机构需要根据工程项目的特点、招标前的准备工作、合同的类型等因素，确定合同的采购方式。一般 BOT 项目的实施主体选择的采购方式有以下三种：

① 公开招标方式。招标人通过报刊、信息网络或其他媒介等新闻媒体发布招标公告，凡是具备相应资质、符合招标条件的法人或其他组织，不受行业或地域的限制，均可申请投标。由于 BOT 项目多属大型基础设施建设项目，不仅经济效益和社会效益显著，而且对投标方的经验和技术要求较高；同时，由于 BOT 项目在合同采购前已经由政府进行了投资效益分析与保证，具有一定的吸引力。因此，采用 BOT 模式建设的项目应尽可能采用公开招标的方式选择实施方，以便利用公开竞争降低成本、提高效率。

② 有限招标方式。有限招标也称为有限竞争性招标，是指招标方选择若干供应商或承包商，向其发出投标邀请，由被邀请的供应商、承包商投标竞争，从中选定中标者的招标方式。

有些计划采取 BOT 模式进行建设的项目，可能由于项目本身的原因，致使无法采用公开招标方式进行采购（例如，项目的技术要求复杂或有特殊的专业要求，只有少数几家潜在投标人可供选择），或者采用公开招标方式采购不符合经济合理性要求（例如，有的重点项目虽很重要，但项目规模不大，与公开招标所需的费用和时间不成比例，需要通过限制投标者人数来达到节约与提高效率的目的）。这些确实无法进行公开招标的项目，可以在充分分析论证的基础上，经批准采用邀请招标的方式选择实施方。

③ 独家谈判。独家谈判又称为"议标"，是我国工程实践中特别是在建筑领域里一种使用较为广泛的采购方法。这种方法是通过采购人和被采购人之间进行一对一谈判而最终达到采购目的的，因此不具有公开性和竞争性。由于议标允许就报价等进行一对一的谈判，因此有些项目如一些小型建设项目采用议标方式目标明确、省时省力、比较灵活；对服务招标而言，由于服务价格难以公开确定，服务质量也需要通过谈判解决，采用议标方式不失为一种恰当的采购方式。但由于议标不属于竞争性招标，存在着较多的人为因素，在实际 BOT 项目实施方选择时应谨慎采用。

（2）确定投标资格。

投标资格指招标人在招标文件中规定的关于投标人的条件要求，资格预审须知中明确列出投标人应满足的最基本条件，可分为一般资格条件和强制资格条件两类。

一般资格条件包括投标人的法人资格、资质等级、财务状况、工程经验、企业信誉、分包计划，以及设备技术能力等方面的要求。

强制资格条件根据招标项目对潜在招标人是否有特殊的要求而定，一般对于大型复杂的项目，尤其需要有专门技术、设备或经验的投标人才能完成时，则应设置此类要求。

（3）研究确定技术参数，准备招标文件。

招标人应根据 BOT 项目的特点编制项目的技术、标准规范，确定技术参数。招标准备阶段应编制好招标过程中可能涉及的有关文件，保证招标活动的正常进行。这些文件大概包括招标须知、合同文件、技术规范、设计图、资格预审文件、合同协议书以及资格预审和评标的办法等。

（4）确定投标评价办法和评标准则。

评标是对各投标书优劣的比较，应由评标委员会负责评标工作。评标委员会由招标人和有关技术、经济、法律等方面的专家组成，成员人数不少于5人。由于BOT项目属于大型的复杂项目，评审内容复杂、涉及面广，通常评标过程分为初评和详评两个阶段。

① 初评。评标委员会以招标文件作为评审依据，审查各投标书的有效性。检查内容包括投标人资格、投标保证有效性、报送资料的完整性、投标书与报送文件是否有实质性背离，以及报价计算的正确性等。

② 详评。评标委员会对各投标书的实施方案和计划进行实质性的评价与比较。设有标底的，应参考标底。对各标书进行技术和商务方面的审查，评定其合理性，以及若将合同授予该投标人在履行过程中可能给招标人带来的风险。

（5）投标者资格预审。

投标者资格预审对投资者的法人资格、资信状况、项目的产业能力（包括技术、组织、管理、投资、融资等能力）、以往的经验和业绩进行公开评审。

3）项目投标（项目公司）

这一步主要是投资人申请项目公司、签订股东协议，进行可行性研究及投标决策，准备投标文件进行投标。这一步是由项目公司主导的。

有意向者投标是指投标人应招标人的邀请，按照招标的要求和条件，在规定的时间内编制标书并向招标人提交，争取中标的行为。

（1）可行性研究及投标决策。

投标者在项目决策之前，对项目有关的工程、技术、经济、法律等方面的条件和情况进行详尽、系统、全面的调查与研究，对各种可能的建设方案和技术方案进行详细的比较论证，并对建成项目的经济效益、国民经济效益和社会效益进行预测和评价，据此推算项目所需的投资和生产费用。根据项目的投资和效益情况，投标者需要根据项目的特点、政府给予项目的支持条件以及项目建设和运营的环境因素，判断投资者投资的可能收益及风险情况，作出是否投标及中标后是否需要获得政府的额外支撑的决策。

（2）准备投标文件。

在BOT项目中，投标者一般均为由多个投资者组织而成的联合体，即投资财团。投标者至少应该按投标须知提供以下文件：投标函、项目可行性研究报告、项目融资方案、项目建设工期与进度安排计划、投标保证金，以及招标文件要求的其他文件。

4）评标，选定项目承办人（政府）

这一步是由政府来主导的。由BOT项目主管部门组织中央、地方政府有关部门、项目发起人，以及熟悉项目的技术、经济、法律专家参与，进行公开评标，选出最具有资格的投标者，对特许权协议进行确认谈判后进行公开揭标。

评标委员会认为必要时，可以单独约见投标人，对标书中含义不明确的内容作必要的澄清或说明，但澄清或说明不得超出标书文件的范围或改变投标文件的实质性内容。澄清的内容也要整理成文字材料,作为标书的组成部分。

5) 签订特许权协议,签订项目委托协议(政府、项目公司)

这一步是由项目公司和政府共同来主导完成的。决标后,招标委员会应邀请中标者与政府进行合同的谈判。BOT 项目的合同谈判时间比较长,而且谈判过程非常复杂,因为项目牵扯到一系列的合同以及相关条件,谈判的结果是要中标人能为项目筹集资金,并保证政府把项目交给最合适的投标人。在特许权协议签字前,政府和中标人都要花费大量的时间和精力进行谈判和合同的修改。在这一过程中,政府将与项目公司就最后的特许权协议或项目协定进行谈判,并就最后的贷款协定、建筑合同、供应合同及实施项目所必需的其他附属合同进行谈判。

特许权协议既是 BOT 项目的最高法律文件,也是整个项目得以融资、建设和经营的基础和核心,同时还是 BOT 项目框架的中心,它决定了 BOT 项目的基本结构。在谈判结束后,政府即授予项目公司对 BOT 项目的设计、资金筹措、建设、维护和转让的权利。而后,项目公司必须签署与项目贷款方的信贷协议、与建筑承包商的建设合同、与供应商的设备和材料供应合同、与保险公司的保险合同等。

6) 项目开发准备(项目公司)

在获得了基础设施项目的建设和经营权后,投资财团可以根据需要成立特别目的公司,特别目的公司的数量及其职能取决于具体项目的融资结构设计。项目公司可以是一家负责融资、建设和运营全过程的公司,也可以是仅仅为项目的融资而成立但不参与项目的建设和运营的公司。

项目公司成立后,需要与项目的各相关方就相关业务关系形成正式的协议及合同,这些协议或合同多数在投标之前已经形成意向,但是只有在中标后才能正式签订合同。在此阶段,需要签订的各种协议及合同包括贷款协议、工程承包合同、材料供应合同、设备购买协议、保险合同、设施经营维修合同等。

2. 实施阶段

项目实施阶段包括 BOT 项目建设与运营阶段,是指从项目具备开工条件开始,经历项目建设和经营阶段,直到特许经营期结束为止的全部时间。在这一阶段,项目公司按特许权协议和相关协议安排进行项目的投资建设,通过项目的经营活动偿还银行的贷款、收回投资并实现收益。

1) 项目建设

BOT 项目公司在签订所有合同后,开始进入项目的实施阶段。在建设阶段,项目公司按照合同的规定聘请设计单位开始工程设计,并安排进度计划与资金运营,聘请总承包商开始工程施工,通过顾问咨询机构监督工程承包商、保证财团按计划投入资金,确保工程按预算、按时完工。

项目建设完成后,项目公司依据设计文件、施工图、双方签订的合同、设备技术说明书、施工验收标准及质量验收标准等,对项目的主体建设进行验收,以完成整个项目的收尾工作。

项目验收后，进行项目的移交工作，由运营方接收，并开始项目的正式运营。

2）项目经营

在项目的运营阶段，项目公司直接经营项目或者通过运营协议委托单独的运营公司经营项目，按照项目协定的标准、各项贷款协议及与投资者协定的条件来运营项目。项目公司的主要任务是要求运营公司尽可能边建设边运营，争取早投入、早收益，特别注意外汇资产的风险管理及现金流量的安排，以保证按时还本付息，并最终使股东获得一定的利润。同时在运营过程中项目公司要注意项目的编修与保养，以期项目运营获得最大效益以及最后顺利地移交。

3. 移交阶段

在特许期期满时，项目公司把项目移交给东道国政府，项目移交包括资产评估、利润分红、债务清偿、纠纷仲裁等，过程比较复杂。通常情况下，投资方大都在经营期满前，通过固定资产折旧及分利方式收回投资，运营期满，无条件归东道国所有。特许运营期一般为15～20年，也有更长期限的。到目前为止，已完成BOT项目全过程的项目还很少，因此，此阶段的经验尚待总结。

9.1.5 BOT 模式的融资文件

项目融资由于参与方众多、各种关系复杂，为了保证各参与方的利益、规定各方的职责，需要签订一系列的合同、协议备忘录等。概括起来，这些合同文件主要有融资基础文件、融资协议主要条款、融资中可能涉及的担保/抵押文件及其辅助文件、专家报告及法律意见等。

1. 融资基础文件

融资基础文件是指项目各参与方之间所形成的、对项目融资有重要影响的各种协议安排。这些文件尽管不是直接的融资文件，但它们将对项目融资的可能性及融资条件产生重要影响。通常，融资基础文件包括：① 各项政府特许、批准文件；② 关于土地所有权的文件；③ 项目发起人间的合资文件；④ 股东协议；⑤ 项目公司的组织文件；⑥ 项目管理文件和技术顾问合同；⑦ 项目建设文件和分包合同；⑧ 承包商和分包商的履约保函和预付款保函；⑨ 项目的各种保险文件；⑩ 供货合同；⑪ 销售合同；⑫ 使用合同；⑬ 技术和运营许可证；⑭ 计划和环境部门的批准书；⑮ 基础设施供应合同；⑯ 运输合同；⑰ 发起人的其他融资合同。

2. 融资文件

融资文件是指项目各种外部资金来源所对应的融资文件及为特定融资行为而专门形成的信用保证文件。融资文件具体包括：① 写明贷款条件、保护条款等的基本融资协议；② 担保文件；③项目贷款人和担保权益托管人之间的信托协议或共同贷款人协议；④安慰信和其他支持文件；⑤当借款不是唯一或第一筹资来源时，应包括发行债券、商业票据、股票承销报价等融资文件；⑥可能涉及某些贷款人或第三方的附加融资文件等。

在上述文件中，基本融资协议是所有融资文件中最重要的文件，它是项目融资最基本的法律文件，是项目融资形成的基础，也是项目融资执行的依据，规定了各方当事人的权利和义务。融资协议的内容主要包括：①融资金额和目的；②利率和还本付息计划；③安排、代理佣金和费用；④贷款前提条件——法律意见书、董事会决议、所有项目合同的副本、担保合同的交接、政府批准文件、期权信、专家报告和财务表；⑤对向借款人或其他有关方追索的限制；⑥对现金流量的专门使用；⑦成本补偿、利率选择、市场干扰、标准货币等保护性条款；⑧能力、责任等陈述和保证；⑨项目标准和项目执行约定；⑩还款能力系数和其他融资契约；⑪对借款、分红和资产处理等的限制性条款；⑫违约事件处理；⑬项目的竣工、转换和放弃；⑭融资信息和项目信息报告以及监督机制；⑮从收益账户划出资金的机制，监管账户；⑯代理条款，支付机制，银行间的协调和收入分配；⑰委托和转让条款。

3. 融资中可能涉及的担保抵押文件

在项目融资中，只要资产所在地的法律允许，贷款人经常将项目资产作为担保。项目融资中可能涉及的一些担保抵押文件主要包括：①土地、建筑物或其他固定资产设押文件；②动产、账面债务和产品的固定设押或浮动设押文件；③建设合同、承包商和供货商的履约保函、许可证和合资合同等的权益转让；④项目保险和经纪人的保证的权益转让；⑤销售合同、"或取或付"、使用或收费合同、项目资产收益和经营收入的权益转让；⑥长期供货合同的权益转让，包括"或取或付"合同和能源、原材料的供应合同；⑦项目管理、技术支持和咨询合同的权益转让；⑧项目公司股票及股息的设押；⑨各种设押和委托下产生的有关担保文件；⑩由一个或多个项目发起人签订的项目经营管理合同；⑪保险——商业保险单、出口信贷保函、多边机构担保文件。

4. 专家报告及法律意向书

在贷款之前，贷款人需要就项目的技术、法律、环境等方面进行非常全面的了解和论证，以保证项目的安全性。专家报告及法律意见书主要包括：①关于项目技术可行性的工程师报告；②环境顾问所作的关于项目对环境可能的影响和适用法律的报告；③保险专家关于项目保险是否足够的报告；④会计师关于项目发起人财务状况和项目公司股东结构的报告；⑤所在国的法律顾问和向贷款人提供担保或支持的各方当地法律顾问对法律意向书的报告等。

9.1.6 BOT模式的风险处理和安全框架

各种风险的控制措施并不能根除所有风险，在尽可能地采取相应措施降低风险的前提下，必须考虑如何在项目各参与方之间分配风险的问题。BOT 模式中风险的分担一般遵循如下原则：项目各参与方承担的风险要与期望的收益相匹配；将特定风险分配给最有能力承担或管理的一方。

BOT 项目风险的分担并不是对每个参与者平均分配风险，而是将所有风险分配给最适合承担它的一方，即项目的任何一种风险由对该风险偏好系数最大的项目参与方承担时，项目的整体满意度才最大。

图 9-4 是 BOT 项目的安全框架，这种安全框架就是项目风险的分配机制。从图中可以看出，BOT 项目的风险分配是通过一系列协议来完成的，每类协议都是在各项目参与方之间分配特定的风险。

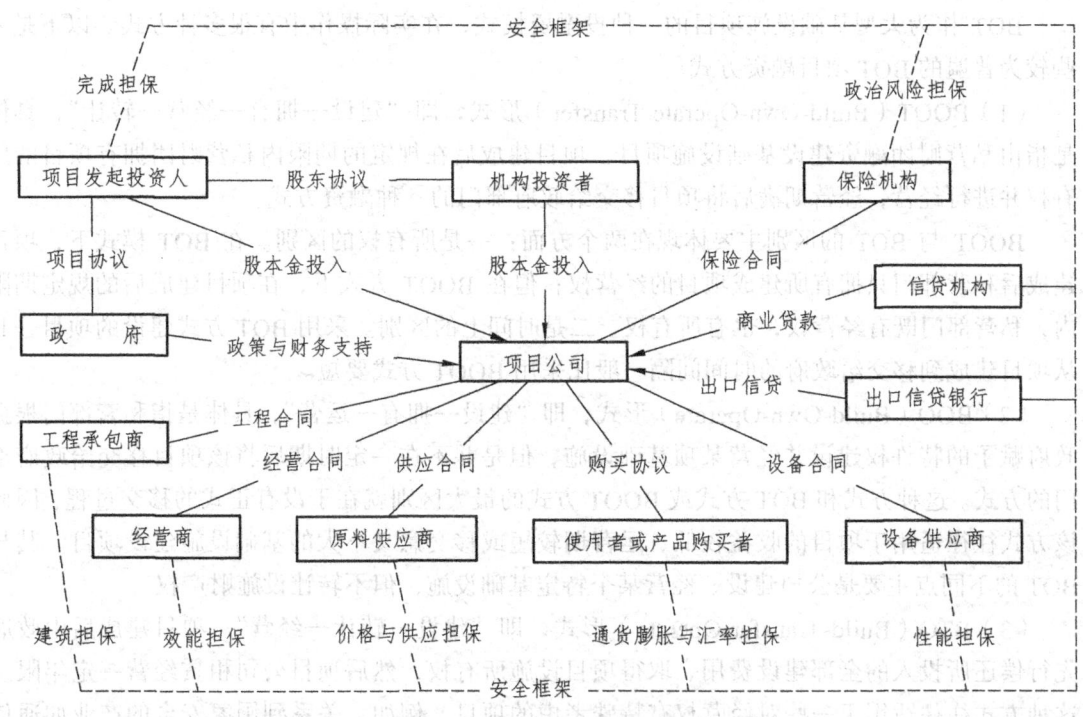

图 9-4　BOT 项目的安全框架

其基本思路是：

（1）项目发起投资人通过和机构投资者签订股东协议，共同注入项目建设所需的资金；同时，项目发起投资人同政府签订项目协议，通过协议明确规定政府所应承担的风险以及承担风险的办法。

政府可承担的风险包括政治风险、法律与政策变动风险、一部分金融风险、一部分不能保险的不可抗力风险、一部分市场风险以及由政府方面的原因造成完工延期和项目费用增加的风险等。而项目发起投资人可承担的风险通常包括开发风险、工程建设风险、一部分运营风险、供应风险等。政府和项目发起投资人实际承担的风险取决于两者之间进行的谈判，并通过特许权协议或其他专门协议加以确定。

（2）项目发起投资人可以通过签订施工进度合同、固定总价合同或交钥匙合同等，将部分工程建设风险转移给工程承包商；可以通过签订运营维护合同、锁定价格的供应合同等，将部分运营风险和供应风险转移给经营公司和供应商。

（3）项目公司通过与使用者和产品购买者签订协议，转嫁通货膨胀和利率变动所带来的风险。

（4）对于 BOT 项目在建设或经营期间可能发生的政治风险、不可抗力风险等，项目公司可以通过投保的形式，与保险机构签订风险担保协议来避免此类风险所带来的损失。

9.1.7 BOT 的衍生模式

BOT 作为大型基础设施项目的一种投融资模式，在实际操作中有很多种方式。以下是一些较为普遍的 BOT 项目融资方式。

（1）BOOT（Build-Own-Operate-Transfer）形式，即"建设—拥有—经营—转让"，具体是指由私营财团融资建设基础设施项目，项目建成后在规定的期限内私营财团拥有项目的所有权并进行经营，经营期满后将项目移交给政府部门的一种融资方式。

BOOT 与 BOT 的区别主要体现在两个方面：一是所有权的区别。在 BOT 模式下，项目建成后私营部门只拥有所建成项目的经营权；但在 BOOT 方式下，在项目建成后的规定期限内，私营部门既有经营权，也有所有权。二是时间上的区别。采用 BOT 方式建设的项目，其从项目建成到移交给政府的时间间隔一般比采用 BOOT 方式要短。

（2）BOO（Build-Own-Operate）形式，即"建设—拥有—运营"，具体是指私营部门根据政府赋予的特许权建设并经营某项基础设施，但是并不在一定时期后将该项目移交给政府部门的方式。这种方式和 BOT 方式或 BOOT 方式的最大区别就在于没有正式的移交过程，因此该方式往往适用于项目的收益较低、运营期较短或移交意义不大的基础设施建设项目。其与 BOT 的不同点主要是公司建设、经营某个特定基础设施，但不转让设施财产权。

（3）BTO（Build-Transfer-Operate）形式，即"建设—转让—经营"。项目建成后由政府先行偿还所投入的全部建设费用、取得项目设施所有权，然后项目公司租赁经营一定年限。这种方式往往适用于一些对经营权有特殊考虑的项目，例如，关系到国家安全的产业如通信业，为了保证国家信息的安全性，一般项目建成后不交由外国投资者经营，而是将所有权转让给东道国政府，由东道国垄断经营项目，或与项目开发商共同经营项目。

（4）BOOST（Build-Own-Operate-Subsidy-Transfer），即"建设—拥有经营—补贴—移交"。发展商在项目建成后，在授权期限内，既直接拥有项目资产又经营管理项目，但由于存在相当高的风险，或非经营管理原因造成的经济效益不佳，须由政府提供一定的补贴，授权期满后将项目的资产转让给政府。这种方式往往是针对一些国民经济效益或社会效益比较突出但财务效益不理想的项目，在项目经营期由政府给予私营机构一定的补贴。

（5）BLT（Build-Lease-Transfer）形式，又称 BRT（Build-Rent-Transfer），即"建设—租赁—移交"。政府出让项目建设权，在项目运营期内政府成为项目的租赁人，私营部门为项目的承租人，租赁期满后，资产再移交给政府。其具体是指获得特许经营权的私营财团融资建设项目，项目建成后私人财团按约定将项目资产出租给政府或第三方并通过收取租金回收投资，租赁期结束后项目的所有资产再移交给政府公共部门的一种融资方式。

（6）FBOOT（Finance-Build-Own-Operate-Transfer）形式，即"融资—建设—所有—经营—转移"。这种方式类似于BOOT，只是强调了私营财团只有先融通到资金，政府才予以考虑是否授予特许经营权。

（7）DBOT（Design-Build-Operate-Transfer）形式，即"设计—建设—经营—转移"。这种方式是从项目的设计开始就特许给某一私营机构进行，特许终了时项目需完好地移交给政府。

（8）ROT（Renovate-Operate-Transfer）形式，即"重整—经营—转让"。重整是指获得政府特许授予专营权，对过时陈旧的项目设施、设备进行改造更新，再由投资者经营若干年后转让给政府。其与 BOT 的主要区别是：它的对象是已经建成、已陈旧过时的改造项目，"建设"变"重整"。

（9）POT（Purchase-Operate-Transfer）形式，即"购买—经营—转让"。政府出售已建成的、基本完好的基础设施并授予特许专营权，由投资者购买基础设施项目的股权和特许专营权。

这种方式具体是指东道国政府与外商签订特许权经营协议后，把已经投产运行的基础设施项目移交给外商经营，凭借该设施项目在未来若干年内的收益一次性地从外商手中融得一笔资金用于建设新的基础设施项目。特许经营期满后，外商再把该设施无偿移交给东道国。

（10）TOT（Transfer-Operate-Transfer）形式，即"移交—经营—移交"。它是指政府签订特许权经营协议，把需要更新改造的基础设施项目移交给私营机构，由私营机构进行更新改造后经营一段时间以回收投资并获取合理的回报，特许期满后将基础设施无偿移交给政府的方式。政府一次性地从外商手中融得一笔资金，用于建设其他新的基础设施项目。

（11）BT（Build-Transfer）形式，即"建设—移交"。在该方式中，项目在建成后就移交给政府，政府按协议向项目发起人支付项目总投资加合理的回报率。此种方式适合无法进行收费经营的项目，或者基于安全或战略的考虑必须由政府直接运营的关键设施。

（12）DBOM（Design-Build-Operate-Maintain）形式，即"设计—建设—经营—维护"。这种方式强调项目公司对项目按规定进行维护。

（13）BOL（Build-Operate-Lease）形式，即"建设—经营—租赁"。也就是说项目公司以租赁形式继续经营项目。

（14）ROO（Rehabilitate-Operate-Own）形式，即"修复—经营—拥有"。

在以上各形式中，依世界银行《1994年世界发展报告》对 BOT 定义的理解，BOT 的通常形式至少包括前三种，即 BOT、BOOT、BOO。而对于所有的形式，虽然提法不同，具体操作上也存在一些差异，但它们在运作中与典型的 BOT 在基本原则和思路上并无实质差异，所以习惯上将上述所有形式都看作 BOT 的具体形式。

9.1.8 BOT 融资模式案例：成都水六厂 BOT 项目融资

1. 项目介绍

1）项目历史背景和进程

成都水六厂 B 厂 BOT 项目，是原国家计委正式批准立项的第三个 BOT 试点项目，其作为中国水务领域的第一个 BOT 试点项目,诞生于中国经济高速发展、城市化进程不断推进、水务市场逐步由政府控制转向市场化这一特定的历史大背景下。

但基础设施建设资金短缺。1996 年,成都市政府经过测算,预计成都市将在 2002 年出现 40 万立方米/天的供水缺口,计划增设 46 万立方米处理能力的供水设施,以满足未来的城市用水需求。但是中央或地方财政由于财务所限,对基础设施建设的投入存在相当大的困难,商业银行一般不愿意向数量大、时间长的市政项目提供贷款,政策性银行资金来源受到限制,且贷款对象侧重于全国性基础设施建设项目,致使成都水六厂建设项目很难从以上三种融资渠道获得资金。而该项目发生在亚洲金融风暴之时,成都市政府通过以上途径获得建设资金的难度可想而知。

所以政府考虑尝试新的融资模式,开始计划引入社会资金来帮助发展和建设地方基础设施,以缓解资金压力,适时将市场机制引入水务领域,将竞争机制引入传统行业推动市政公用领域的改革。基于以上背景,成都市提出了用 BOT 模式来建设成都市自来水厂六厂 B 厂的计划,在成都市政府的积极争取和国家的大力支持下,1997 年 1 月,原国家计委正式批复同意该水厂与外商采取 BOT 投资方式建设。

成都 BOT 项目严格遵循国际招标,项目的运作可分为多个阶段,即项目的确定和拟定、招标、选标、开发、建设、运营和移交。项目进程如下:1996 年,成都市政府向四川省计划委员会申请采用 BOT 方式建设该水厂;1997 年,国家计委向境外投资者推出了该 BOT 试点项目;1997 年 9 月,成都水厂 BOT 项目正式公开进行国际性招标;1999 年 8 月,正式动工;2002 年,成功地向管网供水。

2)项目招标和选标

成都水厂 BOT 项目的招标工作始于 1997 年。在该年 9 月,成都水厂 BOT 项目正式公开进行国际性招标,经对投标的 33 家国外公司或公司联合体进行资格预审,包括苏伊士、里昂、法国通用水务集团等 5 家国际知名的水务公司参与竞标,最终选定了其中竞争力最强的法国通用水务集团(威立雅环境集团前身)、日本丸红株式会社联合体作为项目中标单位。

成都水厂 BOT 项目招标文件规定,水价水平及走势占评标总分的 60%,融资、技术及法律等方面占评标总分的 40%,在技术、法律、商务、融资等方面满足招标文件的情况下,让投标人就水价进行竞争。结果,中标的项目总投资额 1.06 亿美元,与成都市政府测算的投资额相差了近 3 亿美元;中标的合同水价为 0.9 元/吨,比成都市自来水公司自己测算出的水价便宜了 35%。

3)签约与融资

1999 年 8 月,成都 BOT 项目正式签约。当月,法国通用水务集团、日本丸红株式会社联合体与成都市政府最终签订该项目的特许经营权协议。随即作为该项目投融资建设和运营主体的项目公司——通用水务、丸红供水有限公司正式成立,该项目正式进入实施阶段。该项目获得 1.06 亿美元(约合 8.8 亿元人民币)运作资金,其中:资本金占 30%,约为 3 200 万美元,由项目公司的股东方直接投入,法国通用水务占 60%,丸红占 40%;其余 70% 的投资由项目公司通过对外贷款融资方式解决。

该项目对外贷款融资业务以法国里昂信贷银行为财务顾问、融资牵头银行,并联合亚洲开发银行(ADB)、欧洲投资银行(EIB)和日本进出口信贷银行,共同为该项目提供融资贷款。其中：亚洲开发银行提供了 2 650 万美元的直接贷款，并提供了 2 150 万美元的补充贷款[注：补充贷款是由 7 家商业银行提供的。商业金融机构是真正的贷款人，只是把贷款通过亚洲开发银行贷给借款人。虽然商业金融机构承担全部责任风险，但他可以享受类似于亚洲直接银行的一些待遇，而付出的代价是亚行一次收取的安排费（不低于 2 万美元）和按年收取的管理费（不低于 2 万美元）。]；欧洲投资银行提供了 2 650 万美元贷款。

4）项目开发、建设及运营

经过两年多的建设，水厂最终按期并在预算之内完成建设，也接受了来自成都市政府和自来水公司的检验和最终验收。至 2001 年 12 月底，该项目已基本建成，正式进入了调试及试运行阶段。

运营公司由法国通用水务（51%）、日本丸红株式会社（25%）、成都市自来水公司（24%）共同设立。现在，该项目每天为成都市提供净水 40 米^3。

5）项目移交

在传统的 BOT 项目中，所有的建设项目都应该在特许经营期满之后移交给政府，在运营期内，这些设施都将作为向银行借款的融资担保物存在。但在成都 BOT 项目中有一个特殊之处，那就是 27 千米的输水管线部分将于完工后提前移交给政府，而其他的水厂设施都将于 2017 年运营期满后，再无偿移交给成都市政府。这是因为，按照国家现行《土地法》规定，不拥有土地使用权，则不拥有地上、地下附属物的产权。所以，为降低建设成本、减少土地占用，供水管道建设用地均采用临时租地，但按《土地法》规定，则投资者不拥有管道产权。因此，之前考虑也采用 BOT 方式的 27 千米输水管道，只好采用 BT 方式，即外商建成后即移交。所以，本工程实际上包含了 BOT 项目及 BT 项目，即在 BOT 项目建设完成后，提前对 27 千米的管线进行了完工后的检查、验收、运行的测试以及竣工文件的审查、移交。

2. 项目融资的主要参与者

（1）发起人：法国通用水务集团、日本丸红株式会社。

（2）项目公司：法国通用水务、丸红供水有限公司（新成立的项目公司）。

（3）贷款银行：银团贷款，由法国里昂信贷银行、亚洲开发银行 ADB 等在内的 12 家国际银行组成银团提供贷款。

（4）项目承建商：

水厂工艺——欧提维（OTV）技术公司；

输水管线建设——萨德（SADE）管道公司；

土建工程——西宝建设公司（西宝集团三个分包商）。

（5）项目设备/材料供应商：为了降低成本，项目公司以选取国内供应商为主。由于整个项目采用了 ERP 交钥匙工程，设备与原材料完全由分包公司提供，并受到成都市政府专家的严格监控和考核。

（6）项目产品购买者：成都市自来水公司（成都市政府指定）。

（7）运营公司：通用水务、日本丸红和成都自来水公司合资成立。（签订长期运营合同，有利于把成都自来水公司的经验和人力资源与通用水务的先进管理和技术有效地结合。)

（8）项目融资顾问：①国家计委下属的咨询公司北京市大地桥；②包括国际法律专家挪威前司法部长埃森教授在内的各种专家对项目运作进行把关，保障项目的合理性；③法国里昂信贷银行，作为财务顾问、融资牵头银行，于投标后协助发起人处理有关成都水厂 BOT 项目融资方案的所有问题，且作为承销人负责项目融资的执行。

（9）保险公司：聘请了国际最为著名的保险经纪公司 Marsh 帮助办理保险，并将风险通过再保分散至海外，所有的再保险商均要求具有标普 A 级（S&PA）信用等级。

（10）东道主政府：成都市人民政府。

3. 项目融资的框架结构分析

1）项目投资结构

该水厂建设采用的是公司型合资结构，即通用水务-丸红株式会社联合体采用的是"公司型合资结构"来投资 BOT 项目。由通用水务集团提供技术和管理，丸红会社提供资源、资金。两家公司（法国通用水务集团和日本丸红株式会社）以 6：4 的比例出资注册成立成都通用水务、丸红供水有限公司，公司具有独立的企业法人资格，依法独立承担民事责任。

2）项目资金结构

本项目的资金结构见图 9-5。

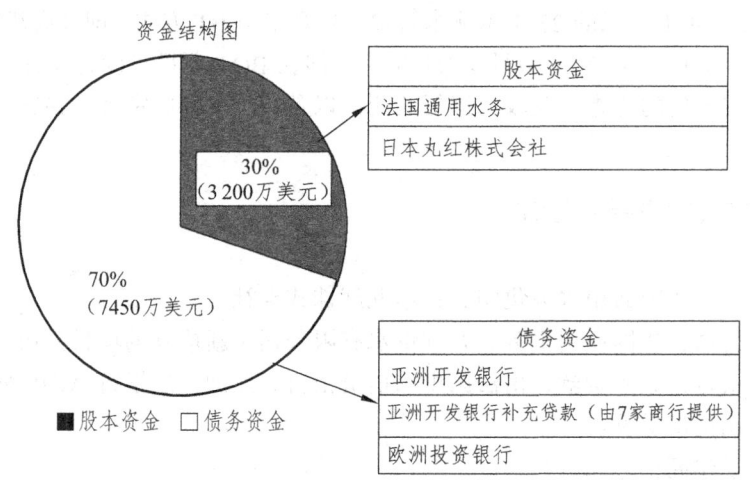

图 9-5 成都水六厂 B 厂 BOT 项目的资金结构图

（1）总投资：1.065 亿美元。

（2）资本金：3 200 万美元，约占总投资的 30%，由法国通用水务集团、日本丸红株式会社按 6：4 注资。

（3）债务资金：7 455 万美元，约占总投资的 70%，由法国里昂信贷银行、亚洲开发银行、欧洲投资银行、日本进出口信贷银行组成的海外银团贷款。

本项目的资金构成见表 9-1。

表 9-1 成都水六厂 B 厂 BOT 项目的资金构成表

资金构成		资金比例	金额
股本资金	法国通用水务集团 60%	30%	3 200 万美元
	日本丸红株式会社 40%		
债务资金	亚洲开发银行直接贷款（35.5%）	70%	2 650 万美元
	亚洲开发银行补充贷款（29%）		2 150 万美元
	欧洲投资银行直接贷款（35.5%）		2 650 万美元
项目总投资		1.065 亿美元	

3）融资结构

本项目的融资结构见图 9-6。

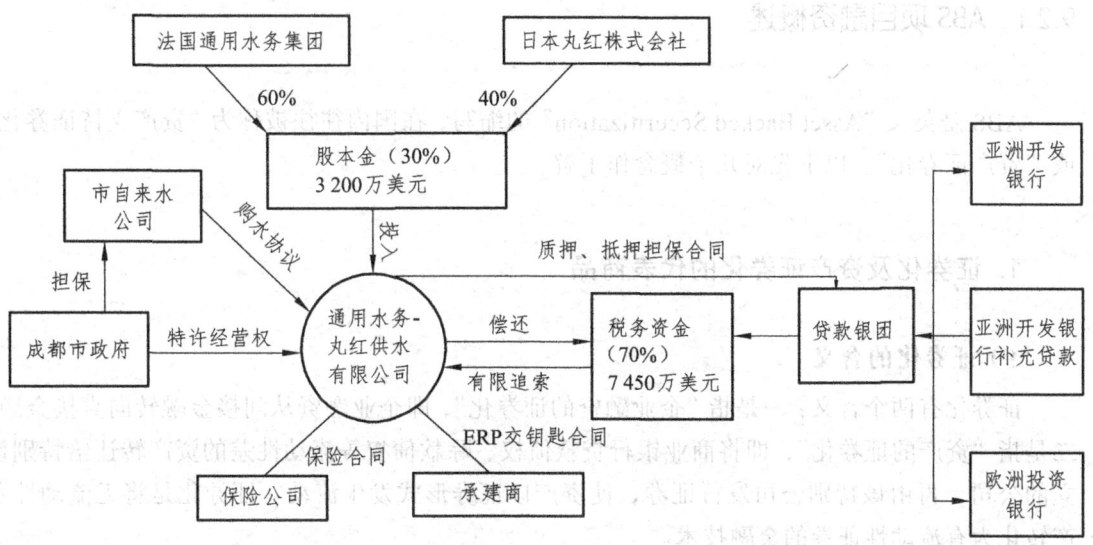

图 9-6 成都水六厂 B 厂 BOT 项目的融资结构图

4）信用担保结构

（1）成都市人民政府的支持信，为项目建设提供了良好的投资环境。

（2）项目公司与政府所属的成都市自来水公司签订了长期购买合同，实行"或取或付"，即无论提货与否均需付款（take-or-pay）的方式作为还款的担保。

（3）项目承建商所提供的"交钥匙"工程建设合约，以及为其提供担保的银行所安排的履约担保构成了项目的完工担保。

（4）银团要求与项目公司签订了一份详细的保险购买合同，规定了需要投保的各种风险，以及银行可接收信用等级的保险商。

（5）与贷款银行签订了一系列的质押和抵押合同，将项目的未来收益以及项目相关协议项下的所有权益作为贷款的担保交予银团。

（6）成都市政府批准项目公司因人民币/美元汇率的变动而调整运营水价。如果在计算日的人民币/美元汇率与 1998 年 1 月中国人民银行公布的人民币/美元汇率的平均值有超过±5%的差异，项目公司可以根据特定的计算方法在固定的时间计算汇率变化系数（一个考虑了美元与人民币汇价变化的系数），再由此调整运营水价的浮动价格。

9.2 ABS 项目融资模式

ABS 项目融资模式是以项目资产和未来预期收入为基础，通过在资本市场上发行债券来融资的新的融资方式，它的应用领域不断扩展，被认为是未来项目融资的一个重要发展趋势。本部分对 ABS 项目融资模式的基本概念、特点、运作方式等加以介绍。

9.2.1 ABS 项目融资概述

ABS 是英文"Asset Backed Securitization"的缩写，在国内往往被称为"资产支持证券化"或"资产证券化"。以下先对几个概念作了解。

1. 证券化及资产证券化的代表商品

1）证券化的含义

证券化有两个含义：一是指"企业融资的证券化"，即企业融资从间接金融转向直接金融；二是指"资产的证券化"，即将商业银行贷款债权、赊款债权等流动性差的资产转让给特别设立的公司，再由该特别公司发行证券，使资产以证券形式发生流动。证券化是将无流动性资产转化为有流动性证券的金融技术。

2）资产证券化的代表商品

（1）ABS（Asset Backed Security，资产支持证券），就基础资产而言它有两种形态：一是以金融资产为基础的证券化，称为"二级证券化 ABS"；二是以实物资产为基础的证券化，称为"项目融资型 ABS"。但它们的实质都是将资产的未来收益以证券的形式预售的过程。

（2）MBS（Mortgage Backed Security，抵押支持证券），它是由美国住房专业银行和储蓄金融机构利用其向外贷出的住房抵押贷款发行的一种资产证券化商品。

2. ABS 项目融资定义

ABS 项目融资是资产证券化的简称，它是以项目所属的资产为支撑的证券化融资方式。具体来说，它是以目标项目所拥有的资产为基础，以该项目资产的未来收益为保证，经过信用增级，通过在资本市场发行高档债券等金融产品来筹集资金的一种项目融资方式。

ABS 的目的在于通过其特有的信用增级的方式，使得原有的信用等级较低的项目照样可以进入高档证券市场，并利用该市场信用等级高、资金流动量大、融资成本低、债券安全性和流动性高、债券利率低等特点，大大降低发行债券和筹集资本的成本。所以，ABS 资产证券化是国际资本市场上流行的一种项目融资方式，已在许多国家的大型项目中采用。

从本质来说，资产证券化属于一种以项目的收益为基础融资的项目融资方式。这种新型的融资方式是在 20 世纪 70 年代全球创新的浪潮中涌现出来的，其内涵就是将原始权益人（卖方）不流通的存量资产，或可预见的未来收入，构造和转变成为资本市场可销售和流通的金融产品的过程，具体来说就是将缺乏流动性但能够产生可预见的稳定现金流的资产，通过一定的结构安排，对资产中风险与收益要素进行分离与重组，进而转换为在金融市场上可以出售和流通的证券的过程。其实质是融资者将被证券化的资产的未来现金流收益权转让给投资者。

ABS 项目融资方式是一种独具特色的筹资方式，它的作用有：① 可以避免筹资者其他资产受到追索；② 可以降低成本，大规模地筹集资金；③ 可分散、转移筹资者、投资者风险；④ 债券到期后本国政府和项目融资公司不承担任何债务；⑤ 投资者可以不直接参与工程的建设与经营。

3. ABS 融资的产生与发展

资产证券化融资作为一种融资技术的创新，最早起源于美国，后来在美国、英国、法国、德国等西方国家得到了广泛的应用。

美国是资产证券化的发源地，也是资产证券化最发达的国家。美国的资产证券化以住宅抵押贷款证券化起步，最早可以追溯到 20 世纪 60 年代末、70 年代初美国的住宅按揭融资。美国政府为了解救房地产金融，决定启动并搞活住宅抵押贷款的二级市场。华尔街金融机构尝试发放 MBS（Mortgage Backed Securities）即抵押支持证券筹资以弥补住房基金来源的不足，MBS 即是 ABS 模型的雏形。以 MBS 模式为借鉴，Unisys 公司于 1985 年 3 月率先发行了 192 亿美元的租赁款作为支持资产的 ABS，成为现代意义的 ABS 模式的开端。

自美国的金融机构提出并应用了 ABS 模式以后，20 世纪 80 年代，资产证券化进入欧洲并在欧洲资本市场上迅速发展，法国、德国、英国、日本等国家都在金融业务中使用了 ABS 模式，资产证券化被广泛使用和发行，交易数额也在稳定增长。目前，ABS 融资模式已被广泛运用到汽车贷款、信用卡贷款、应收账款、房产贷款、学生贷款、设备贷款、设备租赁、保险单、公共设施和公用事业收费、自然资源等资产的证券化融资中。国外的大量实践证明，尽管 ABS 融资模式发展历史较短，但这种融资模式具有很大的发展潜力，ABS 模式在项目融资领域的应用将是项目融资未来发展的一个重要趋势。

4. ABS 融资的基本要素

一项成功的资产支持证券化融资需要坚实的"基础设施"，这就是证券化融资的基本构成要素。ABS 融资的基本要素包括以下几个方面：

（1）标准化的合约。该合约要使所有的参与方确信：为满足契约规定的义务，该担保品的存在形式应能够提供界定明确而且在法律上可行的行为。

（2）资产价值的正确评估。如在信贷资产证券化业务中，银行家的尽职调查应能够向感兴趣的各方提供关于风险性质的描述和恰当的价值评估。

（3）一份具有历史统计资料的数据库。对于拟证券化的资产在过去不同情形下的表现，必须提供一份具有历史统计资料的数据库，以使各参与方确定这些资产支持证券的风险程度。

（4）适用法律的标准化。证券化融资需要以标准的法律为前提。在美国第一银行曾发行过AAA级抵押支持转递证券，最后该证券的发行以失败而告终，其原因之一就是它未能满足美国各州所要求的法定投资标准。

（5）确定服务人地位的标准。这一点对于证券化融资也是非常关键的，一般的标准是服务人的破产或服务权的转让不应该导致投资者的损失。

（6）可靠的信用增级措施。证券化融资的重要特点是可以通过信用增级措施发行高档债券，以降低项目融资的成本。因此，如果没有可靠的、资信较高的信用增级措施，资产支持证券化融资将是很难操作的。

（7）用以跟踪现金流和交易数据的计算机模型也是促进证券化交易量增长的重要基础。

5. ABS融资的使用范围

并不是所有的资产都可以证券化，根据已有的证券化交易例子，可证券化的理想资产应该具有以下特征：① 能在未来产生可预测的稳定的现金流；② 持续一定时期的低违约率、低损失率的历史记录；③ 本息的偿还分摊于整个资产的存活期间；④ 金融资产的债务人有广泛的地域和人口统计分布；⑤ 原所有者已持有该资产一段时间，有良好的信用记录；⑥ 金融资产的抵押物有较高的变现价值；⑦ 金融资产具有标准化、高质量的合同条款。而不利于证券化的资产属性包括：① 服务者经验缺乏或财力单薄；② 资产组合中资产的数量较少或金额最大的资产所占的比重过高；③ 本金到期一次偿还；④ 付款时间不确定或付款间隔期过长；⑤ 金融资产的债务人有修改合同条款的权利。

到目前为止，在北美、欧洲和新兴市场上已被证券化的资产种类繁多，可以作如下分类：① 居民住宅抵押贷款；② 私人资产抵押贷款、汽车销售贷款、其他各种个人消费贷款、学生贷款；③ 商业房地产抵押贷款、各类工商企业贷款；④ 信用卡应收款、转账卡应收款；⑤ 计算机租赁、办公设备租赁、汽车租赁、飞机租赁；⑥ 交易应收款；⑦ 人寿、健康保险单；⑧ 航空公司机票收入、公园门票收入、俱乐部会费收入、公用事业费收入；⑨ 石油/天然气储备、矿藏储备、林地；⑩ 各种有价证券组合。

6. ABS模式的特点

ABS模式的特点主要表现在：

（1）通过证券市场发行债券筹集资金，是ABS不同于其他项目融资方式的一个显著特点。无论是产品的支付、融资租赁，还是BOT融资，都不是通过证券化进行融资的，而证券化融资则代表着项目融资的未来发展方向。

（2）由于ABS方式隔断了项目原始权益人自身的风险和项目资产未来现金收入的风险，使其清偿债券本息的资金仅与项目资产的未来现金收入有关，加之在国际高档投资级证券市场发行的债券是由众多的投资者购买的，从而分散了投资风险。

（3）由于ABS是通过发行高档投资级债券募集资金的，这种负债不反映在原始权益人自身的资产负债表上，从而避免了原始权益人资产质量的限制。同时利用成熟的项目融资改组技巧，将项目资产的未来现金流量包装成高质量的证券投资对象，充分显示了金融创新的优势。

（4）作为证券化项目方式融资的ABS，债券的信用风险得到了SPV的信用担保，是高档投资级证券，并且还能在二级市场进行转让，变现能力强，投资风险小，因而具有较大的吸引力，易于债券的发行和推销。同BOT方式相比，ABS融资方式涉及的环节比较少，从而最大限度地减少了佣金、手续费等中间费用，使融资费用降到较低水平。

（5）由于ABS方式是在国际高档投资证券市场筹资的，其接触的多为国际一流的证券机构，要求必须抓住国际金融市场的最新动态，按国际上规范的操作规程行事。

（6）由于这种融资方式是在国际高档投资级证券市场筹资的，利息率一般比较低，从而降低了筹资成本。而且国际高档投资级证券市场容量大，资金来源渠道多样化，因此ABS方式特别适合大规模筹集资金。

7. ABS融资在金融市场中的作用分析

在金融市场演变历程中，金融体系的发展可分为三个阶段。在最初阶段，金融体系处于银行本位时期，银行是积累储蓄和进行投资的主要渠道；当资本市场成为融通大量储蓄的主渠道时，金融体系就向市场本位时期发展，进入第二阶段；当金融机构日渐对其资产进行处理与交易时（资产证券化），金融体系就发展到了市场本位时期的最高阶段。因此，资产证券化就具有了非同一般的作用，它代表着金融市场融资的方向。

资产证券化的本质含义是将贷款或应收账款转换为可流通的金融工具的过程。例如，它能够将批量贷款进行证券化销售，或者将小额、非市场化且信用质量不同的资产重新包装为新的流动性债务证券，以使信用增级，并且提供与基本担保品不同的现金流量。

所以，归纳起来，资产证券化融资具有以下几方面的作用和意义：

（1）对于那些信用等级较低的金融机构，存款和债务凭证的发行成本高昂。如能证券化和出售一部分资产组合，由于证券的较高信用等级，就可以获得较低的发行成本。

（2）证券化能够使金融机构减少甚至消除其信用的过分集中，同时继续发展特殊种类的组合证券。

（3）证券化使得金融机构能够更充分地利用现有的能力，实现规模经济。

（4）证券化能够将非流动资产转换成可流通证券，使其资产负债表更具有流动性，而且能改善资金来源。

（5）证券出售后，将证券化的资产从其资产负债表中移出，可以提高资本比率。

另外，资产证券化融资还具有明确的金融创新意义。资产证券化具有信用风险转移创新、提高流动性创新和信用创造创新的作用。从其功能作用看，资产支持证券化并非迫使银行为其客户提供不同的服务，而是显示了商业银行在竞争中取胜所必须具备的技术和必须遵循的原则。从某种意义上说，这是重新定义了什么是银行，或者说是重新修正了对银行的定义。

9.2.2 ABS 融资的运行程序

ABS 是在资本市场上通过发行债券筹集资金的。按照规范化的证券市场运作方式，在证券市场发行债券，必须对发债主体进行信用评级，以确定债券的投资风险和信用水平。债券的筹集成本和信用等级密切相关，信用等级越高，表明债券的安全性越高，债券的利率越低，从而使通过发行债券筹集资金的成本越低。因此利用证券市场筹集资金，一般都希望进入高档投资级证券市场。但是，对于不能获得权威性资信评估机构评定较高级别信用等级的企业或其他机构，将无法进入高档投资级证券市场。ABS 运作的独到之处就在于，通过信用增级计划，使得没有获得信用等级或信用等级较低的机构，照样可以进入高档投资机构市场，通过资产的证券化筹集资金。ABS 融资方式的具体运作过程主要包括以下几个阶段。

1. 确定证券化资产目标，组建资产池

原则上，投资项目所依附的资产只要在未来一定时期内能带来现金收入，就可进行 ABS 融资，如房地产未来租金收入，航空、港口及铁路未来运费收入，收费公路及其他公用设施收费收入，项目产品出口贸易收入，银行贷款，分期付款契约、应收账款，等。

通常，拥有未来现金收入所有权的企业或项目公司或机构通常被称为原始权益人。原始权益人将这些未来现金流的资产进行估算和信用考核，并根据资产证券化的目标确定要把多少资产用于证券化，最后把这些资产汇集组合形成一个资产池。未来现金收入所涵盖的资产是 ABS 融资方式的物质基础和价值保证，通常应是稳定的、可靠的、低风险的和具有一定可预测性的。

2. 创建 SPV，实现"真实出售"

1）创建 SPV

创建 SPV 即组建一个特殊目的公司 SPV。它可以是一个信托投资公司、信用担保公司、投资保险公司或其他独立法人。该机构应能够获得国际权威资信评估机构较高级别的信用等级（AAA 或 AA 级）。由于 SPV 是进行 ABS 融资的载体，成功组建 SPV 是 ABS 能够成功运作的基本条件和关键因素。

有时，SPV 由原始权益人专门为实现 ABS 融资目的而设立，但它是以资产证券化为唯一目的的、独立的信托实体，其经营有严格的法律限制，例如，不能发生证券化业务以外的任何资产和负债、在对投资者付讫本息之前不能分配任何红利、不得破产等，其收入全部来自资产支持证券的发行。为降低资产证券化的成本，SPV 一般设在免税国家或地区，如开曼群

岛等处，设立时往往只投入最低限度的资本。

2）真实出售

SPV 与原始权益人签订买卖合同，原始权益人将拟证券化的资产转让给 SPV。转让的目的在于将原始权益人本身的风险割断，这样 SPV 进行 ABS 方式融资时，其融资风险仅与项目资产未来现金收入有关，而与建设项目的原始权益人本身的风险无关。在实际操作中，为了确保与这种风险完全隔断，SPV 一般要求原始权益人或有关机构提供充分的担保。

这一交易必须以真实出售的方式进行，买卖合同中应明确规定：一旦原始权益人发生破产清算，资产池不列入清算范围，从而达到"破产隔离"的目的。破产隔离实现了将资产过户给 SPV 的目标，确保即使原始权益人破产，证券化了的资产也不会遭到清算，保障了投资人的权益。即破产隔离使资产池的质量与原始权益人自身的信用水平分割开来，投资者对资产支持证券的投资就不会再受到原始权益人的信用风险的影响，这也正是项目融资的本质特点。

真实出售的作用是进行破产隔离，维护资产支撑证券的安全和投资者的利益。经过真实出售，SPV 在名义上对证券化资产享有完全的所有权，但在具体的行使和管理上受到很大限制；或 SPV 享有的仍是一种物权，但在有关合同中附加了一些条件，限制了其绝对权。

如何才能达到项目资产或收益的"真实出售"呢？主要有三种操作方式：

（1）债务更新，即先行终止发起人与资产债务人之间的债务合约，再由 SPV 与债务人之间的原合约还款条款订立一份新合约来替换原来的债务合约，从而把发起人与资产债务人之间的债权债务关系转换为 SPV 与资产债务人之间的债权债务关系。这种方法一般用于资产组合涉及少数债务人的场合。

（2）转让，即通过一定的法律手段把待转让资产项下的债权转让给 SPV。作为转让对象的资产要由有关法律认可具备可转让性质。资产权利的转让要以书面形式通知资产债务人，如无资产转让书面通知，资产债务人享有终止支付的法定权利。

（3）从属参与，即 SPV 与资产债务人之间无合同关系，发起人与资产债务人之间的原债务合约继续有效，资产也不必从发起人手中转让给 SPV，而是由 SPV 先行发行资产支持证券，取得投资者的款项，然后再转贷给发起人，转贷金额等同于资产组合金额。贷款附有追索权，其偿还资金来源于资产组合的现金流量。

比如在香港，有以下几条才能判断为真实出售：① 债务作为整体被完整地转让；② 原始权益人以书面形式签署转让文件；③ 转让不被认定为一项担保形式；④ 转让以书目形式明确地告知原债务人。

3. 信用增级，发行债券

1）信用增级

债券在与 SPV 结合后，信用有所提高，但仍需要改善发行条件。为吸引更多的投资者，改善发行条件，SPV 必须提高资产支持证券的信用等级，即必须进行"信用增级"。信用增级一般采取两种方式：发行人提供的信用增级即内部信用增级，第三者提供的信用增级即外部增级。

（1）内部信用增级，是由发行人提供的内部信用增级。可分为三种操作方法，即超额担保、储备基金和高级/次级证券结构。

① 超额担保，指被证券化的资产实际价值高于证券的发行额。在信贷资产证券化中，要求被证券化的项目贷款的实际价值高于证券的实际发行额，也就是要求所发行的债券总额不得超过作为基础资产的项目贷款组合的一定比例，如85%。

过度抵押是最简单的一种增级方式。发起人在发行时，用作抵押的是那些比其未来收入现金流大的资产。实际中很少采用这种方式，因为该种方式的成本高并且在资本利用上也缺乏效率。但作为其他方式的补充，过度抵押可以对某些类型的证券化资产和结构起重要作用。

② 建立储备基金账户，指事先设立用于弥补投资者损失的储备基金账户，在信贷资产证券化中，就是SPV将收到的项目贷款的本息与债券支付成本之间的差额，以及SPV在现金收付之间因时间差异而产生的再投资收入存入基金账户，在项目贷款出现违约时，动用基金账户以保证对证券投资者的支付。

③ 设计高级/次级结构，即划分高级证券和次级证券，在付清前者的本息之前对后者仅付息不还本。这种结构是指所有的损失首先由次级债券承担，即次级债券充当高级债券的缓冲器，其最大承担额相当于该类债券的总额。这种方法是用高收益的次级证券在本金和利息支付顺序上的滞后处理，来保证低收益的高级证券获得本金和利息的优先支付，从而提高高级证券的信用级别。优先/次级参与结构的评判标准将证券分为两部分：A证券和B证券。其中：A证券是高级证券，对抵押品的现金流和本金有优先权；B证券拥有次级权利。只有当A证券持有人在完全支付的情况下，B证券才可能被支付。这种信用增级方式的优点是使信用增级的成本分布在整个交易期间，B证券上较高的利息就是其信用增级的成本。对于具有较高成本，且用高资本成本折现决定B证券成本现值的公司，优先/次级参与结构具有很强的经济吸引力。

（2）外部信用增级。

外部信用增级方式通常是通过提供银行信用证，由一家单线保险公司提供保险以及第三者设立的储备账户基金来形成，这些信用增级依赖于担保人而不是资产池本身的信用等级。如SPV再向信用级别很高的专业金融担保公司办理金融担保，保证ABS按期按量支付本息，这样，ABS交易的信用级别就提升到了金融担保公司的信用级别。当前，证券化市场普遍应用的信用增级技术就是金融担保。金融担保是由一些信用级别在A级以上的专业金融担保公司向投资者提供保证证券化交易、履行支付本金和利息等义务。在被担保人违约的情况下，由金融担保公司偿付到期本息。在这种条件下，证券化交易的信用级别便由金融担保公司的信用级别取代，较低的信用级别可以提升到金融担保公司的信用级别。外部信用增级方式具体包括以下几种形式：

① 银行担保或信用证银行担保。这类担保可以担保贷款的本金、利息和担保抵押品免受过大的损失。银行担保是依据资产组合能产生的现金流情况来决定担保程度，由于银行可以对抵押品作部分担保，因此银行可以根据风险资产的部分价值而不是全部价值进行收费；但银行担保存在许多缺点，首先是市场上缺少信用等级为AAA级的银行，其次是返回给发起人的利润是有风险的。

② 保险公司可发出的担保。保险公司发出的免受损失的保险单，由保险人发出，保护作为项目融资或债券发行基础的抵押品价值，通常并不保证债权人能收回本息，实质上并不是

一种担保。保险公司发出的担保优点主要有：用于单一风险时，如信用风险，这种方式价格更为低廉。

③ 单线保险公司（金融担保公司）提供的担保。这样的公司由于无法从资产组合中分散风险，所以它只从事金融产品的保险业务，提高金融产品的信用等级。但是，它所提供的担保要求所担保的资产必须是投资级的。发起人根据单线担保的级别，使其资产获得与担保级别相同的信用等级。

2）发行债券

（1）发行评级并向投资者公告。信用增级后，SPV 聘请信用评级机构对将发行的证券进行正式的发行评级。评级机构根据经济及金融形势、发起人及证券发行人等有关信息、SPV和原始权益人资产债务的履行情况、信用增级情况等因素，将评级结果公布于投资者。

（2）发行债券。SPV 与证券承销商签订承销协议，由证券承销商负责向投资者销售资产支持证券。这时资产支持证券已具备了较好的信用等级，能以较好的发行条件售出，并将发行所得作为买入证券化资产的价款，支付给原始权益人。原始权益人用这笔收入进行项目投资和建设，达到其筹资目的。

4. 管理资产，清付本息

由原始权益人或 SPV 与原始权益人确定托管银行（受托管理人），签订托管合同，对资产池进行管理。

（1）将证券化资产发生的全部收入存入托管行。托管银行负责收取、记录由资产池产生的全部收入，并把这些收款全部存入托管银行的收款专户。托管行按约定建立积累金，准备用于 SPV 对投资者还本付息。

（2）还本付息。到了规定的期限，托管银行将积累金拨入付款账户，对投资者付息还本。

（3）支付服务费用。待资产支持证券到期后，还要向融资过程中提供过服务的各类机构支付专业服务费。

（4）剩余返还给原始权益人。由资产池产生的收入在还本付息、支付各项服务费之后，若有剩余，全部退还给原始权益人。整个资产证券化过程至此结束。

SPV 作为 ABS 融资的交易中介，基本上是一个"空壳公司"，并不参与实际的业务操作。资产证券化的运作示意见图 9-7，MBS 的证券化融资流程见图 9-8。

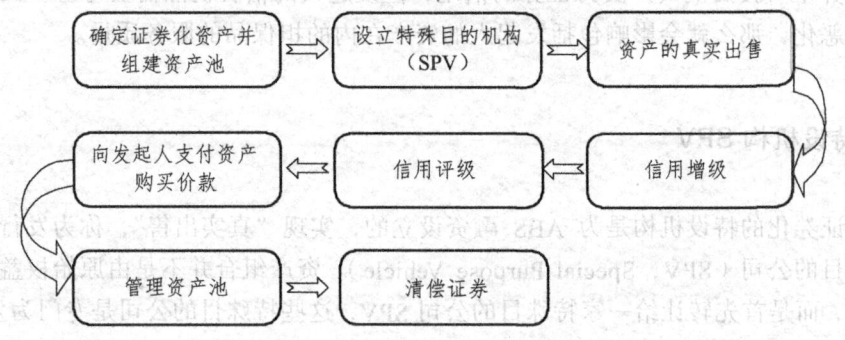

图 9-7 资产证券化的运作图示

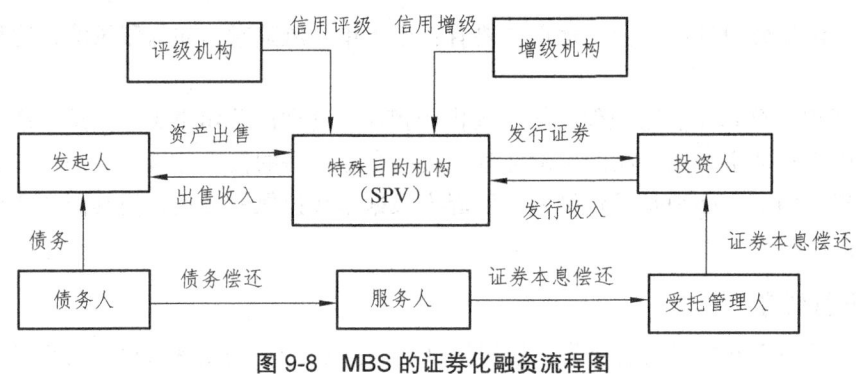

图9-8 MBS的证券化融资流程图

9.2.3 ABS融资的主要当事人

1. 发起人或原始权益人

发起人或原始权益人是被证券化的项目相关资产的原始所有者,即拥有ABS对应的权益资产的人,也是资金的最终使用者。对于项目收益资产证券化来说,发起人是指项目公司,它负责项目收益资产的出售、项目的开发建设和管理。

发起人发放贷款并创造出将成为担保品的资产。发起这些资产的实体包括:① 商业银行,其主要功能是吸收存款、管理贷款;② 抵押银行,主要功能是发放抵押贷款并在二级市场销售;③ 政府机构,尽管政府机构提供的贷款少,但发挥的作用很大。

一般情况下,在抵押贷款中发起人的主要作用是:① 收取贷款申请;② 评审借款者申请抵押贷款的资格;③ 组织贷款;④ 从借款人手中收取还款;⑤ 将借款还款转交给抵押支持证券的投资者等。

发起人的收入来源主要是:① 发起费,以贷款金额的一定比例表示;② 申请费和处理费;③ 二级销售利润,即发起人售出抵押贷款时其售价和成本之间的差额。

发起人大多同时也是证券的出售人和承销商,因为对发起人来说,保留证券的承销业务可获得一定的费用收入。

发起人一般通过"真实出售"或所有权转让的形式把其资产转移到资产组合中。尽管发起人破产并不直接影响资产支持证券的信用,但发起人的信誉仍然需要考虑。因为如果发起人的信誉恶化,那么就会影响包括发起人的资产在内的担保品的服务质量。

2. 特设机构SPV

资产证券化的特设机构是为ABS融资设立的,实现"真实出售",称为发行人,通常也称为特殊目的公司(SPV,Special Purpose Vehicle)。资产组合并不是由原始权益人直接转让给投资者,而是首先转让给一家特殊目的公司SPV,这些特殊目的公司是专门为发行ABS而组建的,具有独立法律地位。

SPV 必须具备以下两个特点：① 为保持中立性，SPV 必须是独立的法人实体；② 为了不至于因自身债务问题而扭曲证券化资产的风险隔离效果，SPV 应该成为"不破产实体"。因此，SPV 要满足以下条件：① 目标与权利应受到限制；② 债务应受到限制；③ 设有独立董事，维护投资者利益；④ 分立性；⑤ 不得进行重组兼并。SPV 是发起人与投资者之间的桥梁，是资产证券化结构设计中的关键。

3. 服务人和受托管理人

1）服务人

服务人通常由发起人自身或指定的银行来承担。服务人的主要作用体现在两个方面：① 负责归结权益资产到期的现金流，并催讨过期应收款；② 代替发行人向投资者或投资者的代表——受托人支付证券的本息。服务的内容包括收集原借款人的还款，以及其他一些为担保履行还款义务和保护投资者的权利所必需的步骤。因此，资产支持证券的大多数交易与服务人的信用风险存在着直接的关系，因为服务人持有要向投资者分配的资金。信用风险的高低是由服务人把从资产组合中得到的权益转交给投资者时的支付频率决定的。

2）受托管理人

受托管理人是托管银行，原始权益人和 SPV 一起确定，并签订托管合同。在资产证券化的操作中，受托管理人是不可或缺的，它充当着服务人与投资者的中介，也充当着信用强化机构和投资者的中介。受托管理人的职责主要体现在三个方面：① 作为发行人的代理人向投资者发行证券，并由此形成自己收益的主要来源；② 将借款者归还的本息或权益资产的应收款转给投资者，并且在款项没有立即转给投资者时有责任对款项进行再投资；③ 对服务人提供的报告进行确认并转给投资者。当服务人不能履行其职责时，受托人应该并且能够起到取代服务人角色的作用。

4. 发行人和证券商

1）发行人

作为发行人来说，它可以是中介公司，也可以是发起人的附属公司、参股公司或者投资银行。有时，受托管理人也承担这一责任，即在证券化资产没有卖给上述公司或投资银行时，它常常被直接卖给受托管理人。该受托管理人是一个信托实体，其创立的唯一目的就是购买拟证券化的资产和发行资产支持证券。该信托实体控制着作为担保品的资产，并负责管理现金流的收集和支付。信托实体通常就是发起人的一家子公司，或承销本次证券发行的投资银行的一家子公司。在某些情况下，由于单个发起人的资产不足以创造一个合格的资产组合，这时就要由几个发起人的资产共同组成一个资产组合。

当发行人从原始权益人手中购得权益资产，在未来收取一定现金流的权利后，就要对其进行包装，然后以发行证券的方式在二级市场上将之出售给投资者。ABS 的主要类型之一就是住房抵押贷。

2）证券商

ABS 由证券商承销。证券商或者向公众出售其包销的证券，或者私募债券。作为包销人，证券商从发行人处购买证券，再出售给公众。如果是私募债券，证券商并不购买证券，而只是作为发行人的代理人，为其成功发行提供服务。发行人和证券商必须共同合作，确保发行结构符合法律、财会、税务等方面的要求。私募债券时，SPV 与证券承销商签订承销协议，由他们负责发行。

5. 投资者

投资者是购买资产支持证券的市场交易者。由于投资者的风险偏好不同，因此不同风险程度的证券都有其市场。ABS 的风险收益结构可以进行动态调节，更能满足投资者特定的风险、收益结构要求。投资者不仅包括大量机构投资者，也包括众多个人投资者。

6. 信用增级机构与信用评级机构

1）信用增级机构

在资产证券化过程中，一个尤为关键的环节就是信用增级，而信用增级主要由信用增级机构完成。从某种意义上说，资产支持证券投资者的投资利益能否得到有效的保护和实现，主要取决于证券化产生的信用保证。所谓信用增级，即信用等级的提高，经信用保证得以提高等级的证券，将不再按照原发行人的等级或原贷款抵押资产等级进行交易，而是按照担保机构的信用等级进行交易。

信用增级一般采取内部信用增级和外部信用增级两种方式：发行人提供的信用增级即内部信用增级，第三方提供的信用增级即外部信用增级。

2）信用评级机构

信用评级机构是依据各种条件评定 ABS 等级的专门机构。ABS 的投资人依赖信用评级机构为其评估资产支持证券的信用风险和再融资风险。一般来说，信用评级机构都是在全球范围内享有较高声誉的机构，如美国的标准普尔（Standard&Pool's）、穆迪（Moody's）等，这些评级机构的历史记录和表现一直很好，特别是在资产支持证券领域口碑更佳。信用评级机构须持续监督资产支持证券的信用评级，根据情况变化对其等级进行相应调整。证券的发行人要为评级机构支付服务费用，因为如果没有评级机构的参与，这些结构复杂的资产支持证券可能就卖不出去。当有评级机构参与时，投资者就可以把投资决策的重点转移到市场风险和证券持续期的考虑上。所以，信用评级机构是证券化融资的重要参与者之一。

发行人需要评级机构的评级是因为他们希望证券的流通性更强，其支付的利息成本更低。当投资者通过评级系统的评级而相信了证券的信用质量时，他们对投资的收益要求通常就会降低。许多受到管制的投资者未被允许购买那些级别低于投资级的证券，更不能购买那些未经评级的证券。所以，证券评级机构的存在拓宽了投资者的投资范围，创造了对证券的额外需求，对发行人来说，所节省的成本也非常可观。

9.2.4 SPV 的组建与运作

1. SPV 的组织形式

SPV 的组织形式直接关系到 ABS 计划的性质及发行人所预期的财务目标。通常情况下，SPV 的组织形式有三种选择：

1）原始权益人为 ABS 融资而组建一个子公司

由于母子公司关系的存在，发起人有机会从对 SPV 的管理服务及利润分成中取得特权，从而损害投资者利益，而由发起人对 SPV 的资产转让过程是否属于"真实出售"也会被怀疑。基于这种考虑，一般法律和行业监管条例都明文规定，建立在这种形式基础之上的证券化行为将被认定是一种担保融资，会计上只能进行表内处理。

2）由独立第三方组建并拥有，不受原始权益人控制

SPV 的另一种组织形式是由独立第三方组建并拥有，而不为发起人所控制，且其组建不以盈利为目的。独立第三方通常以基金的形式出现，并由其委托的某受托管理机构代表该基金权益持有 SPV 的股份。如果 SPV 设立董事会，则应有至少一个独立董事。在实质性地改变 SPV 的目标和修改其组织文件时，需征得独立董事的同意，以保持其中立性。基于这种形式基础之上的资产转让，"真实销售"迹象明显，因而，一般法规允许对其进行表外处理。

3）由投资银行、信托投资公司、信用担保公司充当

第三种形式是由投资银行、信托投资公司、信用担保公司充当，这些公司往往已经在国际上获得了权威资信评估机构给予的较高资信评定等级，如标准普尔公司或穆迪公司评估的 AAA 级或 AA 级。根据信用评级理论，企业或机构发行的债券或通过它们信用担保的债券，自动具有该企业或机构的等级。

2. SPV 的经营运作

SPV 是发起人在实现其预期财务目标的过程中，为了迎合法律的要求而特设的一个法律概念上的实体，但近乎一个"空壳公司"，只拥有名义上的资产和权益，实际管理和控制均委托他人进行，自身并不拥有员工和场地设施。同时，SPV 的资产委托给发起人进行管理，因为，作为原始权益人，发起人有管理原本属于自己的资产的能力和经验。另一方面，SPV 的权益全部移交给一家独立的受托管理机构进行托管，然后凭此发行 ABS。受托管理机构作为投资者的代表持有证券的全部权益，收取证券本息，并分配给投资者。在 SPV 出现违约时，受托管理机构将代表投资者采取必要的法律行动。显然，这种实质上的信托结构能有效地牵制各参与方的行动，从而起到保护投资者利益的作用。

SPV 的运作一般要符合以下几点：

（1）目标和权利限制。SPV 的经营运作以资产证券化为唯一目的，除交易规定所必须进行的活动外，完全禁止证券化业务以外的其他经营和投融资活动。

（2）债务、财产抵押限制。SPV 除为履行交易中确定的债务及担保义务外，不应再发行任何其他债务和提供其他担保，尤其不能发生无关的债务和提供其他担保。一般情况下，SPV 不得用原始权益人的资产设立抵押。

（3）分立性。SPV 应保证遵循有关保持 SPV 分立的契约，保证做到如下几点：同其他任何个人或机构分立；保持资产不同任何其他机构的资产混合；只以自己的名义从事业务；保持分立的财务报表；遵守所有规章制度；不同其他分支机构发生关联方关系；不对任何其他机构提供担保或为其承担债务，或用自己的资信为其他机构提供债务保证；不用自己的资产为其他机构提供抵押；保持完全是一个独立的实体及接受年度检查。

（4）不得发生重组兼并。除在某种特定环境下，SPV 应保证不与他方合并或转让原始权益。在未事先通知有关当事人的情况下，不得对其经营合同及章程作修改。

（5）合同权益的保护。除在某种特定条件下，SPV 应保证不豁免或减轻任何当事人在合同中所规定的义务。

（6）银行账户。除交易文件规定开立账户外，SPV 不应开立其他银行账户。

（7）附属机构。不应设立除交易文件规定之外的任何附属机构。

（8）不能自聘工作人员。

（9）开支。SPV 开支应非常有限，仅用于维持其合法经营管理所必需的费用支出。

3. 组建地点的选择

在设计 ABS 方案时，SPV 组建地的选择很重要。SPV 既可以在发起人所在地注册组建，也可以在其他管辖区注册，关键是要看注册所在地是否有税收上的优惠或法律、监管上的障碍。SPV 当然应考虑尽可能地合法避税，降低成本。一般情况下，SPV 注册的国家或地区应具备一定条件：首先是破产法规定这类机构不得破产；其次是对利润或资本利得免征所得税；再次是对利息支付免征预提税；最后是从经济和法律等因素考虑，没有改变上述优惠的风险。

例如，为了合法避税，SPV 可设立在开曼群岛、百慕大等税收豁免地区。根据开曼群岛的法律规定，在开曼群岛设立的公司，只要一次性地缴纳一笔很低的印花税，就可以在 50 年内免缴一切税收与政府收费。此外，还可以通过适当安排，使 SPV 不被认为在发行地或资产所在地开展业务，也可以达到避税的目的。再如，各国都对有限责任公司公开发行债券有一定的法定标准限制，但各地标准不同，这也为寻求 SPV 理想组建地提供了可能。

9.2.5　ABS 模式的风险分析

资产证券化风险分为基础资产质量风险和证券化风险。这类风险分析对资产证券化的整个结构以及各个环节运作过程中可能出现的风险作一个系统分析，以便于对某项证券化以及资产支持证券作出评价。

在资产证券化过程中,投资者将面临结构风险,其中之一是金融资产组合的质量风险。毫无疑问,投资者往往都十分关心支持证券的金融资产能否产生稳定的现金流以保证证券稳定的收益;但事实上,投资者并非直接投资于这些金融资产的组合上,而是投资于以金融资产组合为基础的某种结构上,即使金融资产的组合能够保证稳定的现金流,但如果资产证券化的结构存在某种缺陷,资产支持证券仍会失败而造成投资者损失。这类风险被称为证券化风险。资产证券化的历史也告诉我们,在许多情况下,证券化结构的缺陷会造成比金融资产组合质量缺陷大得多的危害。因为后者即使在极端的情况下,也仅仅造成现金流的缩水,而前者很可能造成整个支持的中断,甚至整个资产支持证券的失败。所以,不仅是证券评级机构,而且投资者自身也应该识别这些风险,分析它们的规模,审查减少风险的方法,以及正确估计方法的有效性。资产证券化的风险主要有以下七类:

1. 欺诈风险

在资产支持融资活动的各个环节中,包括金融资产的价值评估、贷款或者其他债权的真实出售、金融担保及法律会计意见书等,都可能发生行为主体为牟取利益而进行的欺诈活动,从而使投资者遭受损失。事实上,有研究表明这种广泛存在的欺诈风险是证券的发起方(代理人)与证券的投资人(委托方)所掌握的信息不对称所导致的,而且随着目前证券化结构的不断复杂化,欺诈风险也越来越难以控制。

2. 失效风险

资产证券化的失效风险是指关于融资的法律意见书或者其他担保书、陈述书、支付合同等证书不符合或者不完全符合现行法律条款而失效的一种法律风险。正如一份重要的法律文件被法院宣判无效,而使交易机制停止运作一样,如果资产证券化过程中,某些重要法律合同失去了法律效力,将会使投资者手中的资产支持证券完全或者部分失效,那么证券发行人不再对证券持有人有进行支付的义务。

3. 法律风险

本来法律方面的证书、意见书是为了保证各个交易环节合法地、有效地运行,尽可能规避交易外部的风险因素,但是在某些情况下,法律以及法律条件本身的不明确性或者变动性,会成为资产证券化过程中重要的风险因素。

首先,许多资产支持融资是凭借关键的法律函件发行证券的,但是这些法律函件在法规方面较法律意见书缺乏确定性。其次,法律是发展的,新旧立法可能会发生冲突,按照法规设计的正在进行的融资结构可能最终失效,但融资活动在投资者未充分了解法律函件的局限性的情况下仍然继续进行着,这样就存在风险。最后,即使在有法律意见书的情况下,资产支持融资也不是无风险的。历史上就发生过律师事务所由于某种原因，撤销了对某个证券化过程的法律意见书，而使证券投资者蒙受证券信用等级和市值下降的重大损失的例子。

4. 对专家依赖的风险

资产证券化过程中，投资者的判断相当程度上依赖于资产估价师、律师、会计师等专家出具的意见书或者证明书。而为了减少交易风险而聘请的专家们，本身就可能称为一种风险。例如，意见书被撤销，会计师证明未及时支付，或者专家为交易制定的运作标准在交易期内发生不可预见的变化等，都会使证券投资者面临风险。

5. 金融管理风险

资产证券化是金融发展的一个里程碑，它的结构汇集了许多金融创新，比如设立特别目的机构（SPV）、金融资产的真实出售、证券的信用等级等。而正是因为其结构上的复杂性与技术上的高要求，证券化过程面临许多金融风险。

第一，技术性风险。一方面是计算机系统面临的风险。由于当今国际金融市场发展迅速，一个灵活而适应性强的计算机系统对于证券化过程非常重要，因为整个过程将集中并处理大量的数据，所以一旦系统出现故障甚至崩溃，其恢复成本将十分昂贵。另一方面则是信息风险。证券化的参与者对信息掌握的不充分或信息本身的缺陷，会使参与者的分析发生偏差而最终影响其决策。

第二，交易管理风险。在资产证券化的整个交易过程中，投资者最为倚重的是代表投资者管理和控制交易的受托人，以及负责资产管理的服务人。

第三，定价不当而导致系统风险。在高度竞争的金融市场，金融产品的定价一方面应考虑其内在价值，另一方面，应根据市场情况调整，这使合理的定价十分困难。例如，某份资产支持证券的利率若定的偏高，大量风险将被积累起来，损失虽然不会立刻显现，但会蔓延到整个结构，增加系统性风险。

6. 财产意外事故风险

这类风险主要是指当以支持证券的金融资产为抵押贷款时，作为抵押的财产发生意外事故的风险。

7. 信用等级下降风险

证券信用等级的下降会十分显著地影响其在市场（无论是一级市场还是二级市场）上的价格。而资产证券化交易中因素的复杂多样性，也使它特别容易受到等级下降的损害；且交易越复杂，促使该资产证券化中等级下降的诱因就越多。

9.2.6 ABS 融资案例：广深珠高速公路项目 ABS 项目融资

ABS 资产证券化是国际资本市场上流行的一种项目融资方式，已在许多国家的大型项目中采用。以下项目即为我国大陆第一条成功引进外资修建的高速公路。

1. 项目背景

广深珠高速公路是我国大陆第一条成功引进外资修建的高速公路。该项目于 1987 年 4 月部分开工建设，1994 年 1 月部分路段试通车，1997 年 7 月全线正式通车。国内经济发展要求加快交通基础设施建设，但财政资金相对紧张；同时，20 世纪 80 年代中期国内资本市场尚处于起步阶段，金融市场上资金紧缺，很难满足项目需求的巨额资金，并且资金成本也相当高。因此，大胆引进外资，通过在美国证券市场发行公司债的方式来获得建设资金，这样的融资模式，在当时的确可算是一个很大胆的创新，结果取得较大的成功，既解决了当时国内资金缺乏的问题，又保证了能够快速、高质量地完成项目建设，同时大大节省了借款利息，降低了项目建设成本。

广深珠高速公路项目资金的筹措采用了类似 BOT 的融资模式，但又与 BOT 存在较大的差别，实质为 TOT 模式。以项目公司——广深珠高速公路有限公司（以下简称公司）为主体负责项目的建设、营运。项目经营期为 15 年，期满时整个项目无偿收归国有。在项目的建设过程中，建设资金全部由外方股东解决，政府未投入资金。但是，政府在公司中派出了产权代表，并通过协商占有公司 50% 的权益资金。

2. 项目主要参与方

该项目从表面程序上看，经营权出售在先（BOT 模式），收购方以收购已有项目的收益作保证发行债券筹集资金（ABS 模式），然后才将筹得的 2 亿美元支付给经营权益的出售方。故该项目的主要参与方分两方面讨论：

1）TOT 模式中的主要参与方

（1）项目的最终所有者（即项目的发起人）——广东省珠海市政府。
（2）项目经营者——珠海高速公路公司。

2）离岸 ABS 模式中的主要参与方

（1）原始权益人（项目发起人）——澳门珠海集团。
（2）特设载体 SPV——珠海高速公路公司。
（3）承销商——摩根斯坦利公司。
（4）服务机构——摩根斯坦利公司。
（5）信用评级机构——美国标准普尔公司、穆迪投资公司。

3. 离岸资产证券化运作过程

1）离岸资产证券化概况

1996年8月，珠海市人民政府在开曼群岛注册了珠海高速公路有限公司，成功地根据美国证券法律144A规则发行了资产担保债券。该债券的承销商为摩根斯坦利公司。珠海高速公路有限公司以当地机动车管理费及外地过往机动车所缴纳的过路费作为担保，发行了总额为2亿美元的债券，所发行的债券通过内部信用增级的办法，将其分为两部分：其中一部分是年利率为9.125%的10年期优先级债券，发行量为8500万美元；另一部分为年利率为11.5%的12年期的次级债券，发行量为11500万美元。该债券的发行收益被用于广州到珠海的高速公路建设，资金的筹集成本低于当时的银行贷款利率。

广深珠高速公路项目ABS融资模式概况见表9-2。

表9-2 广深珠高速公路项目ABS模式概况

发行人	澳门珠海集团	
额度	2亿美元（用于广州至珠海高速公路建设）	
发行时间	1996年8月（承销商：摩根斯坦利公司）	
份额	高级债券	次级债券
金额	8 500万美元	11 500万美元
息票率	9.125%	11.5%
与美国国债利差	+250基点	+475基点
评级（穆迪、标准普尔）	Baa3/BBB	Ba1/BB
期限	10年期	12年期

2）资产证券化程序

（1）确定证券化资产并组建资产池。原则上，投资项目所附的资产只要在未来一定时期内能带来稳定可靠的现金收入，都可以进行ABS融资。能够带来现金流入量的收入形式可以是信用卡应收款，房地产的未来租金收入，飞机、汽车等设备的未来运营收入，项目产品的出口贸易收入，收费公路及其他公共设施收入，等等。一般情况下，这些代表未来现金收入的资产，本身具有很高的投资价值，但由于各种客观条件的限制，它们无法获得权威性资信评估机构授予的较高级别的资信等级。因此，无法通过证券化的途径在资本市场上筹集项目建设资金。本项目中高速公路便是这样，未来收益稳定且价值高，但受各种条件限制，无法直接融资。原始权益人将这些未来现金流的资产进行估算和信用考核，并根据资产证券化的目标确定要把多少资产用于证券化，最后把这些资产汇集组合形成一个资产池。

（2）设立特殊目的机构（SPV）。成功组建SPV是ABS融资的基本条件和关键因素。为此，SPV一般是由在国际上获得了权威资信评估机构给予较高资信评定等级（AAA或从级）的投资银行、信托投资公司、信用担保公司等与证券投资相关的金融机构组成。有时，SPV由原始权益人设立，但它是以资产证券化为唯一目的的、独立的信托实体。其经营有严格的法律限制，例如，不能发生证券化业务以外的任何资产和负债，在对投资者付讫本息之前不能分配任何红利，不得破产，等等。其收入全部来自资产支持证券的发行。为降低资产证券化的成本，SPV 一般设在免税国家或地区，如开曼群岛等处，设立时往往只投入最低限度的资本。本项目中，SPV 由珠海高速公路公司担任，是珠海澳门集团为此项目融资专门设立的。

（3）资产的真实出售。SPV 成立之后，与原始权益人签订买卖合同，原始权益人将资产池的资产过户给 SPV。这一交易必须以真实出售方式进行，买卖合同中应明确规定：一旦原始权益人发生破产清算，资产池不列入清算范围，从而达到"破产隔离"的目的。破产隔离使资产池的质量与原始权益人自身的信用水平分割开来，投资者对资产支持证券的投资就不会再受到原始权益人的信用风险影响。资产的出售均要由有关法庭判定其是否为"真实出售"，以防范资产证券化下涉及的发起人违约破产风险。此项目中，资产的真实出售，是以珠海市政府与珠海高速公路公司签订的 15 年的特许经营权体现的，即珠海高速公路公司以 2 万美元买下了高速公路 15 年的经营权。

（4）信用增级。SPV 及相关各方通过签订各种协议来完善资产证券化的交易结构，然后请信用评级机构对这个交易结构以及设计好的资产支持证券进行内部评级。一般而言，这时的评级结果并不理想，较难吸引投资者。因此，为吸引更多的投资者，改善发行条件，SPV 必须提高资产支持证券的信用等级。即必须进行"信用增级"。信用增级可通过外部增级和内部增级来实现。① 内部信用增级。a.设计优先/次级证券结构，这种结构是指所有的损失首先由次级债券承担，充当高级债券的缓冲器；b.建立超额抵押，超额担保是指组合中的资产价值超过所发行证券的金额，如果抵押价值下降到该水平之下，信用强化者必须以新的抵押品弥补该缺口；c.建立储备基金账户，储备基金账户是指通过事先设立用以弥补投资者损失的现金账户以防范风险。② 外部信用增级。外部信用增级方式通常是通过提供银行信用证或由一家保险公司提供保险来形成的。这些信用增级依赖于担保人而不是资产池本身的信用等级。该项目中的信用增级采用的是内部增级的方式：① 设计了优先、次级债券的结构，风险与收益成正比，次级债券利率高，相应承担的风险较大，缓冲了高级债券的风险压力。② 建立储备金账户，珠海澳门集团储备了 5 000 万美元的备用信用证，用以弥补资金的不足。

（5）信用评级。信用增级后，SPV 应再次委托信用评级机构对即将发行的 ABS 债券进行正式的发行评级，评级机构根据经济金融形势，发起人、证券发行人等有关信息，SPV 和原始权益人资产债务的履行情况、信用增级情况等因素将评级结果公布于投资者，然后由证券承销商负责向投资者销售资产支持证券。由于这时资产支持证券已具备了较好的信用等级，能以较好的发行条件售出。本项目中美国穆迪和标准普尔公司分别对优先级和次级债券进行了评级，因要发行的是收益债券，故评级要求不是很高。所以，优先级债券和次级债券均获得了较高的信用评级，满足发行要求。

（6）向发起人支付资产购买价款。SPV 从证券包销商那里取得证券的销售收入后，即按资产买卖合同签订的购买价格向原始权益人支付购买资产池的价款，而原始权益人则达到了筹集目的，可以用这笔收入进行项目投资和建设。此项目中。摩根斯坦利公司作为承销商，出售收益债券。而债券购买人将债券的购买价格存入 SPV 指定银行账户，再通过服务人（此项目中还是摩根斯坦利公司）转交给 SPV，SPV 用以支付购买价格。事实上，珠海市政府用筹集到的 2 亿美元，不仅修建了广深珠高速公路，还建造了其他一些公共设施。

（7）管理资产池。原始权益人或由 SPV 与原始权益人指定的服务公司（摩根斯坦利公司）对资产池进行管理，负责收取、记录由资产池产生的全部收入，将这些收款全部存入托管行的收款专户。托管行按约定建立积累金，准备用于 SPV 对投资者还本付息。

（8）清偿证券。按期还本付息，对聘用机构付费。到了规定的期限，托管银行将积累金拨入付款账户，对投资者付息还本。待资产支持证券到期后，还要向聘用的各类机构支付专业服务费。由资产池产生的收入在还本付息、支付各项服务费之后，若有剩余，全部退还给原始权益人。整个资产证券化过程至此结束。

图 9-9 即为该项目的 ABS 融资运作流程。

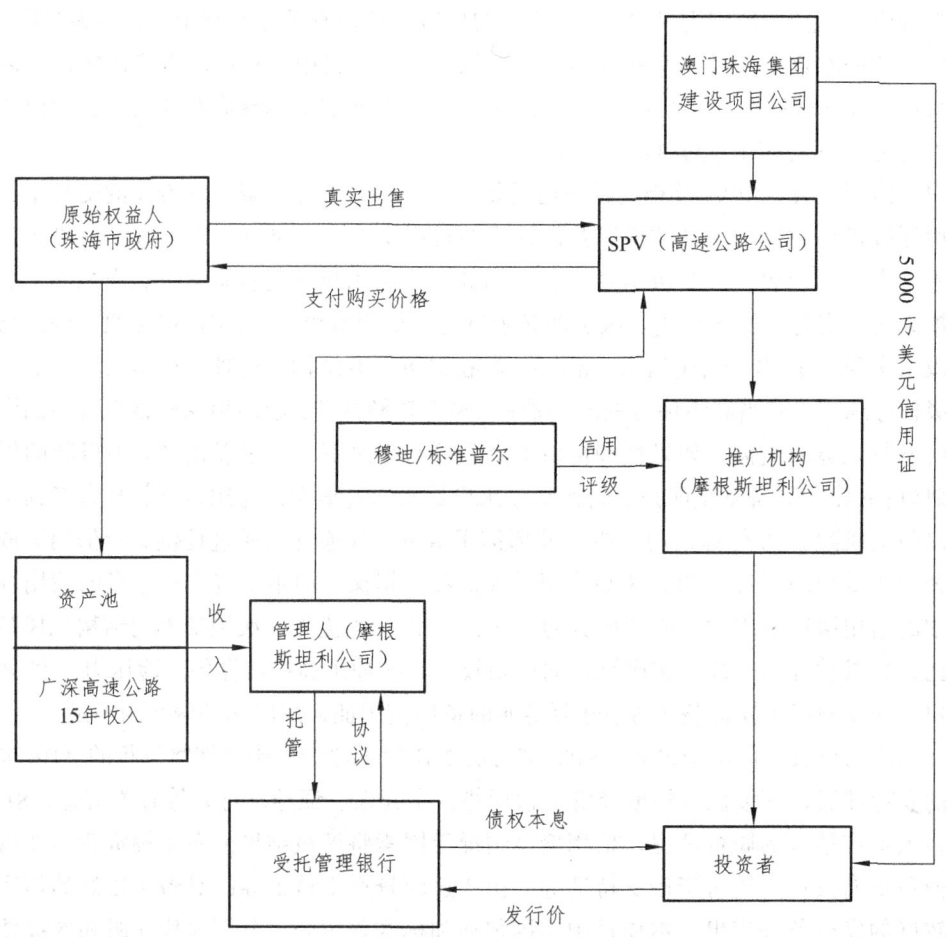

图 9-9　广深珠高速公路项目 ABS 模式运作流程图

4. 风险分析及信用保证结构

（1）外汇管制。离岸资产证券化的障碍是外汇管理制度，因为通过"离岸资产证券化模式"筹集的是外汇，还本付息也得是外汇，但资产的现金流是人民币，而目前中国尚未实行资本项目的自由兑换，如何把现金流从人民币换成外汇成了一个大障碍。

（2）金融风险，主要是汇率和利率风险。

① 当时为了避免人民币对美元的贬值风险，项目采用在提高费率的计算公式中包含的一项允许按照上一年度人民币兑美元贬值幅度的最高 50% 来提高高速公路通行费，规避了汇率风险。

② 为了避免利率变化造成的风险，该项目采用浮动利率，且经利率互换改为浮息。将原来的票面利率按美国同期国库券固定利率加 250 个基本点为 9.125%，经利率互换改为浮息 LIBOR+1.75%～1.8%，规避了利率变化造成的风险。

（3）信用风险。项目的特许权协议，是政府提供的担保，较为可靠，且该项目用 ABS 融资模式，经过了严格的信用评级过程，故信用风险也较小。

（4）完工风险。该项目经营权出售在前，收购方以项目未来收益作保证发行债券筹集资金在后，故完工风险已经由政府承担，对于 ABS 融资模式来说，不存在此风险。但在前面的 TOT 模式中有一定的风险。通过完工担保来防范，是本项目融资结构中最主要的担保。政府为高速公路的建设费用的筹资，是将该项目以 TOT 形式转让给珠海高速公路公司，该公司以此为资产池而进行 ABS 融资。政府提供完工担保，即承担着未完工或是项目建设失败的风险。

（5）项目的运营风险。高速公路营运风险是指高速公路在投入营运后，由于市场、技术、管理等多方面因素，导致营运成本增加、车流量减小、收入降低、本息偿还和收益得不到保证的风险。高速公路营运风险包括技术落后、管理水平低下等对高速公路带来不利影响，如养护技术落后、养护成本高、收费系统效率低等；还包括由于政治经济、法律政策、利率汇率、自然社会等外部环境变化对高速公路营运所产生的不利影响，如物价上涨、通货膨胀、车辆通行费下调、自然灾害等。其中包括较突出的竞争风险，即政府在同一区域建设或许可建设与该 BOT 项目同样性质的项目，使该项目的客户分流，利用量减少。如在离已建好的收费公路较近的区域之内另建一平行公路，或者将现行的平行公路进行重大改造，提高其等级，这样就会发生两条公路争夺同一路段交通量的情形。这种情况需要在合同中明确规定由此产生的交通量下降或增长率降低而造成的损失应给予补偿。这一风险通过资金缺额担保来防范，澳门珠海集团在指定银行账户开具一张 5 000 万美元的备用信用证，为资产证券化提供担保。

（6）不可抗力风险。不可抗力风险是指项目的参与方不能预见且无法克服及避免的事件给项目所造成的损坏或毁灭的风险，如地震、水灾、瘟疫、社会动乱、战争行为等。一旦出现不可抗力，项目可能中断或完全失败。项目公司无法控制这些不可抗力风险，可在合同中约定采用顺延工期和延长营运期补偿损失，或者投保将此类风险转移给保险公司。

9.3　PPP 项目融资模式

近年来，基础设施的建设领域，项目不一定表现为在特许经营期内由私营机构独立经营的 BOT 模式，而采取由政府和私营机构合作建设或经营的 PPP 模式。以下就对 PPP 融资模式的概念、特点和运作方式加以介绍。

9.3.1 PPP 融资模式概述

1. PPP 模式的概念

PPP（Public Private Partnerships），即公私伙伴关系，又称为公私合作制，是指政府与社会资本合作。对于 PPP 模式的概念，不同的学者和机构有不同的表述，不同的组织和国家对 PPP 下的定义也不同，目前还尚未形成一个统一的定义。

加拿大公私合作协会（Canadian Association for Public Private Partnerships）的定义是：PPP 模式是公共和私营部门的一种风险合作，它根据各个合作者的专长，通过资源、风险和收益的适当分配来最好地满足公共需要。

基尔纳汉（Kernighan）将 PPP 模式定义为一种广义的关系，即 PPP 是公共和私营部门为了共同的目标或利益所形成的共享彼此权利、工作、支持以及信息的关系。

联合国培训研究院的定义：PPP 包含两层含义，其一是为了满足公共产品的需要而建立的公共和私人倡导者之间的各种合作关系；其二是为了满足公共产品需要，公共部门和私人部门通过建立伙伴关系进行的大型公共项目的实施。

欧盟委员会的定义：PPP 是公共部门和私人部门之间的一种合作关系，其目的是提供传统上由公共部门提供的公共项目或服务。

中国财政部的定义：PPP 是指在基础设施及公共服务领域建立的一种长期合作关系。通常模式是由社会资本承担设计、建设、运营、维护基础设施的大部分工作，并通过"使用者付费"及必要的"政府付费"获得合理投资回报。政府部门负责基础设施及公共服务的价格和质量监管，以保证公共利益最大化。

国内外机构和学者对 PPP 的定义还有很多，综合起来，PPP 的概念有广义和狭义之分。

1）PPP 广义的概念

联合国培训研究院的第一种含义：PPP 是为了满足公共产品需要而建立的公共和私人倡导者之间的各种合作关系。这是从广义上讲的 PPP，它泛指公共部门与私人部门为提供公共产品或服务而建立的各种合作关系，具体涉及外包、特许经营以及私有化等几种类型。外包类是指由政府投资，私人部门仅承包项目中的一项或者多项任务；特许经营类则需要私营部门参与部分或者全部投资，通过一定的合作机制与公共部门分担项目风险，共享收益；私有化类的项目需要私人部门独自承担风险，所有权归私人部门所有，不具备有限追索的权力。广义的 PPP 不是一种具体的项目融资或建设方式，而是一种十分广泛的合作关系。它仅仅是一个总括性的概念，是政府与社会资本合作[财政部文件指社会资本是不包括本级政府所属融资平台公司及其他控股国有企业（脱钩的除外）]。它作为一系列特定融资模式的总体概念，代表了私人部门与公共部门不同程度的合作关系。

这种 PPP 包括 BOT 和 PFI 等各种融资模式，并不是具体的项目融资模式。随着近年来我国基础设施投资的不断增加，我国作为一个发展中国家在资金、技术、管理等方面的不足逐渐彰显，BOT、BOO、BOOT、TOT、PFI 等多种融资模式在城市基础设施建设中发挥出重要的作用。其各种模式可以用图 9-10 来描述。

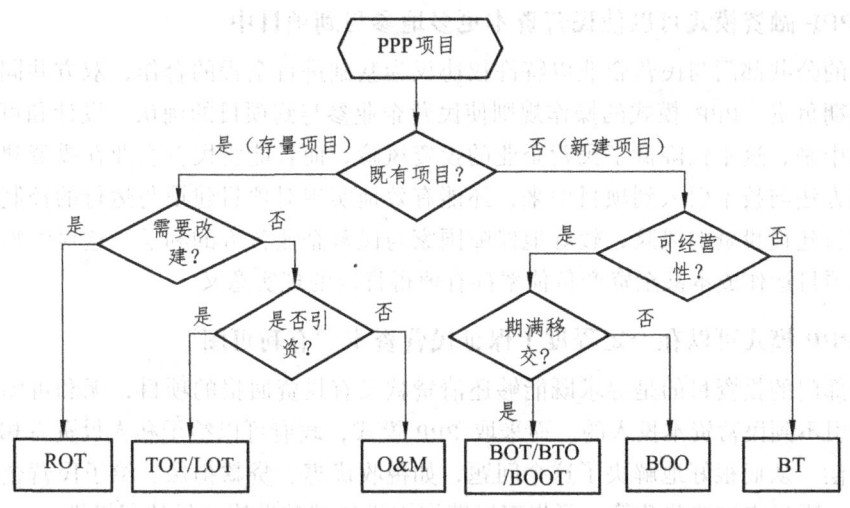

图 9-10　广义 PPP 模式图解

2）PPP 狭义的概念

狭义的 PPP 可以理解为一系列项目融资模式的总称，指公共部门与私人部门共同参与生产和提供物品和服务的制度安排，是一种项目融资方式，合同承包、特许经营、补助等也符合这一定义。

在狭义的 PPP 模式中，政府、私人营利性企业和非营利性企业基于某个项目而形成相互合作的关系。通过这种合作形式，合作各方可以达到与其单独行动相比更为有利的结果。合作各方参与某个项目的时候，政府并不是把项目的责任全部转移给私营企业，而是要通过对项目的扶持，实现参与合作各方的利益，同时使各方共同承担责任和融资风险。可见，PPP 的基本特征包括共享投资收益、分担投资风险和承担社会责任。

狭义的 PPP 更加强调合作过程中的风险分担机制和项目的衡工量值。

有的学者认为 PPP 是一种新型的融资模式，具有与传统 BOT 模式不相同的特点。它在 1997 年被提出，是从 BOT 和 PFT 模式发展而来的，可以应用的范围更为广泛，且特别适合于大型基础设施项目。

本节中对 PPP 模式的讨论则是指狭义的 PPP 模式。

2. PPP 模式的内涵

从 PPP 模式的定义和基本特征看，其主要内涵包括以下四个方面。

1）PPP 模式是一种新型的项目融资模式

PPP 项目融资是以项目为主体的融资活动，是项目融资的一种实现形式，主要根据项目的预期收益、资产以及政府扶持措施的力度而不是项目投资人或发起人的资信来安排融资。项目经营的直接收益和通过政府扶持所转化的效益是偿还贷款的资金来源，项目公司的资产和政府给予的有限承诺是贷款的安全保障。

2）PPP 融资模式可以使民营资本更多地参与到项目中

政府的公共部门与民营企业以特许权协议为基础进行全程的合作，双方共同对项目运行的整个周期负责。PPP 模式的操作规则使民营企业参与到项目的确认、设计和可行性研究等前期工作中来，这不仅降低了民营企业的投资风险，而且能将民营企业在投资建设中更有效率的管理方法与技术引入到项目中来，还能有效地实现对项目建设与运行的控制，从而有利于降低项目建设投资的风险，较好地保障国家与民营企业各方的利益。这对缩短项目建设周期、降低项目运作成本甚至资产负债率都有值得肯定的现实意义。

3）PPP 模式可以在一定程度上保证民营资本"有利可图"

私营部门的投资目的是寻求既能够还清贷款又有投资回报的项目，无利可图的基础设施项目是吸引不到民营资本投入的。而采取 PPP 模式，政府可以给予私人投资者相应的政策扶持作为补偿，从而很好地解决了这个问题，如税收优惠、贷款担保、给予民营企业土地优先开发权等。通过实施这些政策，可提高民营资本投资基础设施项目的积极性。

4）PPP 模式有效地定位政府在项目中的角色

在传统模式下，政府既是项目的投资者，同时又是项目的执行者和监督者，这种三位一体的模式所带来的管理缺位极易造成决策失误或监督失效，导致项目投资效益低下，甚至影响工程质量，滋生腐败现象。在 PPP 模式下，政府作为项目的发起人和参与者之一，通过项目引入私营企业参与合作，借助于私营企业的资金和技术优势来更好地完成项目。项目实施由专门成立的特别目的公司（Special Purpose Company，SPC）组织，SPC 负责项目的融资、建设并承担相应的风险。在这种明晰的关系结构下，政府可以对项目进行有效的监督和监管。

3. PPP 模式的主要运作思路

PPP 模式的主要运作思路是：公共机构根据基础设施及城市公用事业建设的需求，以特许经营权协议为基础选择某一民营机构进行伙伴式合作，双方共同参与基础设施项目的确认、技术设计及可行性分析等项目前期工作，确定好风险的分配方案，由持有特许经营权协议的民营机构组建项目公司，具体负责项目的建设、运营及移交等工作，在此过程中双方相互协调，共同对项目的整个周期负责。

这种模式的一个最显著的特点就是政府公共机构与民营机构及项目的投资者之间相互协调，共同在项目建设中发挥作用（其运作思路如图 9-11 所示）。其中，政府公共机构与民营机构以特许经营权协议为基础进行合作。与以往民营企业参与基础设施及城市公用事业建设的方式不同，该模式的合作始于项目的早期论证阶段，并贯穿于全过程，双方共同对项目的整个周期负责。在项目的早期论证阶段，双方共同参与项目的确认、技术设计和可行性研究工作；对项目采用项目融资的可能性进行评估确认；采取有效的风险分配方案，把风险分配给最有能力的参与方来承担。

在 PPP 模式中，政府通常与提供贷款的金融机构达成一个直接协议，这不是对项目进行担保的协议，而是一个向借贷机构承诺将按与项目公司签订的合同支付有关费用的协议。这个协议使项目公司能够比较顺利地获得金融机构的贷款。采用这种融资形式的实质是：政府通过给予私营公司长期的特许经营权和收益权来换取基础设施及城市公用事业的建设及有效运营。

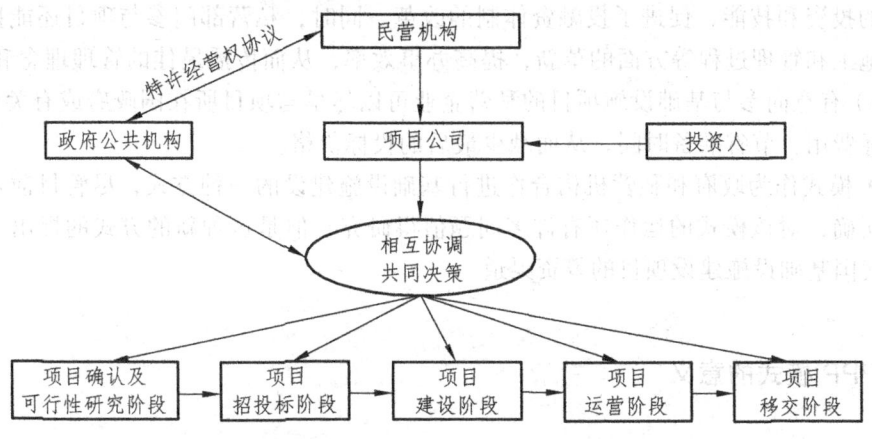

图 9-11　PPP 模式主要运作思路

与以往民营企业参与基础设施及城市公用事业建设相比，PPP 模式能够使政府部门和民营企业充分利用各自的优势，即把政府部门的社会责任、远景规划、协调能力与民营企业的创业精神、民间资金和管理效率结合到一起。其优势如下：

（1）采用 PPP 模式可以有效地降低整个项目的费用。美国交通部秘书 Norman Mineta 介绍说，研究及实践表明，PPP 模式可以降低项目费用 6%~40%，并且可以限制超出费用的产生。

（2）PPP 模式可以使民营企业尽早介入项目。可以使民营企业在初始阶段就参与项目的识别、可行性研究、设施和融资等项目建设过程，保证了项目在技术和经济上的可行性，缩短前期工作周期，并有利于充分利用民营企业的先进技术和管理经验。

（3）有利于转换政府职能，减轻财政负担。政府可以从繁重的事务中脱身出来，从过去的基础设施及城市公用事业的提供者变成监管者，也可以在财政预算方面减轻政府的压力。

（4）有利于改善基础设施及城市公用事业产品和服务的质量。在 PPP 模式下，公共部门和民营企业共同参与建设和运营，双方可以形成互利的长期目标，更好地为社会和公众提供服务。而且，民营企业参与项目的运营、管理和维护，有利于提高建设和运营效率，引入新的管理体制，用户可以得到较高质量的服务。

（5）有利于重新整合项目的各种资源。PPP 融资模式使项目的参与各方重新整合，组成战略联盟，对协调各方不同的目标起到了关键性作用。

（6）有利于投资风险合理分担。由于 PPP 项目一般具有巨额资本投入、项目周期长等因素带来的风险，政府部门不是把项目风险全部转移给民营企业，而是本身也承担其中的部分风险，从而有利于提高民营企业完成项目的信心，保证项目顺利实施。同时，还可以增加项目的资本金数量，进而降低基础设施及城市公用事业项目较高的资产负债率。

（7）PPP 模式有利于培养基础设施及城市公用事业建设、运营和管理的人才。在政府与民营企业的合作过程中，政府职员无形中受到了一次先进技术和管理经验的培训，有利于其自身素质的提高。

（8）PPP 模式应用范围广泛。该模式突破了当前民营企业参与公共基础设施项目组织机构的多种限制，可适用于城市公共交通等各类城市公用事业及道路、铁路、机场、医院、学校的建设等。

（9）促进了投资主体的多元化。通过利用私营部门来提供服务和资金能够为政府部门提供更多的投资和技能，促进了投融资体制的改革。同时，私营部门参与项目还能推动在项目设计、施工和管理过程等方面的革新，提高办事效率，从而传播最佳的管理理念和经验。

（10）有意向参与基础设施项目的私营企业可以尽早与项目所在国政府或有关机构接触，节约投标费用，节省准备时间，从而减少最后的投标价格。

PPP 模式作为政府和私营机构合作进行基础设施建设的一种方式，尽管目前对其概念尚未完全明确，对该模式的运作还有许多问题值得研究，但是这种新的方式的提出，势必有利于拓宽我国基础设施建设项目的筹资渠道。

4. PPP 模式的意义

（1）解决地方债务：地方政府债务很高，采用 PPP 模式可解决地方债务问题。2013 年 6 月，全国各级政府债务约 30 万亿元人民币，地方政府性债务 17.9 万亿元人民币。

（2）解决巨大基础设施投资缺口和社会资本准入难：2020 年城镇化率要达到 60%，投资需求达 42 万亿元人民币，财政投入和土地为主的投融资机制不可持续；社会资本进入国家重点的门槛很高，由于"玻璃门""旋转门""弹簧门"而无法进入。PPP 对于转变政府职能有重要意义。

（3）提高公用事业运营，转变政府职能，维护大众公共利益：传统模式重建设轻管理，重投入轻绩效，投资成本高、运营效率低、维护成本大、质量不稳定。PPP 按绩效和可用性付费，实现"少花钱多办事"，甚至"没钱也办事"的物有所值目的。

5. PPP 模式的特点

PPP 是介于外包和私有化之间，结合了两者特点的一种公共产品提供方式，它充分利用私人资源进行设计、建设、投资、经营和维护公共基础设施，并提供相关服务以满足公共需求。PPP 模式通过政府与私营部门的合作共同发展基础设施，是实现参与各方的利益，同时共同承担责任和融资风险的一种模式。简单来说，PPP 的运行主要有三个重要特征：伙伴关系、利益共享和风险共担。

PPP 强调政府与私人部门之间的长期合作关系，来共同提供公共产品和服务。它通过鼓励私人完成项目的设计和建设，使得承包商和设计者在项目早期就可以通力协作。从项目的长远利益出发，PPP 模式是选择提供公共产品和服务的最佳方式，在 BOT 项目中则不特意如此要求。与传统的特许经营模式通常注重降低建设成本相比，PPP 可以将项目的寿命周期成本降到最低，并且减少项目建设阶段的设计变更。以下就 BOT 与 PPP 的对比来说明 PPP 的特点。

1）BOT 与 PPP 的不同点

（1）责权利的设置不一样。BOT 模式下，政府和社会方在法律上是严格独立的，各自求利益最大化，且缺乏协调机制。PPP 模式下，政府和社会方在法律意义上形成共同体，相对融合，利益方向基本一致。

（2）操作程序不一样。BOT 的前期工作大多由政府方完成，PPP 则可由双方一起合作完成。BOT 在对项目内容比较清楚时进行招投标，PPP 则可在相对模糊情况下进行政府采购。

2）BOT 与 PPP 的优点与缺点

（1）优点：

BOT：① 项目融资的所有责任都转嫁给私人企业，减少了政府主权借债和还本付息的责任；

② 政府可以避免大量的项目风险；

③ 组织机构简单，政府部门和私人企业协调容易；

④ 项目回报率明确，严格按照中标价实施，政府和私人企业之间利益纠纷少；

⑤ 拓宽资金来源，减少政府财政负担。

PPP：① 可促进政府管理改革，政府可实现融资风险的转移；

② 政府与私企权利共享，改变了传统政企关系；

③ 使私企在项目前期即可参与，有利于充分利用私企先进技术和管理经验；

④ 政府和私企共同参与项目建设运营，可达成互利合作目标；

⑤ 有意向企业可尽早与政府接触，减少投标费用和招标时间。

（2）缺点：

BOT：① 公共部门和私人企业往往都需要经过一个长期的调查了解、谈判和磋商过程，以致项目前期过长，使投标费用过高；

② 投资方和贷款人风险过大，没有退路，使融资举步维艰；

③ 参与项目各方存在某些利益冲突，对融资造成障碍。

PPP：① 对于政府而言，确定合作公司有一定难度，而且在合作中要负有一定责任，增加了政府风险负担；

② 组织形式比较复杂，增加了管理上协调的难度，对参与方的管理水平有一定要求；

③ 如何设定项目的回报率可能成为一个有争议的问题。

6. PPP 模式的必要条件和适用范围

1）必要条件

（1）政府部门的大力支持。

在 PPP 模式中，随着项目的不同，合作双方的角色和责任也会有所差异，但是政府的总体责任和角色都是为大众提供最优质的公共服务和设施。在任何情况下，政府都应该从保护和促进公共利益的角度出发，负责公共项目的策划、组织招标工作、理顺各个参与机构之间的关系和权限，从而降低项目的总体风险。

（2）有效的监管框架。

良好的监管框架的形成和监管权力的执行，是一个工程项目得以顺利完成并且保持未来运营顺畅的重要环节。政府监管必须确定一种承诺机制，以保证私人企业的资产安全性，降低企业融资的成本，并且给企业提供资金的激励。另外，政府监管必须能够保证企业生产或者运营的可持续性，让私人企业得到合理的报酬。

（3）健全的法律法规制度。

PPP 项目的成功运作需要在法律层面上对政府和私人企业在项目中所需要承担的风险和责任进行明确的界定和说明，从而保证双方的利益。

（4）专业化的机构和人才的支持。

PPP 模式的运作广泛采用项目特许经营权的方式进行结构融资，这就需要比较全面和复杂的法律、金融和财务方面的知识。一方面，要求政策制定出参与方规范化、标准化的 PPP 交易流程，对工程项目的运作提供技术指导和有关的政策支持；另一方面，需要专业化的中介机构提供专业化的服务。

2）适用范围

目前关于公共物品可由社会私营部门生产和供应已经基本达成一致，并且鉴于公共部门在开展基础设施建设过程中势必面临的资金及技术压力，而私营企业在技术及管理方面存在优势，再加上前文已经论述了 PPP 模式的诸多优势，这些都为私营部门参与基础设施建设项目创造了有利条件。政府部门自然希望扩大该模式在公共基础设施项目的适用范围，然而并非所有公共基础设施建设项目都适合采取 PPP 模式。

公共基础设施建设是城市物质的重要部分，为社会生产活动的开展及居民生活创造条件，对于城市的意义不容小觑。具体而言，城市公共基础设施涉及能源系统、交通系统、通信系统、生态环境系统、城市防灾系统以及供排水系统等六部分。

尽管政府希望进一步扩大 PPP 模式的应用，但 PPP 模式有特定的适用范围，必须在对 PPP 模式进行全面深入分析的基础之上确定是否适用。从一定意义上讲，投资的公用物品及服务特性对于 PPP 模式的适用具有决定性影响，具体应考虑公共设施的规模、所涉及技术的复杂程度、收费情况、生产与消费规模等因素。国外实践表明，公共基础设施项目所需要的投资越多、所涉及的技术越复杂、收费越容易、边界越清晰，则私营资本进入难度越大。随着实践的发展，近些年来，PPP 模式的应用范围也逐渐从最初的公路、城市公交、机场及海港等领域扩展到电力、污水处理、供水、供气、教育、医疗以及国防等部门。

9.3.2 PPP 模式的基本结构

1. PPP 模式的参与方

运用 PPP 的目的是吸引私人机构投资于基础设施，特别是准经营性项目。由于 PPP 模式的复杂性和风险性，PPP 项目的参与方很多，一般包括政府、SPC、金融机构、咨询公司、工程承包公司、原材料供应商、保险公司和用户等。

1）政府

政府通常是 PPP 模式的基础设施项目的发起人，它们在法律上既不拥有项目，也不经营项目，而是通过给予项目某些特许经营权和给予项目一定数额的项目资本金或者贷款担保作为项目开发、融资安排和建设的支持，大多数模式下，政府是项目的最终所有者。

2）SPC

SPC（Special Purpose Company，特别目的公司）是一个专门组织起来的项目公司，是项目的实施者，由政府和私人、私人团体联合组成。SPC是PPP项目的执行主体，负责项目的融资、开发、建设、经营等所有事务。SPC通常熟悉PPP项目的运营过程，对PPP项目有丰富的管理经验和较高的管理水平。

3）银行和金融机构

在PPP模式下，向项目提供贷款的银行主要是国际金融机构、商业银行、信托投资机构等，其中政府的出口信贷机构和世界银行或者地区性开发银行的政策贷款起着很重要的作用。银行和金融机构在项目中的主要职能是为项目的顺利实施提供资金支持和信用保证。

4）咨询公司

以PPP模式运作的基础设施项目的运作参与合作者众多、资金结构复杂、项目的开发期较长、风险较大，比传统的融资项目要复杂很多，因此在项目的全寿命周期内都需要咨询公司（包括管理公司、融资顾问公司、法律顾问公司等）的介入，从而更好地指导项目的运作。

5）工程承包公司

工程承包商是项目建设过程中的主要参与者，负责工程的设计和施工，一般通过国际投标选定，通常与项目公司签订固定价格的总承包合同。一般情况下，工程承包商要承担商业完工风险，如工期延误、停工等。承包商的技术水平和声誉是能否取得贷款的重要因素之一，其资金情况、工程技术能力和以往的业绩记录将在很大程度上影响贷款银行对项目建设期风险的判断。工程承包商一般还会就PPP项目的设计、施工、购买设备等事项与有关公司签订合同。

6）原材料供应商

供应商的责任是为PPP项目的建设和运营提供各类设备、原材料、能源等。一般来说，能源、材料供应商为了寻找长期稳定的市场，在一定条件下愿意以长期优惠的价格为项目供应能源和原材料。这有助于减少项目初期以至于项目运营期的许多不确定因素，为项目公司安排项目融资提供了便利条件。

7）保险公司

PPP项目资金规模大、生命周期长、参与方多，与大多数项目相比，面临着许多难以预测的风险因素，因此，客观上需要项目的参与方准确识别未来的风险并及时进行投保。保险公司是分担项目风险的重要一方，它对项目中各方面临的不确定风险提供了保障。由于涉及PPP的风险一旦发生，将会造成巨大的经济损失，因此PPP项目对保险机构的财力、信用的要求很高。

8）用户

基础设施项目的用户是社会大众，用户的付费是项目的主要收益来源。在PPP模式下，用户在项目中享受的是有偿服务，其付费方式根据项目类型的不同而有所区别。此外，在项目的运作过程中，社会大众还可以对项目的服务质量进行监督，提出对项目服务的新要求，并及时向有关部门反映，确保基础设施服务的质量。

2. PPP 项目各参与方之间的关系

上文介绍了项目 PPP 融资的参与者，一般包括项目公司（项目的直接主办人），项目的直接投资者，项目所在地政府，项目贷款银行（投资银行或商业银行），项目产品的购买者或项目设施的使用者，项目的建设承包公司，项目设备、能源、原材料供应者，项目融资、法律、税务顾问。图 9-12 描述了一个简单的 PPP 项目中各参与方之间的内部关系，从中可以看出，在 PPP 项目中，各参与方之间是通过各种协议合同组织在一起的，而每一种合同都是在项目各参与方之间进行利益和风险分配的一种手段和机制。

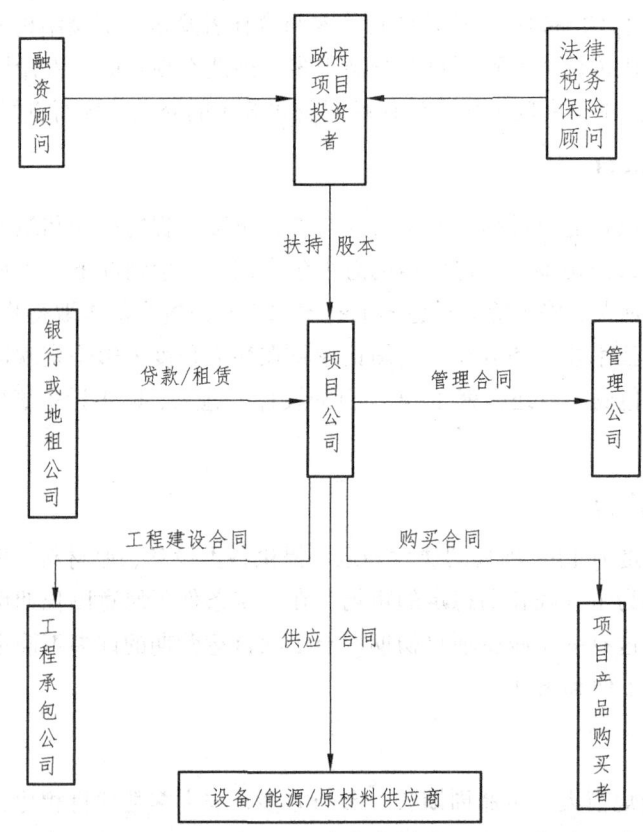

图 9-12 PPP 项目参与者之间的关系结构图

9.3.3 PPP 模式的基本操作程序

一个完整的 PPP 项目可以划分为四个阶段：前期分析、选择 SPC、开发运营和转移中止，如表 9-3。

表 9-3 PPP 模式的项目运作流程

阶段	流程	政府职责	SPC 职责
前期分析	项目选择 ↓ 可行性分析	项目确定; 对项目的民营化进行可行性分析	
确定 SPC	招标 ↓ 投标 ↓ SPC 初选 ↓ 谈判、签约 ↓ SPC 正式注册	制定发布招标文件; 对投标书进行评估; SPC 初选; 与 SPC 谈判、签订特许权协议	筹备成立 SPC; 组织进行项目的可行性研究; 与相关单位达成合作意向; 投标; 与政府谈判签约; 注册成立 SPC
开发运营	项目开发 ↓ 项目运营	监督、支持	与合作单位签订正式合同; 组织项目开发; 组织项目运营
转移中止	项目移交 ↓ SPC 清算	接管基础设施; 自己运营或重新寻找运营商	项目移交政府; SPC 清算解散或寻找新的项目

PPP 模式的典型组织结构如图 9-13：

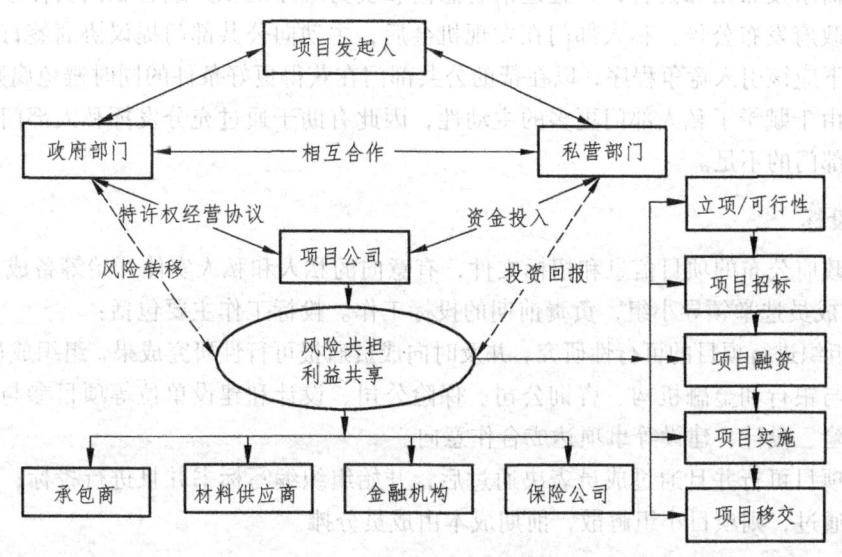

图 9-13 PPP 项目的组织结构

1. 前期分析

在 PPP 模式中，项目的前期分析包括项目的选择和进行可行性研究两个部分。

1）项目选择

确定待开发的项目是项目开发的第一步，选定的待开发项目通常是政府前期规划的尚未开发的项目或者根据实际情况的需要，政府临时确定的项目。

2）可行性研究

与其他的项目不同，以 PPP 模式运作的项目的可行性研究的内容不仅包括对项目进行市场、技术、经济等方面的评价，还要对项目民营化的可行性进行评估，包括对民间资本的吸引力、民间资本的实力和风险承受能力等方面进行综合评价。在确认可行后，政府开始组织招标。

2. 确定 SPC

SPC 的选择是项目运作的重要内容，通常通过公开招标来确定。SPC 从发起到成功注册通常要经过招标、投标、SPC 初选、谈判、签约等环节。

1）招标

以 PPP 模式运作的项目通常通过招标确定 SPC。在招标以前，政府必须制作招标文件，并提供项目的详细资料，包括项目必须达到的标准，如项目规模、履约标准、项目收入来源等等。根据招标方式，PPP 招标可以分为应标模式和非应标建议模式，前者由政府发起，即政府根据需求发布招标公告，并且邀请有意向和实力雄厚的私人或者私人实体参加投标。后者不需要政府发布公告，私人部门在发现机会后，主动向公共部门提议协商签订合同（但在这种情况下应该引入竞争程序，以在帮助公共部门在获得更好条件的同时避免腐败）。非应标建议模式由于赋予了私人部门更多的主动性，因此有助于通过充分发挥私人部门的创造性来弥补公共部门的不足。

2）投标

根据政府公布的项目信息和招标文件，有意向的私人和私人实体开始筹备成立 SPC，并且由 SPC 成员选举领导小组，负责前期的投标工作。投标工作主要包括：

（1）组织进行项目的可行性研究，并及时向成员通报可行性研究成果，组织成员进行表决。

（2）与银行和金融机构、咨询公司、保险公司、设计和建设单位等项目参与者就融资、咨询、保险、设计、建设等事项达成合作意向。

（3）项目可行并且通过成员表决通过后，开始组织编写标书并且进行投标；如未取得成员的表决通过，则项目小组解散，前期成本由成员分摊。

3）SPC 初选

投标完成后，政府部门对提交的投标书进行评估，评估小组的成员包括专业部门的政府官员和技术、财务、法律等方面的专家顾问。评估内容包括项目方案、投标人的经济技术实力，通过评估初步选择一个或几个条件较好的 SPC 作为暂定中标者。

4）谈判及签约

初选结束后，政府同暂定的中标者进行谈判，谈判顺序通常从条件最好的暂定中标者开始，谈判的内容通常包括项目开发的时间、质量、提供服务的水平、风险分担、政府提供的支援以及其他与项目有关的权责问题。如果双方就谈判的内容达成一致，就开始签订协议。

特许权协议是 PPP 模式基础设施建设项目的基石。由于传统上的基础设施一般是由政府来负责和经营的，私人投资机构建设和经营基础设施在许多情况下存在法律障碍，所以政府要在这一领域实施 PPP 模式下基础设施建设项目，就需要和私人投资机构签订特许协议，以解决合法性的问题。

（1）草签特许权协议：它是在 SPC 成立之前，由政府和中标的机构签订的。特许权协议主要是政府授权的一些原则性的规定，并没有包括权协议的全部内容。之后由中标者组成的联合体申请成立 SPC，政府依据有关规定，批准成立 SPC。

（2）正式签订特许权协议：正式签署特许权协议是在成立 SPC 以后的事情。签订特许权协议之后，SPC 还要和银行等金融机构、原材料的供应商等签订一系列合同，并提出开工报告。值得一提的是后续的种种协议都不能与和政府部门签订的特许权协议中规定的原则相违背，否则该协议无效。

5）SPC 注册成立

谈判结束宣布中标结果以后，中标的 SPC 应该在一定时间内办理好公司成立的有关事宜，包括按照事先的约定出资、召开有关会议、制定公司章程、到工商税务部门注册、在银行开设账户等等。SPC 正式注册以后，开始组织有关项目参与者进行项目开发。

3. 开发运营

开发运营阶段包括项目开发和项目运营两个部分。

1）项目开发

首先，SPC 与各联合单位签订正式合同，包括贷款合同、设计合同、建设合同、保险合同以及其他咨询、管理合同等；其次，SPC 组织各相关单位进行项目开发。在开发过程中，政府随时对项目开发状况进行监督，出现不符合合同的情况时，及时与 SPC 沟通，并且确定责任主体。项目的开发可以由 SPC 自己承担，也可以承包给工程承包商。

2）项目运营

工程竣工通过项目验收以后，开发阶段结束，项目进入运营阶段。项目公司可以自行运营项目，也可以请专门的运营公司来负责运营。项目的运营和维护工作直接关系到项目的运营经济效果，要求运营商必须有丰富的经验和良好的业绩，有较强的商业和合同管理能力，且有较强的专业技术力量。大型项目特别是在中国刚刚起步的 PPP 项目，大多要聘请有经验的外国运营商承担项目的运营，经过一段时间后逐步过渡到由本国的人员来完成项目的运营和维护工作。为了确保项目的运营和维护按照规定的协议来进行，政府、投资人、贷款人、居民都有权对项目进行监督检查。

4. 转移中止

转移中止是项目运作的最后一个阶段，包括项目移交和 SPC 的解散等内容。

1）项目移交

特许经营期满后，SPC 要将项目的经营权（或所有权与经营权同时）移交给政府。通常情况下，项目在策划时尽量保证 SPC 在特许经营期内，项目的现金流量能够偿还项目债务并有一定利润，这样项目最后移交给政府一般是无偿的或者 SPC 象征性地得到一些政府补偿。在移交时，政府应该注意项目是否处于良好的状态，以保证项目的继续运营和服务提供的质量。项目移交之后，政府需要安排项目的继续运营，可以直接交给政府机构负责 PPP 项目的运营工作，也可以通过招标等方式再选择新的运营商。

2）SPC 的清算

项目移交以后，SPC 的业务随之中止，因此，应该到有关部门办理清算事务。在有些情况下，SPC 也可以不清算（如重新对其他基础设施项目进行投标、拥有新的项目或转型经营等），但此时应该接受有关部门重新进行的资格审查以及对有关的文件进行修改等等。

9.3.4 PPP 项目的风险及分配

1. PPP 项目参与者的相关风险

任何基础设施 PPP 项目的风险都和项目本身各种因素的不确定性有关，这些不确定性的来源主要源于这样三个方面：项目外部环境的因素、项目主体的决策以及项目内部设施的影响。其中：项目外部环境的不确定性因素主要是指项目所在的外部自然环境（如气候、地质等）和宏观环境（如政策、经济以及法律等）；项目主体决策的不确定性主要是指在项目进行中，项目主体的各种决策活动，这些决策的不确定引起了结果的不确定；项目内部设施的不确定性是指项目涉及的所有基础设施器械在使用过程当中的不稳定变化。这三个方面不确定性因素的共同影响，产生了基础设施 PPP 项目的风险。

上文中已经论述了 PPP 项目模式的主要参与者，即政府、SPC、金融机构、咨询公司、工程承包公司、原材料供应商、用户等等。其中，政府和 SPC 是最为重要的项目双方，同时，他们也承担了 PPP 项目的大部分风险。

由于在 PPP 项目中各参与方所处的地位不同，因而面临的风险也不尽相同。其中，最主要的两个参与者——政府部门和私营企业所面临的主要风险如下：

1）政府部门所面临的主要风险

基础设施具有经济和社会这双重效益，政府要根据社会发展的需要及公众的承受能力对基础设施所提供的产品和服务的价格进行限制，这就造成了许多项目的经营收益难以满足项目融资的要求。而私营企业的最终目的是经济效益，这就导致它必然要求政府部门通过税收来弥补它的经营成本，偿还它的债务，这也就导致了政府部门与私营企业的冲突，会影响私营企业的积极性，进而导致项目各种风险的产生。

（1）贷款和外汇汇率担保的风险。政府在外汇汇率上要承担很大的风险。

（2）利率上涨的风险。利率上涨会对项目融资产生很大的风险，主要体现在融资成本的增加。

（3）通货膨胀的风险。

2）SPC 面临的主要风险

（1）政府部门履行合同的风险。在一些地区，政府部门为了尽可能地加快基础设施的建设，不考虑自己履行合同的能力，或者一些政府官员为了政绩的需要而大搞基础建设，忽略了与之相适应的经济水平和纳税人的承受能力，盲目地与私营企业签署合同，结果造成合同无法履行，给私营企业带来巨大的损失。

（2）融资的风险。在 PPP 模式中，私营企业承担了巨大的融资风险，但是由于项目公司有政府部门的参与，政府给予一定的承诺，使其能够更加顺利地得到贷款，与 BOT 相比，融资风险有所减弱。私营企业为了减小融资风险可以采取不同的措施比如它可以提高基础设施的服务费用，将风险转移给纳税人，或者要求政府提高贷款或者外汇汇率担保。贷款意味着如果项目不能够提供足够的收益来偿还贷款，政府就必须要动用公共财政来弥补，但这样政府承担的金融风险就很大。

2. PPP 项目风险分配的原则

PPP 风险如何在政府部门和私营企业之间进行有效分配是项目成败的关键。没有一个合理的风险分担机制，不仅会增加项目成本，还会降低项目参与方的合作意愿，从而增加项目失败的可能性。参与方都有动机去承担较少的风险，好的风险分担机制是让各方都能甘愿承受分配的风险，并且该种风险分配方式是项目风险的最优分配。

合理的风险分配需要遵循一定的原则，这些原则必须具备两个功能：

（1）分配的结果可以减少风险发生的概率、风险发生后造成的损失以及风险管理的成本，使 PPP 项目对各方都具有吸引力，任何一方都不需要因为另一方没有解决好他应该承担的风险而付出代价。

（2）在项目周期内，分配的结果可以培养各方的理性和谨慎的行为，这意味着各方要有能力控制分配给自己的风险，并为项目的成功有效地工作。

风险分担不是没有依据的，合理的风险分担需要遵循以下几项基本原则：

（1）风险共担原则，是说项目的参与方应该共同承担项目的风险，这是项目分担的基本原则。PPP 项目之所以存在，就是因为政府部门想通过该方式提供公共物品实现其公共管理职能，而私营企业想通过该种方式获取一定的回报。所以，政府部门和私营企业都想从该项目中获得一定的好处，这是它们的权利，那么承担相应的项目风险就是它们的义务。权利和义务从来都是相辅相成、互为因果的。

（2）对风险最有控制力的一方控制相应的风险原则，是指应将风险分配给更有能力承担的一方，比如政府部门对政策把握比较好，私营企业对市场把握比较好，所以在一般情况下，政策风险交由政府部门承担，市场风险交由私营企业承担。PPP模式本来就是一种合作模式，合作是为了分工，从而提高效率。而分工从根本上来说就是要使项目的整体成本最小化、整体收益最大化、整体风险最小化。那么，凡是符合这种要求的分工都是合理的分工。也就是说，在进行风险分配时，各项目参与者不仅要考虑自己的风险承受能力，也要考虑对方的风险承受能力，让更能承担风险的部门承担更多的风险，让更能承担特定风险的部门承担相应风险，而不是各部门争相承担较小的风险。这样才能使项目的总体风险最小，才能共同处理好各种项目风险，才能使公共物品的提供更为有效，才能维持更加长久的合作伙伴关系。

（3）承担的风险程度与所得回报相匹配原则，即承担的风险与获得的收益相匹配。收益的分配应参考风险的分配。虽然在现实中，高风险不一定带来高收益，高收益也不一定伴随高风险，风险和收益没有一定的比例关系。但是，为了公平起见，一种比较合理的分配方式就是，获得较高收益的部门承担相对较大的风险，获得较少利益的部门承担较小风险。这项原则似乎和风险分配与风险承担能力相协调原则矛盾，其实不然，风险分配与风险承受能力相协调原则是风险初次分配的依据原则，风险与收益相匹配原则是风险二次分配的依据原则。如果所得收益与所担风险不匹配，必然会影响某一方的积极性，进而影响项目的顺利运行。

（4）最小成本原则。由于项目的某些风险并不是由项目实施中的某一个环节引起的，所以项目的各参与方都应该积极协调应对，又因为各参与方所掌握的资源不同，处理风险的方式不同，所以化解风险的成本也会有所差别。如果某一方能够及时、有效、低成本地处理该风险，就应让该参与方承担此风险。当然，这种低成本并不意味着标准的降低、质量的降低。

（5）承担的风险要有上限原则。有些风险对于某些项目参与者来说是不可承受的，比如不可抗力风险，有些风险则会出现意料之外的变化，进而使得该风险带来的损害大大超过预期。这类风险让某一方独自承担对于该参与者来说是不公平的，同时也会大大降低该风险承担者的积极性，所以应该为风险设置一个承担上限，出现该种风险时应重新分配该风险的承担责任，由项目所有参与方共同承担，或者由第三方担保者承担。

（6）因果原则。项目参与方应该对自己的不当行为或者渎职引起的风险负责。这种风险特别容易受到忽视，因为大家计划的时候都想着齐心协力将项目做成功。但是万一出现了渎职造成的风险，应由责任方承担风险。项目的各参与方彼此应该相互监督，尽量避免这种情况的发生。

在明确了项目面临的风险后，就应在签订合同时将风险分担原则写入合同。这不仅使得已经预见到的各种风险能够迅速找到合适的承担者，也能为在项目运行过程中出现的新风险提供原则性的判断依据。

3. PPP项目风险分配的框架

风险分配作为风险管理的核心贯穿项目的整个合同期。为了帮助公共部门和私营企业更好地对PPP项目的风险进行合理的分配，就需要一个科学合理的风险分配框架。根据PPP项目的划分，风险分配存在以下三个阶段。

1）风险的初步分配阶段

风险的初步分配发生在项目的可行性研究阶段。通常，这一阶段是由政府部门来主导的，因为政府部门最了解当地经济发展情况。公共部门首先进行风险识别之后，进行风险分析工作，同时，在进行分析之前，需要将一些既定的风险直接先分配给相关的机构，例如金融部门、原材料供应商等，再将剩余的风险纳入风险分析阶段。风险分析工作主要是计算风险的发生概率和风险发生时带来的损害以及风险值。

$$风险价值 = 风险发生的概率 \times 风险发生时带来的损害$$

计算风险价值的目的是：① 在可行性研究阶段判断项目是否应采用 PPP 模式；② 在确定采用 PPP 模式后，为选择最佳 PPP 模式，向投标者提供评标依据。由于各种风险发生的时间是不一样的，因此计算时应考虑资金的时间价值。

风险分析结束之后，政府部门根据分析风险的结果初步判断哪些风险是在政府部门和私营企业控制力之内的，哪些是在双方风险控制力之外的，对于双方控制力之外的风险，留待下一阶段分配。政府部门最有控制力的风险是需要自留的，剩余的风险则需要转移给私营企业，至此，风险的初步分配结束。

需要注意的是，可转移给私营企业的风险不仅包括传统模式下由私人部门承担的风险，还包括在 PPP 模式下特有的应该由私营企业承担的风险，因为私营企业拥有资金、技术和管理上的优势。当然，项目的情况不同，应该转移给私营企业的风险也不尽相同，需要具体情况具体分析。

2）风险的全面分配阶段（投标与谈判阶段）

这一阶段需要分两步进行。

（1）私人部门就第一阶段的初步风险分配结果，在咨询公司的帮助下，进行第一次自我评估，主要评估其拥有的资源（包括经验、技术、人才等），据此判断其对政府部门转移给他的风险是否具有控制力。如果私营企业通过第一次的自我评估确定对转移给他的风险最有控制力，则进行相应的风险管理；反之，则返回风险分析阶段。双方控制力之内的风险主要根据风险分配原则——由对风险最有控制力的一方控制相应的风险，进行分配。

（2）分配政府部门和私营企业控制力之外的风险。双方经过谈判确定风险分配机制，之后私营企业计算风险价值并在咨询公司的帮助下进行第二次自我评估，主要是评估其对风险的态度（厌恶或偏好）、拥有的资源（经验、技术、人才等），然后结合风险价值和第二次自我评估的结果提出风险补偿价格。如果政府部门接受，则双方进行相应的风险管理；反之，则重新谈判，修改风险分配机制。如此循环，最终双方达成一致，双方控制能力之外的风险主要根据风险分配原则——承担的风险程度与所得的回报相匹配，进行分配。

在风险全面分配阶段，私营企业需要进行两次自我评估：自我评估1和自我评估2。其中：第一次自我评估不能考虑私营企业对待风险的态度，因为第一次自我评估的目的是检验私营企业对风险的客观控制能力，按照风险分配原则，无论其对待风险的态度如何，只要私营企业对风险最有控制力，就应该承担分配给他的风险；而第二次自我评估则需要考虑私营企业对待风险的态度，因为私人部门要承担其控制力之外的风险应该获得一定的补偿，而他对待风险的态度是决定其要求风险补偿价格的影响因素之一。

政府部门和私营企业分别就双方控制力之内和控制力之外的风险分配达成一致之后，双方将签订合同，至此，风险全面分配阶段结束。

签订合同时还要根据风险分配原则——承担的风险要有上限，设置调整条款。调整条款是指由于情况变化而影响了协议双方的权利和义务平衡时，允许协议双方重新审定协议并调整部分条款，以求再次达到双方的权利和义务的平衡。在项目的建设和运营阶段，项目可能会发生预料之外的对双方有利或不利的变化，通过设置调整条款可以增强双方的信心。

3）风险的跟踪和再分配阶段（建设和运营阶段）

政府部门和私营企业签订合同后，项目的风险分配就进入了风险的跟踪和再分配阶段，这一阶段的主要任务是跟踪已经得到分配的风险是否发生意料之外的变化或者出现未曾识别的风险，然后进行风险的再分配。

如果出现了未识别的风险，则按照风险初步分配阶段的方法进行分析和初步分配风险。如果已经识别的风险发生了双方预料之外的变化，则需要判断这种变化对项目是否有害。如果这种变化是有害的，则根据风险分配原则，启动调整条款进行风险的再分配；如果风险发生的变化对项目是有利的，则对项目进行"对称性风险分配"。所谓"对称性风险分配"，就是如果项目寿命期出现的变动（如原材料价格的下降）带来正面的影响即带来收益，允许双方共同分享该收益。

4. PPP 项目风险应对策略

PPP 项目的风险应对是从另一角度来分析如何管理项目风险，包括风险回避、风险利用、风险转移、风险控制。

风险回避是通过放弃项目或改变项目计划等方式避免该风险可能引起的损失。风险回避是当项目风险造成特大损失的可能性太大并且没有有效措施降低该风险时，采取的不得已的风险应对策略，是一种彻底的风险管理措施。风险回避直接从源头上抑制了风险的发生，消除了风险可能带来的各种损失，其他风险应对措施则只能在某种程度上降低风险发生的可能性、减小风险引起的损失或是将风险转移给他人。但风险回避是一种消极的风险应对策略，因为在回避风险时也就丧失了承担风险所对应的获利机会。

风险利用是指项目参与者通过承担某些风险而获得相应的回报。风险和收益往往是共生的，即是说风险中往往蕴藏着获利的可能，这就有了利用风险的可能性。但不是所有风险都值得利用，在利用风险前需要衡量承担风险可能获利的大小和需要付出的代价，以及该风险是否超过自己的风险承受能力。如果代价大于收益，那么风险就没有利用的价值；如果代价超过自己的风险承受能力，即使收益很大，也不能强行承担；是否利用该风险还取决于项目参与者的风险偏好。当决定利用某种风险时，风险承担者需要制定详尽的风险应对措施和具体行动方案。因为风险具有两面性，在利用风险过程中，应密切监控风险的变化，不能掉以轻心。需要说明的是，因为 PPP 项目存在着诸多风险，而这些风险经常相互联系、相互影响，上面所说的代价与收益不能局限于该种风险而言，而应该放入整个项目的代价与收益中衡量。只要对于整体项目来说，收益是大于代价的，该风险就有利用的价值。如果所有的项目参与者承担该风险的代价都大于收益，那么应该将该风险让予有相对优势的参与者承担。

风险转移是指当某种风险无法回避而又无法有效承担时，风险承担者将该风险的后果以及其相应的权利和责任，通过一定的经济和技术手段转移给能够承担该风险的主体。风险转移是一种十分重要的风险应对策略，但风险转移本身并不能消除风险，只是将该风险对应的责任以及承担该风险的收益交由他人，原有的风险承担者不再直接面对该风险。通常情况下，该种风险可通过担保或购买保险的方式转移给担保者和保险机构，其主要形式是合同和保险。

风险控制是指：在风险发生前采取预防措施，降低风险发生的可能性或者减少风险发生后可能造成的损失；在风险发生后采取有效措施缩小风险影响范围，减少风险造成的损失程度，或弥补风险所造成的损失。风险控制是一种积极主动的风险应对策略。通常情况下，风险控制方案是事前预防措施和事后减免措施的有机结合。事前控制主要是为了降低损失的概率，事后控制主要是为了减少实际发生的损失。为了减少管理的费用，在每个阶段应该把握控制重点，如事故高发区和安全隐患的集中区域。实施风险控制的原因有很多：客观上来说，很多风险具有不可预测性，风险管理人员不可能识别出项目所有的风险，即便知道有些风险可能发生，但该种风险的发生时间、危害程度也是难以得知的；主观上来说，项目的风险管理人员可能并没有很强的风险意识和风险应对能力，导致风险识别失误、分析失误、决策失误等。所以，进行项目风险控制是非常必要的。

9.3.5 北京地铁 4 号线案例分析

1. 项目背景

北京地铁 4 号线是北京轨道交通路网中的主干道之一，线路全长 28.2 千米，设 24 座车站、1 个车辆段和 1 个停车场，运营商为北京京港地铁有限公司。线路以丰台区南四环路的公益西桥站为起点，贯穿北京西部，途经西城区，连接北京南站、西单、西四、北京动物园、中关村、北京大学、清华大学、颐和园、圆明园，最终到达海淀区的安河桥北站（图 9-14）。4 号线在公益西桥站与大兴线接轨，贯通运营，线路标示色为青绿色。4 号线工程概算总投资 153 亿元人民币，于 2004 年 8 月正式开工，2009 年 9 月 28 日正式通车试运营。目前日均客流量达到约 130 万人次。

北京地铁 4 号线是我国城市轨道交通领域的首个 PPP 项目，该项目由北京市基础设施投资有限公司（简称"京投公司"）具体实施。2011 年，北京金准咨询有限责任公司和天津理工大学按国家发改委和北京市发改委要求，组成课题组对项目实施效果进行了专题评价研究。评价认为，北京地铁 4 号线项目顺应国家投资体制改革方向，在我国城市轨道交通领域首次探索和实施市场化 PPP 融资模式，有效缓解了当时北京市政府投资压力，实现了北京市轨道交通行业投资和运营主体多元化突破，形成了同业激励的格局，促进了技术进步和管理水平、服务水平提升。从实际情况分析，4 号线应用 PPP 模式进行投资建设已取得阶段性成功，项目实施效果良好。

地铁 4 号线特许经营公司北京京港地铁有限公司（以下简称"京港地铁"），是国内城市轨道交通领域首个引入外资、以 PPP 模式投资建设运营地铁线路的中外合作经营企业。公司成立于 2006 年，由国有独资企业北京市基础设施投资有限公司（以下简称"京投公司"）和北京首都创业集团有限公司（以下简称"首创集团"）与香港上市公司香港铁路有限公司（以下简称"香港铁路"）共同出资组建，注册资本 13.8 亿元人民币（其中，京投公司 2%、首创集团 49%、香港地铁 49%）。公司董事会由 5 名董事组成，其中，京投公司委派 1 名（担任董事长）、首创集团委派 2 名、香港地铁委派 2 名。

图 9-14 北京地铁 4 号线线路图

北京地铁 4 号线项目初步设计概算总投资 153 亿元。建设内容分为 A 和 B 两部分：A 部分为土建工程（包括洞体、车站主体工程等），投资额 107 亿元人民币（约占项目总投资的 70%），由京投公司全资子公司——4 号线公司负责投资建设，建成后该部分资产以使用权出租和租赁两种方式提供给 PPP 项目公司；B 部分为机电系统（包括机车、信号控制系统、自动售检票系统等），投资额 46 亿元人民币（约占 30%），由京港地铁投资建设。项目竣工验收后，京港公司根据《资产租赁协议》取得 A 部分资产的使用权，负责地铁 4 号线的运营管理、全部设施的维护和除洞体外的资产更新以及站内的商业经营，通过地铁票款收入及站内商业经营收入回收投资，特许经营期为自试运营开始后 30 年。特许经营期结束后，京港公司需将 B 部分项目设施完好、无偿地移交给市政府指定部门，将 A 部分项目设施归还给 4 号线公司。

2. 项目结构

1）北京地铁 4 号线的投资结构

北京地铁 4 号线采用的是公司型合资结构——股权式合资经营公司。股权结构是公司治理结构的基础,是影响公司治理结构的重要方面。经过各方的充分论证,4号线 PPP 特许经营公司(京港公司)的股东分别为京投公司、首创集团和港铁集团,各方出资比例分别为 2%、49% 和 49%(图 9-15)。在持股的三家企业中,香港铁路在香港地铁建设与运营方面积累了 30 多年的经验,是世界上少数的具有盈利能力的地铁公司,有望将香港地铁的运营经验和服务理念复制到该地铁。京投公司属于北京市政府所拥有,主要经营轨道交通基础设施的投资、融资和资本管理业务;首创集团则是直属北京市的企业,投资房地产、金融服务和基础设施,是实力雄厚的城市综合运营商(图 9-16)。这种优势的互补,为该地铁线的高效建设和运营打下了坚实的基础。三家公司通过合作协议成立 PPP 公司,政府方占控股地位(51%),但不具有公司日常经营管理的决策权,不参与公司的收益分配,也不承担经营亏损,只在重大资产处置、涉及运营安全等重大事项上具有决策权。香港铁路公司享有日常经营管理的决策权和收益权。这些规定为香港地铁公司发挥自己的商业运营能力特长提供了保障,同时为特殊情况下政府取得项目控制权提供了法律依据。

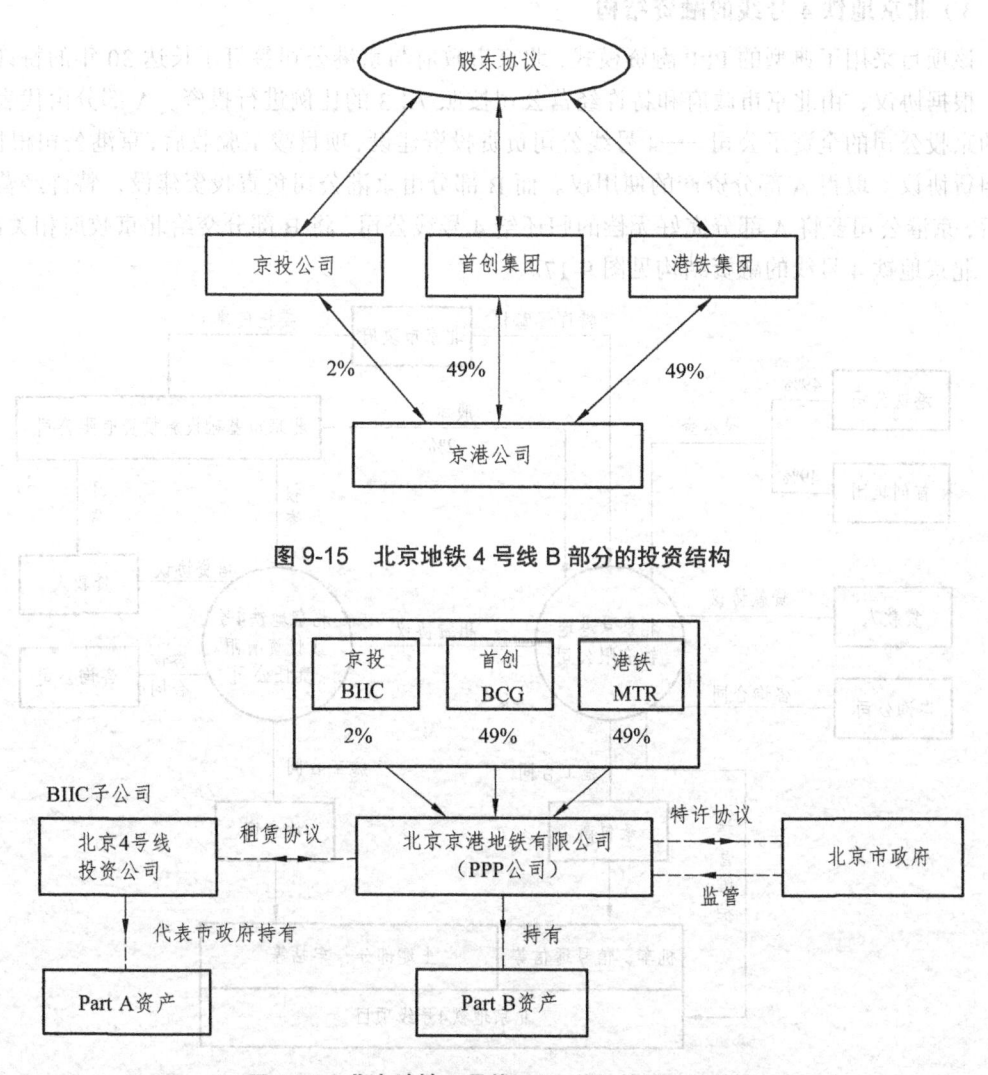

图 9-15 北京地铁 4 号线 B 部分的投资结构

图 9-16 北京地铁 4 号线 PPP 公司的组织结构图

2）北京地铁 4 号线的资金结构

京港公司自身投入即注册资本 15 亿元人民币，其中，香港地铁有限公司和北京首创集团有限公司各出资 7.35 亿元人民币，各占注册资本的 49%；北京市基础设施投资有限公司出资 0.3 亿元人民币，占注册资本的 2%。其余 31 亿元人民币将采用无追索权银行贷款，占 B 部分投资的 2/3（表 9-4）。

表 9-4　北京地铁 4 号线 B 部分的资金结构图

资金构成		资金比例	资金金额
股本资金	京投公司 2%	1/3	15 亿元人民币
	首创集团 49%		
	港铁集团 49%		
债务资金	银行	2/3	31 亿元人民币
总计		1	46 亿元人民币

3）北京地铁 4 号线的融资结构

该项目采用了典型的 PPP 融资模式，北京市政府与京港公司签订了长达 30 年的特许权协议。根据协议，由北京市政府和特许经营公司按照 7∶3 的比例进行投资。A 部分由代表政府方的京投公司的全资子公司——4 号线公司负责投资建设，项目竣工验收后，京港公司根据《资产租赁协议》取得 A 部分资产的使用权。而 B 部分由京港公司负责投资建设，特许经营期结束后，京港公司要将 A 部分完好无偿的归还给 4 号线公司，将 B 部分交给北京政府相关部门。

北京地铁 4 号线的融资结构见图 9-17。

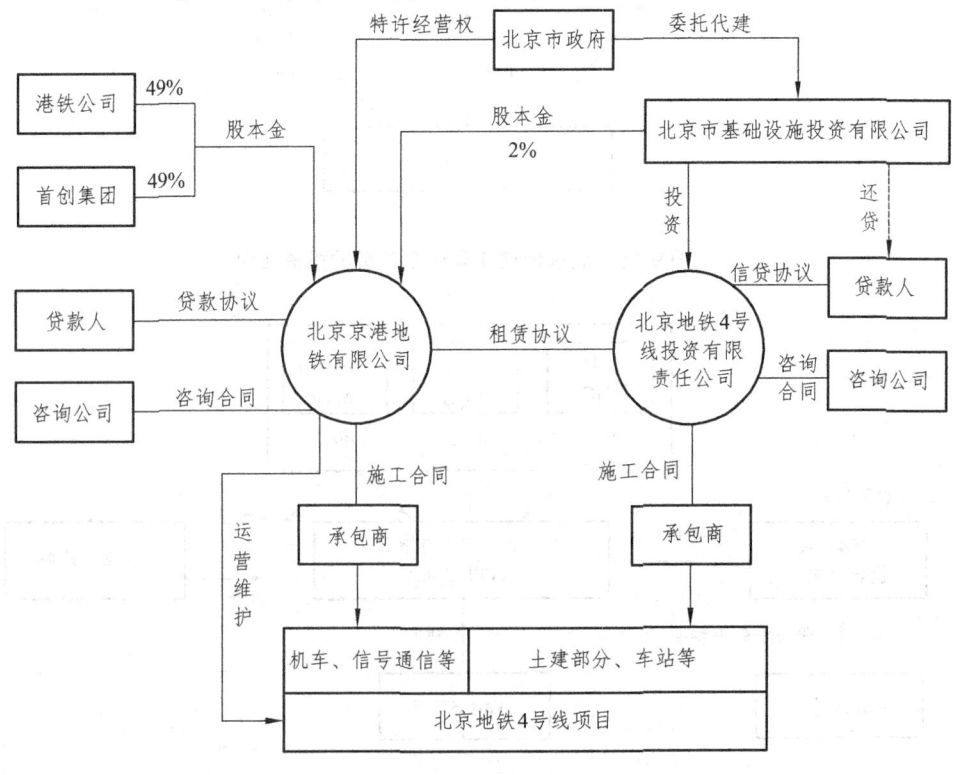

图 9-17　北京地铁 4 号线的融资结构图

4）北京地铁 4 号线的风险分配

除国家政策、市场、不可抗力等系统性风险因素外，在非系统性风险中，对 4 号线 PPP 项目具有显著和直接影响的主要因素是建设期的完工风险以及运营期的客流风险和票价风险。特许经营协议对上述主要风险做出了妥善配置，设计了相应的风险防范机制，有利于保护协议各方利益。

（1）完工风险。针对地铁 4 号线工程建设，特许经营协议设立了 23 个时间点，每一个时间点均设定了具体的完工日期。根据 A、B 部分的分工情况，23 个时间点的关键工期分别由地铁 4 号线公司和京港公司负责。

（2）客流风险。按照特许经营协议的规定，特许经营公司获得的票务收入和票价差额补偿均直接和客流量相关，客流风险主要由京港公司承担。尽管有 MVA 公司对于客流量的专业预测报告，但影响客流量的因素非常多，因此客流风险比较大。如果连续 3 年的当年实际客流量比预测客流量低 20%，则京港公司可向政府申请补贴，如果双方无法在两年内就补贴额度达成一致，特许经营公司有权提出终止协议。上述规定将特许经营公司承担的客流风险控制在一定范围内。

（3）票价风险。4 号线运营票价还实行了政府制定的票价机制，实际平均人次票价不能完全反映地铁线路本身的运行成本和合理收益等财务特征。因此，项目采用"测算票价"作为确定投资方运营收入的依据，同时建立了测算票价的调整机制。以测算票价为基础，特许经营协议中约定了相应的票价差额补偿和收益分享机制，构建了票价风险的分担机制。如果实际票价收入水平低于测算票价收入水平，市政府需就其差额给予特许经营公司补偿。如果实际票价收入水平高于测算票价收入水平，特许经营公司应将其差额的 70% 返还给市政府。通过上述规定，特许经营公司基本不承担票价风险。由于本项目执行市政府定价，由政府承担票价风险也符合风险分配原则。

特许经营协议是 PPP 项目的核心，为 PPP 项目投资建设和运营管理提供了明确的依据和坚实的法律保障。4 号线项目特许经营协议由主协议、16 个附件协议以及后续的补充协议共同构成，涵盖了投资、建设、试运营、运营、移交各个阶段，形成了一个完整的合同体系（图9-18），而这一整个完整的合同体系也是实现合理的风险分担机制的重要保证。

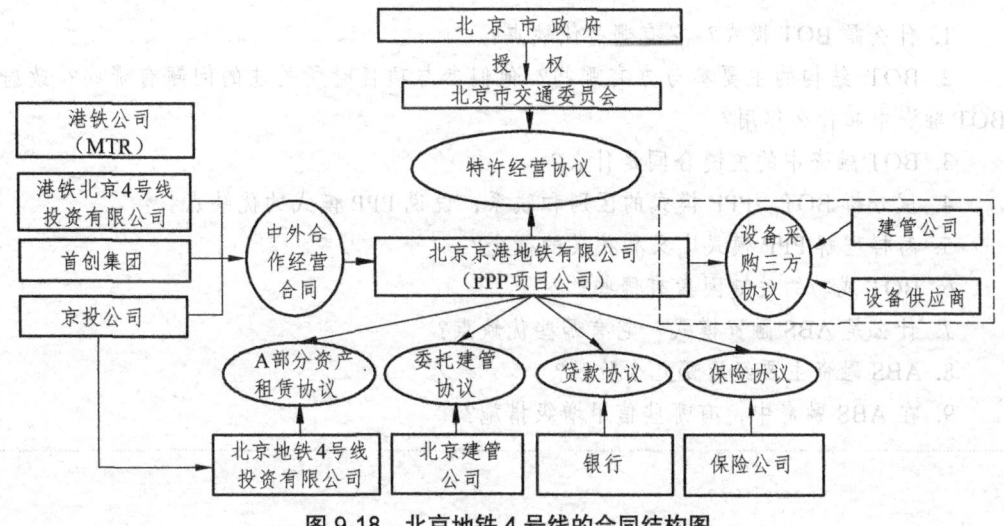

图 9-18 北京地铁 4 号线的合同结构图

3. 经验总结

（1）重视前期研究，规范运作。轨道交通等基础设施的投融资是一项极其复杂的系统工程，需要综合运用金融、财务和法律等方面的知识。本项目在没有成熟经验的情况下，组建了由专业的融资顾问、财务顾问、技术顾问、客流调查顾问、法律顾问等组成的顾问团队，广泛地分析国内外融资案例，经过一年多的前期研究，形成了项目实施方案，并在各方共同努力和协作下，规范运作和实施，最终实现项目的成功运作。

（2）开创了我国轨道交通建设 PPP 融资模式的先河，缓解了资金压力。如何筹集建设资金是制约轨道交通发展的首要障碍，而对于地铁这类很少盈利的项目来说，减少政府投入就是成功的关键。根据测算，京港地铁负责地铁 4 号线约 30% 的投资，引进了建设资金近 50 亿元人民币，这就意味着政府的投入大大节省。同时，在运营期内，京港地铁还要负责线路、设备设施的所有维修维护和更新改造工作，预计需投入的资金接近 100 亿元人民币。北京地铁 4 号线 PPP 融资项目的运作，确定了项目研究内容、项目结构和核心问题，完成了股权结构、客流风险分担、结算票价体系、建设和运营服务标准等具体操作层面的创新设计，成为 PPP 融资模式的一个样本。

（3）引入竞争，提高地铁营运的管理水平，转化政府职能，实现政企分开。4 号线通过引入有实力和经验的国际投资人，引进了国际先进的地铁建设、管理理念和现代化经营理念，能够提高地铁行业的建设效率和运营服务水平。同时，京港地铁的出现也在北京市地铁行业内带来了鲶鱼效应，激活了地铁原有的体制，达到了改革的目的。同时，项目通过《特许协议》等法律文件的制定和签署，明确了政府、投资者和特许公司在 4 号线项目投资、建设、运营各环节中的权利和义务，有利于政府职能的改变，实现政企分开，促进地铁行业投资、建设和运营步入市场化、规范化、法制化的轨道，推进公用事业市场化进程，为其进一步深化改革提供契机。

复习思考题

1. 什么是 BOT 模式？它有哪些优缺点？
2. BOT 结构的主要参与方有哪些？他们参与项目时所关注的问题有哪些？政府在 BOT 融资中起什么作用？
3. BOT 融资中的关键合同是什么？
4. 试分析 BOT、PPP 模式的区别和联系，说说 PPP 模式的优缺点。
5. 怎样理解 PPP 模式广义和狭义的概念？
6. BOT 成功的关键因素有哪些？
7. 什么是 ABS 融资模式？它有哪些优缺点？
8. ABS 融资主要经历哪几个阶段？
9. 在 ABS 融资中，有哪些信用增级措施？

第 10 章 项目融资案例

前面几章介绍了关于项目融资的一些基本知识，然而在项目融资中，参与方众多，需要很好地协调各利益相关方的责任和义务，并且项目融资涉及金融、法律、风险与保险和工业技术等相关知识，因此其融资结构设计一般比较复杂。因此，为一个项目进行融资结构和融资模式的设计是一个十分复杂和艰巨的任务，需要积累大量的理论知识和实践经验，项目融资案例的总结就是对项目管理实践经验的提炼。

本章研究和分析了有代表性的项目融资案例，试图通过这些案例的剖析，即案例中项目的 4 个框架结构主要部分的分析，加深认识和理解项目融资的投资结构、融资结构、资金结构和信用担保结构及其相互之间的关系，使学生可以获得对项目融资更加感性的认识，并加深了对项目融资知识体系的理解。

本章中的案例是在综合公开发表的资料基础上加以归纳、整理而形成的，难免存在一些不准确的内容。同时，每个案例分析的详细程度也受到资料来源的限制。

10.1 上海大场自来水处理 BOT 项目融资

10.1.1 项目介绍

1995 年，由英国泰晤士国际水务公司子公司 Bovis Thames（上海）经营的大场自来水处理 BOT 项目——上海大厂自来水处理厂是按 BOT 模式建设的。项目公司是宝维士·泰晤士（上海）有限公司[Bovis Thames(上海)]，是在中国注册的外商独资企业，是英国 Bovis Thames 水公司在中国建立的特许公司，以此进行大场自来水处理项目。该项目公司于 1995 年 12 月 8 日被批准成立，1995 年 12 月 12 日登记注册。宝维士·泰晤士（上海）有限公司获得了 20 年经营期的特许权。

工程的全部成本是 7 300 万美元，其中 30%为股本，70%为负债，全部为银团贷款。部分股本将以设备的形式投入。上海城市水工程公司将向特许公司支付使用费用于支付 A 项融资成本和运营费用，并使发起人获得一个固定的回报。上海城市水工程公司将承担外汇贬值的风险。

1995年11月，为该项目提供融资的银团开始筹集5 400万美元银团贷款，这是中国第一笔以有限追索权融资为基础的贷款[即银行向特殊目的公司（项目公司）提供一笔没有母公司担保的贷款]。这项融资包含了两笔贷款：贷款A为本金5 110万美元，10年分期偿还；贷款B是250万美元左右的备用贷款。贷款A运用了利率调期，使特许公司固定利率。这项融资占该项目资金需求的70%；贷款B将被用于弥补贷款A的不足，为由于第一阶段建设严重拖期而产生的资金成本提供融资。贷款A将在金融市场上以银团的方式提供贷款，贷款B则是由安排行提供的、以伦敦同业拆借利率为基础的浮动利率贷款。这笔交易由亚洲巴克利银行投资公司（BZW Asia）、里昂信贷银行（Credit Lyonnais）、渣打银行投资公司（Standard Chartered Capital Markets）和住友银行（The Sumitomo）组成的银团提供的，各银行按同样份额承购。

1996年1月10日，上海市人民政府为大场水厂BOT项目制定并发布《上海市大场自来水处理厂专营管理办法》，以"大厂管理方法"的方式对项目提供了支持，这项规则确定了项目接收者和担保人的职责，从而为大场水厂以BOT方式建设、经营奠定了法律基础。此外，上海市政府还出具了支持信。上海城市水工程公司的责任由上海市政府独资拥有的上海城建投资发展总公司提供担保。

在《上海市大场自来水处理厂专营管理办法》制定与发布之后，英方投资者宝维士·泰晤士（上海）有限公司立即与上海市自来水公司依照该管理办法签订了特许权协议，并着手运作整个大场水厂的项目。该项目于1997年10月24日完成一期工程，建造阶段顺利竣工完成，达到日供净水20万立方米的能力，并开始转入运营阶段，由项目运营商——英国泰晤士国际水务有限公司经营管理。该项目特许期为20年，至2018年6月11日结束。

在与中国人民银行达成的最大限度合作协议下，特许公司可进入上海外汇调配中心以及相当于银行间外汇市场的中国外汇买卖系统。特许公司从中国建设银行获得不超过等值300万美元的人民币运营资金。在项目产品购买方即上海城市水工程公司开始支付使用费前，该资金将用于支付工厂每月运营费用和其他成本。

特许合同允许在发生争议的情况下，在瑞典斯德哥尔摩进行仲裁。该合同规定了由于中国法律变化可能带来的经济调整和使合同终止的突发事件的处理。在所述突发事件发生时，上海城市水工程公司必须支付终止费，该终止费必须足以支付根据合同条款应支付给贷款人的到期应还款项。

由英国宝维士亚太私人有限公司作为这一固定价格、固定日期、金额巨大的交钥匙合同的承包商，该项目的竣工风险将有所减轻。根据另一项管理协议，泰晤士国际水务公司将承担向特许公司提供一定的资金、技术和运营支持的责任。该项目是一个由政府垄断的工程，因此项目的风险较小。

10.1.2 项目融资的主要参与者

（1）项目发起人。
①项目倡导者：上海市人民政府、上海市自来水公司。
②项目实际投资者：英国Bovis Thames水务公司。

（2）项目公司：宝维士·泰晤士（上海）有限公司[Bovis Thames（上海）]，又称英国水处理公司（上海）特许公司。它是英国泰晤士水务公司在中国注册的外商独资企业，获得 20 年的特许经营权。

（3）贷款银行：由亚洲巴克利银行投资公司（BZW Asia）、里昂信贷银行（Credit Lyonnais）、渣打银行投资公司（Standard Chartered Capital Markets）、住友银行（The Sumitomo）组成的银团。

（4）产品购买方：上海城市水工程公司。

（5）东道国政府：上海市人民政府。

（6）担保方：上海城建投资发展总公司，担保上海城市水工程公司的责任。

（7）承建方：英国宝维士亚太私人有限公司（Bovis Asia-Pacific）。

（8）运营方：宝维士·泰晤士（上海）有限公司[Bovis Thames（上海）]。

10.1.3　项目融资框架结构分析

1. 资金结构

（1）总资金：7 300 万美元。

（2）股本金：30%。英方投资者以现金注入，部分股本将以设备的形式投入。

（3）债务资金：70%，5 110 万美元，银团贷款。

2. 投资结构——单一项目子公司

英国泰晤士水务公司成立单一项目子公司——宝维士·泰晤士（上海）有限公司[Bovis Thames（上海）]，作为项目公司来融资、建设、运营上海大场自来水项目。

3. BOT 项目融资方式

有限追索项目融资方式，BOT 融资模式。Bovis Thames（上海）获得了有 20 年经营期的特许权。

上海市人民政府为大场水厂 BOT 项目制定并发布《上海市大场自来水处理厂专营管理办法》，以"大厂管理方法"的方式对项目提供了支持，这项规则确定了项目接收者和担保人的职责。之后，英方投资者宝维士·泰晤士（上海）有限公司立即与上海市自来水公司依照该管理办法签订了特许权协议，并着手运作整个大场水厂的项目。于 1997 年 10 月 24 日完成一期工程，达到日供净水 20 万立方米的能力，并开始转入运营阶段，由英国 Bovis Thames（上海）公司经营管理。该项目特许期为 20 年，至 2018 年 6 月 11 日结束。

4. 信用担保结构

（1）交钥匙建设合同：由英国宝维士亚太私人有限公司（Bovis Asia-Pacific）提供固定价格、固定日期、金额巨大的交钥匙合同。

（2）项目运营支持：① 泰晤士水务公司承担向特许公司提供一定的资金、技术和运营支持的责任；② 从中国建设银行获得 300 万美元的人民币运营资金，在项目购买方开始支付使用费前，该资金用于支付工厂每月运营费用和其他成本。

（3）东道国政府支持：① 上海市政府出具支持信；② 以"管理办法"的方式对项目提供了支持，确定了项目接受者和担保人的职责。

（4）争端解决：① 特许合同允许在发生争议情况下，在瑞典斯德哥尔摩进行仲裁；② 特许合同突发事件处理，规定由于中国法律变化可能带来的经济基础调整和使合同终止的突发事件的处理。在所述突发事件发生时，上海城市水工程公司必须支付终止费，该终止费数额需足以支付根据合同条款应支付给贷款人的到期应还款项。

（5）外汇风险：① 上海城市水工程公司承担外汇贬值的风险；② 与中国人民银行达成的最大限度合作协议，特许公司可进入中国外汇买卖系统。

（6）担保：上海城建投资发展总公司（政府独资）对上海城市水工程公司的责任担保。

（7）在向银团筹集银团贷款时，还筹集了一项 250 万美元左右的备用贷款 B。贷款 B 将被用于弥补贷款 A 的不足，为由于第一阶段建设严重拖期而产生的资金成本提供融资。

10.2 广西来宾 B 电厂 BOT 项目融资

国内第一个 BOT 项目是深圳沙头角 B 电厂。由于该项目是在改革开放初期运作的，所以项目结构比较简单，加之国内缺乏 BOT 的经验，遗留了一些问题，所以当时 BOT 在国内并未得到大范围推广。1994 年，中国政府开始研究 BOT 模式，于是便有了广西来宾电厂 B 厂、成都水六厂、长沙电厂和广东淀白高速公路等试点工程。作为基础设施建设的市场化融资模式之一的 BOT 项目融资模式，不但可以解决政府财力不足的问题，同时也消除了政府国有资产流失的顾虑。而对于项目本身而言，则既可以引进创的设计方案，同时也能够提高项目的建设运营效率。随着经验的积累、法律和政策框架的继续完善，BOT 的融资优势必将更加凸显。

10.2.1 项目介绍

1995 年，广西来宾 B 电厂项目被海外誉为世界十大 BOT 项目之一。该项目曾在 1996 年 12 月 *Asia Finance*（《亚洲金融》）中被评选为 1996 年度最佳融资项目。

广西来宾 B 电厂项目自 1995 年 8 月正式向国际投资市场公开招标后，不仅得到了我国政府有关部门的大力支持，同时也得到了国际投资市场和国际金融市场的广泛专注。作为我国

BOT模式规范化试点的第一个项目,来宾电厂引起了广大海外投资者的兴趣,有31家国际公司向广西政府提交了资格预审文件,这31家都是世界著名的电力公司设备制造商,有6家公司递交了投标书,最终被授予特许权的是法国电力联合体。来宾电厂B厂从1995年5月原国家计委正式批准进行BOT方式试点至1997年9月正式签署特许权协议,项目开工建设仅2年4个月的时间。这么短的时间内完成总投资几十亿美元的项目的招标及全部的融资工作,这在国内外同类利用外资项目中是没有先例的。因此,来宾电厂B厂被国际著名的杂志《亚洲金融》评选为1996年亚洲最佳融资项目。

广西来宾电厂B厂地处广西壮族自治区中部的来宾县,距广西最大的工业城市柳州80千米,装机规模为72万千瓦,总投资额6.16亿美元,项目特许期18年,其中建设期为2年9个月,运营期为15年3个月。特许期满后,项目公司将项目无偿移交给广西壮族自治区政府,并承担移交后12个月的质量保证义务。在建设期和运营期,广西电力公司每年负责向项目公司购买35亿千瓦时的最低输出电量,并送入广西电网。同时,由广西建设燃料有限责任公司负责向项目公司供应发电所需燃煤,燃煤主要来自贵州省盘江矿区。总投资的25%即1.54亿美元作为项目公司的注册资金。项目公司由股东法国电力国际和通用电气阿尔斯通公司组成,其中法国电力国际占有60%的股份,阿尔斯通公司占有40%的股份。其余75%的投资通过有限追索的项目贷款方式筹措。项目贷款由法国东方汇理银行、英国汇丰银行及英国巴克莱银行组成的银团联合承销,贷款中约3.12亿美元由法国出口信贷机构——法国对外贸易保险公司提供出口信贷保险。我国各级政府、金融机构和非银行金融机构不为该项目融资提供任何形式的担保。

10.2.2 项目融资的主要参与者

(1)项目的发起人。
①项目的倡导者:广西来宾市人民政府。
②项目的实际投资者:法国电力国际和通用电气阿尔斯通。
(2)项目公司:广西来宾法资发电有限公司,即法国电力国际和通用电气阿尔斯通组成的广西来宾法资发电有限公司。
(3)贷款银行:法国东方汇理银行、英国汇丰银行和英国巴克莱银行组成的银团。
(4)项目产品的购买者:广西电力公司。
(5)原材料的供应商:广西建设燃料有限责任公司。
(6)保险机构:法国进出口信贷机构——法国对外贸易保险公司。

10.2.3 项目融资框架结构分析

1. 投资结构

公司型合资结构——股权式合资经营公司——广西来宾法资发电有限公司。

（1）法国电力国际公司占有项目公司60%的股份，即0.924亿美元。

（2）通用电气阿尔斯通公司占有项目公司40%的股份，即0.616亿美元。

广西来宾B电厂BOT项目投资结构见图10-1。

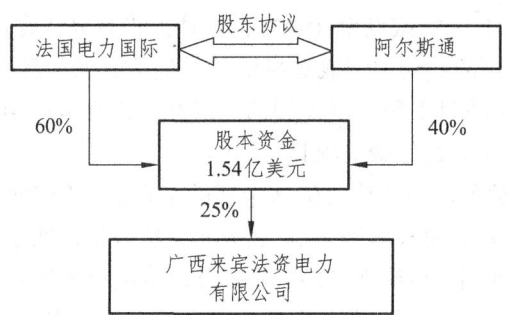

图10-1　广西来宾B电厂BOT项目投资结构图

2. 融资结构

该项目采用了典型的BOT融资模式。项目公司与广西壮族自治区政府签订了期限为18年的特许权协议，由项目公司负责建设、运营。特许期满后，项目公司将项目无偿移交给广西壮族自治区政府。在项目融资过程中，项目公司采取了有限追索的项目融资方式，并且采用了项目公司融资模式中的合资项目公司形式（图10-2）。

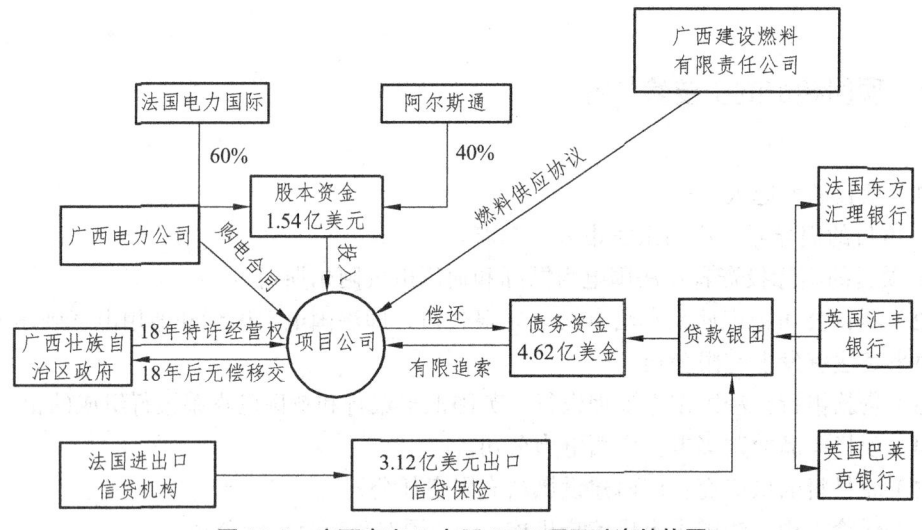

图10-2　广西来宾B电厂BOT项目融资结构图

3. 资金结构

（1）股本资金：法国电力国际出资0.924亿美元，占股60%；通用电气阿尔斯通出资0.616亿美元，占股40%。总计股本资金为1.54亿美元，占总资金的25%。

（2）债务资金：法国东方汇理银行、英国汇丰银行及英国巴克莱银组成的国际银团贷款给项目公司 4.62 亿美元，占总资金的 75%。

（3）资金总计：总投资为 6.16 亿美元，股本资金与债务资金的比例为 25：75（表 10-1）。

表 10-1　广西来宾 B 电厂 BOT 项目资金结构

资金构成		资金比例	金额
股本资金	法国电力国际 60%	25%	1.54 亿美元
	阿尔斯通 40%		
债务资金	法国东方汇理银行	75%	4.62 亿美元
	英国汇丰银行		
	英国巴克莱银行		
总计		100%	6.16 亿美元

4. 信用担保结构

（1）广西电力公司每年负责向项目公司购买 35 亿千瓦时的最低输出电量，并送入广西电网。

（2）广西建设燃料有限责任公司负责向项目公司供应发电所需燃煤。

（3）贷款中约 3.12 亿美元由法国进出口信贷机构——法国对外贸易保险公司提供出口信贷保险。

（4）东道国政府的支持。

① 当人民币兑美元汇率发生变化并超过特定范围时，允许项目公司相应地调整电价，应该注意的是该调整是双向的即汇率上浮和下浮时电价都要调整，这就有效地保护东道国政府的权益。

② 当法律变更使项目公司损失超过一定数额时，广西政府将延长特许期或支付附加电费，使项目公司的经济地位恢复到法律变更以前的状况。

③ 来宾 B 电厂作为第一个规范化的 BOT 项目，得到了中央政府各部门的支持，原国家计委、国家外汇管理局、原电力工业部为项目出具了支持函。

④ 允许投资者将其从电厂经营中获取的人民币在扣除费用和缴纳金以后，换成外汇出境。

⑤ 关于通货膨胀的问题，规定由于燃料价格的变化可以调整电价。

⑥ 项目公司可以享受国家和地方政府所规定的税收优惠。

⑦ 广西政府免费或以优惠价格向项目公司提供电厂建设、经营和维护所要的土地、供水、供电、通信、道路、铁路等现有的设施费用。

10.3　泉州刺桐大桥 BOT 项目融资

10.3.1　项目介绍

泉州刺桐大桥位于福州厦门的 324 国道上，是一座特大型公路桥梁，位于福建省泉州市东南，横跨晋江，全长1 530米，宽27米，接线公路长2 285米，匝道2 400米，主桥310米，水面净空17米，桥下可通行500吨胖体海轮，其建设规模为福建省特大型公路桥梁之一，被列为福建省的重点建设项目。大桥采用预应力混凝土连续钢结构技术施工，工期仅18个月，比计划提前一年半完成，总投资2.5亿元人民币。泉州大桥是我国首例民营经济以BOT模式建成的，1995年5月18日正式开工，1996年11月18日竣工试通车。刺桐大桥BOT项目融资打破了我国的传统模式，创造了以少量的国有资金引导国内民间资金投入基础设施建设的经验，也对BOT融资模式在我国的运作做了一次有益的尝试。

泉州曾是海防前线，国家投资不多，改革开放初期，基础设施破烂不堪。经过10余年的建设，成绩巨大，但仍跟不上经济发展的需要，特别是福州至厦门的324国道，由北向南，直穿市区，过境车辆与市区车辆混在一起，还要通过仅16米宽的旧泉州大桥。因此，解决市内塞车和过桥困难已成为政府的当务之急，解决问题的关键是在市内边缘地带建桥，实现过境车辆和市区车辆分流。1994年年初，市政府会议决定再建一座跨江大桥。消息传出后，先后有5家外商前来洽谈，终因建桥条件苛刻未能谈成。政府因为建设资金紧张，只能将建桥之事搁置起来。

泉州市名流实业股份有限公司主动向市政府"请缨"，愿意不带任何附加条件，承担建桥任务。经过慎重研究，市政府以泉政（1994）综190号文件批准了名流公司的请求，决定由名流实业股份有限公司和市政府授权的三家国有企业——福建省交通建设投资有限公司、福建省公路开发总公司和泉州路桥建设开发总公司按60%：15%：15%：10%的比例出资，依法注册成立"泉州刺桐大桥投资开发有限公司"，全权负责大桥项目开发设计、施工建设、经营管理的全过程。经营期限（含建设期）为30年，经营期届满将项目无偿移交给市政府。公司具备独立企业法人资格，依法承担民事责任。公司注册资本金6 000万元人民币，其中名流公司3 600万元人民币，泉州路桥建设开发总公司2 400万元人民币。注册资金作为大桥项目资本金一次性到位，全部用于大桥建设，投资不足部分由出资方按资本金比例分别筹措。项目投资者在合资协议的基础上组成了四方代表参加的最高管理决策机构董事会，开发公司董事会由7人组成，名额按出资比例分配，名流实业股份有限公司占了四席。董事会负责项目的建设、资本注入、生产预算的审批和经营管理等一系列重大决策。大桥运营后的收入也按投资比例进行分配。

泉州市名流实业股份有限公司，是福建省体改委闽体改[1993]143号文件批准，由泉州VIP（名流）联谊会、福建恒安集团有限公司等15家具有一定经济实力的民营企业共同成立的福建省首家规范化民营股份制企业，公司总股本6 856万元人民币，共有股东65家，是乡镇、民营企业走向联合的产物。名流公司的成立，为民营企业参与政府大型项目建设提供了组织上的可能，同时也为民营企业走向联合发展、规模性经营，探出了一条路子。刺桐大桥的成功，尽管在国内是首次尝试，但是为投资体制改革注入了活力。

项目的4个直接投资者在BOT模式中所选择的融资模式是由项目投资者直接安排项目融资，并且项目投资者直接承担起融资安排中相应的责任和义务，这是一种比较简单的项目融资模式。4方投资者根据60：15：15：10的比例出资注册资金6 000万元人民币一次性到位，其中名流公司3 600万元人民币，其他三家2 400万元人民币，用于大桥的建设。资金不足部分由四方投资者分别筹措，根据工程进度分批注入。大桥运营后的收入所得，根据与贷款银行之间的现金流量管理协议进入贷款银行监控账户，并按照资金使用优先顺序的原则进行分配，即先支付工程照常运行所发生的资本开支、管理费用，然后按计划偿还债务，盈余资金按投资比例进行分配。刺桐大桥项目安排了一个有限追索的项目融资结构，其原因是由于该项目有一个强有力的信用保证结构。在大桥总投资的 2.5 亿元人民币中，名流公司投入近 1.5 亿元人民币，其中自有资金 3 600 万元人民币，从银行贷款 1.2 亿元人民币，偿还期为 5~8 年。

刺桐大桥投资开发有限公司对项目投保建筑工程一切险（包括第三方责任险），将建设期间可能发生的意外损失与风险转移给保险公司承担。大桥采用了严格的招投标竞争机制，聘请原铁道部大桥建设监理公司担当监理，中标的交通部第二航务工程局承担施工，工程承包公司向大桥投资开发有限公司递交工程履约担保，把施工期间的完工风险转移给了承包公司。

贷款的条件除取决于项目本身的经济强度之外，在 BOT 模式中，很大程度上依赖于政府为项目所提供的支持和特许权合约。政府的特许权合约是整个 BOT 融资的关键，这个合约的主要内容包括以下几个方面：

（1）批准刺桐大桥投资开发有限公司建设开发和经营大桥，给予建设用地许可。

（2）允许大桥投资开发有限公司进行附属公路（南接线公路，长 2.3 千米）的开发和经营以及征地许可。

（3）刺桐大桥投资开发有限公司根据与市政府的协议制定的收费方式及收费标准对大桥使用者进行收费。

（4）泉州市财政局出具《泉州刺桐大桥工程还贷承诺书》。

（5）特许合约期为 30 年（含建设期），在特许权协议终止时，政府将无偿收回大桥及附属公路，但大桥投资开发有限公司应保证政府得到的是个正常运转并保养良好的工程。

泉州市政府是刺桐大桥的真正发起人和特许权合约结束后的拥有者，泉州市政府通过提供 30 年（含建设期）的大桥建设经营特许权合约，使得由于政府资金短缺而搁浅的刺桐大桥得以建设并使用，而且比计划工期缩短一年半。

一座特大型公路，要在 3 年内完成从立项到运营的全过程，对民营企业的投资者们来讲，肩上的担子实在不轻，这种压力是国家投资项目单位很难想象的。正因为如此，大桥建设中真正实行了建设项目法人责任制。

为了向时间要效益，公司成立后所做的第一项工作是制订大桥工作进展计划一览表，将项目从立项到建成每一个工作环节按先后顺序排出所需时间，然后将任务分配到每个工作人员身上。项目的所有报批文件均经省计委批准，初步设计由省建委批复。前后 55 份批文，只用 8 个月就办妥了。该公司办事效率高，人员精干，由 22 人组成的大桥建设班子，承担着投资者的全部压力。

抢时间，争速度，不等于不讲质量，质量是效益之本。集建设和经营于一身的泉州刺桐大桥投资开发有限公司深知其利害关系，大桥建设的始终都严格实行工程监理制，对工程的质量、进度、造价及采购等进行有效控制和科学管理。工程自 1995 年 5 月 18 日开工，整个工作提前一年半竣工。大桥投入使用以来，已取得良好的社会效益和经济效益。根据来自全国 12 家商业银行的负责人在考察后估算，刺桐大桥的市值已达 15 亿元人民币。以此进行资产抵押或资产置换，将使该公司快速地滚动发展，实现公司经营的规模化。同时，名流实业股份有限公司的股票即将上市，届时可募集资金 2 亿元人民币左右。

长期以来，国家一直在研究如何引导非国有经济投资方向问题，刺桐大桥 BOT 建设模式从实践中探索了一条可行的路子，开创了民营经济投资基础设施建设的先河。原国家计委、国家体改委、原交通部等领导在对这一项目进行考察后认为,这是一种在国家宏观政策指导下,以少量的国有资产为引导,组织大量的民间分散资金,用规范化的股份制公司形式,投入政府确定的重点基础设施建设的有益尝试,起到了事半功倍的作用,既可以缓解当前国家建设资金不足的局面,又可以起到引导集体、个人投资方向的作用。因此,泉州刺桐大桥是一座探索、改革的桥。

采用内资 BOT 模式的优点和效益:

(1)正确引导和充分利用国内资金投向基础设施建设,减少政府财政负担,引进私营部门的管理效率,提高服务质量。

(2)与外资 BOT 项目一样,内资 BOT 模式可以带动多个相关行业的发展,如大中型建筑承包企业、设备制造业、建材业、金融保险业、工程咨询等。

(3)风险管理比外资 BOT 容易,因而比较容易签订特许权协议。内资 BOT 因为对当地情况比较了解,所以完工风险、生产风险和市场风险较易管理,不存在外汇风险,一般不会出现政治风险。

(4)培养应用 BOT 模式的人才,有助于我国企业走向国际 BOT 项目。采用内资 BOT 的过程中,既可以形成企业集团,也有助于培养一批会应用 BOT 模式进行融资与项目管理的人才,在实践中增长经验,将会有利于我国公司走向国际 BOT 项目,在国际工程承包市场上占有更多的份额。

(5)有助于形成国内的企业集团。基础设施都是比较大的工程,实施这一工程时往往一两家民营企业的资金和能力不可能承担,在采用内资 BOT 模式的过程中,即形成了企业集团。在实践中形成的企业集团更易发展壮大成为有特色、有竞争力的企业集团。

10.3.2 项目融资的主要参与者

(1)发起人。

①项目倡导者:泉州市政府,它是发起人和特许权合约结束后的拥有者,提供为期30年(含建设期)的大桥建设经营特许权合约。

②项目的实际投资者:

名流实业股份有限公司(民营企业)和福建省交通建设投资有限公司、福建省公路开发总公司、泉州路桥建设开发总公司(市政府授权的三家国有企业)。

(2)项目公司:刺桐大桥投资开发有限公司。

(3)贷款银行:银行贷款1.2亿元人民币。

(4)承建商:交通部第二航务工程局。

(5)项目产品购买方:公路消费者。

贷款的条件除取决于项目本身的经济强度之外,在 BOT 模式中,很大程度上依赖于政府为项目所提供的支持和特许权合约。

刺桐大桥项目安排了一个有限追索的项目融资结构,其原因是该项目有一个强有力的信用保证结构。在大桥总投资的2.5亿元人民币中,名流公司投入近1.5亿元人民币,其中自有资金3 600万元人民币,从银行贷款1.2亿元人民币,偿还期为5～8年。

10.3.3 项目融资的框架结构分析

1. 项目的投资结构

本项目采用的是公司型合资结构，四家公司（其中1家民营公司和3家国有企业）于1994年5月28日以60%：15%：15%：10%的比例出资注册成立泉州刺桐大桥投资开发有限公司，公司具有独立的企业法人资格，依法独立承担民事责任（图10-3）。

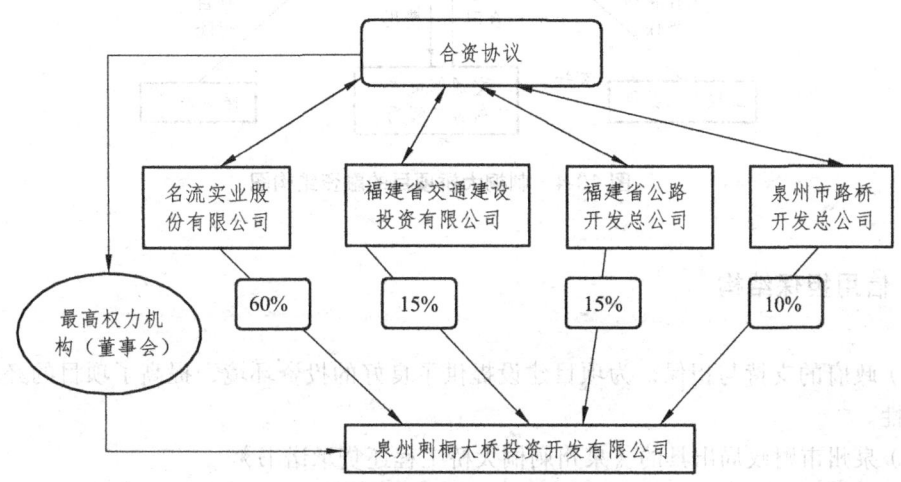

图10-3 刺桐大桥项目的投资结构图

2. 资金结构

刺桐大桥的资金结构包括股本资金和债务资金两种形式。
（1）股本资金：6 000万元，其中名流公司3 600万元人民币，其他三家2 400万元人民币。
（2）债务资金：1.2亿元人民币，偿还期为5~8年。
由项目投资者直接安排项目融资，并且项目投资者直接承担融资安排中相应的责任和义务，这是一种比较简单的项目融资模式。四方投资者根据60：15：15：10的比例出资，注册资金6 000万元人民币一次性到位，其中名流公司3 600万元人民币，其他三家2 400万元人民币，用于大桥的建设。资金不足部分由四方投资者分别筹措，根据工程进度分批注入。大桥运营后的收入所得，根据与贷款银行之间的现金流量管理协议进入贷款银行监控账户，并按照资金使用优先顺序的原则进行分配，即先支付工程照常运行所发生的资本开支、管理费用，然后按计划偿还债务，盈余资金按投资比例进行分配。

3. 项目融资结构

刺桐大桥项目的融资结构见图10-4。

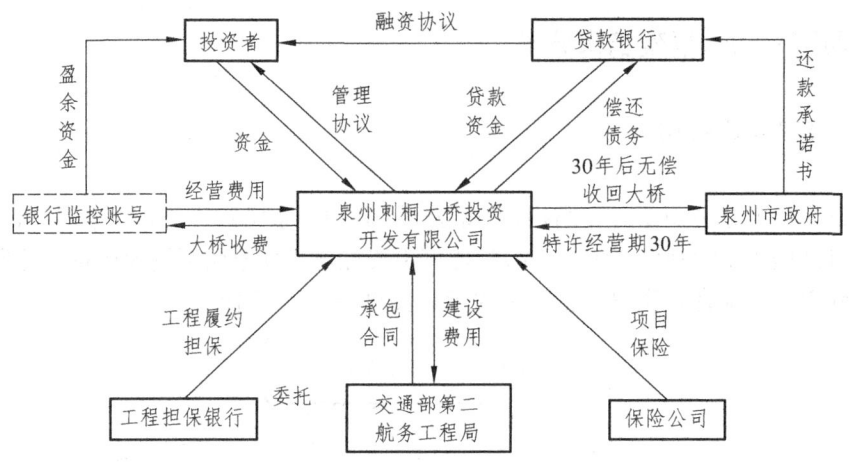

图 10-4　刺桐大桥项目的融资结构图

4. 信用担保结构

（1）政府的支持与担保，为项目建设提供了良好的投资环境，提高了项目的经济强度和可融资性。

（2）泉州市财政局出具的《泉州刺桐大桥工程还贷承诺书》。

（3）刺桐大桥投资开发有限公司对项目投保——建筑工程一切险（包括第三方责任险），将建设期间可能发生的意外损失与风险转移给保险公司承担。

（4）大桥采用了严格的招投标竞争机制，聘请原铁道部大桥建设监理公司担当监理，中标的交通部第二航务工程局承担施工，工程承包公司向大桥投资开发有限公司递交工程履约担保，把施工期间的完工风险转移给了承包公司。

通过这个信用保证结构，可以清楚知道，刺桐大桥项目的种种风险要素在与项目建设有关的各个参与者之间进行分配，实现了项目风险的分担，这正是一个成功项目融资不可缺少的条件。

10.4　马来西亚南北高速公路 BOT 项目融资

10.4.1　项目介绍

马来西亚南北高速公路项目全长 912 千米，最初是由马来西亚政府所属的公路管理局负责建设，但是在公路建成 400 千米之后，由于财政方面的困难，政府无法将项目继续建设下去，采取其他融资方式完成项目便成了唯一可取的途径。在众多方案中，马来西亚政府选择了 BOT 融资模式。

经过历时两年左右的谈判，马来西亚联合工程公司（UEM）在 1989 年完成了高速公路项目的资金安排，使项目得以重新开工建设。BOT 项目融资模式在马来西亚高速公路项目中的运用（图 10-5），在国际金融界获得了很高的评价，被认为是 BOT 模式的一个成功范例。

图 10-5　马来西亚南北高速公路项目 BOT 融资模式

从 1987 年年初开始，经过为期两年的项目建设、经营、融资安排的谈判，马来西亚政府与马来西亚联合工程公司签署了一项有关建设经营南北高速公路的特许权合约。马来西亚联合工程公司为此成立了一家项目子公司——南北高速公路项目有限公司。

马来西亚政府是南北高速公路项目的真正发起人和特许权合约结束后的拥有者。政府通过提供一项为期 30 年的南北高速公路建设经营特许权合约，不仅使得该项目由于财政困难未能动工的 512 千米得以按照原定计划建设并投入使用，而且通过项目的建设和运营带动周边经济的发展。对于项目的投资者和经营者以及项目的贷款银行，政府的特许权合约是整个 BOT 融资的关键。这个合约的主要内容包括以下五个方面：

① 南北高速公路项目公司负责承建 512 千米的高速公路，负责经营和维护高速公路，并有权根据一个双方商定的收费方式对公众收取公路的使用费。② 南北高速公路项目公司负责安排项目建设所需要的资金。但是，政府将为项目提供一项总金额为 1.65 亿马来西亚元（6 000 万美元）的从属性备用贷款，作为对项目融资的信用支持，该项贷款可在 11 年内分期提取，利率 8%，并具有 15 年的还款宽限期，最后的还款期是在特许经营协议结束的时候。③ 政府将原已建好的 400 千米高速公路的经营权益在特许权期间转让给南北高速公路项目公司。但是，项目公司必须根据合约对其公路设施加以改进。④ 政府向项目公司提供最低公路收费的收入担保，即无论在什么情况下，如果公路交通流量不足，公路的使用费收入低于合约中规定的水平，政府负责向项目公司支付其差额部分。⑤ 特许权合约期为 30 年。在特许权合约的到期日，南北高速公路项目公司将无偿地将 900 千米的南北高速公路的所有权转让给马来西亚政府。政府的特许权合约不仅构成了 BOT 项目融资的核心，也构成了项目贷款的信用保证结构核心。

项目的投资者和经营者是 BOT 模式的主体，在这个案例中，项目投资者是马来西亚联合工程公司所拥有的马来西亚南北高速公路项目公司。在这个总造价为 57 亿马来西亚元（21 亿美元）的项目中，南北高速公路项目公司作为经营者和投资者除了股本资金投入之外，还需要负责项目建设的组织，与贷款银行谈判安排项目融资，并在 30 年的时间内经营和管理这条高速公路。马来西亚联合工程公司作为工程的总承包，负责组织安排由 40 多家工程公司组成的工程承包集团，在为期 7 年的时间内完成 512 千米项目的建设。

英国投资银行——摩根格兰福（Morgan Grenfell）作为项目的融资顾问，为项目组织了为期 15 年、总金额为 25.35 亿马来西亚元（9.21 亿美元）的有限追索项目贷款，占项目总建设费用的44.5%,其中16亿马来西亚元(5.81亿美元)来自马来西亚的银行和其他金融机构,是当时马来西亚国内银行提供的最大的一笔项目融资贷款,9.35亿马来西亚元(3.4亿美元)来自由十几家外国银行组成的国际银团。对于BOT融资模式,这个金额同样也是一个很大的数目。

项目贷款是有限追索的,贷款银团被要求承担项目的完工风险和市场风险。然而,由于实际上政府特许权合约中提供了项目最低收入担保,项目的市场风险相对减轻了,并在某种意义上转化成为一种政治风险,因而贷款银团所承担的主要商业风险为项目的完工风险。项目的延期将在很大程度上影响项目的收益。但是,与其他类型项目融资的完工风险不同,公路项目可以分段建设、分段投入使用,从而相对减少了完工风险对整个项目的影响。项目建设所需要的其他资金将由项目投资者在7年的建设期内以股本资金形式投入。

10.4.2 项目融资的主要参与者

(1)项目发起人。
①项目倡导者与最终拥有者:马来西亚政府。
②项目投资者及其经营者:马来西亚联合工程公司——由40多家工程公司组成的工程承包集团。
(2)项目公司:马来西亚南北高速公路项目公司。
(3)项目贷款银行:①马来西亚国内银团;②国际银团——由十几家国外银行组成。
(4)融资顾问:英国投资银行——摩根格兰福(Morgan Grenfell)。
(5)项目承建商:马来西亚联合工程公司。
(6)项目产品购买者:高速公路用户。
(7)项目担保者:马来西亚政府。提供最低公路收费的收入担保;为项目提供一项总金额为1.65亿马来西亚元(6 000万美元)的从属性备用贷款;利率担保;外汇风险补偿;援助性贷款;将原已建好的400千米高速公路的经营权益在特许权期间转让给南北高速公路项目公司。

10.4.3 项目融资的框架结构分析

1. 项目的投资结构

马来西亚南北高速公路项目公司是马来西亚联合工程公司的一个子公司。马来西亚南北高速公路项目属于项目公司融资模式中的单一项目子公司模式。

2. 项目的资金结构

(1)股本资金:马来西亚联合工程公司提供11.5亿美元,占项目总建设费用的55.5%。
准股本金:马来西亚政府从属性贷款6 000万美元。

（2）债务资金：总债务资金9.21亿美元，占项目总建设费用的44.5%。

其中：马来西亚银团5.81亿美元。

国际银团3.4亿美元。

（3）资金总计：21亿美元。

3. 融资结构

以政府的特许权合约为核心组织起来项目的BOT融资结构见图10-6。

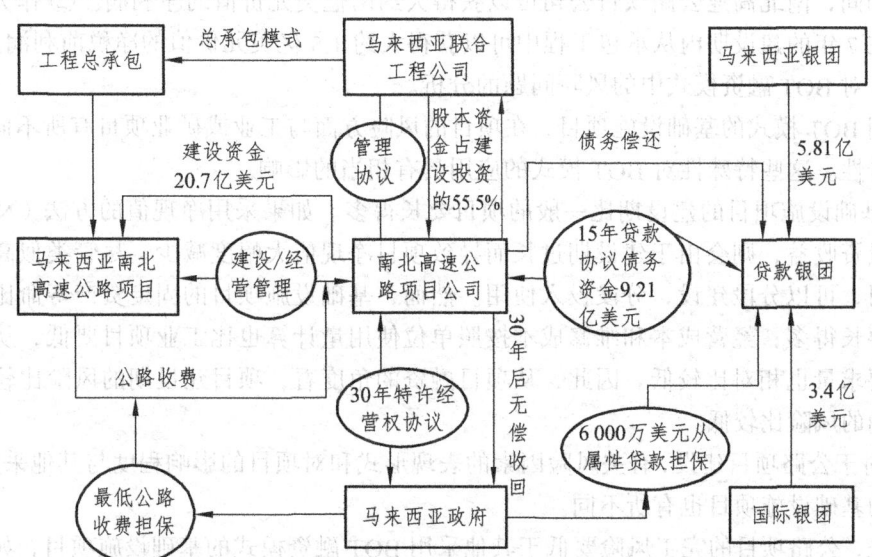

图10-6 马来西亚南北高速公路BOT项目融资结构图

4. 信用担保结构

（1）最低公路收费担保。政府向项目公司提供最低公路收费的收入担保，即在任何情况下，如果公路交通流量不足，公路的使用费用收入低于合约中规定的水平，政府负责向项目公司支付其差额部分。

（2）利率担保。如果贷款利率上升幅度超过20%，政府将补足其还贷差额。

（3）外汇风险补偿。如果汇率的降低幅度超过15%，政府将补足其缺陷。

（4）从属性贷款担保。由马来西亚政府向贷款银团提供的6 000万美元的从属性贷款，作为对项目融资的信用支持，该项贷款可在11年内分期提取，利率8%，并具有15年的还款宽限期，最后的还款期是在特许经营协议结束的时候。

（5）援助性贷款。政府提供的援助性贷款为6.5亿美元。该笔贷款在25年内还清，并在前15年内可延期偿付，其固定年利率为8%。

（6）政府将原已建好的400千米高速公路的经营权益在特许权期间转让给南北高速公路项目公司。

10.4.4 融资结构评析

(1) 采用 BOT 模式为马来西亚政府和项目投资者以及经营者均带来了很大的利益。从政府的角度看,由于采用了 BOT 模式,可以使南北高速公路按原定计划建成并投入使用,对于促进国民经济的发展具有很大的好处,并且可以节省大量政府建设资金,可以在 30 年特许权合约结束以后无条件收回这一公路。从项目投资者和经营者的角度看,BOT 模式的收入是十分可观的。马来西亚联合工程公司可以获得两个方面的利益:① 根据预测分析,在 30 年的特许权期间,南北高速公路项目公司可以获得大约两亿美元价值的净利润。② 作为工程总承包商,在 7 年的建设期内从承包工程中可以获得大约 1.5 亿美元价值的净税前利润。

(2) 对 BOT 融资模式中的风险问题的分析。

采用 BOT 模式的基础设施项目,在项目的风险方面与工业或矿业项目有所不同,具有一定的特殊性。这些特殊性对 BOT 模式的应用具有相当的影响。

① 基础设施项目的建设期比一般的项目要长得多。如果采用净现值的方法 (NPV) 计算项目的投资收益,则会由于建设期过长而导致项目净现值大幅度减少,尽管类似高速公路这样的项目,可以分段建设,分段投入使用。然而,基础设施项目的固定资产寿命比一般的工业项目要长得多,经营成本和维修成本按照单位使用量计算也比工业项目要低,从而经营期的资金要求量也相对比较低。因此,从项目融资的角度看,项目建设期的风险比较高,而项目经营期的风险比较低。

② 对于公路项目建设,有关风险因素的表现形式和对项目的影响程度与其他采用 BOT 融资模式的基础设施项目也有所不同。

首先,公路项目的完工风险要低于其他采用 BOT 融资模式的基础设施项目,如桥梁、隧道、发电厂等,这是因为公路项目可以分段建设、分段投入使用、分段取得收益。如果项目的一段工程出现延期,或由于某种原因无法建设,虽然对整个项目的投资收益会造成相当的影响,但是不会像桥梁、隧道等项目那样颗粒无收。正因为如此,在马来西亚南北高速公路的 BOT 项目融资中,贷款银行同意承担项目的完工风险。

其次,公路项目的市场风险表现也有所不同。对于电厂、电力输送系统、污水处理系统等基础设施项目,政府的特许经营协议一般是承担百分之百的市场责任,即负责按照规定的价格购买项目生产的全部产品。这样,项目融资的贷款银行不承担任何市场需求方面的风险,项目产品的价格也是根据一定的公式(与产品的数量、生产、成本、通货膨胀指数等要素挂钩)确定的。然而,对于公路、桥梁等项目,由于市场是面对公众的,收益由使用者的数量以及支付一定的使用费构成,所以面临着较大的不确定性因素。项目使用费价格的确定,不仅仅是与政府谈判的问题,也必须考虑到公众的承受能力和心理因素。如果处理不好,类似收费加价这样的经济问题就会演变成为政治问题。因此,在公路建设这样的项目中,政府在特许权合约中关于最低收益担保的条款,成为 BOT 融资模式中非常关键的一个条件。

③ 项目所在国金融机构的参与对于促成大型 BOT 融资结构起着很重要的作用。毋庸讳言,在 BOT 融资结构中,由于政府的特许权合约在整个项目融资结构中起着举足轻重的作用,从项目贷款银团的角度考虑,项目的国家风险和政治风险就变成了一个十分重要的因素。这方面包括政府违约、外汇管制等一系列问题。项目所在国的银行和金融机构,通常被认为对

于本国政治风险的分析判断比外国银行要好得多和准确得多。从而,在大型的 BOT 融资结构中,如果能够吸引到若干家本国的主要金融机构的参与,可以起到事半功倍的作用。在马来西亚南北高速公路的项目融资安排中,这一点被国际金融界认为是十分成功的。

10.5 英法海底隧道

10.5.1 项目介绍

英法海底隧道(The Channel Tunnel)又称英吉利海峡隧道或欧洲隧道(Eurotunnel),是一条把英国英伦三岛连接往法国的铁路隧道,它西起英国的福克斯通,东到法国的加来。英法海底隧道由 3 条长 51 千米的平行隧洞组成,包括 2 条 7.3 米直径的铁路隧道和 1 条 4.5 米直径的服务隧道,长 50 千米,总长度 153 千米,其中海底段的隧洞长度为 3×38 千米,是目前世界上第二长的海底隧道。隧道横跨英吉利海峡,使由欧洲往返英国的时间大大缩短。建成后从英国到法国的时间可缩短到 35 分钟。据英国铁路当局估算,每年通过隧道的旅客人数可达 1 800 万人,货运可达 800 万吨。

从 1986 年 2 月 12 日法、英两国签订关于隧道连接的《坎特布利条约》(*Treaty of Canterbury*)到 1994 年 5 月 7 日正式通车,历时 8 年多,最终建成总耗资约 100 亿英镑(约 150 亿美元),也是世界上规模最大的利用私人资本建造的工程项目。

英法海底隧道项目特许权协议于 1987 年签订,该项目于 1993 年建成,于 1994 年 5 月 6 日开通。项目公司是欧洲隧道公司(Eurotunnel),政府授予欧洲隧道公司(Eurotunnel)55 年的特许期(1987—2042,含建设期 7 年)建设、拥有并经营隧道,55 年之后隧道由政府收回。

英法海底隧道线路示意及洞口外貌见图 10-7。

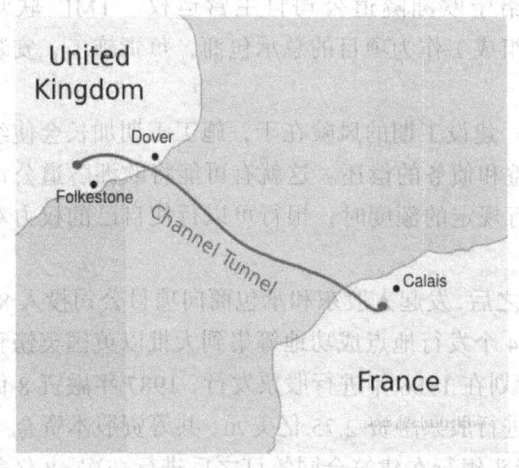

图 10-7 英法海底隧道线路示意及洞口外貌

1985 年 5 月,英法两国政府发出了无政府出资和担保情况下英吉利海峡连接项目的融资。

1986年1月，两国政府宣布选中CTG-FM集团公司提出的双洞铁路隧道方案。CTG-FM集团公司由英国的海峡隧道集团（CTG）及法国的法兰西·曼彻公司FM（France - Manche）联合组成，是一个由两国建筑公司、金融机构、运输企业、工程公司和其他专业机构组成的联合商业集团。其中：英国的海峡隧道集团（CTG）由英国银行财团、英国承包商组成；法国的法兰西·曼彻公司FM（France - Manche）由法国银行财团、法国承包商共同组建的财团联合组成。它在1985年已分为两个组成部分：一个是TML（Transmanche Link）联营体，负责施工、安装、测试和移交运行，作为总承包商；另一个是欧洲隧道公司（Eurotunnel），负责运行和经营，作为业主。1986年2月，两国政府签署协议授权建立海底隧道，并且给予中标者在协议通过之日起55年内运营隧道系统的权利。1987年7月，条约被通过，特许权协议由此生效。1987年，经过各方努力，隧道建设所需资金全部到位。1991年6月凿通，1994年5月6日正式通车。

承发包方式：固定总价和目标造价合同。欧洲隧道公司承担了海峡隧道的全部建设风险，并为造价超出部分准备了一笔17亿美元的备用贷款。这就为其承包商提供了签订建设承包合同的有利条件，而这些承包商同时又是股东发起人。49亿美元的陆上建筑工程的一半按固定价格（总价）承包，隧道自身则按目标造价承包。欧洲隧道公司把实际费用加固定费（目标值的12.36%）支付给承包商，此项费用估算为25亿美元。如果隧道在目标价格以下建成，承包商将得到所节约额的一半。如果实际造价超出预定目标值，承包商必须支付规定的违约金（一项特定数量的损失费用）。此外，由于不可预见的水底状况、设计及技术的变更以及通货膨胀，其合同要服从价格调整的影响。

项目计划总投资为92亿美元（在施工过程中已增加到120亿美元）。其中18亿美元为股权资金，由英国的海峡隧道集团（CTG）和法国的法兰西·曼彻公司（FM）各出资79%和21%。中标之后，CTG·FM分别在英国和法国注册了Eurotunnel PLG公司和Eurotunnel S.A公司，两家公司联合成立了合伙制公司Eurotunnel General Limited（即欧洲隧道公司）。其余的84亿美元来自于世界上最大的辛迪加贷款（超过220家银行，牵头银行是CTG·FM的股东）。在签订贷款协议之前，银行要求项目公司完成1.5亿英镑的二期股权融资，英法两国议会必须通过有关协议来保证项目合同的合法性，并给予欧洲隧道公司自主营运权。TML联营体（Transmanche Link，也由CTG·FM的股东组成）作为项目的总承包商，负责施工、安装、测试和移交运。

建设工期从1988年开工到1995年竣工。建设工期的风险在于，施工工期加长会使经营期相对缩短，并且将会直接影响该项目的收益和债务的偿还。这就有可能将欧洲隧道公司置于风险之中，因为该公司到期若不能偿还银行规定的额度时，银行可以行使自己的权力对该公司进行清理并出售其资产。

项目资金来源依靠股票和贷款筹集。中标之后，发起人股东和承包商向项目公司投入8000万美元，私营团体投资3.7亿美元。同时，在4个发行地点成功地筹集到大批以英国英镑和法国法郎计算的股票投资。英法海底隧道公司计划在1986年进行股票发行，1987年融资8亿美元，1988进行股票融资2.75亿美元，1989年进行股票融资2.75亿美元，共筹资股本资金17.2亿美元。项目的债务融资主要由银行提供，牵头银行在建筑合同签订之后进行一次68亿美元的联合贷款——银团贷款（图10-8）。英法海底隧道公司通过将来的现金流来偿还贷款，签订合同18年内完全还清。英法海底隧道公司给予牵头银行总费用的12.5%作为牵头费。英法海底隧道公司的所有资产用来作为还款抵押。英法海底隧道公司保证未经贷款银行允许不进行海底隧道系统之外的其他工程。

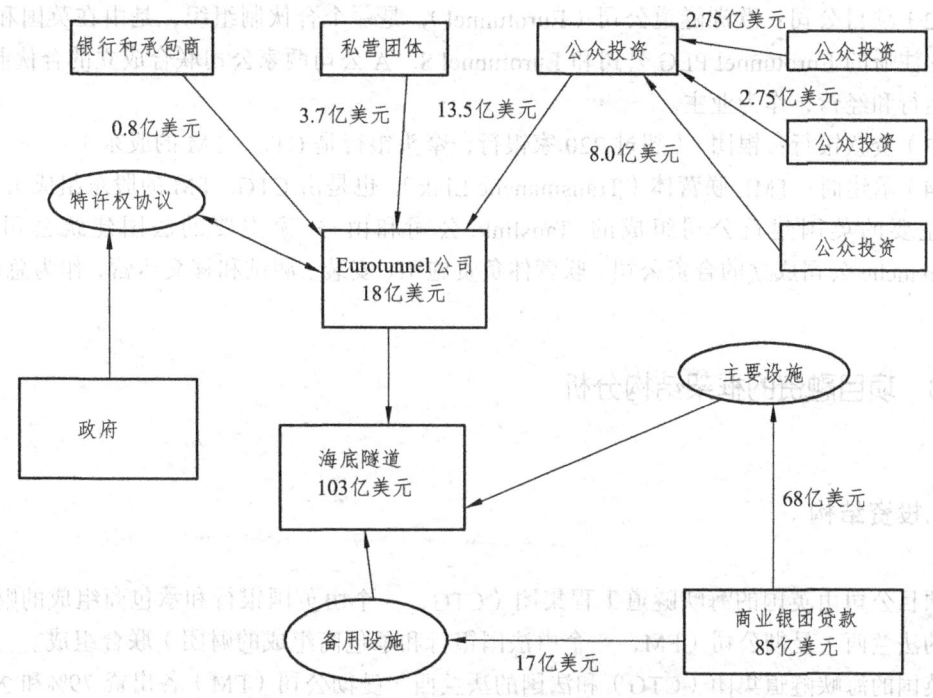

图10-8　英法海底隧道项目的资金来源图

在特许权协议中，政府对项目公司提出了3项要求：① 政府不对贷款作担保；② 本项目由私人投资，用项目建成后的收入来支付项目公司的费用和债务；③ 项目公司必须持有20%的股票投资，即17.2亿美元的现金。

另外，与其他的BOT项目发起人相比，欧洲隧道公司从英、法两国政府得到的担保是最少的。这是由于英国政府要求，1988年开工到1995年竣工，项目建设、筹款或经营一切风险均由私营部门承担。政府允许项目公司自由确定通行费，即有商务自主权，有权决定收费定价，但两国政府不提供担保。两国政府为欧洲隧道公司提供必要的基础设施。项目收入的一半是通过与国家铁路部门签订的铁路协议产生的，用隧道把伦敦与欧洲的高速铁路网相连接；其他收入来自通过隧道运载商业机动车辆的高速火车收费。政府保证，不允许在30年内建设第二个跨越海峡的连接通道。除特许期较长外，政府没有向该公司提供支持贷款、最低收入担保、经营现有设施特许经营权、外汇及汇率担保。

10.5.2　项目融资的主要参与者

（1）项目发起人。

① 项目倡导者：英国政府、法国政府。英法两国政府发出对海峡通道工程出资、建设和经营的招标邀请，作为项目发起人。

② 项目实际投资者：英国的海峡隧道集团（CTG）和法国的法兰西·曼彻公司（FM）。

其中：英国的海峡隧道工程集团（CTG）是一个由英国银行和承包商组成的财团；法国的法兰西·曼彻公司（FM）是一个由法国银行和承包商组合的财团。

（2）项目公司：欧洲隧道公司（Eurotunnel），是一个合伙制组织，是由在英国和法国分别独立注册的 Eurotunnel PLG 公司和 Eurotunnel S.A 公司两家公司联合成立的合伙制公司，负责运行和经营，作为业主。

（3）贷款银行：银团（超过 220 家银行，牵头银行是 CTG·FM 的股东）。

（4）承建商：TML 联营体（Transmanche Link），也是由 CTG.FM 的股东组成），它是由 5 家主要的英国建筑公司组成的 Tanslink 公司和由 5 家主要的法国建筑公司组成的 Transmanche 公司成立的合资公司。联营体负责施工、安装、测试和移交运营，作为总承包商。

10.5.3 项目融资的框架结构分析

1.投资结构

项目公司由英国的海峡隧道工程集团（CTG，一个由英国银行和承包商组成的财团）和法国的法兰西·曼彻公司（FM，一个由法国银行和承包商组成的财团）联合组成。

英国的海峡隧道集团（CTG）和法国的法兰西·曼彻公司（FM）各出资 79%和 21%。中标之后，CTG·FM 分别在英国和法国注册了 Eurotunnel PLG 公司和 Eurotunnel S.A 公司，两家公司分别独立注册，两家公司联合成立了合伙制公司 Eurotunnel General Limited（即欧洲隧道公司，又称英法海底隧道公司）。英法海底隧道项目所有权是一个双重跨国联合体结构，所有收益或者损失由两家公司平摊。

英法海底隧道项目的投资结构见图 10-9。

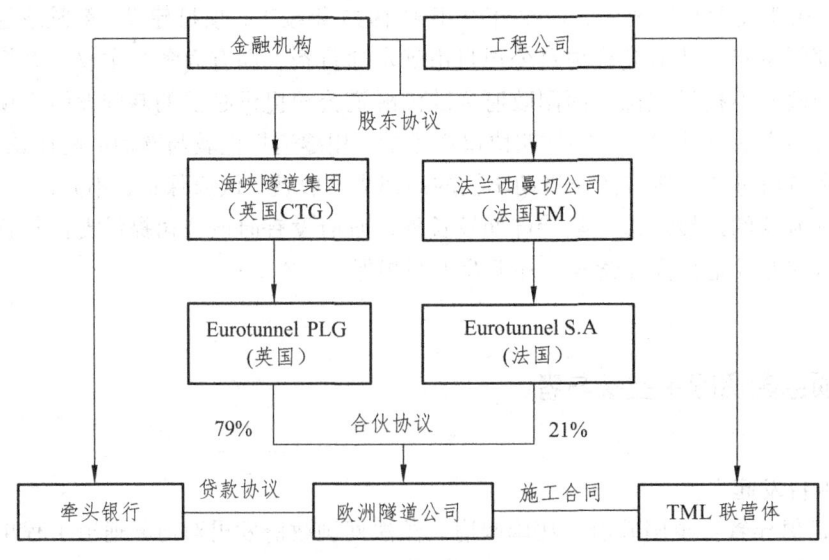

图 10-9 英法海底隧道项目的投资结构图

2. 资金结构

欧洲隧道公司分阶段来进行融资。除了股本资金的投入，项目主要资金依靠股票和贷款（表10-2）。

表10-2 英法海底隧道项目的资金结构

来源		金额（亿美元）	备注
股票投资	银行和承包商	0.8	股东发起人
	私营团体	3.7	第1部分（1986年年末）
	公众投资	8.0	第2部分（1987年年末）
	公众投资	2.75	第3部分（1988年年末）
	公众投资	2.75	第4部分（1989年年末）
借款	商业银行	68	主要贷款
	商业银行	17	备用贷款
总计		103	

3. 融资结构

英法海底隧道采取BOT融资模式。项目按有限的追偿权，100%由私营团体筹资，债务由完成的项目收益偿还。1986年2月，英法政府给予欧洲隧道公司（Eurotunnel）在协议通过之日起55年（1987—2042，包括计划7年的施工期，后将特许经营期延长至2086年）内运营隧道系统的权力。欧洲隧道公司公司将有权征税且决定自己的运营政策。协议期满后，海底隧道系统将会转让给英国法国政府。

英法海底隧道项目的合同结构见图10-10。

4. 信用担保结构

本项目采取如下措施分散风险：

（1）欧洲隧道公司承担了海峡隧道的全部建设风险，并为造价超出部分准备了一笔17亿美元的备用贷款。

（2）承发包方式采用固定总价和目标造价合同，此外，由于不可预见的水底状况、设计及技术的变更以及通货膨胀，其合同要服从价格调整的影响。承包商承担了一部分完工风险和技术风险、通货膨胀风险。

（3）33年内不设横跨海峡的二次连接设施。

（4）两国政府为欧洲隧道公司提供必要的基础设施。

（5）项目公司有商务自主权，政府允许项目公司自由确定通行费。

（6）项目建设、筹款或经营一切风险均由私营部门承担，而项目公司的股东由两国建筑公司、金融机构、运输企业、工程公司和其他专业机构等组成；项目的贷款银团超过 220 家银行，牵头银行是 CTG·FM 的股东，分散了投资风险。

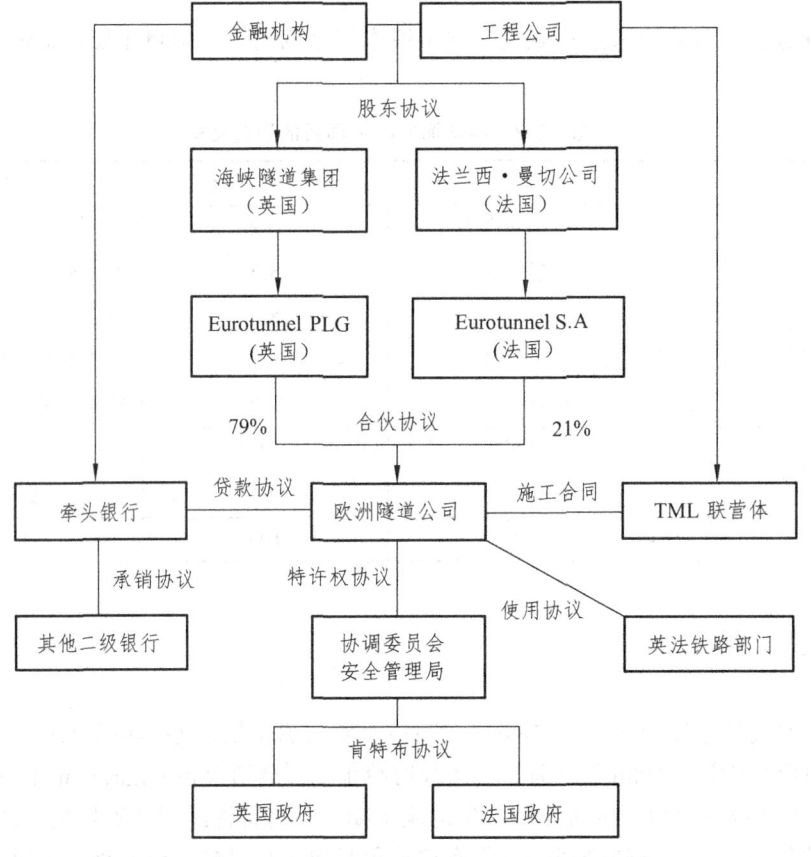

图 10-10　英法海底隧道项目的合同结构图

（7）其承建方与贷款牵头银行都是项目公司的股东，信用风险降低。

（8）除特许期较长外，政府没有向该公司提供支持贷款、最低经营收入担保、经营现有设施特许权、外汇及利率担保。

复习思考题

1. 从发达国家的项目融资实践中可以总结出哪些经验？
2. 能够采取项目融资方式的项目范围包括哪些？这些项目通常具备什么特点？
3. 从风险管理的角度，对本章英法海峡隧道工程项目融资案例与中国河北唐山赛德燃煤热电项目融资案例进行评析。
4. 选择一个典型案例，并根据资料总结出这个案例的投资结构、资金结构、融资结构和信用担保结构。

参考文献

[1] 蒋先玲. 项目融资[M]. 北京：中国金融出版社，2001.
[2] 刘亚臣，常春光. 工程项目融资[M]. 大连：大连理工大学出版社，2008.
[3] 戴大双. 项目融资[M]. 北京：机械工业出版社，2009.
[4] 李春好，曲久龙. 项目融资[M]. 北京：科学出版社，2011.
[5] 马秀岩，卢洪升. 项目融资[M]. 大连：东北财经大学出版社，2002.
[6] 赵华. 工程项目融资[M]. 北京：人民交通出版社，2004.
[7] 张极井. 项目融资[M]. 北京：中信出版社，1997.
[8] 卢家仪，卢有杰. 项目融资[M]. 北京：清华大学出版社，1998.
[9] 蒋先玲. 项目融资法律与实务[M]. 北京：对外经济贸易大学出版社，2004.
[10] 王立国. 工程项目融资[M]. 北京：人民邮电出版社，2002.
[11] 王松江. PPP项目管理[M]. 昆明：云南科技出版社，2007.
[12] 王广宏，赵永珊，徐学才. 北京地铁四号线项目PPP模式应用研究[J]. 合作经济与科技，2015.
[13] 郭上. 北京地铁四号线PPP模式案例分析[J]. 中国财政，2014.
[14] 桑美英. 基础设施PPP项目的风险管理研究[D]. 西安：长安大学，2014.
[15] 张雷. PPP模式的风险分析研究[D]. 北京：财政部财政科学研究所，2015.
[16] 刘新平，王守清. 试论PPP项目的风险分配原则和框架[J]. 建筑经济，2006（280）.
[17] 王周喜，张勇. PPP融资模式在西部基础设施建设中的可行性分析[J]. 西北农林科技大学学报，2003.
[18] 刘晴. PPP模式下基础设施建设项目绩效评价研究[D]. 西安：西安建筑科技大学，2015.
[19] 孙洁. PPP与保障性住房[M]. 北京：中国财政经济出版社，2013.
[20] 刘晓凯，张明. 全球视角下的PPP内涵、模式、实践与问题[J]. 国际经济评论，2015.
[21] 黄吉欣. PPP模式及案例分享. 2015.
[21] 王盈盈. 北京地铁四号线PPP模式案例分享. 2015.